Für György Ligeti

Hamburger Jahrbuch
für Musikwissenschaft
Band 11

Herausgegeben von
Constantin Floros, Hans Joachim Marx
und Peter Petersen
unter Mitwirkung von Manfred Stahnke

FÜR GYÖRGY LIGETI

Die Referate des Ligeti-Kongresses
Hamburg 1988

Laaber-Verlag

Schriftleitung: Prof. Dr. Peter Petersen
Musikwissenschaftliches Institut
der Universität Hamburg
Neue Rabenstraße 13
2000 Hamburg 36

ISBN 3-89007-220-8

Inhalt

5

Vorwort

Am 28. Mai 1988 beging György Ligeti in Hamburg seinen 65. Geburtstag. Aus diesem Anlaß hatte Armin Sandig, der Präsident der Freien Akademie der Künste, Repräsentanten der Musikhochschule, des Norddeutschen Rundfunks und der Hamburgischen Staatsoper um sich versammelt, um einen bunten Geburtstagsstrauß aus Konzerten und Vorträgen anzuregen. Der Präsident der Hochschule für Musik und darstellende Kunst, Hermann Rauhe, schlug vor, einen regelrechten Kongreß zu veranstalten. Meine Aufgabe war es, die Themenstellung zu finden und Vortragende auszuwählen und einzuladen. So kam es zu dem international besetzten, von der Deutschen Forschungsgemeinschaft, dem Hochschulamt Hamburg und der Hochschulstiftung finanzierten Kongreß „BILDER EINER MUSIK". Er fand vom 12. bis 14. November 1988 im FORUM der Musikhochschule statt.

Selbstverständlich kreisten diese Bilder um die Denk- und Interessenwelt Ligetis. Der Kongreß sollte ein Geschenk für den Jubilar wie auch gleichzeitig für alle sein, die seine Musik lieben und Erklärungen dazu wünschen. Tatsächlich vermögen die Themenstellungen der Vorträge vielleicht Wege zum Verständnis Ligetischer Musik zu weisen.

Dem Musikwissenschaftlichen Institut der Universität Hamburg danke ich, daß wir hier alle Vorträge, die uns eingereicht wurden, gedruckt versammeln können. Der Vollständigkeit halber sei erwähnt, daß an dem Kongreß außer in diesem Band Vereinten noch der Molekularbiologe Manfred Eigen und der Musikwissenschaftler Yannis Zannos teilnahmen.

mst

Am 8. Juni 1988 nahm György Ligeti in der Universität Hamburg die Würde eines DOKTORS DER PHILOSOPHIE EHRENHALBER entgegen. In Anwesenheit des Universitätspräsidenten Peter Fischer-Appelt und vieler Freunde und Verehrer Ligetis überreichte Klaus Herding als Sprecher des Fachbereichs Kulturgeschichte und Kulturkunde den Ehrendoktorbrief und verlas Constantin Floros die Laudatio.

Sobald sich abzeichnete, daß der Ligeti-Kongreß im November des Jahres 1988 tatsächlich stattfinden und zudem eine ungewöhnlich breit gestreute, durch die Vielfalt der beteiligten Fachrichtungen überaus interessante Themenpalette aufweisen würde, bewarben sich die Herausgeber des Hamburger Jahrbuchs für Musikwissenschaft sogleich um das Vorrecht, die Referate im elften Jahrbuchband veröffentlichen zu dürfen. Unserem Wunsch, die Folge der Texte durch die Einbeziehung eines originalen „ligitalen" Textes zu erweitern, kamen die Gesprächspartner Ligeti und Gojowy ohne weiteres nach. Dafür haben wir zu danken.

Manfred Stahnke danken wir für die Unterstützung bei der Vorbereitung des Bandes. Er unterhielt den Kontakt mit den meisten Autoren, und durch sein beharrliches Drängen konnte erreicht werden, daß der Band *Für Ligeti* nicht später als zwei Jahre nach dem Kongreß erscheint.

pp

UNIVERSITÄT HAMBURG

Der Fachbereich Kulturgeschichte und Kulturkunde hat beschlossen,

HERRN

PROFESSOR

GYÖRGY LIGETI

in Anerkennung seiner hervorragenden Verdienste um die Neue Musik, zu
deren Entwicklung er durch eine Vielzahl epochemachender Werke entscheidend beitrug, zu ehren.

Der Fachbereich Kulturgeschichte und Kulturkunde würdigt damit zugleich
György Ligetis Verdienste um die Grundlegung einer neuen, in alle Bereiche
des geistigen Lebens ausstrahlenden Ästhetik und sein unermüdliches Eintreten für innovative, in ihrer Bedeutung oft erst von ihm erkannte Richtungen
musikalischen Schaffens. György Ligeti hat in Theorie und Praxis ein Lebenswerk von ungewöhnlicher Bedeutung hervorgebracht.

Der Fachbereich Kulturgeschichte und Kulturkunde der Universität Hamburg verleiht deshalb Herrn Professor GYÖRGY LIGETI die Würde eines

DOKTORS
DER PHILOSOPHIE
EHRENHALBER.

Zum Zeugnis dessen ist diese Urkunde ausgestellt, mit dem Siegel des Fachbereichs Kulturgeschichte und Kulturkunde der Universität Hamburg versehen und vom Sprecher des Fachbereichs unterzeichnet.

Hamburg, den 8. Juni 1988

(Prof. Dr. Klaus Herding)
Sprecher des Fachbereichs

Laudatio für György Ligeti

CONSTANTIN FLOROS

I. Zur geistigen Physiognomik

Die Musik unseres Jahrhunderts, noch präziser gesagt: die Musik der letzten vierzig Jahre ist durch einen bemerkenswerten Pluralismus der Richtungen gekennzeichnet. Vier verschiedene theoretische Konzeptionen haben den Gang der Entwicklung bestimmt: Kunst als Technologie, als Wissenschaft, als Ideologie und als mystische Erlösungsphilosophie.

György Ligeti ist einer der führenden Komponisten der Gegenwart. Sein vielseitiges Schaffen steht seit 1960 immer stärker im Brennpunkt des internationalen Interesses. Seit dreißig Jahren arbeitet er unentwegt an der künstlerischen Erschließung neuer Klangbereiche, neuer Sonoritäten. Gleichwohl läßt sich sein Schaffen in keine der genannten Richtungen einordnen. Jeder Versuch einer Rubrizierung muß scheitern. Das hat seinen Grund in seiner Persönlichkeit, der das Doktrinäre absolut fremd ist, in seiner Gleichgültigkeit gegenüber dem Modischen und in seinem überaus kritischen Denken. Gerade weil er seine Unabhängigkeit und Selbständigkeit stets bewahren konnte, ist es ihm gelungen, der Neuen Musik mehrfach aus der Krise herauszuhelfen und ihr neue Wege zu weisen.

Die Literaturgeschichte kennt den Typus des *poeta doctus,* des gelehrten Dichters. Ihm rechnet sie so bedeutende Schriftsteller wie Thomas Mann und Robert Musil zu. Wollte man in Analogie dazu von einem *musicus doctus* sprechen, so könnte man als zeitgenössischen Repräsentanten des Typus György Ligeti nennen. Er kennt sich nicht nur in der Musikgeschichte und in der Musikwissenschaft wie ein Fachgelehrter aus, sondern hat darüber hinaus ein enges Verhältnis sowohl zur Literatur als auch zur bildenden Kunst. Ein unlängst in Hamburg stattgefundener Kongreß dokumentierte auf eindruckvolle Weise die Spannweite seiner geistigen Interessen. Sie reichen von Erkenntnissen der modernen Biochemie und von der Visualisierung fraktaler Gebilde bis zur afrikanischen und javanischen Musik.

Symptomatisch für die Orientierung seiner Kunst ist sein Verhältnis zur Technologie. Er interessiert sich für die elektronische Musik und die Computermusik. Viele seiner Werke erwecken beim Hörer Assoziationen an elektronische Musik, und Zahlenproportionen spielen in mancher seiner Werke eine wichtige Rolle. Doch bekennt er freimütig, keine szientistische Musik zu machen. Kunst und Wissenschaft liegen eng beieinander und sind doch verschieden. Er glaubt nicht daran, daß sinnvolle Musik herauskommt, wenn man mathematische Formeln in musikalische Prozesse umsetzt. Man findet in seiner Musik — so erläuterte er einmal — weder *„Wissenschaftliches"* noch *„Mathematisches",* wohl aber eine Verbindung von Konstruktion und poetisch-emotionaler Imagination.[1]

Er hat eine besondere Vorliebe für das Komplexe, das Konstruktive, das Erdachte, auch für das Manieristische. Seit Jahren studiert er die Musik des Spätmittelalters, die *Ars nova* und die *Ars subtilior,* nicht um sie zum Vorbild zu nehmen, sondern um seine Erfahrung zu bereichern und neue Inspirationsquellen zu erschließen.

Er hegt eine Abneigung gegen das Affirmative, das Direkte, Eindeutige, Bekenntnishafte und Pathetische. Die Vokabel Weltanschauung ist ihm suspekt. Er hält wenig von Musik, die lautstark Botschaften verkündet. Doch gesteht er zuweilen, kein apolitischer Mensch zu sein. Hinter solchen Ansichten steckt wohl die Überzeugung, daß die Wirklichkeit zu komplex ist, als daß sie in relativ einfachen Formeln wiedergegeben werden könnte.

Er hat mitunter eine Neigung zum Surrealistischen. Er liebt die *Sonate in Urlauten* von Kurt Schwitters. Die imaginären Texte seiner Mimodramen *Aventures* und *Nouvelles Aventures* bestehen aus Lauten und Lautkombinationen, die keinen semantischen Sinn haben und auf kunstvolle Weise organisch in die Materialsphäre der Musik einbezogen sind. Ein Zug ins Abstruse ist seiner Oper *Le grand Macabre* eigen, und die *Nonsense Madrigals,* sein jüngstes Werk, basieren auf Nonsense-Texten des viktorianischen Zeitalters. Diese Werke scheinen die Überzeugung zu verbergen, daß das Absurde einen Teil der Wirklichkeit ausmacht.

II. Die Überwindung des Serialismus

Im Juni 1960 wurden in Köln auf dem Fest der Internationalen Gesellschaft für Neue Musik György Ligetis *Apparitions* uraufgeführt. Diese Premiere war eine Sensation, die musikalische Welt horchte auf. Das neue Werk unterschied sich empfindlich von allem, was man zu hören gewohnt war. Man merkte, daß der bis dahin wenig bekannte ungarische Komponist im Begriff war, ein neues Klanguniversum zu entdecken, und man wurde sich dessen bewußt, daß er keiner der damals herrschenden Richtungen avantgardistischer Musik zugeordnet werden konnte.

Zum Zeitpunkt dieser Uraufführung war Ligeti schon vier Jahre im Westen. Er, der 1956 nach dem Scheitern des Budapester Aufstandes nach Österreich und kurz danach in die Bundesrepublik kam, war fasziniert von der Neuen Musik, die er kennenlernte. Er nahm Kontakt mit vielen Kollegen auf, diskutierte viele Nächte lang, hörte neue Werke und studierte Partituren. 1957/58 machte er im Kölner Studio Erfahrungen mit elektronischer Musik. Hier betrieb er Studien in Elektroakustik und in Phonetik, und hier experimentierte er mit elektronischen Klangmaterialien, an denen ihn nicht zuletzt die Ähnlichkeit mit Phonemen der Sprache reizte.

Die fünfziger Jahre waren das Jahrzehnt der seriellen Musik. Der Serialismus hatte sich wie eine Glaubenslehre verbreitet, und er hatte viele junge Komponisten in Euphorie versetzt. Kein Geringerer als Ernst Křenek prägte das Aperçu, daß der Serialismus den Komponisten endgültig von der Diktatur des Einfalls befreit habe. Man war fasziniert von dem Gedanken, alle Parameter eines musikalischen Kunstwerkes nach einem einheitlichen Ordnungsprinzip zu organisieren, und man glaubte fest daran, daß die scheinmathematische Logik der Konstruktion auch die Logik der Musik garantiere.

Nach minuziösem Studium vieler Partituren stellte Ligeti diese Axiome in Frage. Er gab zu bedenken, daß den Einzelmomenten im Strukturgefüge einer Komposition nicht die gleiche Relevanz zuzukommen braucht, und er konnte nachweisen, daß die scheinmathematische Logik der musikalischen Konstruktion weder musikalischen Zusammenhang gewährleistete noch im Strukturgefüge der psychischen Wahrnehmung ein genaues Korrelat habe. Die Konsequenzen, die er aus diesen Erkenntnissen für sein eigenes Schaffen zog, haben zur Überwindung der seriellen Musik geführt. Denn sein Vorgehen fand vielfach Nachahmung. So wurden die sechziger Jahre zum Jahrzehnt der *„postseriellen"* Musik, und schon heute läßt sich sagen, daß Ligetis Überwindung des Serialismus eine geschichtliche Tat bedeutet.

Ich habe an diese Vorgänge erinnert, weil sie für Ligeti symptomatisch sind. Sie geben Aufschluß über das Wesen eines Menschen und Künstlers, dem das Dogmatische fremd ist, der unorthodox denkt. Seine Auseinandersetzung mit dem Serialismus impliziert das Bekenntnis zum Primat des Musikalischen in der Komposition. Ligeti kommt es nicht auf die Logik der Zahlen, sondern auf die Logik der Musik an, und dieses Prinzip zieht sich gleich einem roten Faden durch sein gesamtes Schaffen.

Ligeti ist ein Künstler, dem Polemik eigentlich nicht liegt. Aufschlußreich für seine Art, Kritik zu üben, ist die Geschichte seines ironisch gemeinten *Poème symphonique*. Im November 1962 arrangierte er das Stück für 100 Metronome, die von zehn Musikern bedient werden. Die Uraufführung fand im September 1963 in Hilversum statt. Dirigent war Ligeti. Am Schluß verließen die Ausführenden das Podium; die Maschinen und das Publikum blieben miteinander allein konfrontiert. Das Stück wurde als Klamauk disqualifiziert. Einige Jahre später erläuterte Ligeti in einem Brief, daß er mit diesem Ulk die musikalische Situation in den sechziger Jahren, das Konzertleben und die verschiedenen Ideologien treffen wollte, die das Publikum im Stich ließen. In diesem Brief steht der charakteristische Satz[2]: „Künstlerische Freiheit bedeutet ein Frei-Sein von jeder Scheuklappe, auch von der der ‚Modernität'".

III. Musikanschauung und geistiges Umfeld

Das Schaffen Ligetis zeichnet sich durch eine bemerkenswerte Vielseitigkeit aus. Es umfaßt Kompositionen fast aller Gattungen: neben mehreren größeren Orchesterwerken Musik für Orgel, für Cembalo, für Klavier, für Streicher, geistliche Musik, Kammermusik, Chorwerke, Konzerte, die Mimodramen *Aventures* und *Nouvelles Aventures* und die Oper *Le grand Macabre*. Welcher Art ist seine Musik, was versteht er unter Musik, wie erlebt er und wie produziert er Musik?

Viele seiner Werke lassen erkennen, daß seine Vorstellungen von Musik und vom Musikalischen viel weiter als die gängigen Auffassungen reichen. Mehreres deutet darauf hin, daß die universale Welt des Musikalischen, die ihm vorschwebt, nicht nur Klang und Geräusch, Sprache und Musik, Vokales und Instrumentales einschließt, sondern daß darin die Grenzen zwischen den Bereichen vielfach fließend sind. Musik scheint für Ligeti der Kosmos des akustisch Gestalteten zu sein, angefangen vom Flüstern und Säuseln bis zum explosionsartigen Knall. Musik ist ihm alles, was zwischen einem leisen Flageolett-Ton und dem vollen Orchesterklang liegt. Symptomatisch für ihn ist, daß er eine Synthese von elektronischer und instrumentaler Musik nicht versucht hat. Seine Domäne ist die instrumentale und die vokale Musik, freilich eine sui generis-Musik, die von den Erfahrungen mit der Elektronik profitiert und die vielfach in einem Bereich angesiedelt ist, der zwischen der Klang- und der Geräuschwelt liegt. So läßt sich erklären, daß viele seiner Instrumentalwerke (ich erinnere an *Apparitions,* an *Atmosphères,* an *Continuum*) beim Hörer Assoziationen an elektronische Musik erwecken — Assoziationen an Tongemische, Impulse und auch an weißes Rauschen.

Es gibt wohl kaum einen zeitgenössischen Komponisten, der nicht die technische Faktur seiner Werke zu erläutern suchte. So auch Ligeti, der in verschiedenen Kommentaren von seiner berühmt gewordenen Mikropolyphonie, von Cluster, von Satztypen, Prozessen und Wandlungen spricht. So unentbehrlich freilich Erörterungen über technische Kategorien für das rechte Verständnis der Kompositionen Ligetis sind, es wäre falsch zu glauben, daß diese Musik, einem technologischen Produkt gleich, sich ausschließlich oder vorwiegend vom Konstruktiven her erschließen ließe. Die starke ästhetische Wirkung, die von dieser Musik ausgeht, resultiert nicht nur aus ihrer strukturellen Logik, sondern auch aus ihren Ausdrucksqualitäten und aus ihrer assoziativen Kraft. Das Spezifische seiner Kunst liegt in Ligetis Fähigkeit zur Synthese von Intuition und Spekulation, von Spontaneität und Kalkül, von Expression und Konstruktion.

Ligeti selbst bekannte mehrfach, daß Musik für ihn *primär etwas Intuitives* sei und daß sinnlich-konkrete Vorstellungen den Schaffensprozeß bei ihm in Bewegung setzen. Er ist nach eigenem Eingeständnis synästhetisch veranlagt, setzt unwillkürlich optische und taktile Empfindungen in akustische um und assoziiert zu Farbe, Form und Konsistenz fast immer Klänge. „Wenn ich Musik höre" — so sagte er einmal[3] —, „dann sehe ich auch Farben, Figuren." Er erlebt also Musik wie Olivier Messiaen, der gleichfalls Synästhetiker ist. Behält man dies alles im Auge, so versteht man besser auch Ligetis Äußerung, wonach das artifizielle Produkt „Kunstwerk" für ihn „mit allen Ebenen der Vorstellung, auch des realen Lebens, verbunden" sei.

Ist nun Ligetis Musik „reine" Musik oder Programmusik? Diese Frage stellt sich oft. Die Antwort darauf muß lauten: weder-noch. Seine Musik ist — so erläuterte er einmal[4] — „Programmusik ohne Programm, eine stark assoziativ durchwirkte Musik". Er setzt sich kategorisch von der Programmusik im Sinne Liszts, Berlioz' und Richard Strauss' ab und begründet das mit seiner Vorliebe für das Mehrdeutige. Sehr aufschlußreich in diesem Zusammenhang ist die folgende Äußerung[5]: „Alles, was direkt und eindeutig ist, ist mir fremd. Ich liebe Anspielungen, Doppeldeutigkeiten, Mehrdeutigkeiten, Doppelbödigkeiten, Hintergründigkeiten. Mehrdeutig sind auch die verschiedenen bildhaften Assoziationen zu meiner Musik, die ich sage und die ich denke oder spüre, während ich mir Musik vorstelle."

Ligeti hat eine enge Beziehung sowohl zur Literatur als auch zur bildenden Kunst. Er liebt Franz Kafka, die *Sonate in Urlauten* von Kurt Schwitters, Bilder von Paul Klee und Paul Cézanne. Beim Schaffensprozeß und manchmal auch danach stellen sich bei ihm Assoziationen an Werke der Literatur und der bildenden Kunst ein. Verse, Gedichte und Texte, die ihn affizieren, setzen sich bei ihm gleichsam automatisch in Musik um. So setzte er Teile der lateinischen Totenmesse kompositorisch um: das *Kyrie eleison,* das *Dies irae,* das *Lux aeterna.* Für seine *Phantasien* für 16stimmigen gemischten Chor a cappella griff er zu drei wunderschönen Gedichten Friedrich Hölderlins, vertonte sie jedoch nicht vollständig. Farben, Bilder, Gemälde, Objekte der bildenden Kunst regen seine Imagination schöpferisch an. Die fünfte der Klavieretüden trägt den Titel *Arc-en-ciel,* Regenbogen. Der Titel seines Werkes *Clocks und Clouds* ist einem Aufsatz von Sir Karl Popper entlehnt. Als ein weiteres instruktives Beispiel sei sein großes Orchesterwerk *Lontano* genannt. Schon der Titel ist mehrdeutig; man muß ihn sowohl musikalisch als auch poetisch verstehen. *Lontano* (Aus der Ferne) meint sowohl Musik aus der Ferne wie auch eine ferne Welt. Nach Beginn an der Arbeit — so erzählt Ligeti[6] — fand er in einer Ode von Keats Verse, die sehr nahe bei dieser Musik stehen — Verse, in denen von verlorenen Traumlandschaften die Rede ist. Zugleich assoziierte er die Klänge mit flüssigen Kristallen, mit den riesigen bunten Glasfenstern der Sainte-Chapelle und mit den berühmten Kupferstichen *I carceri* von Piranesi. Die Fülle dieser Assoziationen ist eindrucksvoll.

IV. Das Innovative. Aspekte der Kompositionstechnik

Die Kategorie des Neuen ist in der avancierten Kunst des 20. Jahrhunderts eine zentrale Kategorie. In seiner *Ästhetischen Theorie* entwickelte Theodor W. Adorno[7] die Dialektik zwischen dieser Kategorie und dem Begriff der Dauer und sprach von einem Konflikt. Die Begierde nach dem Neuen verdrängt — so meinte er — die Dauer, auf die die Kunstwerke von jeher angelegt waren. Unabhängig von Adorno meinte Ligeti schon 1966, man könne dem Akademismus nur dann entgegenarbeiten, wenn man stets Neues erdenkt. Diesem Prinzip ist er bis heute treu geblieben: er wiederholt sie nie. Jedes Werk mag als Lösung eines stets neuen technischen Problems verstanden werden; seine Musik ist einer langsamen, aber ständigen Verwandlung unterworfen. Gleichwohl kann man bei Ligeti — mit weit größerer Berechtigung als bei anderen zeitgenössischen Komponisten — von einem ausgeprägten, unverwechselbaren Personalstil sprechen; Konstanten walten in seinem vielseitigen Schaffen.

Nach einer Lehrmeinung der Psychoanalyse werden im künstlerischen Schaffen fast ausschließlich jene Eindrücke fruchtbar, die in die frühe Kindheit fallen. György Ligeti hat einen Traum aus seiner Kindheit erzählt, der diese Meinung zu stützen scheint. Hier der Wortlaut der Traumerzählung[8]:

„In meiner frühen Kindheit träumte ich einmal, daß es mir nicht gelinge, bis zu meinem Bettchen (das mit Gittern versehen war und als sicherer Zufluchtsort galt) vorzudringen; denn das ganze Zimmer war von einem dünnfaserigen, aber dichten und äußerst verwickelten Gewebe ausgefüllt, ähnlich dem Sekret von Seidenwürmern, die bei ihrem Einpuppen das ganze Innere der Schachtel, in der sie gezüchtet werden, bespinnen. Außer mir blieben auch andere Wesen und Gegenstände in dem riesigen Netzwerk hängen, Nachtfalter und Käfer aller Art, die den Lichtraum einiger spärlich leuchtender Kerzen erreichen wollten, große, feuchtschmutzige Kissen, deren faule Füllung durch Risse im Überzug herausquoll. Jede Regung der steckengebliebenen Lebewesen verursachte ein Beben, das sich dem gesamten System mitteilte, so daß die schweren Kissen fortdauernd hin und her wackelten und ihrerseits wieder ein Wogen des Ganzen bewirkten. Ab und zu wurden die einander gegenseitig beeinflussenden Bewegungen so mächtig, daß das Netz mancherorts einriß und einige Käfer unerwarteterweise frei wurden, um sich bald darauf mit erstickendem Summen neuerlich im wogenden Geflecht zu verirren. Diese hier und da eintretenden plötzlichen Ereignisse veränderten allmählich die Struktur des Gewebes, das immer verschlungener wurde: an manchen Stellen bildeten sich unentwirrbare Verknotungen, an anderen Kavernen, in denen einige aus dem ursprünglich zusammenhängenden Geflecht stammende Fetzen wie Sommerfäden umherschwebten. Die Wandlungen des Systems waren unumkehrbar; keinen einmal vergangenen Zustand konnte es wieder geben. Etwas unaussprechlich Trauriges war an diesem Prozeß, die Hoffnungslosigkeit verrinnender Zeit und einer nicht wiedergutzumachenden Vergangenheit."

Dieser Traum liest sich nicht nur wie eine Kurzerzählung Franz Kafkas, sondern liefert vor allem einen Schlüssel, ja, den Schlüssel für ein tieferes Verständnis der Ligetischen Musik. *„Netz", „Netzwerk", „Gewebe", „Gitter", „Geflecht":* Bezeichnenderweise bediente sich Ligeti vielfach dieser Termini zur kompositionstechnischen Erläuterung vieler seiner Werke. Manche seiner Partituren erwecken den Eindruck von gewebten Mustern, und seine vielgerühmte Mikropolyphonie ist im Grunde nichts anderes als eine Webtechnik. Gemeint sind dichte, engmaschige Gewebe kontrapunktisch geführter Stimmen, die als Einzelstimmen nicht wahrnehmbar sind, den Charakter der Strukturnetze aber mitbestimmen. Ein einstaunliches, 56stimmiges Gewebe der Streicher finden wir in der Partitur der *Atmosphères.* Im *Kyrie eleison* des *Requiem* ist der Chor 20stimmig. Das *Lux aeterna* ist für 16 Stimmen gesetzt. Viele Partien sind streng kanonisch behandelt. Die Strenge der Konstruktion gemahnt an Machaut, an die alten Niederländer, an Bach. Ligetis Mikropolyphonie ist aber völlig neuartig, nicht nur weil sie auf ganz anderen Intervallverhältnissen basiert, sondern auch weil sie eine spezifische rhythmische Faktur aufweist.

Wichtig ist in diesem Zusammenhang, daß das Prinzip der Mikropolyphonie im Verlaufe seines Schaffens eine Modifizierung erfuhr. Hatte Ligeti in seinen ersten aufsehenerregenden Orchesterwerken engmaschige Stimmengewebe geschrieben, so zeigen die Werke seit 1966 eine Auflockerung der Mikropolyphonie: Die Einzelstimmen treten vielfach aus dem Geflecht heraus, sie werden als solche wahrnehmbar, die Polyphonie wird transparent-zeichnerisch.

Denkt man in Extremen, so könnte man bei Ligeti von „weicher" und von „harter" Musik sprechen, desgleichen von „statischer" und von „dynamischer" Form. *Apparitions* und *Atmosphères* liefern Musterbeispiele für „weiche" Musik, die den Eindruck von Statik insinuiert. Ligetis „harte" Musik bevorzugt hingegen einen Satztypus, dessen starre uhrwerkartige rhythmische Struktur an Präzisionsmechanik erinnert. Wir finden diesen Typus ansatzweise im zweiten Satz der *Nouvelles Aventures* und dann — vollständig ausgebildet — im dritten Satz des zweiten *Streichquartetts,* im dritten Satz des *Kammerkonzerts* und im Cembalo-Stück *Continuum.* In allen diesen Fällen fällt das gitterähnliche Notenbild besonders auf. Ligeti selbst meinte von dem Pizzicato-Satz des zweiten *Streichquartetts,* daß die Netzgebilde, die bisher ganz weich waren, hier zu etwas Hartem, Maschinellem würden: Der Satz sei wie eine Maschine, *„die kaputt geht"* — eine Anspielung auf die Welt der Automatisierung, in der wir leben. [9]

Indessen sehen wir jetzt von den Netzgebilden ab. Ligeti hat nicht nur mit neuen Verfahren der Polyphonie experimentiert, sondern auch mit neuen Arten der Harmonik, der Klangfarbenkomposition, der Melodie, der Heterophonie, der Instrumentation und der Rhythmik. In seinen Werken kann man eine Fundgrube an kompositionstechnischen Verfahren und Formungen entdecken. In den letzten Jahren interessiert er sich stark für neuartige rhythmische und metrische Strukturen, für komplizierte Rhythmen, für Polyrhythmik und Polymetrik. Fast alle seine Werke seit 1978 — *Hungarian Rock,* das *Horntrio,* die *Klavieretüden* und das *Klavierkonzert* — überraschen ganz oder stellenweise durch eine nahezu unbändige Freude an rhythmischer Kombinatorik und Energie.

Überblickt man das bisherige Schaffen, so erweckt es den Eindruck der Kontinuität und den der ständigen Erneuerung. Gleich Proteus verwandelt sich Ligeti ständig, und doch bleibt er sich treu. Um in dem einmal gebrauchten Bild vom Netz zu bleiben: Er hört nicht auf, an dem einmal begonnenen Netz weiterzuknüpfen. Zwar kommen auch Rißstellen und Verknotungen vor; sieht man jedoch genauer hin, so erkennt man, daß nach anderem Muster weitergeknotet wird.

V. Hintergründe der Popularität

Seit der sensationellen Uraufführung der *Apparitions* im Jahre 1960 waren Ligetis Werke erstaunlich erfolgreich. Die Anzahl der Freunde seiner Musik nimmt ständig zu, und zwar weltweit. Seine Kompositionen finden nicht nur bei Fachleuten, sondern auch bei breiteren Hörerschichten großen Anklang. Das ist nicht selbstverständlich in einer Zeit, in der die Neue Musik den Kontakt mit der größeren Gemeinde der Musikfreunde verlor und bedenklich „elitär" geworden ist.

Woran liegt die Breitenwirkung dieser Musik? Stellen wir darüber einige vorläufige Erörterungen an. An erster Stelle ist die Faszination zu nennen, die von der Originalität, dem Phantasiereichtum und der Klangschönheit dieser Musik ausgeht. Sie ist neu, sie erschließt neue Klangbereiche, neue Sonoritäten, ohne den Hörer zu schockieren. Bemerkenswert ist weiter ihre Fähigkeit, die Phantasie des Hörers anzuregen und Assoziationen wie Illusionen wachzurufen, wozu natürlich auch vielfach die Titel der Werke beitragen. Viele Werke Ligetis suggerieren beim Hörer Raumvorstellungen, sie wecken Raumillusionen: eine imaginäre Perspektive, Nähe und Ferne, Tiefe und Höhe, Weite und Enge. In etlichen seiner Werke unterscheidet er konsequent zwischen Stimmen *„im Vordergrund",* in einer mittleren Ebene und *„im Hintergrund".* Im *Monument* zum Beispiel, dem ersten der *Drei Stücke für zwei Klaviere,* nimmt der Hörer die dynamischen Ebenen als Vorder-, als Mittel- und als Hintergrund wahr.

Ligeti selbst hat mehrmals geäußert, daß er sich beim Komponieren vielfach von räumlichen Vorstellungen leiten läßt. Wer sich von der Art dieser Vorstellungen einen Eindruck verschaffen will, braucht nur die originale Notation der *Volumina* oder die publizierten Skizzen zum *Dies irae* zu studieren. Sie dokumentieren, daß Ligetis Imagination Vorstellungen von unendlichen Räumen und von musikalischen Labyrinthen heraufbeschwört. [10]

Vor dem aufgezeigten Hintergrund lassen sich auch die Ausdruckscharaktere, die der Musik Ligetis innewohnen, in ihrer ganzen Mannigfaltigkeit besser betrachten. Sie repräsentieren alle Abstufungen und Schattierungen vom Subjektiven bis zum Mechanischen, vom Zarten bis zum Brutalen, vom Geheimnisvollen bis zur Ekstatik, von der Ironie bis zur Verzweiflung. So sind die *Aventures,* eines der experimentellsten Werke, die er geschrieben hat, von der Vorstellung einer *„Ausdruckspolyphonie"* oder eines *„Kontrapunkts der Gefühle"* heraus komponiert worden. Während aber hier der Habitus der Musik sich mit dem eines Menschen vergleichen läßt, der *„zwischen den verschiedenartigsten Gefühlen hin- und hergerissen wird",* neigt der späte Ligeti dazu, in seiner Musik bei bestimmten Ausdruckscharakteren zu verweilen. Überhaupt erwecken seine späteren Werke den Eindruck einer Akzentuierung des Expressiven. Das *Horntrio* zum Beispiel beginnt mit einem *Andantino con tenerezza* und schließt mit einem *Lamento,* und der mittlere Satz des *Klavierkonzerts* trägt die vielsagende Überschrift *Lento e deserto.*

Sprechen wir von der Breitenwirkung der Musik Ligetis, so müssen wir noch sein eigentümliches Verhältnis zur Tradition berücksichtigen, das er *„doppelbödig"* und *„hintergründig"* genannt hat. Auf der einen Seite — so erläuterte er — negiert er die Tradition, indem er etwas Neues schafft. Auf der anderen Seite ist die Tradition in seinem avancierten Schaffen *„unterschwellig"* anwesend, aber *„ganz verborgen".* Zur Verdeutlichung sprach er von versteckten Anspielungen *(Allusionen)* auf die traditionelle Musik, speziell auf Bach *(Volumina)* und besonders auf seine Lieblingskomponisten Claude Debussy *(Apparitions, Atmosphères),* Gustav Mahler *(Lontano),* Béla Bartók und Alban Berg *(2. Streichquartett).* In einem Gespräch mit Josef Häusler gab er an, daß er nicht wisse, wie diese Erscheinung psychologisch zu begründen sei. György Ligeti vergleicht die Geschichte der Kunst mit einem Riesennetz, an dem die Künstler weiterknüpfen. Zwar kämen auch Stellen vor, wo das Netz, das Sinnbild für das System der Beziehungen, eingerissen wird. Selbst die Einrißstellen würden aber durch

Fadenknäuel unmerklich übersponnen. Selbst das scheinbar Traditionslose habe — in der historischen Perspektive — geheime Verbindung zum Gewesenen.

Je mehr man sich in Ligetis jüngste Werke vertieft, desto deutlicher wird es, daß sein Verhältnis zur Tradition sich geändert hat: Seine Beziehung zum Vergangenen ist enger und transparenter geworden. Am offenkundigsten manifestiert sie sich in Werken wie der *Ciaconna* und der *Passacaglia* für Cembalo, und die vierte *Klavieretüde,* die eine Studie über das Ostinato ist, wäre vor dreißig Jahren wohl undenkbar. Trotzdem hat Ligetis Musik keinen Augenblick lang aufgehört, neu und originell zu sein. Wer die Probe aufs Exempel machen will, sollte die sechste der *Klavieretüden* näher betrachten. Sie trägt den Titel *Automne à Varsovie* und ist Ligetis polnischen Freunden gewidmet. Sie basiert auf einem Lamento-Thema, einer chromatisch absteigenden Melodie, die in der traditionellen Musik als Ausdruck der Trauer dient. Aus der Ferne betrachtet legt der Aufbau des Stückes den Vergleich mit einer Fuge nahe: Das Lamento-Thema wird in verschiedenen Expositionen, Engführungen, Augmentationen und Diminutionen, auch in Gegenbewegung behandelt. Das Neue an dem Stück ist jedoch, daß der Komponist beim Hörer die Illusion mehrerer Geschwindigkeitsschichten weckt. Und spätestens wenn man den Einsturz am Schluß mit Bewußtsein wahrgenommen hat, wird einem klar, daß dieses Lamento vor einem zeitgeschichtlichen Hintergrund gehört werden will.

György Ligeti, einer der führenden Komponisten der Gegenwart, postuliert, der Komponist, der Künstler müsse stets etwas Neues erdenken. Auf die Menschheit übertragen bedeutet dieser Gedanke, daß solange das Bewußtsein von der Notwendigkeit des Innovativen wachgehalten wird, Hoffnung ist in dieser Welt.

Anmerkungen

1 György Ligeti über seine Etüden für Klavier. In: Programmheft der 42. Sommerlichen Musiktage Hitzacker 1987, S. 34—38, hier S. 35.
2 Ove Nordwall: *György Ligeti. Eine Monographie,* Mainz 1971, S. 8.
3 Ebenda, S. 137.
4 Ebenda, S. 138.
5 Ebenda, S. 138.
6 Ebenda, S. 87 ff.
7 Theodor W. Adorno: *Ästhetische Theorie* (Gesammelte Schriften, Band 7), Frankfurt am Main 1970, S. 48.
8 György Ligeti: *Zustände, Ereignisse, Wandlungen.* In: Melos 34 (1967), S. 165 ff.
9 Nordwall, a. a. O., S. 146 f.
10 Siehe Erkki Salmenhaara: *Das musikalische Material und seine Behandlung in den Werken „Apparitions", „Atmosphères", „Aventures" und „Requiem" von György Ligeti.* Forschungsbeiträge zur Musikwissenschaft XIX, Regensburg 1969, S. 143 und S. 187.

Grußwort des Präsidenten
der Hochschule für Musik und darstellende Kunst Hamburg

Eigentlich hatten wir den Kongreß als Geburtstagsgeschenk für Sie, lieber Herr Ligeti, gedacht: Wenn ich aber staunend betrachte, wer an hochkarätigen internationalen Forschern der verschiedensten Bereiche aus aller Welt um Ihretwillen zu diesem Ihnen gewidmeten Kongreß hier ins Forum der Hochschule für Musik und darstellende Kunst gekommen ist, so stelle ich fast beschämt fest, daß wir, die Veranstalter, genaugenommen die wirklich Beschenkten sind!

Wir müssen *Ihnen* danken, daß Ihre starke Ausstrahlung, die hohe Kompetenz und Autorität Ihrer Persönlichkeit, Ihre Fähigkeit, in interdisziplinären Dimensionen und Zusammenhängen zu denken und zu schaffen, die fachliche und persönliche Wertschätzung, der Sie sich erfreuen, es letztlich bewirkt haben, eine derart illustre Schar von Referenten und Künstlern für diesen Kongreß und dieses Ereignis zu gewinnen.

Diese Veranstaltung hat also eine doppelte Funktion: Einerseits ist sie ein Kongreß *für* einen Komponisten aus Anlaß seines Geburtstages (eine Hommage á Ligeti). Andererseits sind in dem Kongreß Referenten mit Themen versammelt, die *uns* das Werk des Jubilars auf neuartige und zum Teil ungewöhnliche Weise erschließen und nahebringen.

Dabei liegt die Intention des Kongresses weniger in der direkten Analyse, Interpretation und Deutung des Werkes selber, als im Aufblättern dessen, was gewissermaßen *vor* der Musik Ligetis liegt; welche vielfältigen geistigen Impulse und Strömungen aus verschiedensten Wissenschaften das Schaffen inspiriert haben.

Einige seiner großen Interessengebiete, die seinen breiten Horizont prägen, werden von den Protagonisten dieser Wissenszweige angedeutet: Computermusik, Fraktalgeometrie, Biochemie, Polyrhythmik, Ars subtilior und Mikrotonalität.

Die Interdisziplinarität des Veranstaltungskonzeptes entspricht dem generellen Bestreben unserer Hochschule, im Bereich der musikwissenschaftlichen, musikpädagogischen und musiktherapeutischen Forschung zwar bewährte und nach wie vor gültige Traditionen aufzugreifen, sie aber weiterzuführen und mit modernen interdisziplinären Erkenntnis- und Praxismethoden zu verknüpfen: Das heißt, quantitativ zu messen und empirisch zu belegen, da, wo es möglich und sinnvoll ist, aber offen zu sein für neue in Natur- und Geisteswissenschaften entwickelte Erkenntnis- und Betrachtungsaspekte. Insofern glaube und hoffe ich, daß der Kongreß über seinen aktuellen Anlaß hinaus wichtige Impulse für die gesamte künstlerische, wissenschaftliche und pädagogische Arbeit an unserer Hochschule bringen wird.

Ich danke den Mitveranstaltern, der Freien Akademie der Künste, der Hamburgischen Staatsoper und dem Norddeutschen Rundfunk, für die gute Kooperation bei der Planung und Vorbereitung, Herrn Manfred Stahnke für die geschickte und engagierte Organisation und allen Mitwirkenden für ihre Bereitschaft, dieses große Ereignis, György Ligeti zu ehren, mitzugestalten.

Hermann Rauhe

Theorie, Aufführungspraxis und Kompositionstechniken der Hofmusik von Buganda
Ein Leitfaden zur Komposition in einer ostafrikanischen Musikkultur

GERHARD KUBIK

Für György Ligeti

Inhaltsübersicht

Einführung in die Kultur und Geschichte der Region

Buganda[1] ist eines der ehemaligen Königreiche des sogenannten ostafrikanischen Zwischenseengebietes, jenes geographischen Raums zwischen den großen Seen Viktoria, Kyoga, Albert, Edward und Kivu, der Teile des heutigen Staates Uganda (südliche Hälfte), Rwanda, Burundi und das nordwestliche Tanzania einschließt. In dieser Zone bildeten sich ab dem 14. Jahrhundert eine Reihe zentral regierter Staaten, die bald eine enorme kulturelle Absorptions- und Ausstrahlungskraft entwickelten. In den Ausgrabungen von Bigo im westlichen Uganda wurden Erdwälle von mehr als 10 km Länge gefunden, die ebenso wie der sogenannte Roulette-Stil in der Töpferei

23

(ca. 1300—1500 u. Z.) mit den Anfängen der Staaten in diesem Raum in Beziehung stehen (Phillipson 1977: 163—165).

In den Oraltraditionen der Königreiche Buganda, Bunyoro und Nkore — auf dem Boden des modernen Staates Uganda — wird als erste Dynastie jene der Bachwezi angegeben. Die mögliche Herkunft dieser legendären Gruppe ist noch immer Diskussionsgegenstand der Geschichtsforschung. Nach manchen Oraltraditionen soll es sich um Hirten gehandelt haben, die mit riesigen Herden von Langhornrindern, so wie sie heute noch in den Ebenen von Nkore („Ankole") im Westen Ugandas zu sehen sind, in das Land kamen — vermutlich aus dem äthiopischen Raum. An der Entwicklung der Kompositionstechniken im Rahmen der Hofmusik der entstehenden Königreiche waren diese Einwanderer kaum beteiligt, was sich aus stilistischen Vergleichen zwischen Hirtenmusik-Traditionen der Gegenwart (etwa in Nkore) mit der Musik von Buganda schließen läßt.[2] Auch ihre Sprache ging verloren. In manchen Gebieten wurde ihre geringe Zahl von der lokalen Bevölkerung assimiliert, wie etwa in Buganda, wogegen sie in anderen, besonders in Nkore und im benachbarten Rwanda und Burundi, stärker eine getrennte Identität bewahren konnten (cf. die sogenannten „Bahima" und „Abatutsi"; Karugire 1970, Mworoha 1977).

Das erste Reich auf dem Boden des heutigen Uganda unter der Dynastie der Bachwezi war Bunyoro-Kitara. Es erreichte im 15. Jahrhundert den Höhepunkt seiner Macht und seine größte Ausdehnung. In den folgenden Jahrhunderten spalteten sich zuerst Nkore, dann Buganda und im 19. Jahrhundert auch Tooro ab. Auf Kosten des Reststaates Bunyoro vergrößerte Buganda seinen Einfluß immer mehr und wurde um die Mitte des 19. Jahrhunderts zum mächtigsten Staat des Zwischenseengebietes.

Karte I: Vermutliche Entwicklungsphasen des Königreiches Buganda und seiner unmittelbaren Nachbarn ab dem 16. Jahrhundert (aus Freeman-Grenville 1976, Map 46, Auszug). *(Abbildung 1)*

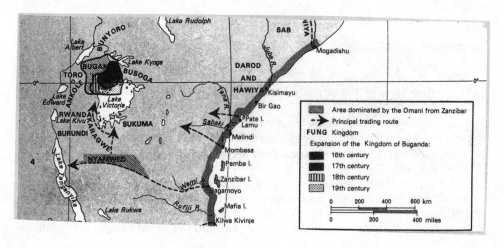

24

Karte II: Die Staaten des Zwischenseengebietes um die Mitte des 19. Jahrhunderts und ihre Einteilung nach den Titeln der traditionellen Herrscher (aus Mworoha 1977: 49). *(Abbildung 2)*

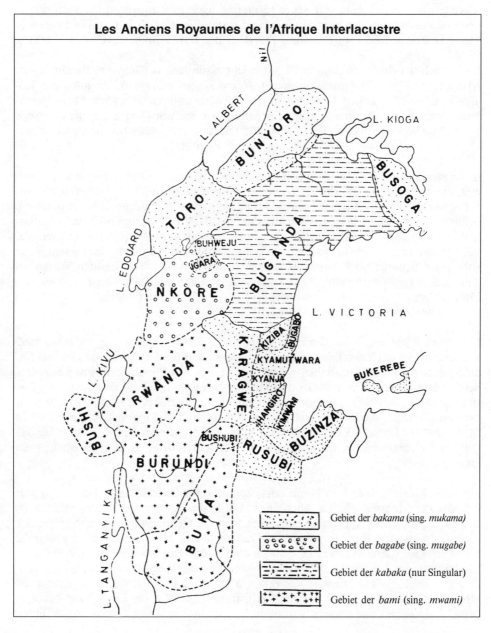

Les Anciens Royaumes de l'Afrique Interlacustre

Gebiet der *bakama* (sing. *mukama*)

Gebiet der *bagabe* (sing. *mugabe*)

Gebiet der *kabaka* (nur Singular)

Gebiet der *bami* (sing. *mwami*)

Einige kleinere Gebiete, wie etwa das östlich des Nils zwischen Kyoga- und Viktoria-See sich an Buganda anlehnende Busoga, erreichten niemals den Status eines Königreiches, sondern blieben in einer gewissen Abhängigkeit von den mächtigeren Nachbarn. Gerade diese politisch scheinbar unterentwickelten Gebiete waren aber nicht selten ein kulturelles Reservoir neuer Ideen und wirkten kompensatorisch auf erstarrende Traditionen in den zentral regierten Staaten. Sprachlich fällt das in Frage stehende Gebiet in Malcolm Guthrie's ZONE E der Bantusprachen (Guthrie 1948).

Im Bereich der drei traditionellen Königreiche Südugandas, Bunyoro, Buganda und Nkore entwickelte sich frühzeitig eine Hof- und Zeremonialmusik. An allen drei Königshöfen wurden neben Insignien-Trommeln auch zahlreiche andere Musikinstrumente verwendet. Man beschäftigte Ensembles wie auch Solo-Musiker, die einerseits bei zeremoniellen Anlässen in Erscheinung traten, andererseits für die ständige persönliche Unterhaltung der königlichen Familien sorgten.

In Buganda umfaßte die Hofmusik das Kabaka[3] unter anderem folgende Ensembles, die ihre Funktionen innerhalb der „königlichen Umzäunung" (lubiri) unabhängig voneinander ausübten: abalere[4] ba Kabaka (das königliche Flötenensemble), entamiivu za Kabaka (das Ensemble mit dem zwölfstäbigen Xylophon entaala, außerhalb des Könighofes auch amadinda genannt); das amakondere-(Hörner-) Ensemble; das akadinda-Ensemble (das auf einem siebzehnstäbigen Holmxylophon spielte), das königliche Trommelspiel (entenga) aus zwölf aufeinander abgestimmten Trommeln und andere Gruppierungen. Dazu kamen die individuellen Musiker-Komponisten. Ein omulanga (Hofmusiker), insbesondere ein — nicht selten blinder — Spieler der Harfe (ennanga), genoß hohes Ansehen.

Die ersten Europäer, John Hanning Speke und James A. Grant, die im Jahre 1862 auf ihrer Suche nach den Quellen des Nils Buganda unter der Regierungszeit von Kabaka Mutesa I erreichten, haben wiederholt Szenen des Musiklebens am Königshof beschrieben. Zur Zeit von Speke und Grant's Aufenthalt wurde am Königshof fast ständig Musik auf verschiedensten Instrumenten aufgeführt, da Kabaka Mutesa I, der von ca. 1854 bis 1884 regierte, selbst Flöten- und Xylophonspieler war (Speke 1863: 309, 324 f., 347). Einen knappen Kilometer von seinem Palast entfernt lag das Haus der Königinmutter, die sich oft in der Gesellschaft eines blinden Harfenisten fand.

Für diese Musik gab es kein Notationssystem. Sie wurde oral, unter Benützung verschiedenster Mnemotechnika, überliefert. Die heute bestehende Ziffernnotation ist erst anfangs der sechziger Jahre entwickelt worden. Dennoch war die alte Hofmusik im Prinzip Ton für Ton komponiert. Sie zeichnete sich auch durch eine relativ hohe historische Konstanz aus, so daß manche überlieferte Komposition bis auf Ende des 18., anfangs des 19. Jahrhunderts zurückgehen dürfte. Wenn man Xylophonaufnahmen der Titel „Ssematimba ne Kikwabanga", „Kalagala e Bembe" und andere, die Hugh Tracey im lubiri 1952 machte,[5] mit Transkriptionen derselben Titel bei Kyagambiddwa (1955) und meiner Sammlung von Aufnahmen aus den sechziger Jahren

Kabaka Mutesa I im Jahre 1862 aus der Sicht der ersten europäischen Reisenden in Buganda. Strichzeichnung nach einem Entwurf von James A. Grant (aus: John Hanning Speke: *Journal of the Discovery of the Source of the Nile*, London 1863).

vergleicht[6], ist ihre Identität bis auf ein bis zwei Töne deutlich belegt. Bei Tracey's Aufnahmen der Musiker des Kabaka im Jahre 1952 handelt es sich um ein unabhängiges Zeugnis. Mein Hauptinformant, Evaristo Muyinda, spielte damals nicht in der Gruppe.

Die Liedertexte der Hofmusik, ob sie nun gesungen wurden oder instrumental wiedergegeben, beziehen sich in der Regel auf historische Ereignisse oder knüpfen an solche an. Da die bis in das 14. Jahrhundert zurückreichende und mit der sagenhaften Gestalt des Kintu beginnende Genealogie der Könige von Buganda (*basekabaka be Buganda*) im wesentlichen bekannt ist, kann man die Liedinhalte mit den ungefähren Regierungszeiten der betreffenden Könige korrelieren und daraus die mögliche Entstehungszeit mancher Kompositionen ableiten; denn wie heute so wurden auch in der Vergangenheit Liedtexte als Kommentar auf ein unmittelbar vorher stattgefundenes

Das Musikhaus innerhalb der „königlichen Umzäunung" *(lubiri)* auf einem der sieben Hügel von Mengo, Kampala, in dem das *akadinda*-(Xylophon-)Ensemble zu spielen pflegte, im Juni 1952 (Foto: Hugh Tracey).

Ereignis komponiert. Historische Lieder sind somit in Buganda und den Nachbarstaaten eigentlich die aktuellen Lieder einer vergangenen Zeit. Der Text über die Schlacht von Nsinsi (*olutalo olw'e Nsinsi*), vgl. Kyagambiddwa 1955: 121, ist ein Beispiel. Der Grundtext wurde wohl unmittelbar nach diesem Ereignis zur Regierungszeit der Könige Junju und Semakookiro (ca. 1764—1794), als ein blutiger Bürgerkrieg entschieden wurde, komponiert. Da Liedtexte und Melodiegestalten in der Kiganda-Musik eine eng verbundene Einheit bilden, bleibt auch die einmal komponierte Instrumentalbasis meist solange erhalten, als man das Text-Grundthema, von dem sie abgeleitet ist, nicht verändert.

Angesichts der kulturgeschichtlichen Bedeutung des Königshofes, der günstigen geographischen Lage von Buganda mit Verkehrswegen, die über den südlichen Nachbarstaat Karagwe nach Tabora (Tanzania) und von dort bis an die ostafrikanische Küste reichten, hat man immer wieder gefragt, inwieweit Buganda schon vor dem 19. Jahrhundert Kontakte mit der „Außenwelt" hatte. Auch auf mögliche Verbindungen des Zwischenseengebietes nach Norden zu den alten Kulturen des Niltals, Meroë/Napata, ja sogar Alt-Ägypten, ist immer wieder hingewiesen worden (Wachsmann 1964: 87,

Tabelle I: Dynastie der *Basekabaka* (verstorbenen Könige) von Buganda, nach Sir Apolo Kaggwa (1901) mit Ergänzungen durch M. S. M. Kiwanuka 1971: 195; r e l a t i v e Chronologie errechnet auf der Basis von 30 Jahren für eine Generation. Bei raschem Regierungswechsel nach der Oraltradition, sind vielfach auch zwei bis drei *basekabaka* zu „einer Generation" zusammengefaßt.

The dynastic chronology of Buganda, calculated at 30 years per generation and based on the revised genealogy of Kaggwa[1]

Ruler	Generation[2]	Year
1. Kintu 2. Chwa I }	Beginning of 14th Century.	
3. Kimera	1	C.1314—
4. Tembo	3	1374—1404
5. Kiggala	4	1404—1434
6. Kiyimba	5	1434—1464
7. Kayima	6	1464—1494
8. Nakibinge	7	1494—1524
9. Mulondo 10. Jemba }	8	1524—1554
11. Suuna I	9	1554—1584
12. Sekamaanya 13. Kimbugwe }	10	1584—1614
14. Kateregga	11	1614—1644
15. Mutebi 16. Juuko 17. Kayemba }	12	1644—1674
18. Tebandeke 19. Ndawula }	13	1674—1704
20. Kagulu 21. Kikulwe 22. Mawanda }	14	1704—1734
23. Mwanga I 24. Namugala 25. Kyabaggu }	15	1734—1764
26. Junju 27. Semakookiro }	16	1764—1794
28. Kamaanya	17	1794—1824
29. Suuna II	18	1824—1854
30. Mutesa I	19	1854—1885

---

[1] After Dr. Kiwanuka.
[2] Rulers of the same generation are grouped together.

Dixon 1971: 137). Joseph Kyagambiddwa (1955) wollte die Kiganda-Kultur aus Prestige-Gründen am liebsten überhaupt von der altägyptischen ableiten. Er behauptete allen Ernstes, daß der Name der Grafschaft Bulemeezi (*Bu-* ist Präfix für „Land" in der Luganda-Sprache) innerhalb des Königreiches Buganda, sich direkt vom Namen Ramses II (dem ägyptischen Herrscher von 1287 bis 1221 v. u. Z.) ableite. „Lemeezi" sei eine bantuisierte Aussprache von „Ramses"; Bulemeezi bedeute daher einfach „das Land des Ramses" (Kyagambiddwa 1955; siehe auch Wachsmann's Rezension 1956). Solche Ideen kursierten in den Klassenräumen der Seminaristen und Mittelschüler in Kampala in den fünfziger Jahren, als die meist europäischen Lehrer im Rahmen des Geschichtsunterrichts und der damals aktuellen Bewegung zur Rettung von Abu Simbel ausführlich über Ramses II sprachen. Daß es zu dessen Zeit in Afrika Bantu-Sprachen überhaupt noch nicht gegeben hatte und die früheste Einwanderung Bantu-sprachiger Gruppen aus dem Raum von Kamerum entlang des Nordrandes der Hyläa ins Viktoria-See-Gebiet erst etwa 400 bis 300 v. u. Z. anzusetzen ist (vgl. Phillipson 1977: 228) wußte man damals noch nicht.

Kulturelle Ausstrahlungen von seiten des alten Äthiopiens (Königreich Axum, 1. Jahrhundert u. Z.) ins Zwischenseengebiet hat man gleichfalls erwogen (vgl. Wachsmann 1965); ebenso Kontakte mit Kulturen jenseits des Indischen Ozeans ab ca. 700 u. Z. (Jones 1964 [2]1971). Vor allem Arthur M. Jones' Spekulationen über eine Kolonisation der ostafrikanischen Küste durch indonesische Siedler während des 1. Jahrtausends u. Z. und seine These einer direkten Übernahme von Xylophonmusik-Strukturen und *slendro*-Stimmungen aus dem südostasiatischen Raum in der Hofmusik von Buganda (Jones [2]1971: 139—141) hat aus verschiedensten Gründen zu einer Kontroverse geführt. Das Problem liegt hier vor allem in der Verifizierbarkeit, der Schwierigkeit eines Beweisverfahrens angesichts der Abwesenheit von geeigneten schriftlichen, Bild- oder Gegenstandsquellen.

Die Hofmusik von Buganda und jene der benachbarten Königreiche besteht seit 1966 in ihrem ursprünglichen Rahmen nicht mehr. Wie andere afrikanische Staaten so hatte auch die heutige Republik Uganda[7] ihre Grenzen vom Kolonialismus europäischer Mächte ererbt. Zwischen 1893 und 1962 war dieses Gebiet britisches Protektorat gewesen. Bei der Unabhängigkeit Ugandas im Jahre 1962 fanden sich plötzlich heterogene, ja vielfach einander abstoßende Populationen — die Niloten des Nordens und die Bantu-sprachigen Ethnien des Südens — in einem gemeinsamen, selbständig gewordenen Staat. Die Gegensätze kamen auch schon wenige Jahre später zur Eruption. Mitte Mai 1966 führte der schwelende Konflikt zwischen Buganda und den Nord-Völkern zu einer Staatskrise, bei der Kabaka Edward F. Mutesa II dem damaligen Prime Minister Milton Obote mit der Abtrennung seines Gebietes vom übrigen Uganda drohte. Es stellte Obote das Ultimatum: Die Zentralregierung solle bis zum Monatsende das Territorium des Königreiches Buganda mit der Hauptstadt Kampala verlassen. In der Nacht zum 24. Mai befahl Obote der Uganda-Armee den *lubiri* (Königshof) zu besetzen. Dabei wurden von Armee-Angehörigen, damals überwiegend aus dem Norden des Landes, der Königshof und die seit Jahrhunderten dort aufbewahrten Objekte von unschätzbarem Wert, einschließlich der Insignien-Trommeln und der Instrumente im Musikhaus, verbrannt. Kabaka Mutesa II gelang eine waaghalsige Flucht nach Burundi und die Weiterreise nach London, wo er Jahre darauf unter mysteriösen Umständen starb. Am 10. Juni 1966 erklärte Obote die Auflösung der Regierungen von Buganda und aller anderen Königreiche innerhalb des von der britischen Protektoratsherrschaft ererbten Territoriums.

Inzwischen sind mehr als zwanzig Jahre vergangen. Die meisten der alten Hofmusiker, etwa jene, die Hugh Tracey 1950 und 1952 im *lubiri* aufgenommen hatte (siehe Kataloge der Schallplattenaufnahmen der International Library of African Music. H. Tracey 1952, 1973), sind gestorben. Nach dem Terror-Regime der siebziger Jahre in Uganda war es erst 1983 möglich, lange abgebrochene Kontakte wieder aufzunehmen. Mein ehemaliger Lehrer im Xylophonspiel, Evaristo Muyinda, wurde auf Initiative von Artur Simon, Museum für Völkerkunde, Berlin-West, im Alter von nunmehr 69 Jahren nach Berlin eingeladen. Während seines Besuches entstanden umfassende Interviews und Schallaufzeichnungen (vgl. Archivmaterial der Musikethnologischen Abteilung des Museums; und Ulrich Wegner 1984). Im Jahre 1984 wiederholte sich Evaristo Muyinda's Gastspiel, nun in Begleitung zweier jüngerer Musiker, Ludovico Sserwanga und Hadisoni Kiyaga. Im Juni 1987 kam Muyinda mit einer Gruppe von 14 Musikern und Tänzern nach Berlin und in andere Städte Europas, im Rahmen des Festivals Traditioneller Musik 87 — Bantu, organisiert vom Internationalen Institut für Vergleichene Musikstudien, Berlin-West. Seither läuft für den ehemaligen, nunmehr über 70 Jahre alten Musiker des Kabaka eine Art zweite Karriere, mit Konzertreisen in mehreren Staaten Europas (Italien, Holland, BRD etc.)

Meine Ausführungen zur Kiganda-Musiktheorie und den Kompositionstechniken gründen sich auf Unterricht durch Evaristo Muyinda und andere Baganda-Musiker im Spiel der beiden Xylophontypen *amadinda* und *akadinda,* der Harfe und anderer Instrumente.

Evaristo Muyinda (geb. 1914) war seit Anfang der vierziger Jahre im *akadinda*-Ensemble am Königshof tätig gewesen. Ermutigt von Klaus Wachsmann, Curator des Uganda Museums, dessen Assistent er 1949 wurde, entwickelte er sich bald zu einem Virtuosen auf verschiedenen Kiganda-Instrumenten. Anfangs der fünfziger Jahre unterrichtete er den Muganda-Kirchenmusikkomponisten Joseph Kyagambiddwa und ist in gewissem Sinne eigentlich Mitautor von Kyagambiddwa's Buch *African Music from the Source of the Nile* (1955). Im November 1959 nahm ich in Kampala mit Evaristo Muyinda Kontakt auf. Durch mein direktes Lernen bei ihm, sowie bei den „Blinden Musikern von Salama" (im landwirtschaftlichen Training-Zentrum für Blinde, südlich des Ortes Mukono), zwischen Dezember 1959 und März 1960, fortgesetzt in den Jahren 1961 bis 1963 und zuletzt von November 1967 bis Januar 1968, gewann ich Einblick in diese Tradition. Der praktische Unterricht wurde durch systematische Feldforschung, Schall- und Filmaufnahmen verschiedenster Musiktraditionen in Buganda und dem benachbarten Busoga ergänzt.[8] Bei einem neuerlichen Besuch in Uganda im Jahre 1972 als Gast von Ephraim Bisase, Uganda Foundation for the Blind, konnte ich noch verschiedene Oraltraditionen sammeln.

Die vorliegende Arbeit ist als Leitfaden zur Aufführungspraxis und Komposition der ehemaligen Hofmusik von Buganda gedacht, mit besonderer Betonung der Xylophon-Traditionen. Meines Wissens ist es das erste Mal, daß eine solche Anleitung versucht wird. Kompositionstechniken in der Kiganda-Xylophonmusik waren zwar Gegenstand einer von mit bereits 1969 veröffentlichten Arbeit auf Englisch, der Akzent lag dort jedoch auf der Strukturanalyse, der Entdeckung der ungeschriebenen Regeln, weniger auf ihrer Vermittlung zu praktischer Anwendung und eigenem Experimentieren.

I. Theoretische Grundlagen der Kiganda-Musik

Kiganda-Musiktheorie

Wir wissen aus verschiedensten Quellen, etwa Joseph Kyagambiddwa (1955) und Charles Sekintu (Interviews 1962, cf. Kubik 1964, 1988), daß es in der Luganda-Sprache ein umfangreiches und oft sehr bildhaftes musiktheoretisches Vokabular gibt. Dabei handelt es sich um eine Fachsprache, eine Terminologie der Spezialisten, kein allgemein gebräuchliches Vokabular. *Okunaga, okwawula, okukoonera, amatengezzi, emiko, myanjo, okusengejja, okudaliza, okusita ebyondo* etc., wie die unzähligen Termini lauten, mit denen die Hofmusiker von Buganda strukturelle und spieltechnische Eigenheiten ihrer Musik beschrieben haben, sind auch ein unentbehrliches Rüstzeug für jeden der Kiganda-Musik studieren will.

Ohne Zweifel bestand und besteht hinter der (ehemaligen) Hofmusik etwas, das man als Kiganda-Musiktheorie bezeichnen kann. Eine noch nicht gelöste Frage ist aber, in welcher Weise, neben den Regeln der Aufführungspraxis, auch explizite K o m p o s i t i o n s regeln wörtlich formuliert und vermittelt wurden. Joseph Kyagambiddwa (1955) spricht häufig von „rules", zum Beispiel bei der Anordnung der *emiko*-Transpositionen von *amadinda*-(Xylophon-)Stücken: diese Regeln wurden aber von ihm selbst abstrahiert und beruhen auf Beobachtungen an dem Material, das er studierte. Sie wurden ihm nicht fertig formuliert von Informanten mitgeteilt. Ähnlich sind auch die von mir umrissenen Kompositionsregeln meist empirisch aus dem indirekt in den Kompositionen selbst sichtbaren V e r h a l t e n der uns unbekannten Komponisten abgeleitet. Was diese tatsächlich unter sich wörtlich abgesprochen haben, ist uns größtenteils unbekannt. Manches kann man vielleicht einmal noch durch Gesamtuntersuchung aller uns erhaltenen Schallaufzeichnungen von Interviews, Gesprächen, Ansagen von Musikstücken und zufällig mitaufgenommenen Kommentaren rekonstruieren.[9] Vorläufig müssen wir versuchen, durch „Werkanalyse", Auswertung von Feldaufzeichnungen, einschließlich erinnerter oder aufgezeichneter Gespräche mit lebenden Vertretern dieser Tradition, zu ermitteln, wie man diese bis in das 18. Jahrhundert, vielleicht sogar noch weiter zurückreichende, Musik komponiert hat.

Der Eindruck, daß in der Hofmusik von Buganda rigorose Verhaltensregeln beim Komponieren wirksam waren, wird durch eine Reihe von Beobachtungen bestätigt.

So war ich in Kampala immer wieder verblüfft, wie Experten an der *amadinda,* dem 12stäbigen Kiganda-Holmxylophon, Teile der in Verzahnung gespielten Parts rekonstruieren konnten, wenn sie sie zufällig vergessen hatten. Obwohl man den alten Musikern des Kabaka ein vorzügliches Gedächtnis nachgesagt hat, konnte es vorkommen, daß ein Ausführender eine der konstituierenden Reihen bei einem weniger oft gespielten (oder in der betreffenden *emiko*-Transposition wenig geläufigen) Stück vergessen hatte. *Wie* die fehlende Reihe dann rekonstruiert wurde, schien mir signifikant.

Ich erinnere mich, als Evaristo Muyinda im Dezember 1959 mir das *amadinda*-Stück „Agenda n'omulungi azaawa" (Wer den Schönheiten nachjagt, verliert sich aus seinem Land) beibrachte: beim *okwawula*-Part (cf. Transkriptionen am Ende dieser Arbeit) stimmte etwas nicht. Die beiden Reihen paßten nicht zusammen. Darauf fragte mich Muyinda, als ich den *okwawula*-Part zu spielen versuchte, wieviele Töne ich in dieser Reihe habe. Ich zählte und kam auf 34. Muyinda antwortete, das sei nicht richtig, es müßten 35 sein. Sehr bald fand er die Stelle wo der 35. Ton gefehlt hatte. Dieses Erlebnis stellte klar, daß für meinen Lehrer die A n z a h l der Töne in den zu kombinierenden Reihen eine Bezugsgröße war. Noch andere Bezugsebenen tauchten auf, als ich sein Verhalten weiter beobachtete.

Evaristo Muyinda bei der Ausführung von *ennanga*-(Harfen-)Musik vor seinem Haus in Nabbale, Gombolola Mumyuka, Kyaggwe, etwa 3 km von Kampala entfernt, im Dezember 1967 (Foto: G. Kubik).

33

Hatte Muyinda einige Töne oder die genauen Konturen eines Parts der alten Kompositionen vergessen, dann verlangte er von mir gewöhnlich, daß ich die Töne jener Reihe, die in Ordnung war, für ihn ohne Unterbrechung anschlagen möge. Gewöhnlich war dies der *okunaga*-Part, mit dem man ein Stück beginnt und der aus verschiedensten Gründen weniger leicht vergessen werden kann, als der dazwischen fallende, kontrastierende *okwawula*-Part. Nach wenigen Minuten des Experimentierens, bei dem er versuchte, verschiedenste Töne zwischen meine Reihe zu spielen und dabei nicht selten das Vokalthema leise mitsang, hatte er den verlorenen *okwawula*-Part gefunden.

Wie gelang ihm dies so schnell? Offenbar brachte er den *okunaga*-Part mit dem ihm erinnerlichen V o k a l thema des Stückes in Verbindung. Obwohl dieses in den instrumentalen Xylophonversionen nicht ausgeführt wird, steckt es strukturell im Gesamtbild einer *amadinda*-Komposition und ist für Muganda-Musiker (auch Zuhörer) erkennbar. Die auf *okwawula*-Stellen fallenden Töne des implizierten Vokalparts verdoppelte mein Lehrer dann auf dem Instrument und füllte auf diese Weise die Lücken.

In ähnlicher Weise ging er auch beim Spiel einer *ennanga* (Bogenharfe) vor, auf der man dieselben Stücke wie auf der *amadinda* spielen kann, nur daß hier die Basisreihen *okunaga* und *okwawula* von einem Musiker allein, mit der rechten und linken Hand ausgeführt werden. Beim Xylophonspiel sind sie auf die einander gegenübersitzenden Xylophonisten verteilt. Beim Harfenspiel wird das Vokalthema, das schon aus dem Instrumentalspiel skizzenhaft heraustönt, auch tatsächlich gesungen.

Die Rekonstruktion gelingt also, indem sich der Musiker an das „Lied" zu erinnern versucht, das auch dem instrumentalen Spiel an einer *amadinda* zugrundeliegt und durch die verzahnten *okunaga*- und *okwawula*-Parts im Gesamtbild durchschimmert. Wenn Evaristo Muyinda's Rekonstruktionsversuche am Xylophon scheiterten, dann nahm er gewöhnlich zu seiner *endingidi* (einsaitige Röhrenspießgeige) Zuflucht, die ihm das liebste Instrument war und die er meisterhaft beherrschte. Eines seiner liebsten Stücke war „Ensimbi" (Geld), ein humoristisches Lied, das auf Arbeitsunwillige anspielt. „Wenn ihnen das Geld ausgeht, zählen sie anstelle dessen ihre eigenen Finger!" [10]

Das Vokalthema erleichtert das Auffinden eines verlorenen *okwawula*-Part — vollständig ableiten läßt sich der letztere von ihm jedoch nicht. Offenbar spielten noch andere Faktoren eine Rolle, die ich damals noch nicht kannte, und die mit den Textmelodien nur indirekt zu tun hatten. Welche Prinzipien waren dies und was waren die hinter ihnen stehenden Vorstellungen, die es den alten Hofmusikern ermöglichten, Kompositionen von einer geradezu meditativen Vieldeutigkeit und Komplexität zu schaffen?

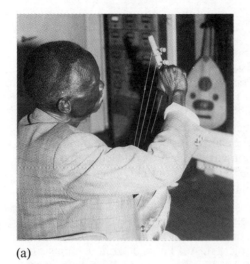

(a)

(c)

(b)

Evaristo Muyinda in Berlin, Juni 1983. (a) und (b): Stimmen und Spiel der *ennanga* (achtsaitigen Bogenharfe); (c) Spiel der *endingidi* (einsaitigen Röhrenspießgeige) als Begleitung seines Sologesanges des Stückes „Ensimbi" (Geld) (Fotos: Moya Aliya/G. Kubik).

Das Kiganda-Tonsystem

Beträchtliches Kopfzerbrechen hat uns die Frage bereitet, welche Vorstellungen hinter dem Kiganda-Tonsystem stecken mögen. Ist es äquipentatonisch oder nicht? Oder kann das Dilemma mit Begriffen wie „Pen-Äquidistanz" (vgl. Wachsmann 1967) überwunden werden? Diese Problematik ist für uns relevant, da wir uns ja innerhalb dieses Tonsystems und innerhalb der Kiganda-Musiktheorie bewegen. Dazu kommt aber, daß verschiedene Autoren mit denselben Begriffen ganz unterschiedliche Ideen verbinden: es empfiehlt sich daher, die drei Sachebenen (a) Terminologie in der Luganda-Sprache, (b) Beschreibung des Phänomens durch Außenstehende und (c) Etikettierungen in europäischen Sprachen wie „äquipentatonisch", „pen-äquidistant", „temperiert", „modal" etc. auseinanderzuhalten.

Die Kiganda-Musiktheorie kann uns zur oben gestellten Frage direkt kaum etwas aussagen: denn diese stellt sich ja eigentlich nur aus einem v e r g l e i c h e n d e n Blickwinkel und ist intrakulturell gar nicht konzipierbar. Auf Luganda könnte man sie nur mit Hilfe von Lehnwörtern formulieren, da den Musikern nur die Welt ihres eigenen Tonsystems bekannt ist und sie dieses als Absolutum empfinden. Für den Menschen jeder Kultur, der in der Umwelt eines alles beherrschenden Tonsystems heranwächst, ist eine solche Frage solange nicht konzipierbar, als er mit anderen Tonsystemen nicht in Berührung gekommen ist.

Ab Ende des 19., anfangs des 20. Jahrhunderts haben allerdings Baganda-Musiker in steigendem Maße „fremde" Musikkulturen kennengelernt. Nach der arabisch-islamischen Welle in Uganda um die Mitte des 19. Jahrhunderts kam eine Welle europäischer Kirchenmusik ab etwa der Jahrhundertwende; und ab den zwanziger Jahren — durch die Importe von Grammophonplatten — wurden indische Populärmusik und schließlich die neuen afrikanischen Tanzmusikformen aus Kongo/Zaïre und Kenya bekannt. Durch den Einfluß des residenten Musikologen Klaus Wachsmann lernten Baganda-Musiker wie Evaristo Muyinda auch exquisite europäische (und außereuropäische) Musikformen kennen. Die Mehrheit aller importierten Musikarten war heptatonisch.

Bei seinem Besuch im Museum für Völkerkunde, Berlin-West, im Jahre 1983, gab Evaristo Muyinda einen Kommentar ab, der bemerkenswert ist. Während unseres gemeinsamen Ganges durch die Instrumentensammlung der Musikethnologischen Abteilung entdeckte Muyinda plötzlich ein Gamelan aus Indonesien in *slendro*-Stimmung und begann darauf zu probieren. Vor Professor Artur Simon und mir rief er entzückt aus, daß für ihn diese Stimmung „sehr gut" (*bulungi nnyo*) sei und mit der Kiganda-Stimmung absolut identisch. Wir ließen ihn seine Gedanken im Rahmen meines am 23. Juni 1983 mit Muyinda gemeinsam abgehaltenen Vortrages vor dem Publikum wiederholen.[11] Dabei spielte er sogar auf dem indonesischen Xylophon ein *amadinda*-Stück in solistischer Manier mit einander überkreuzenden Armen.

Wie soll man dies interpretieren? Als autoritative Feststellung eines prominenten Muganda-Musikers zur Identität der Xylophonstimmungen von Buganda und der Gamelans Indonesiens? —

Evaristo Muyinda's Feststellung hat natürlich Relevanz. Aber sie besagt vor allem eines: die *slendro*-Stimmung des von ihm benützten Gamelans liegt innerhalb der Toleranzspanne seines eigenen Identitätsempfindens für Intervalle und (implicite) dessen anderer Musiker seiner Kultur. Vielleicht reagieren indonesische Musiker ähnlich wenn sie mit Süduganda-Stimmungen in Berührung kommen. Über mögliche historische Zusammenhänge (etwa im Sinne von A. M. Jones' Siedlertheorie, [2]1971) wird damit nicht Konklusives ermittelt, ebensowenig über die Vorstellungen, die hinter dem Kiganda-Tonsystem stecken.

Daß tatsächlich gewisse Parallelen zwischen dem Gesamtkomplex der Uganda-Xylophone in ihren Stimmungen, organologischen Merkmalen, der Organisation der Musik (vgl. Jones [2]1971) etc. und einigen südostasiatischen Instrumentalmusikformen bestehen, läßt sich kaum von der Hand weisen. Im organologischen Bereich sind doch etwa die eigenartigen ovalen Vertiefungen in der Mitte der alten *amadinda*-Instrumente (siehe Foto S. 38) ein sehr spezifisches Merkmal, dessen Sinn und Zweck sich nicht allein aus dem Abstimmvorgang ergibt, denn man kann ein Holmxylophon auch durch Wegnehmen von Holz an der U n t e r seite der Platten allein abstimmen. Gleiche ovale Vertiefungen finden sich zum Beispiel auf den in ihrer Form auch sonst manchen *amadinda*-Xylophonen ähnlichen Platten eines „grantong" (Trogxylophons) der Batak aus Sumatra, Indonesien, welches im Museum für Völkerkunde, Wien, aufbewahrt wird.[12]

Heute ist es nicht mehr Streitfrage, o b Parallelen zwischen einigen Elementen ostafrikanischer Musikkulturen und solchen jenseits des Indischen Ozeans bestehen, sondern mit welchen Methoden man spekulative historische Rekonstruktionen über Diffusion verifizieren kann, und wo die Grenzen zwischen möglicher Konvergenz und Diffusion liegen.

Die ersten Daten über Kiganda-Instrumentalstimmungen wurden von Klaus Wachsmann in den dreißiger und vierziger Jahren ermittelt und 1950 bzw. 1957 veröffentlicht. Es war Wachsmanns Schlußfolgerung und Idee, daß Kiganda-Stimmungen äquipentatonisch seien. Und hier knüpfte er als Hornbostel-Schüler und ausgebildeter Musikwissenschaftler ohne Zweifel an Alexander Ellis' Ideen sowie an Erich Moritz von Hornbostels (1911) und Jaap Kunsts (1936) Schriften zum Thema der Herkunft afrikanischer Xylophone an. Kyagambiddwa übernahm Wachsmanns Theorie und definierte die „Skala" der Baganda einfach als „the natural *equal temperament Pentatonic* scale, consisting of five degrees which proceed by the distance of $1\frac{1}{5}$ tones and are sung or tuned in descending direction" (Kyagambiddwa 1955: 19).

Später modifizierte Wachsmann seine Idee etwas, indem er von einer annähernden Äquipentatonik in Süduganda zu sprechen begann (Wachsmann 1967). Dies änderte

Die *amadinda* des Uganda-Museums, 1959/60, eines der Instrumente, auf denen ich unterrichtet wurde. Dieses besonders sorgfältig gebaute Instrument stammt aus den dreißiger Jahren. Man beachte die ovalen Vertiefungen in der Mitte einer jeden Platte. Die Befestigung der Platten erfolgte bei diesem Exemplar mittels kurzer Schnüre, die man durch kleine, eigens zu diesem Zweck in die Seiten der Platten gebohrter Löcher zog und jeweils am nächstgelegenen vertikalen Trennstab befestigte (Kampala, Februar 1960; Foto: G. Kubik).

jedoch nur insofern etwas an der Grundidee, als nunmehr auch intrakulturelle Toleranzspannen stärker berücksichtigt wurden.

Ich hatte anfangs schwere Bedenken gegen Wachsmanns Idee der äquipentatonischen Stimmung (vgl. Kubik 1964); meine Bedenken ließen sich jedoch auf subjektives Hören von Grundtönen und „Modi" zurückführen. So neigte ich in späteren Jahren dazu, mich Wachsmanns Vorstellungen anzuschließen — jedoch nicht allein auf Grund der Ergebnisse von Stroboconn-Tonhöhenmessungen. Letztere sind in der afrikanischen Musikforschung zwar eine nützliche Illustration dessen, was man zu hören glaubt, die konzeptuelle Welt hinter afrikanischen Tonsystemen kann man mit ihnen allein jedoch ebensowenig erschließen wie mit Sonagrammen. Man erhält auf dem Papier eine Konfiguration von Werten, deren Genauigkeit das intrakulturell Relevante bei weitem übersteigt und nicht enthüllt, was intrakulturell relevant sein soll. Meine nun folgenden Gedanken über das Kiganda-Tonsystem gründen sich daher eher auf Beobachtungen an der Musik und den Musikern selbst und der Art und Weise wie man beim Abstimmen von Musikinstrumenten vorgeht. Dabei erwies sich als nützlich, unbegleitete Vokalmusik und die Darbietungen auf vieltönigen, abstimmbaren Instrumenten, wie *amadinda, akadinda* und *ennanga* auseinanderzuhalten. Wie das aufgenommene Material zeigt, tendiert man bei unbegleitetem Gesang, etwa mit Vorsänger und Chor, oder bei von Trommeln begleitetem Gesang, wie etwa *baakisimba*-Tanzmusik, zu Intervallen im Sinne einer „reinen" anhemitonischen Pentatonik. Dasselbe gilt auch für den Sologesang, den man mit einer einsaitigen *endingidi*-Spießgeige selbst begleitet. Die menschliche Stimme ist manipulierbar; Melodien können unter Bewahrung ihrer Gestalt auf jedes beliebige, einem Sänger passende Tonhöhenniveau transportiert werden. Auch die Töne einer *endingidi,* ja sogar einer *endere*-Flöte kann man manipulieren. Probleme entstehen, wenn die menschliche Stimme durch unveränderbare Instrumentalstimmungen (wie bei Xylophonen) auf fixe Tonhöhen festgenagelt wird. Es ist daher kein Zufall, wenn Intervalle, die an eine Äquipentatonik herankommen, gerade bei Instrumentalstimmungen auftauchen, die man von Stück zu Stück nicht verändern kann; bei Xylophonen ist es nicht möglich und bei der Harfe würde es zu Konfusion führen, wenn ständig umgestimmt würde. Gibt es also z w e i Tonsysteme in Buganda? Eines für die „Vokal-", ein anderes für die „Instrumentalmusik"?

Dies ist unwahrscheinlich, denn erstens müßte dies in Konzeptualierungen einen Ausdruck finden und zweitens bestehen Unterscheidungen im Sinne der europäischen Begriffe „Vokal" und „Instrumentalmusik" im Luganda nicht. In Buganda ist jede Musik konzeptuell „Gesang" (*oluyimbo*), denn auch hinter den instrumental gespielten Stücken stehen Texte: instrumentale Melodien werden von den Zuhörern verbalisiert. Dieselben Lieder, die man gerade gesungen hat, können bei nächster Gelegenheit auf abgestimmten Instrumenten wie der *amadinda* oder (nur in der Hofmusik) dem Zwölftrommelspiel *entenga* ausgeführt werden. Daher ist ein Bestehen von „zwei Systemen innerhalb derselben Musikkultur" für Buganda auszuschließen. Kiganda-Musik ist sicherlich e i n System, ja nicht nur Kiganda-Musik, sondern auch die Musik der Nachbarräume wie Busoga hat daran Anteil. Dies gilt auch für das T o n system. Die wahrscheinliche Erklärung der scheinbaren Diskrepanzen zwischen Instrumentalstimmungen und Intonation bei unbegleitetem Gesang findet sich wohl in der Definition auditiver Toleranzspannen und in den spezifischen Problemen, die sich für die Komponisten aus der Verwendung vieltöniger, nicht ständig nachstimmbarer Instrumente ergaben. Beim Gesang kann man unbewußt reine Quarten und Quinten anpeilen und gesungene Themen beliebig (unter Bewahrung ihrer Gestalt) auf jenes Tonhöhenniveau transponieren, das den jeweiligen Sängern entspricht. Benützt man aber Instrumente zur Begleitung, kann man wohl eine Melodie hinauf- oder hinuntertransponieren: damit sie aber i n i h r e r G e s t a l t e r h a l t e n bleibt, muß die Stimmung der nicht ständig nachstimmbaren Instrumente so beschaffen sein, daß ein Kompromiß gebildet wird. In den Musikkulturen von Buganda und Busoga, wo solche Identitäten schon vom Tonsprachlichen her erwünscht sind, heißt dieser Kompromiß einfach: Temperatur. Xylophonstimmungen in Buganda sind temperiert. Auch eine Untersuchung der Musik selbst legt dies nahe. So etwa impliziert die Existenz des *emiko*-Tranpositionssystems (siehe Abschnitt II dieser Arbeit) als optimale Arbeitshypothese die Annahme der *amadinda*-Stimmungen als temperiert pentatonisch.

Aus zahlreichen Gesprächen mit Musikern in Buganda und Busoga, und der Beobachtung ihres Verhaltens wurde mir klar, daß bei den Instrumenten keinerlei Konzeption unterschiedlicher Intervalle besteht, mit denen man die Oktave teilen würde. Jeder Schritt von einer zur nächsten Platte einer *amadinda,* oder zur nächsten Saite einer *ennanga* (Bogenharfe), in der einen oder anderen Richtung, wird auditiv als identisch mit dem vorhergehenden wahrgenommen. Der ganze Zweck dieser Temperatur scheint darin zu liegen, daß jeder Anschlag eines übernächsten Tons den Gehörseindruck einer Art Quart erwecken soll (cf. Kubik 1960: 8) Darin liegt das Prinzip. Warum gerade dieses Intervall so wichtig ist, darüber werden wir noch bei den Kompositionstechniken Näheres hören. Keinerlei Hinweise, — etwa analog zu Mantle Hoods Theorie über *slendro*-Stimmungen (Hood 1966), — ließen sich in Buganda oder Busoga finden, daß man „kleine", „mittlere" und „große" Intervalle innerhalb dieser Pentatonik unterscheiden würde, die sich in irgendeiner Konfiguration über mehrere Oktaven hinweg wiederholten. Ebenso fand ich keine Hinweise, daß man in Buganda zwei Intervallkategorien, im Sinne der Größen eines (europäischen) Ganztons und einer kleinen Terz konzeptualisiert. Nur der in der europäischen Musik verwurzelte Muganda-Musiklehrer George Kakoma spielte mir einmal das *amadinda*-Stück „Olutalo olw'e Nsinsi" (Die Schlacht von Nsinsi) auf dem Klavier vor und sagte dann, die *amadinda*-Töne seien dasselbe wie die schwarzen Tasten des Klaviers (Feldaufzeichnungen 1960/Kubik in Kampala).

Was sich in den Stroboconn-Messungen als fluktuierende pentatonische Intervalle manifestiert, ist in der Kiganda-Konzeptualisierung e i n Standard-Intervall. Fünfmal aneinandergereiht — vom „kleinsten" zum „dicksten" Ton (in der Luganda-Terminologie) — ergibt dieses transponierbare Standard-Intervall von ± 240 Cents eine „Maßeinheit", „Strecke", „Maßdistanz", wie man den Luganda-Begriff *omwanjo* in einer europäischen Sprache umschreiben kann. Joseph Kyagambiddwa (1955) hat *mwanjo* (pl. *myanjo*) einfach als „Oktave" (pl. Oktaven) übersetzt, was im übertragenen Sinn möglich ist, aber nicht wörtlich genommen werden darf.

Eine weitere Eigentümlichkeit des Kiganda-Tonsystems und seiner Temperatur liegt in der Behandlung der Oktaven — des einzigen für Z u s a m m e n klänge benützten Intervalls in diesem Kulturgebiet. Verschiedentlich wurde in der Literatur auf die in den Stimmungen oft erkennbaren starken Abweichungen von „reinen" Oktaven hingewiesen. Daß dahinter Absicht steckt, konnte ich in Buganda wiederholt verifizieren, etwa wenn Evaristo Muyinda oder einer der Basoga-Lamellophonspieler, mit denen ich befreundet war, ihre Instrumente nachstimmten. Einmal in Nabbale, bei einer Aufnahmesitzung im Hause Evaristo Muyinda's im Dezember 1967, stimmte Muyinda zwei Saiten seiner Harfe (*ennanga*) zuerst in einer Oktave, die ich als „rein" empfand, aber genau damit schien er nicht zufrieden zu sein und stimmte sie dann bewußt auseinander.[13] In einer der dabei aufgenommenen und später gemessenen Harfenstimmungen (No. B 12363, siehe Tabelle II, unter 6) finden sich typische Oktaven von 1213, 1208 und 1211 Cents. Solche R e i b u n g s o k t a v e n fördern den Eindruck von Linearität und Individualität der einzelnen Stimmen in solchen Musikstücken. Das Spiel in parallelen Oktaven ist dann tatsächlich ein „Singen" derselben Melodie in unterschiedlicher Stimmlage; der Verschmelzungseffekt der Oktaven ist erheblich herabgesetzt. Reibungsoktaven werden meist unsystematisch gesetzt. Die etwas gedehnten Oktaven in einer Stimmregion des Instruments kompensiert man in einer anderen.

Die starken Abweichungen vom äquidistanten Mittel (240 Cents) der Kiganda-Instrumentalstimmungen, wie Messungen demonstrieren (Tabellen II und III), stehen durchaus innerhalb des Konzeptes einer „Temperatur", die ja eine Illusion von konstanten Quartbeziehungen erzeugen soll; sie stehen aber auch in Zusammenhang mit den Reibungsoktaven. Die Wirksamkeit dieser Schwankungen liegt darin, daß sie unsystematisch sind.

Tabelle II: Ermittlung der Stimmung von n u r e i n e r O k t a v e der beiden Xylophone im Musikhaus des Königshofes, Kampala, durch Hugh Tracey, durch gehörsmäßigen Vergleich mittels eines Satzes von 54 Stimmgabeln, 212 bis 424 Hertz, hergestellt von der Ragg Tuning Forks Ltd., Sheffield, England.

1. Fünf Töne der 17stäbigen *akadinda* im Umfang von ca. 1248 bis 140 Hertz, aufgenommen von Hugh Tracey, 26. Juni 1952, AMA — TR-137

Abbildung 3

Platte	Hertz	Cents-Intervalle
4	416	
		231
3	364	
		267
2	312	
		188
1	280	
		225
5̲	232	

2. Fünf Töne der zwölfstäbigen *entaala* (Ensemble: *Entamiivu za Kabaka*) im Umfang von ca. 776 bis 172 Hertz, aufgenommen von Hugh Tracey 26. Juni 1952, AMA — TR-137

Abbildung 4

Platte	Hertz	Cents-Intervalle
2	388	
		208
1	344	
		214
5̲	304	
		271
4̲	260	
		227
3̲	228	

N.B. Obgleich der gehörsmäßige Vergleich mit einem in Abständen von 4 Hertz eingestimmten Satz von 54 Stimmgabeln wesentlich ungenauer ist, als Stroboconn-Messungen, und die Subjektivität des menschlichen Ohrs immer ein Faktor ist, der in Rechnung gestellt werden muß, hat diese von Tracey propagierte Methode auch wesentliche Vorteile. 1. Sie kann im Feld eingesetzt werden (Schwankungen von Tonträgern sind daher ausgeschlossen) 2. Wie es Tracey getan hat, kann man die Mithilfe von einheimischen Musikern in Anspruch nehmen, die entscheiden, ob diese oder jene Stimmgabel dem Ton auf dem Instrument eher entspricht. 3. Es werden „Töne" im naiven Sinne des Wortes ermittelt, worauf auch die Einheimischen hören; bei Stroboconn-Messungen erfaßt das Gerät unselektiv K l ä n g e, und es kommt oft vor, daß der 2., ja auch 3. Partialton angezeigt wird.

Ein Nachteil des Stimmgabelsatzes ist allerdings, daß sich der gehörmäßige Vergleich auf eine Oktave beschränken muß (d. i. der Tonumfang des tragbaren Satzes) und andere Oktavräume daher unberücksichtigt bleiben.

Tabelle III: Meßergebnisse einiger Instrumentalstimmungen aus Buganda, dargestellt in Hertz, Cents und Centsintervallen.
Alle Messungen wurden freundlicherweise von Reverend Dr. A. M. Jones, School of Oriental and African Studies, London, mit einem dort befindlichen Stroboconn-Tonhöhenmeßgerät Modell 6T-5, durchgeführt.

3. Die *amadinda* des Uganda-Museums, auf der ich lernte (vgl. Foto) Orig.-Band 7/II/2, Kampala, Dezember 1959.

4. Dieselbe *amadinda* des Uganda-Museums, zwei Monate später nochmals aufgenommen. Orig.-Band 13/II/2, Kampala, März 1960

Abbildung 5a *Abbildung 5b*

Platte	Hertz	Cents	Intervalle in Cents	Platte	Hertz	Cents	Intervalle in Cents
$\overline{2}$	807	296		$\overline{2}$	845	375	
			245				235
$\overline{1}$	700.5	51		$\overline{1}$	737	140	
			237				231
5	611	1014		5	645	1109	
			279				274
4	520	735		4	551	835	
			216				239
3	459	520		3	480	596	
			293				230
2	387.5	226		2	420	366	
			176				225
1	350	50		1	369	141	
			296				278
$\underline{5}$	295	955		$\underline{5}$	314	1063	
			193				186
$\underline{4}$	264	761		$\underline{4}$	282	877	
			245				231
$\underline{3}$	229	517		$\underline{3}$	247	646	
			210				220
$\underline{2}$	203?	306?		$\underline{2}$	217.5	426	
			?				245
$\underline{1}$	?	?		$\underline{1}$	189	181	

N.B. Da das Tonbandgerät bei der zweiten Aufnahme (März 1960) wesentlich langsamer lief (wahrscheinlich um mehr als einen Halbton) sind nur die Cents-Intervalle der beiden Messungen vergleichbar, nicht die Hertz-Werte. Da ein R e f e r e n z t o n wie bei späteren Aufnahmen 3—5 a und b, nicht auf das Band gespielt wurde, lassen sich die absoluten Werte nur vermuten. Auch bei der zweiten Aufnahme dürfte die oberste Platte, notiert als $\overline{2}$, anstelle von 845 Hertz in der Region von ca. 800 Hertz gewesen sein; entsprechend wäre der Rest zu kalkulieren.

5. Zwölf Stäbe eines von Evaristo Muyinda gebauten und mir geschenkten *akadinda*-Fragments. Ursprünglich sollte dies eine 22stäbige *akadinda* werden. (Privatbesitz Archiv Kubik/Aliya, Wien)

Abbildung 6

Platte	Hertz	Cents	Intervalle in Cents
$\overline{\overline{2}}$	1330	1159	
			258
$\overline{\overline{1}}$	1144	901	
			259
$\overline{5}$	986	642	
			244
$\overline{4}$	856	398	
			252
$\overline{3}$	740	146	
			217
$\overline{2}$	653	1129	
			254
$\overline{1}$	564	875	
			258
5	486	617	
			279
4	414	338	
			212
3	366	126	
			266
2	314	1060	
			242
1	273	818	

6. Stimmung zweier Harfen (*ennanga*) durch Evaristo Muyinda im Dezember 1967 in seinem Heimatort Nabbale, bei Kampala, während einer Aufnahmesitzung, bei der Muyinda die beiden Instrumente spielte (Orig.-Band 115/I/6—7)

(a) Stimmung der großen Harfe Ph.A. No. B 12363   (b) Stimmung der kleinen Harfe Ph.A. No. B 12362

Abbildung 7

Saite	Hertz	Cents	Intervalle in Cents	Saite	Hertz	Cents	Intervalle in Cents
2	406	304		2	417	353	
			257				261
1	350	47		1	359	92	
			233				234
$\underline{5}$	306	1014		$\underline{5}$	314	1058	
			270				225
$\underline{4}$	262	744		$\underline{4}$	275	833	
			196				240
$\underline{3}$	233	548		$\underline{3}$	240	593	
			257				255
$\underline{2}$	201	291		$\underline{2}$	207	338	
			252				275
$\underline{1}$	174	39		$\underline{1}$	176	63	
			236				201
$\underline{\underline{5}}$	152	1003		$\underline{\underline{5}}$	157	1062	

Mehrere Indizien sprechen dafür, daß beim Abstimmen von Kiganda-Instrumenten „absolutes Gehör" (perfect pitch, cf. Kyagambiddwa 1955: 20) ins Spiel kommt, auf jeden Fall aber absolute Tonhöhen-Identitäten angestrebt werden: (a) Identität von Harfenstimmungen verschiedener Musiker, Temusewo Mukasa und Evaristo Muyinda, deren Stimmungen in einem Abstand von 17 Jahren aufgenommen wurden (vgl. Kubik in Simon 1983: 372); (b) Benützung eines alten gestimmten Instruments (etwa einer Flöte, einer Xylophonplatte) als V o r l a g e beim Stimmen eines neuen; (c) Identität von Stimmungen der Xylophone verschiedener Konstrukteure nach den Meßergebnissen.

Bei seinem Besuch im *lubiri* am 26. Juni 1952 hat Hugh Tracey mit seinem Satz von 54 Stimmgabeln (von 212 bis 424 Hertz) durch auditiven Vergleich immerhin einen Oktavausschnitt der beiden Xylophone *entaala (amadinda)* und *akadinda* evaluiert. Dabei stellte sich auch heraus, daß der Basiston der *amadinda* im Königshof im Bereich von 172 Hertz lag, derjenige der *akadinda* um 140 Hertz. Wenn man nun — ungeachtet des verschiedenen Tonhöhenumfanges der beiden Instrumente — über diesen Werten eine theoretische temperierte pentatonische Skala in Hertz errechnet, stehen wir vor zwei Stimmungen, die zwar in den Intervallen gleich sind, in den absoluten Tonhöhen jedoch ungefähr h a l b i e r e n d zwischeneinander fallen. Die beiden Stimmungen sind im Durchschnitt etwa um die Hälfte des Standard-Intervalls von 240 Cents in den absoluten Tonhöhen verschieden; ihre Hertzwerte „verzahnen" sich. Eine fragmentarische *akadinda,* die Evaristo Muyinda gebaut hatte und mir schenkte, hat ihre vier tiefsten Töne mit 4—414, 3—366, 2—314, 1—273 Hertz beinahe haargenau auf jene Werte gestimmt, die Hugh Tracey für die gleichen Platten 4, 3, 2 und 1 der *akadinda* am Königshof zehn Jahre früher gemessen hatte. (Vgl. Tabelle I/1 mit Tabelle II/5).

Ein Vergleich vieler Stimmungen hat auch gezeigt, daß Harfe und *amadinda* in den absoluten Tonhöhen identische Stimmungen besitzen. Traceys Meßergebnisse der Töne 2—388, 1—344, 5—304 4—260 und 3—228 Hertz, entsprechen den Werten 2—406, 1—350, 5—306, 4—262 und 3—233 Hertz auf Muyinda's großer Harfe (Tabelle III/6a). Ebenso liegen sie im Bereich der kleinen Harfe und der *amadinda* (Tabelle III/3, erste Messung) des Uganda-Museums. Diese Ergebnisse bestätigen was wir aus der Musik selbst wissen, nämlich daß *amadinda, ennanga* und das *entenga*-Trommelspiel in der Hofmusik von Buganda e i n e n Komplex bilden, *akadinda* jedoch eine andere Tradition, möglicherweise mit verschiedenen Wurzeln, darstellt.

Notation der Kiganda-Musik

Anfangs der fünfziger Jahre begannen Baganda-Musikspezialisten sich um eine Aufzeichnung der Hofmusik zu bemühen. Die ersten umfassenden Notationen der *amadinda*-Musik und der dahinter stehenden Vokal-Themen wurden von dem Kirchenmusik-Komponisten Joseph Kyagambiddwa im Jahre 1955 in abendländischer Notenschrift veröffentlicht. Obwohl Kyagambiddwa mit dem (der europäischen Musik völ-

44

lig fremden) Kiganda-Verzahnungsprinzip (interlocking) große Probleme der Darstellung hatte und seine Notationen daher nur schwer verständlich sind, wenn man die Struktur der *amadinda*-Musik nicht schon kennt, sind sie leicht umzuschreiben. Dabei stellt sich heraus, daß sie — von wenigen Fehlern abgesehen, die auch auf Gedächtnislücken seines Informanten zurückgehen mögen — sehr genau abgefaßt wurden. In Kyagambiddwa's *African Music from the Source of the Nile* (1955) findet man unbekannte *amadinda*-Kompositionen, die die am Ende der vorliegenden Abhandlung veröffentlichte Anzahl erhaltener Stücke noch etwas erweitern. Kyagambiddwa's Buch ist eine Fundgrube für die alte Hofmusik, sobald man dahintergekommen ist, was er meint: denn dieser Autor hatte auch beträchtliche Schwierigkeiten mit der rhythmisch richtigen Wiedergabe seiner e i g e n e n Kirchenmusik (vgl. Klein, im Druck) und der Formulierung seiner Gedanken auf Englisch.

Akadinda-Musik wurde erstmalig in meinem Aufsatz „The structure of Kiganda Xylophone Music" (1960) notiert; gleichfalls noch in abendländischer Notenschrift, jedoch bei koordinierter Darstellung des Verzahnungsprinzips und Verwendung einer Formzahl anstelle von Taktangaben. Im Jahre 1962 begann mein Lehrer Evaristo Muyinda an Möglichkeiten einer einfachen, leicht faßlichen Aufzeichnung von Xylophonmusik zu denken. So entstand die sogenannte Ziffernnotation, in der die fünf Töne des temperierten Kiganda-Systems mit den Ziffern 1 bis 5 notiert werden. In den folgenden Jahren wurde dieses System von einer Reihe von Musikern und Studenten der Kiganda-Musik in Kampala benützt, die stets kleine Notizbüchlein mit Kompositionen bei sich trugen: Frau Elvania Namukwaya Zirimu, Albert Sempeke, Bernadette Kayiga und andere.

Zum Zweck einer reproduzierbaren Aufzeichnung von Kiganda-Musik überhaupt und ihrer Konservierung erweiterte ich die so entstandene Ziffernnotation durch zusätzliche Zeichen: (a) Linien über und unter den Ziffern zur Unterscheidung der Oktaven; (b) Punkte zur Markierung von Pausen. Das auf diese Weise entwickelte Notationssystem ist seither auch von zahlreichen Musikologen verwendet worden, die sich mit Kiganda-Musik befaßt haben, u. a. von Peter Cooke 1970 a, 1970 b und von Lois Anderson in ihrer Arbeit über die *entenga*-Trommeln (1977).

Für die Musikkulturen Südugandas ist Ziffernnotation keine fremdartige Darstellung relativer Tonhöhen. Denn lange vor den Experimenten im Kreise von Evaristo Muyinda wurden von Musikern in den Dörfern Xylophonplatten numeriert. Da Holmxylophone nach dem Spiel oft zerlegt werden, um die Stäbe an einem sonnengeschützten Ort aufzubewahren, hatte eine solche Numerierung praktischen Zweck. Sie sollte ein schnelles Auslegen der Xylophonplatten auf den Bananenstämmen gewährleisten, ohne sie erst einzeln abklopfen zu müssen, um ihren Ton festzustellen. (Cf. meine Dokumentation eines numerierten *embaire* in Busoga, Kubik 1982: 82—83). Dabei stellte sich heraus, daß man die Xylophone leiternmäßig und vom höchsten bis zum tiefsten Ton fortschreitend numerierte. Im Sinne der Skalenvorstellungen im Süden von Uganda ist dies signifikant. Es bestätigt die auch von anderen Autoren (Wachsmann 1950, 1957) belegte Auffassung, daß das Kiganda-Tonsystem (a) als Skala (*ntâmba*

nach Kyagambiddwa) und (b) als vom höchsten zum tiefsten Ton fortschreitend, oder
— wie man es im Luganda und Lusoga ausdrückt — vom „kleinsten" zum „größten",
„dicksten" Ton vorgestellt wird.

Die Ziffernnotation für Kiganda-Musik ist leicht und rasch erlernbar. Auf Noten
nach europäischem Muster kann man heute völlig verzichten. Beim Erlernen der Notation und des Spiels von Stücken sollte man jedoch in dieser Reihenfolge vorgehen:
Zuerst baut man sich ein Instrument, wobei die Erfahrungen in Berlin mit Evaristo
Muyinda 1983 gezeigt haben, daß unter heimischen Hölzern Rotbuche und Eiche
(auch willkürlich gemischt auf demselben Instrument) geeignet sind.[14] In Uganda
verwendet man meist *lusambya* (bot. Markhamia platycalyx).

Das Stimmen eines selbstgebauten Xylophons erfolgt am besten nach einer der gemessenen Stimmungen für *amadinda* oder *akadinda* (Tabelle II und III oben). Man
kann auch elektronische Geräte, etwa einen Korg Chromatic Tuner WT-12 verwenden,
um eine der Stimmungen zu kopieren. Wichtig ist, die Skala darf nicht „ideal" äquipentatonisch sein, sondern soll ± 10 bis 15 Cents Abweichungen von äquidistanten
Mittel (240 Cents) haben. Diese Werte sind z u f ä l l i g zu streuen, wodurch auch die
Oktaven geringfügig „unrein" werden.

Dann numeriert man die Platten wie folgt, vom höchsten bis zum tiefsten Ton (Abb.
8—10):

Notation mit Ziffern (Schema)

a) der Töne einer zwölfstäbigen *amadinda*
   Abbildung 8

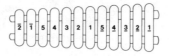

b) der Töne einer siebzehnstäbigen *akadinda*
   Abbildung 9

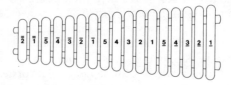

c) der Töne einer zweiundzwanzigstäbigen *akadinda*
   Abbildung 10

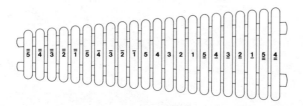

Jede Ziffer bedeutet einen Schlag auf die entsprechende Xylophonplatte, mit dem rechten oder linken Schlegel: die genaue Ausführungspraxis ist entweder in der Transkription durch r und l-Symbole angegeben, oder sie ergibt sich (etwa beim Spiel in parallelen Oktaven) aus den genau abgesteckten S p i e l f e l d e r n der einzelnen Xylophontypen (siehe Abschnitt II und III).

Im Gegensatz zu den kalebassen-resonierten Xylophonen Afrikas und Lateinamerikas ist die Anschlaghaltung bei allen Uganda-Xylophonen immer so, daß man die Enden der Xylophonplatten ungefähr in dem in den Abbildungen 11 und 12 angegebenen Winkel trifft. Die Schlegelhaltung und -führung ist fest, jedoch nicht steif; der Anschlag erfolgt eher aus dem Handgelenk, das Spielen in parallelen Oktaven mit möglichst wenig A r m bewegung, vielmehr eher durch geringes seitliches Drehen der Handgelenke.

Abbildung 11: Ungefährer Anschlagwinkel beim Spiel eines Holmxylophons

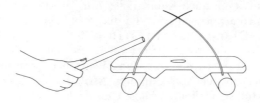

Abbildung 12: Haltung der Hände beim Spiel in parallelen Oktaven

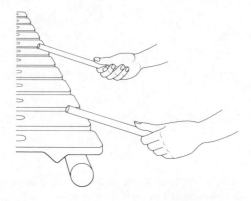

Will man den Vokalpart, der hinter Instrumentalkompositionen in Buganda steckt, singen, dann empfiehlt es sich, zwecks annähernd richtiger Intonation die ebenfalls mit den Ziffern notierten, zu singenden Töne auf einem selbstgebauten Xylophon zuerst a n z u s c h l a g e n (siehe das Beispiel unten, Abb. 13). Zu lesen sind diese Ziffern-Partituren immer von links nach rechts.

Die Ziffernnotation ist also als Impakt-Anweisung aufzufassen: eine Ziffer besagt, daß die so benannte Xylophonplatte angeschlagen werden soll; oder bei der Harfe reißt man die so benannte Saite an. Eine Linie über einer Ziffer bedeutet: nächsthöhere Oktave; unter einer Ziffer entsprechend nächsttiefere. Zwei Linien über oder unter einer Ziffer geben die übernächste Oktave an. Im mittleren Bereich erscheinen die Ziffern ohne zusätzliche Linien. Identische Ziffern mit verschiedener Unter- oder Überstreichung, zum Beispiel 5, $\underline{5}$, $\overline{5}$, $\underline{5}$ und $\overline{\overline{5}}$ geben somit — in der Konzeptualisierung der Einheimischen — d e n s e l b e n Ton, in einer jeweils anderen Oktave, an. Der Punkt . bedeutet: jetzt nicht schlagen. Ziffer und Punkt haben denselben Zeitwert; jedes der beiden Zeichen steht für einen sogenannten E l e m e n t a r p u l s. Darunter verstehen wir in der afrikanischen Musik die kleinste innere Referenzeinheit zur rhythmischen Orientierung, die die ausführenden Musiker, Tänzer und Zuhörer miteinander verbindet (vgl. auch Kubik 1988: 73). Aus der fortlaufenden, unendlichen Kette der Elementarpulse entsteht die subjektiv beim Musizieren afrikanischer Stücke empfundene E l e m e n t a r p u l s a t i o n. In vielen Musikformen ist ein Elementarpulsschlag (als subjektive Referenzgröße) identisch mit dem kürzesten Notenwert (als objektive Impakt-Größe) in einem Musikstück, so in der *amadinda*- und *akadinda*-Musik. In manchen Musikkulturen Afrikas kann die Elementarpulsation durch objektive Aktionseinheiten (Schläge etc.) noch weiter unterteilt werden, wie dies in einigen Formen der Yoruba-Musik, Nigeria, der Fall ist (Cf. Kubik 1988: 292—293). Dies ändert jedoch nicht ihre psychologische Präsenz. Die noch kleineren Unterteilungen haben keinerlei Orientierungsfunktion.

Wichtig ist zu verstehen, daß es sich bei der Elementarpulsation um ein durch Enkulturation verinnerlichtes, längst unterbewußt gewordenes subjektives Referenz- und Orientierungsschema handelt, das alle miteinander musizierenden Personen verbindet. Im Prinzip ist die Elementarpulsation selbst stumm. Die Elementarpulskette kann entweder vollständig durch Klangereignisse objektiviert werden, wie etwa wenn man in der normalen, balancierten Weise *amadinda* spielt, was man im Luganda *okusengejja* nennt (vgl. Kubik 1988: 145), oder lückenhaft, das heißt unterbrochen von zahlreichen L e e r pulsen. Eine solche Spielweise eines *amadinda*-Stückes, d. h. unter Auslassung von Tönen, nennt man im Luganda *okusita ebyondo* (Ecken errichten, vgl. Kubik 1988: 146). Gerade durch die unbeirrbare innere Präsenz der Elementarpulsation ist eine solche Spielweise erst möglich.

Bei der Ausführung der beiden Basisreihen einer *amadinda*-Komposition erfolgt der Anschlag des einzelnen Musikers jeden zweiten Elementarpuls. Die Reihen notieren wir daher wie folgt (Beispiel): 4 . 5 . 2 . 3 . 3 . usw. Beim Spiel der Basisreihe eines *akadinda*-Themas erfolgt der Anschlag dagegen in Abständen von jeweils drei Elementarpulsen, daher: 5 . . 5 . . 5 . . 5 . . 1 . . 1 . . etc. *Okukoonera*-Parts an der *amadinda* sind rhythmisch durchwegs komplex und bestehen aus Anschlägen und Leerpulsen in symmetrischer, asymmetrischer oder irregulärer Konfiguration. Zum Beispiel: 2 1 . 2 . 1 . . 2 1 . 2 . . 1 . . 2 . . etc.

Im sprachlichen Bereich entspricht der Wert eines Elementarpulses in der Kiganda-Musik einer silbischen, tontragenden Einheit oder Mora (vgl. Cooke 1970: 63). Das heißt, im Prinzip fällt eine Textsilbe im Gesang mit dem Wert eines Elementarpulses, dargestellt durch eine Ziffer, zusammen. Da im Luganda auch nasale Laute und Halbvokale für sich unabhängige Morae darstellen können, ergibt sich ein rhythmisch oft sehr komplexer Charakter der Gesangs-Parts. (Siehe *Ssematimba ne Kikwabanga . . .,* Abb. 13 unten).

In den Notationen der Musik Südugandas — wie auch denen anderer Formen afrikanischer Musik — stehen keine Taktbezeichnungen, da dieser Begriff für afrikanische Musik sehr fremd ist. Am Anfang eines Stückes steht eine sogenannte F o r m z a h l, das ist eine eingekreiste Zahl, zum Beispiel ㊱ . Sie gibt die Länge des zu wiederholenden Zyklus nach der Anzahl der Elementarpulsschläge an, die ihn ausfüllen.

Neben der Elementarpulsation spielt in der Kiganda-Musik (wie auch anderswo) der „Beat" der Tänzer als zweite Orientierungsebene eine große Rolle. Oft wird er durch gleichmäßige, sechs Elementarpulse zusammenfassende Schläge auf einer tiefen *empunyi*-Trommel markiert (vgl. etwa die *akadinda*-Aufnahme der Gruppe „The Blind Musicians of Salama", Ph. A. Wien, No. B 12348 „Ab'e mbuga basengejja"). In manchen Notationen ist der Beat der Tänzer angegeben; dies kann mittels eines x geschehen (vgl. Abb. 13).

Die Kiganda-Musiknotationen dienen der Aufzeichnung und Analyse dieses Musikgutes. Obwohl in ihnen die rhythmisch-melodischen Strukturen genauestens festgehalten sind und reproduziert werden können (sogar mittels Computer), sind sie nicht zum „Spiel vom Blatt“ nach europäischer Aufführungspraxis gedacht. In der afrikanischen Musik kommt es auf intime Koordination zwischen kinetischen und auditiven Elementen an. Notenlesen aktiviert ganz andere Bereiche der Gehirntätigkeit und ist dieser Koordination abträglich. Man muß die Stücke (siehe Verzeichnis am Ende dieser Arbeit) schon anhand der Ziffern a u s w e n d i g lernen, um sie zu spielen, was jedoch nur anfangs Schwierigkeiten bereiten dürfte. Da sie alle zyklisch in ihrer Form sind, erleichtert dies ein Memorieren.

Mit der Ziffernnotation kann man jede, auch die komplizierteste rhythmische Folge in der Kiganda-Musik richtig notieren, ohne (wie bei der abendländischen Musiknotation) sich in hoffnungslose Synkopationen zu verstricken. In den Partituren müssen jedoch alle Notationssymbole (Ziffern, Punkte etc.) in der horizontalen wie der vertikalen Dimension koordiniert sein, indem man gleiche Abstände einhält, sonst sind solche Notationen unbrauchbar.

Für die Wiedergabe der gesungenen Themen, etwa bei den Harfenliedern oder unbegleiteten Tanzliedern, benötigen wir ein weiteres Zeichen, mit dem das Aushalten eines Tons über mehrere Elementarpulse ausgedrückt wird: — (ein kurzer horizontaler Strich in mittlerer Lage). Weitere diakritische Zeichen kann man bei bestimmten Vokaltechniken anwenden, wie etwa Glissandos, eine Technik die mit dem Verbum *okuwuugulira* (wehklagen, stöhnen) umschrieben wird. Wellige Tongebung ist bei vielen Sängern (vgl. etwa Hugh Tracey's Aufnahmen des letzten großen Harfenisten Temusewo Mukasa, AMA — TR 138) verbreitet, oft verbunden mit Singen von Silben, etwa -mm-. Joseph Kyagambiddwa (1955: 21) ist der Auffassung, daß manche Sänger das Standard-Intervall von 240 Cents halbieren und Schritte von ca. 120 Cents singen können. Er schlägt vor, solche Abweichungen von den Standardtönen mit geschwärzten Vorzeichen ♯ ♭ und ♮ wiederzugeben.

Das folgende Notationsbeispiel einer Vorsänger/Chor-Darbietung des historischen Liedes über die beiden Prinzen Ssematimba und Kikwabanga (komponiert wahrscheinlich anfangs des 19. Jahrhunderts) soll die Verwendung der Ziffernnotation zeigen. Zusätzliche diakritische Zeichen mit Ausnahme von ⸜ für ein abfallendes Glissando über der mittleren langen Silbe von „bwe-ree-re“ brauchen wir dabei nicht (Abb. 13).

Abbildung 13: Ziffernnotation des Vokalthemas von „Ssematimba ne Kikwabanga“

```
                     Leader:
(36)                 4 | 1̄  -  1̄  1̄  -  1̄  | 5  -  2  3  3  3  | 3   -  5  ⸜ 2  -
                     A-| ba —  si- b'e — mbu-| zi    ba- si -bi -ra| bwe —  re - e - re
                       |                   |                  |
Grundschritte:       . | x  .  .  .  .  .  | x  .  .  .  .  .  | x  .  .  .  .  .
(beim Tanz)            |                   |                  |
```

```
             Chorus:
       | 1  -  -  2  -  2 | 2  -  1  1  -  3 | 4  -  4  -  4  - |
       | A!          Sse — ma-ti — mba ne   Ki-kwa — ba — nga! |

       | x  .  .  .  .  . | x  .  .  .  . | x  .  .  .  .  . |
```

Wie jedes System hat auch die Ziffernnotation Vor- und Nachteile.

Vo r teile sind unter anderem: 1. Das System suggeriert von sich aus nicht die europäischen Intervalle. Es ist daher besonders geeignet für temperierte Tonskalen wie die
Pentatonik der Kiganda-Musik. 2. Es handelt sich um eine Impaktnotation, in der
die primären Zeichen, Ziffer und Punkt, keinerlei Ton d a u e r (über einen Elementarpuls hinausgehend) implizieren. Als non-durationales System führt es in den Darstellungen zu keinen Synkopationen. Wo Töne ausgehalten werden, wie beim Singen,
verwenden wir das Zusatzzeichen -, über der entsprechenden Anzahl von Elementarpulsen. Man kann es auch weglassen, in welchem Falle ein durch eine Ziffer angege-
bener Ton so lange auszuhalten ist, bis er durch ein neues Zeichen (eine weitere Ziffer
oder einen Punkt) widerrufen wird. 3. Ziffernnotationen kann man auf einer ge-
wöhnlichen mechanischen Schreibmaschine schreiben. Sie sind daher ökonomisch
und man erspart sich zeitraubendes und teureres Notenstechen. Die am Ende der vorliegenden Arbeit veröffentlichten 102 Xylophonkompositionen würden in Notenschrift gesetzt ein halbes Buch füllen. 4. Strukturelle Identitäten innerhalb der Kiganda-Musik, besonders die Identität der melodisch verschieden gestalteten Strukturen
in den einzelnen *miko*-Transpositionen (vgl. Abschnitt II) werden durch Ziffernnotation überhaupt erst sichtbar.

N a c h teile der Ziffernnotation sind: 1. Melodische Bewegungen sind nicht durch
Raumdarstellung visualisiert, sondern sozusagen „komputerisiert". Dies kann manche Arten musikalischer Analyse erschweren. 2. Zusatzzeichen, etwa um Phrasierun-
gen, Akzente, Glissandi oder mikrotonale Abweichungen in der Vokalmusik anzuge-
ben, können zur Überladung des Notationsbildes führen.

Wie aus den obigen Darstellungen zu ersehen ist, läuft unsere Notation der Kiganda-
Töne in aufsteigender Richtung. Dies widerspricht der (fallenden) Skalenauffassung
und des Stimmprozesses bei den Baganda. Die Entscheidung über diese Darstellungs-
art lag allerdings nicht bei mir, sondern erfolgte auf ausdrücklichen Wunsch der Baganda-Musiker mit denen ich anfangs der sechziger Jahre zusammenarbeitete. Auch
Joseph Kyagambiddwa (1955: 20) bei seiner Notation zweier von ihm über Basiston
1 und Basiston 3 gebildeten Leitern, des *olutaamba olwa wansi* (der „tieferen"
Leiter) und des *olutaamba olwa waggulu* (der „höheren" Leiter) schreitet von tiefen
zu höheren Tönen fort. Ob sich in dieser Auffassung „europäischer Denkeinfluß"
spiegelt, ist schwer nachzuweisen. Kyagambiddwa (1955: 20) behauptete auch, die alten Baganda hätten jede der fünf Stufen des Kiganda-Tonsystems mit Silben und
zwar, BA, FE, KI, JO, VU bezeichnet; wobei nach seiner Darstellung BA immer den

Basiston einer Leiter angibt, ob man nun bei 1 oder bei 3 anfängt. Auch dies konnte aus unabhängigen Quellen bisher nicht verifiziert werden.

Eine absteigende Ziffernnotation hat indessen auch ihre eigene Problematik. Würden wir etwa an der *amadinda* (vgl. Abb. 9 oben) den höchsten Ton mit der Ziffer 1̄ notieren und stufenweise nach abwärts schreiten, dann überschnitten sich die Zifferngruppen mit den Spielfeldern der Musiker (vgl. Abb. 15 im Abschnitt II). Das Behalten der Kompositionen im Gedächtnis wäre schwieriger. Die Autonomie der auf den beiden höchsten Platten (*amakoonezi*) zu spielenden Abstraktionsformel wäre verschleiert, da sich die Ziffernfolge um drei Töne weiter in die Spielfelder der die Baßreihen spielenden Musiker fortsetzen würde.

Eine andere Lösung wäre, die Numerierung zwar gleichfalls in Deszendenz, jedoch mit 4̄ und 5̄ zu beginnen; also: |4̄ 5̄|1 2 3 4 5|1̲ 2̲ 3̲ 4̲ 5̲| bei der *amadinda*. Diese Notation schien m i r damals akzeptabel und logisch; sie wurde aber von meinen Baganda-Freunden gleichfalls abgelehnt. Was sie zu stören schien war, daß der *okukoonera*-Part (jene auf den beiden höchstgestimmten Platten zu spielende Formel) mit den Ziffern 4̄ und 5̄ dargestellt wird. Obwohl die Ziffernanordnung nunmehr mit den Spielfeldern kongruent wäre, schien dadurch die Wichtigkeit der *amakoonezi* und der *amatengezzi* (der beiden tiefsten Platten) als gestaltbildende Faktoren in den Hintergrund gedrängt.

Bei der *akadinda* notieren wir gleichfalls in aufsteigender Folge; bei der 22stäbigen Version beginnen wir jedoch mit der Ziffer 4̲ als tiefsten Ton. Dies hängt mit der Art und Weise zusammen, in der man die 17stäbige *akadinda* einst durch Hinzufügen weiterer fünf Töne erweiterte: unten zwei und oben drei Töne. Auf manchen *akadinda*-Instrumenten ist die unterste Platte überhaupt „tot"; sie ist kaum gestimmt und wird zum Spiel oft gar nicht verwendet.

Die Transponierbarkeit der Intervalle

Wie in vielen Xylophontraditionen Afrikas stellt man sich auch in Buganda (und Busoga) die instrumentalen Intervalle als über die Platten eines Xylophons v i s u e l l verschiebbar vor. Beim Versetzen bewahren sie auch in der auditiven Vorstellung ihre Identität; es sind auf allen Stufen dieselben Intervalle.

Sechs melodische Intervalle sind in der Kiganda-Musik möglich. Wir können sie mittels der von Kyagambiddwa benützten Silben für die Kiganda-Töne, nämlich BA, FE, KI, JO, VU, BA (in Ziffernnotation als 1, 2, 3, 4, 5, 1̄) beschreiben. Auf dem Xylophon werden sie durch die Distanz der Schlegel definiert. (Abb. 14)

Abbildung 14

(a) Prime

(b) Kiganda-Sekunde
ca. 240 Cents

(c) Kiganda-Quart
ca. 480 Cents

(d) Kiganda-Quint
ca. 720 Cents

(e) Kiganda-Septime
ca. 960 Cents

(f) Oktave
ca. 1200 Cents

(a) Prime BA - BA (1 - 1) Sukkzessives Anschlagen derselben Platte
(b) Kiganda-Sekunde BA - FE (1 - 2) Progression zur Nachbarplatte
(c) Kiganda-Quart BA - KI (1 - 3) Überspringen einer Platte
(d) Kiganda-Quint BA - JO (1 - 4) Überspringen zweier Platten
(e) Kiganda-Septime BA - VU (1 - 5) Überspringen dreier Platten
(f) Oktave BA - BA (1 - 1̄) Gleichzeitiges Anschlagen zweier Töne mit vier „Leerplatten" dazwischen

Abbildung 14 zeigt uns die visuellen „Bilder" der Kiganda-Intervalle. Nur die Oktave ist ein Simultan-Intervall. Alle anderen Intervalle (ausgenommen bei heterophonen Passagen in *ebisoko*-Variationen) werden in der Kiganda-Musik immer nur melodisch-sukkzessive angeschlagen.

Jeder der oben dargestellten Schlegelabstände, ausgedrückt durch Schwärzen der betreffenden Xylophonplatte, ist transponierbar, ohne daß die transponierten auditiven Intervalle in der Vorstellung der Musiker ihre Identität verlieren würden. Wenn etwa Kiganda-Quarten, visuell daran erkennbar, daß e i n e Leerplatte dazwischen fällt, in einer melodischen Sequenz verschoben werden sollen, dann werden sie auf jeder Stufe als identisches Intervall empfunden (vgl. die *kulya-kulya-kulya*-Formel in der *akadinda*-Musik, Abschnitt III).

Eine Kiganda-Quart (von 480 Cents) ist in ihrer idealisierten Form um 18 Cents enger als eine Quart der Naturtonreihe (498 Cents). Dadurch verliert sie jedoch nicht ihre „Quartqualität", auch nicht für Personen aus Kulturen, in deren Musik reine Quarten gebräuchlich sind. Dies zeigte sich bei Versuchen mit den Musikern Donald Kachamba und Moya Aliya aus Malaŵi, die sich auch mit *amadinda*- und *akadinda*-Musik beschäftigt haben.[15] In analoger Weise ist die Kiganda-Quint um 18 Cents weiter als jene der Naturtonreihe (702 Cents). Stark abweichend von „natürlichen" Intervallen ist hingegen die Kiganda-Sekunde mit ca. 240 Cents.

Die Vorstellungen der Baganda von der Visualität und Transponierbarkeit der Intervalle auf den Xylophonen haben beträchtliche Implikationen für theoretische Fragen,

53

die das Kiganda-Tonsystem betreffen. Vor allem die große Bedeutung von „parallel" versetzten Kiganda-Quarten läßt vermuten, daß neben den bereits geläufigen Konzepten der Linearität der Stimmen, der ausschließlichen Oktavzusammenklänge, der Intervallidentität in einer temperierten Pentatonik etc., noch ein uns u n b e k a n n t e s G r a v i t a t i o n s f e l d in dieser Musik wirkt. Vielleicht findet sich in dieser Vorliebe für „melodischen Quartenparallelismus" sogar ein Schlüssel zum Verstehen der starken Abweichungen vom äquidistanten Mittel bei den Kiganda-Stimmungen, und der Existenz von Vorstellungen wie des *olutaamba olwa wansi* (der „tieferen" Leiter) und des *olutaamba olwa waggulu* (der „höheren" Leiter) (cf. Kyagambiddwa 1955: 20). Auffallend ist doch, daß man diese beiden Leitern — und nach Kyagambiddwa soll ein Lied in seinem Tonumfang entweder in die eine oder andere fallen — dadurch erhält, daß man das eine Mal den tiefsten Ton auf einem Instrument, das andere Mal den um eine „Kiganda-Quart" höher liegenden Ton zum Basiston einer Leiter e r - k l ä r t ! Warum sind diese beiden system-internen Leitern ausgerechnet eine Kiganda-Quart voneinander entfernt? —

II. Amadinda- und ennanga-Kompositionsverfahren

Mit der Bezeichnung *amadinda* meint man in Buganda ein Holmxylophon, meist jenen Typus, bei dem 12 Stäbe oder Platten auf zwei Bananenstämmen ausgelegt sind. Wenn man ein solches Instrument im Königshof selbst spielte, nannte man es entweder *entaala* oder, da es innerhalb der „königlichen Umzäunung" (*lubiri*) von einem Trommelsatz namens *entamiivu* begleitet wurde, nach dem ganzen Ensemble einfach *entamiivu za Kabaka*. Das Zwölf-Platten-Xylophon stand im Mittelpunkt dieses Ensembles. Auch begannen die Musiker in der Regel mit den Xylophonparts und die Trommeln setzten erst später ein. Hugh Tracey, der dieses Ensemble 1952 aufnahm, beschreibt die Begleittrommeln und ihre Größen wie folgt: „The approximate sizes of the drums were: — *Ntamivu*, big drum, 25 inches across, 37 inches tall. *Naku*, medium drum, c. 14 inch head, 19 inches tall. Tall laced drum. c. 10 inch head, 39 inches tall. The *Naku* (— 14.22301 —) was played with the hands, the others (— 14.22303 —) were played with beaters. The tall drum stood beside the very large *Ntamivu* and both were played by one man" (H. Tracey 1973: 309).

Die Bezeichnung *entaala* ist historisch aufschlußreich, da sie im Gegensatz zu *amadinda* nicht nur in Buganda, sondern in einem breiten Raum Süd- und Südwestugandas überregional verbreitet ist. So heißt das ganz anders, nämlich heptatonisch gestimmte Xylophon bei den Bakonjo, wie ich es 1962 im Ruwenzori-Gebiet (West-Uganda) aufnehmen konnte, *endara*.

Die Bagwere, östliche Nachbarn der Basoga, kennen ein Xylophon namens *entaala* oder *miruli* (Wachsmann 1953: 319). Varianten der Bezeichnung sind auch bei den Banyoro[16], den nördlichen Basoga, ja sogar über die Sprachgrenze hinweg, bei den nilotischen Alur im West-Nile District, Uganda, bekannt, wohin Name und Instrument sicher durch Diffusion aus dem Zwischenseengebiet gelangten.

Die Bezeichnung *amadinda* setzt sich aus dem sogenannten Anfangsvokal *a-*, dem Akkumulativ-Präfix *-ma-* (durch das eine Ansammlung von Objekten ausgedrückt wird) und dem Wortstamm *-dinda* zusammen. Also: *a-ma-dinda*. Der Anfangsvokal kann im täglichen Sprachgebrauch auch wegbleiben, und man sagt häufig einfach *madinda*. Der Wortstamm ist von einem Klang-Ideophon abgeleitet: *di-nda di-nda di-nda* etc. klingt es, wenn man spielerisch die Platten anschlägt. E i n e Xylophonplatte heißt: *dinda,* mehrere sind *madinda,* somit das ganze Instrument.

Spiel an einer *amadinda* außerhalb des Königshofes. Das vorliegende historische Bild (Kasangati bei Kampala, Juni 1952; Foto: Hugh Tracey) zeigt den Saza Chief Kaggo, zusammen mit seinem etwa vierzehnjährigen Neffen, Danieri Seruwaniko, beim Spiel des Holmxylophons. Deutlich zu sehen ist, wie beide einander gegenübersitzenden Musiker die Stäbe mit parallel geführten Schlegeln in Oktavabständen anschlagen. Der Neffe spielt eine der Basisreihen, sein Onkel die andere, indem er dazwischen fällt. Hugh Tracey nahm vier Stücke von Chief Kaggo auf, die auf der Schallplatte AMA TR — 138, A — 1, 2, 3 & 4 veröffentlicht sind. In seinem Feldbericht (H. Tracey 1953: 8) schrieb er: „The Ssaza Chief Kago, whom we will surely remember as one of the best informed Ganda men in local musical matters, played us his own compositions on the xylophone with the assistance of his nephew who sat opposite him." Im selben Dorf lebte auch der inzwischen legendäre Harfenspieler Temusewo Mukasa (vgl. Aufnahmen Hugh Tracey TR — 138; Foto in Kubik 1982: 73).

55

Abbildung 15: Sitzordnung und Spielfelder an einer *amadinda*

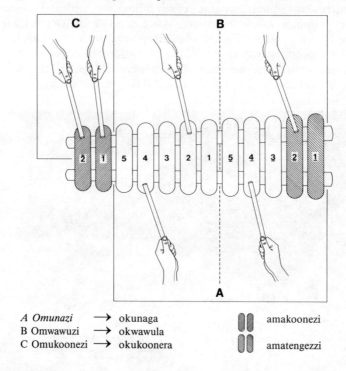

A *Omunazi* → okunaga
B Omwawuzi → okwawula
C Omukoonezi → okukoonera

amakoonezi

amatengezzi

Diese eher das Spielerische hervorhebende Bezeichnung war vor allem in der „populären" Aufführungspraxis verbreitet, wogegen man den esoterischen Ausdruck im Rahmen der Hofmusik verwendete. Damit betonte man auch die soziale Distanz, die sich zwischen Musikübung am Hof und Musikübung im populären Bereich zu entwickeln begann. Im Rahmen der Hofmusik entwickelte sich zwar keine Geheimsprache über Musik, aber immerhin eine F a c h sprache, die nicht allgemein, sondern unter den ihren Pflichten nachkommenden Hofmusikern gebräuchlich war. Dasselbe Objekt konnte somit im unterschiedlichen sozialen Kontext verschieden benannt werden.

Im Gegensatz zur Musik für den zweiten Xylophontypus: *akadinda* (siehe Abschnitt III), und der einiger anderer, ausschließlich am Hofe des Kabaka beschäftigten Instrumentalgruppen, etwa *entenga*-Zwölftrommelspiel (Wachsmann 1965, Anderson 1977) oder *amakondere*-Hornensemble, hat man *amadinda*- (bzw. *entaala*-)Musik nicht nur am Königshof gespielt. Dieses zwölfstäbige Holmxylophon war auch ein beliebtes Instrument im Umfeld von *Saza*-Häuptlingen und deren Wohnsitz in den Dörfern. Aufführungspraxis und Repertoire waren im Prinzip mit dem am Königshof identisch, aber manche Experten, wie etwa der von Hugh Tracey aufgenommene Chief Kaggo, komponierten auch eigene Stücke. Nicht selten fehlte in den Dörfern der dritte Musiker (der *omukoonezi*), dessen Part der schwierigste ist. Daher gab es immer schon wenige Experten. Bereits zu den Zeiten von Sir Harry Johnston (vgl. dessen Foto, Johnston 1902, reproduziert in Kubik 1982: 74—75, vom Ende des 19. Jahrhunderts) und bis in die jüngere Zeit wurde *amadinda* oft nur zu zweit gespielt und dies genügte. Professionelles Spiel, im ehemaligen Königshof, bedeutete jedoch die Mitwirkung eines *omukoonezi,* eines dritten Ausführenden.

Abbildung 16: Beispiel einer *amadinda*-Komposition

„Ssematimba ne Kikwabanga" — die Geschichte von zwei Prinzen. (Elementarpulsation: ca. 500—600 M. M.)

```
            r     r     l   r     r   l   rl   rl   r   l     r     r   l   rl
okukoonera  . 1 . . 2 . . 1 . 2 . . 2 . 1 . 2 2 . 2 2 . 2 . 1 . . 2 . . 2 . 1 . 1 1
                                       *
                                                 ↓
okunaga �36  4 . 5 . 2 . 3 . 3 . 5 . 2 . 1 . 2 . 5 . 2 . 2 . 1 . 4 . 4 . 2 . 1 . 1 .
okwawula    . 1 . 4 . 3 . 1 . 2 . 3 . 4 . 3 . 2 . 2 . 5 . 4 . 3 . 2 . 4 . 4 . 4 . 1
```

↓ Einsatzpunkt der *okwawula*-Basisreihe
* Einsatzpunkt der *okukoonera*-Formel
r = rechter Schlegel
l = linker Schlegel

N.B. Die *okunaga*- und *okwawula*-Basisreihen werden in Oktaven verdoppelt ausgeführt.

Die wichtigsten Charakteristika einer amadinda-Komposition und ihrer Aufführung

1. Drei Musiker sitzen an einer *amadinda:* A (der *omunazi*), B (der *omwawuzi*) und C (der *omukoonezi*). Jeder von ihnen hat zwei Schlegel, einen in jeder Hand, und einen bestimmten Spielbereich (siehe Abb. 15), den er nicht überschreiten darf. Musiker A und B sitzen einander gegenüber und schlagen dieselben Xylophonplatten, jeder an seinem Ende an. Beide haben ein Spielareal von insgesamt zehn Platten, fünf für jede Hand. Musiker C ist in seinem Spielbereich auf die zwei höchstgestimmten Xylophonplatten beschränkt, die in der Luganda-Musikterminologie *amakoonezi* genannt werden.

2. Musiker A (*omunazi*) spielt *okunaga;* B (*omwawuzi*) spielt *okwawula;* C (*omukoonezi*) spielt *okukoonera*. Dies sind die in der Luganda-Terminologie verwendeten Zeitwörter, mit denen das Spiel dreier zu kombinierender Parts charakterisiert wird.

3. Der *omunazi* (A) beginnt ein Stück. *Okunaga* bedeutet „mit den ersten Tönen eines Stückes einsetzen". Er spielt eine Ton r e i h e , die sich aus einer völlig gleichmäßig zu schlagenden Anzahl von Tönen in parallelen Oktaven zusammensetzt:
4 . 5 . 2 . 3 . 3 . 5 . 2 . 1 .
<u>4</u> . <u>5</u> . <u>2</u> . <u>3</u> . <u>3</u> . <u>5</u> . <u>2</u> . <u>1</u> . etc., zum Beispiel, bei der *amadinda*-Version
des historischen Liedes *Ssematimba ne Kikwabanga* (Abb. 16).

4. Nach kurzer Zeit — ein bis zwei Wiederholungen der *okunaga*-Reihe — setzt der *omwawuzi* (B) mit einer Kontrast-Tonreihe ein. *Okwawula* heißt: „separieren, trennen, dazwischenfallen". An einem bestimmten, vorgesehenen Punkt beginnend, in der Transkription durch das Zeichen ↓ im *okunaga*-Part markiert, setzt er, gleichfalls in parallelen Oktaven mit seiner Reihe ein:
5 . 4 . 3 . 2 . 4 . 4 . 4 . 1 . 1 .
<u>5</u> . <u>4</u> . <u>3</u> . <u>2</u> . <u>4</u> . <u>4</u> . <u>4</u> . <u>1</u> . <u>1</u> . etc.
Im Augenblick wo der *omwawuzi* einsetzt denkt er jedoch um, das heißt, er empfindet seine Schlagreihe keineswegs als „Synkopen" in Relation zu seinem Gegenüber; im Bruchteil der Sekunde seines Einsatzes löst er sich vom „Beat" des *omunazi* und empfindet s e i n e Reihe als Beat. Von ihm aus gesehen, scheinen nun die Schläge des *omunazi* zwischen seine Schläge zu fallen.

5. Die Geschwindigkeit der Expertenspieler ist bis zu 300 M. M. für den Schlag, 600 M. M. ist demnach die Elementarpulsation. Die Musik kann aber auch langsamer gespielt werden. Allerdings sollte sie von Lernenden aus Kulturen außerhalb Bugandas nicht s o langsam gespielt werden, daß dadurch dem *omwawuzi* ermöglicht würde im Geheimen seine Reihe als „Synkopenkette" zu denken.

6. Der Ablauf einer *amadinda*-Komposition ist zyklisch. Die Kombination der Basisreihen — bei *Ssematimba ne Kikwabanga* sind es 18 Töne in der Reihe eines jeden — wird ständig wiederholt, mindestens zwei bis drei Minuten lang, bis man ein anderes Stück spielen möchte. Um ein *amadinda*-Stück zu beenden, gibt der *omunazi* ein Signal, indem er plötzlich beide Schlegel hochhebt, seine Reihe unterbricht und eine Phrase mit einem Schlußton folgen läßt, in die die anderen im Unisono und in Oktaven einstimmen. (Vgl. unser Spiel dieses Titels in Kampala, März 1960, Ph. A. B 4886).

7. Ein dritter Musiker an der *amadinda,* der *omukoonezi,* ist mit einer besonderen Aufgabe betraut. Er hat das zu spielen, was der Muganda-Musiker Christopher Kizza[17] das „bißchen Zucker auf der Spitze" nannte. Auf den beiden *amakoonezi,* d. s. die höchstgestimmten Platten, spielt er eine Zweiton-Formel, die jedoch in den kombinierten Basisparts bereits drinnensteckt und nur abgeleitet werden muß. *Okukoonera,* von *okukoona* (klopfen), kann man vielleicht am besten mit: „eine Formel schlagen" übersetzen.
Der Part des *omukoonezi* ist rhythmisch oft schwierig und erfordert eine intime gehörsmäßige Vertrautheit mit dieser Musik. Mit solchen ableitbaren und in den Reihenkombinationen innewohnenden Mustern schufen die alten Baganda-Kom-

ponisten eine „Illusionsmusik" — wie dies György Ligeti nennt — bei der das auditive Gesamtbild der Basisreihen vom Augenblick ihrer Kombination in mehrere miteinander in Konflikt stehende a u t o n o m e B i l d e r zerfällt. Diese subjektiven oder inhärenten Muster (vgl. Kubik 1960: 12, 1969: 29) werden von der auditiven Wahrnehmung in verschiedenen Tonhöhenbereichen isoliert. Das tiefste melodisch-rhythmische Muster bildet sich auf den beiden tiefstgestimmten Xylophonplatten, den *amatengezzi* (singular: *entengezzi*). Genau in diesen Tonhöhenbereich hört der Musiker C hinein. Das Tonmuster, welches dort aus der Tiefe dieses auditiven Vexierbildes auftaucht, ja sich ihm geradezu aufdrängt, imitiert er zwei Oktaven höher, auf seinen *amakoonezi*. Bei *Ssematimba* ... beginnt er wie folgt (vgl. Abb. 16):

$\bar{2}$. $\bar{1}$. $\bar{2}\bar{2}$. $\bar{2}\bar{2}$. $\bar{2}$. $\bar{1}$ . . $\bar{2}$ . . $\bar{2}$ etc.

Sein Einsatzpunkt ist in den Partituren mit einem Sternchen * markiert. Die Buchstaben r und l geben an, mit welchem Schlegel (der rechten oder linken Hand) er anschlagen soll. Nach einiger Praxis kommt man auch von selber drauf, wie das *okukoonera* bewegungstechnisch auszuführen ist. Strukturell ist dieser dritte Part keine neue Stimme, kein neues Element, denn er ist völlig in den beiden Basisparts enthalten. Der dritte Musiker holt sich sozusagen alle 1 und 2 aus den beiden anderen Parts heraus und imitiert sie.

8. Der Terminus *entengezzi* taucht nicht nur in der *amadinda*-Musik auf, sondern auch im Flötenensemble (*abalere ba Kabaka*), in dem mindestens sechs *milere* (Flöten) oder *enderre,* wie der bekanntere Name lautet, zusammenspielten. Die vierte Flöte von oben in der Reihe hieß *ntengezzi*. Bei den mit der *amadinda*-Musik strukturell verwandten Musikformen auf der Harfe und dem *entenga*-Trommelspiel tritt diese Bezeichnung gleichfalls auf. Die drei tiefsten Saiten der *ennanga* (Bogenharfe) bzw. die drei tiefsten Trommeln im *entenga*-Satz nennt man gleichfalls *amatengezzi*. Auch bei der Leier (*entongoli*) kommt der Terminus vor. Er leitet sich von dem Verbum *okutengeeta* ab, welches von Kirwan und Gore (1967: 310) wie folgt übersetzt wird: *v. i.* (-se) shake; tremble; vacillate. *Entengezzi* ist daher etwas das zittert, vibriert. Der Ursprung des Ausdrucks liegt bei Saiteninstrumenten, wahrscheinlich bei der Bogenharfe, wo man die auf niederen Frequenzen gestimmten Saiten tatsächlich zittern, vibrieren sehen kann.

9. *Amadinda*-Musik ist gekennzeichnet durch komplexe Linearität der Stimmen, bei gleichzeitiger Abwesenheit aller Zusammenklänge außer Oktaven. Variationen, die man bei manchen Stücken spielt, führen zwar zu vorübergehender Heterophonie, aber zu keinen Simultanklängen auf der Basis einer von harmonischen Vorstellungen ausgehenden Mehrstimmigkeit.

10. Die Einsatzpunkte für *okwawula* und *okukoonera* sind durch Konvention bestimmt; sie sind weder absolut konstant von Musiker zu Musiker oder Gruppe zu Gruppe, noch absolut bindend. Man kann auch an anderen Stellen einsetzen. Baganda-Musiker haben allerdings gewisse Präferenzen, so daß in der Praxis meist nur ein bis zwei Stellen in Frage kommen. Der Einsatzpunkt eines *omwawuzi* fällt

aber meist an eine Stelle, wo im *okunaga*-Part gerade die „Stimme" liegenbleibt (vgl. *Ssematimba* ... Abb. 16). Die *okwawula*-Reihe beginnt dann sozusagen mit o p t i m a l e m   K o n t r a s t, sie wirft eine Kiganda-Quart oder -Quint dazwischen. In diesem Sinne ist auch der Terminus *okwawula* (trennen, separieren, kontrastieren) eine wohl sehr einleuchtende Beschreibung der Vorstellungen, die dahinter stecken. Da die Reihe des *omwawuzi* und ihr Einsatzpunkt kompositorisch vorgesehen ist, haben wir mit dieser Beobachtung bereits einen Grundgedanken angedeutet, der die alten Komponisten beherrscht haben muß.

Das miko-System in der amadinda-Musik

Im Prinzip kann jedes *amadinda*-Stück in fünf verschiedenen Transpositionen gespielt werden, die man in Luganda *miko* (oder *emiko,* mit dem Anfangsvokal) nennt. Das *miko*-System verstehen zu lernen, ist ein erster Schritt in die geheimnisvolle Welt der Kompositionstechniken der alten Baganda; denn jede Transposition ist zwar dasselbe Stück (in allen seinen Ton-Komponenten), aber in gewissem Sinne auch wieder ein neues Stück. Und jedes *muko* soll vollendet schön sein. In der Praxis werden *amadinda*-Stücke von den Musikern kaum in mehr als zwei verschiedenen *miko* gespielt. Grenzen des Gedächtnisses, Vorlieben für bestimmte Transpositions-„Umkehrungen" mögen hier eine Rolle gespielt haben. Für die Theorie der Kiganda-Musik und der *amadinda*-Musik im besonderen ist das System der *miko*-Transpositionen jedoch von größter Bedeutung.

Nach Auskunft meines Muganda-Informanten Mr. Ephraim Bisase, geb. 1912, bedeutet *omuko* (plural: *emiko*) in Luganda „Seite"; zum Beispiel eines Buches. Es kann auch das Blatt einer Bananenstaude bedeuten, in welchem Fall man noch hinzufügt: *emiko ekyendagala.*

R. A. Snoxall (1967: 215) übersetzt das Substantiv *muko,* ò- n. III wie folgt 1. fold; layer. 2. page of newspaper. Charles Sekintu (Gespräche 1962) übersetzte *emuko* gleichfalls mit „Blatt".

Nicht weniger aufschlußreich ist das Verbum, mit dem man den Transpositionsvorgang beschreibt: *okusulika.* Snoxall (1967: 299) übersetzt es mit „turn upside down; reverse", — und dies ist genau, was bei den *emiko*-Transpositionen der *amadinda*-Stücke erreicht wird: *kwesulika* — auf den Kopf gestellt sein; umgekippt werden; umgedreht sein.

Emiko sind somit verschiedene „Seiten", „Blätter", „Falten", verschiedene „Schichten" derselben Struktur. *Muko/miko* bedeutet, daß eine *amadinda*-Komposition durch Transposition des gesamten Tonmaterials auf eine andere Stufe des fünfstufigen Systems gestellt und dabei melodisch umgestülpt wird, ohne daß sich an dem Material in seinen Intervallbeziehungen irgendetwas ändern würde. Es ist dieselbe Komposition, dasselbe Gesamtbild — nur sind dessen melodische Bausteine plötzlich, wenn auch unter strengster Wahrung ihrer Strukturbeziehungen, anders angeordnet. Das *miko*-Transpositionssystem entstand aus einem Kompromiß zwischen zwei generativen Faktoren: 1. dem Wunsch der Hofmusiker, ihre Stücke in verschiedenen Tonlagen zu spielen, vielleicht ursprünglich, um sich dem Niveau der Stimme individueller Sänger (etwa bei der Harfe) anzupassen; 2. der unübertretbaren Regel, die jedem Ausführenden an einer *amadinda* ein bestimmtes Spielfeld vorschreibt (vgl. Abb. 15).

Die normale Transposition einer beliebigen Reihe, etwa des *okunaga*-Parts von *Ssematimba* ..., nämlich ③⑥ 4 . 5 . 2 . 3 . 3 . 5 . 2 . 1 . etc. um eine Stufe höher, hätte doch unweigerlich zur Folge, daß der Ausführende sein Spielfeld mit der sich ergebenden Transpositionsform ③⑥ 5 . 1̄ . 3 . 4 . 4 . 1̄ . 3 . 2 . etc. überschritte. Mit seinem linken Schlegel käme er beim Spiel seiner Reihe bereits in das Spielfeld des *omukoonezi* hinein (vgl. Abb. 15). Jener Ton, der links über das vorgegebene Spielfeld hinausragt ist die 1̄ . Die muß also weg — und das erreicht man, indem man sie einfach um eine Oktave tiefer versetzt, so daß der Anfang der transponierten *okunaga*-Reihe von „Ssematimba ..." nun so lautet: 5 . 1 . 3 . 4 . 4 . 1 . 3 . 2 . etc. Genau das ist nun eine *miko*-Transposition. Eine Melodie wird transponiert und die über die festgelegten Spielfelder hinausragenden Töne werden oktavversetzt. Mit dem Sprung nach abwärts im Intervall einer Kiganda-Septime (5 . 1 .) ist aber daraus scheinbar eine andere Melodie geworden. In der Kiganda-Konzeption gilt diese teilweise „umgestülpte" Melodie aber nach wie vor als dasselbe *okunaga*-Thema von *Ssematimba ... Die Melodie-Gestalt mag sich verändert haben, die Struktur der Intervallbeziehungen ist aber vom Blickpunkt des Kiganda-Musiksystems unverändert. Die Ziffernnotation demonstriert diese abstrakte Identität sehr deutlich. Es ist ein anderes muko* desselben Stückes.

Im Kiganda-Tonsystem sind insgesamt fünf *miko* möglich. In der Luganda-sprachigen Musiktheorie versteht man also unter einem *muko* eine von fünf möglichen Erscheinungsformen desselben *amadinda*-Stückes, wobei die melodische Versetzung (Transposition) der einzelnen Parts unter Bewahrung der Spielfelder der Ausführenden erfolgt. Um die Integrität der Spielfelder und den durch sie vorgezeichneten auditiven Ambitus zu erhalten, werden alle Töne, die als Folge der Transposition über das Spielfeld hinausragen würden, oktavversetzt. Dadurch wird die Melodiegestalt oft völlig, ja bis zur Unkenntlichkeit verändert, die kompositionell relevante Melodie-s t r u k t u r bleibt jedoch erhalten. Die Identität dieser Melodiestrukturen ist aber an e i n e Voraussetzung gebunden: nämlich an die gleichschwebende Temperatur dieser Pentatonik. Die Existenz des *miko*-Systems stellt somit ein wichtiges Argument für die Auffassung des Kiganda-Tonsystems als temperiert pentatonisch dar.

Um das *miko*-System angesichts seiner konzeptuellen Bedeutung nochmals ganz klar zu verdeutlichen, möchte ich im folgenden die *okunaga*-Reihe einer anderen Komposition, nämlich *Segomba ngoye Mwanga alimpa* (siehe No. 5 in der Sammlung) durch die fünf Stufen des Kiganda-Systems transponieren. (Abb. 17)

Abbildung 17: Der okunaga-Part des *amadinda*-Stückes *Segomba ngoye Mwanga alimpa* in seinen fünf *miko*, notiert mittels Kiganda-Ziffernnotation:

MUKO I   (24)   5 . 4 . 5 . 5 . 3 . 3 . 5 . 4 . 3 . 5 . 2 . 1

MUKO II   (24)   4 . 3 . 4 . 4 . 2 . 2 . 4 . 3 . 2 . 4 . 1 . 5

MUKO III   (24)   3 . 2 . 3 . 3 . 1 . 1 . 3 . 2 . 1 . 3 . 5 . 4

MUKO IV   (24)   2 . 1 . 2 . 2 . 5 . 5 . 2 . 1 . 5 . 2 . 4 . 3

MUKO V   (24)   1 . 5 . 1 . 1 . 4 . 4 . 1 . 5 . 4 . 1 . 3 . 2

Ungeachtet der sich ergebenden Melodiegestalten, verbirgt sich hinter diesen Phänotypen eine S t r u k t u r   v o n   T o n b e z i e h u n g e n, die in allen fünf *miko*-Transpositionen unverändert erhalten bleibt. Nicht die Melodiegestalten waren es, sondern diese Strukturen, denen die alten Baganda-Komponisten ihre Aufmerksamkeit widmeten und die sie erforschten.

In der Ziffernnotation läßt sich die strukturelle Identität der fünf Melodien und die Identität der Tonbeziehungen in allen fünf *miko* durch eine einfache Rechenaufgabe beweisen, beziehungsweise überprüfen: man lese die übereinander stehenden Zahlen etwa in *Segomba ngoye* ... (Abb. 17) in der V e r t i k a l e. Die *miko*-Transpositionen sind richtig, wenn alle vertikalen Kolumnen regelmäßig von 1 bis 5, ungeachtet des Anfangspunktes fortschreiten.

Durch die *miko* (= Transposition plus Oktavversetzung transgressiver Töne) werden die Intervalle der Basisreihen einer *amadinda*-Komposition systematisch umgekippt. So wird zum Beispiel der melodische Schritt 5 . 2 . (also eine absteigende Kiganda-Quint) in MUKO IV, Mitte, von *Segomba ngoye* ... zu 1 . 3 . in MUKO III, das ist eine aufsteigende Kiganda-Quart. In der Komposition „Segomba ngoye Mwanga alimpa" ist der melodische Unterschied besonders kraß, wenn man MUKO I mit MUKO V vergleicht. In MUKO I lautet der Anfang der Reihe 5 . 4 ., das ist ein Schritt in einer Kiganda-Sekunde abwärts, in der letzten Transposition (MUKO V) erscheint dieser Schritt notwendigerweise als 1 . 5 ., also als Kiganda-Septime aufwärts. Auf diese Weise entdecken wir, daß im Kiganda-System eine Reihe offenbar unterschiedlicher melodischer Progressionen s t r u k t u r e l l   i d e n t i s c h sind; sie sind nur *miko*-Transpositionen ihrer selbst. Eine Kiganda-Sekunde in melodischer Abwärtsbewegung ist somit im *miko*-System strukturell genau dasselbe wie eine Kiganda-Septime in melodischer Aufwärtsbewegung; ebenso ist eine absteigende Kiganda-Quint dasselbe wie eine aufsteigende Kiganda-Quart. Wir können sagen, hinter den P h ä n o typen melodischer Progressionen, die als solche nur eine Scheinrealität besitzen, stecken Intervall s t r u k t u r e n: die eigentliche, abstrakte Realität, die das Kiganda-Musiksystem lenkt. Mit Ausnahme der Prime (Fortschreiten zu einem identischen Ton) manifestiert sich im Kiganda-System somit jede Intervallstruktur in zwei möglichen Phänotypen melodischer Progression (siehe Tabelle IV). Es ist äußerst wichtig, dies verstanden zu haben, denn ohne zu lernen, in Intervall s t r u k t u r e n zu denken und von den Erscheinungsbildern völlig abzusehen, sind auch die Kiganda-Kompositionsverfahren nicht begreifbar. Es bedarf einiger Übung, aber man muß lernen, theoretisch und durch Gehörsübung an einer *amadinda,* zu begreifen, daß etwa der Schritt 5 . 1 . strukturell identisch ist mit 2 . 3 . oder 3 . 4 . etc., oder daß der Schritt 1 . 3 . nur eine melodische Umstülpung von 5 . 2 . oder 4 . 1 . ist. Die folgende Tabelle gibt eine systematische Übersicht der Identitäten und kann dabei vielleicht helfen.

Tabelle IV: Zusammenstellung der möglichen melodischen Intervalle im *miko*-System der *amadinda*-Musik

Abbildung 18

Prim	Kiganda-Sekunde s t e i g e n d oder Kiganda-Sept f a l l e n d	Kiganda-Sekunde f a l l e n d oder Kiganda-Sept s t e i g e n d	Kiganda-Quart s t e i g e n d oder Kiganda-Quint f a l l e n d	Kiganda-Quart f a l l e n d oder Kiganda-Quint s t e i g e n d
5 . 5 .	5 . 1 .	1 . 5 .	5 . 2 .	2 . 5 .
4 . 4 .	4 . 5 .	5 . 4 .	4 . 1 .	1 . 4 .
3 . 3 .	3 . 4 .	4 . 3 .	3 . 5 .	5 . 3 .
2 . 2 .	2 . 3 .	3 . 2 .	2 . 4 .	4 . 2 .
1 . 1 .	1 . 2 .	2 . 1 .	1 . 3 .	3 . 1 .
A	B	C	D	E

In jeder vertikalen Kolumne sind die strukturell identischen melodischen Progressionen zusammengefaßt. Insgesamt gibt es 25 verschiedene Intervallfortschreitungen in der *amadinda*-Musik mit ihrem *miko*-System. Von diesen sind jeweils fünf strukturell miteinander identisch (vertikale Kolumnen). Die beiden horizontalen Striche, die quer durch die Kolumnen B — C und D — E gehen, zeigen die Grenze zwischen steigenden und fallenden Progressionen innerhalb der identischen Gruppe. Daraus entnehmen wir, daß im *miko*-System jeweils vier steigende Kiganda-Sekunden einer fallenden Kiganda-Sept, und vier fallende Kiganda-Sekunden einer steigenden Kiganda-Sept gegenüberstehen. Bei den Quart-/Quint-Kolumnen ist das Verhältnis ausgeglichener, nämlich 2 : 3. Drei steigenden Kiganda-Quarten stehen zwei fallende Kiganda-Quinten gegenüber, und auf drei fallende Kiganda-Quarten kommen zwei steigende Kiganda-Quinten.

Für den Studenten der Kompositions-Techniken in der Hofmusik von Buganda empfiehlt es sich, vor der Lektüre der folgenden Seiten, sich praktisch an der *amadinda* mit den *miko*-transponierten Intervallen vertraut zu machen; man soll den Inhalt aller Kolumnen von unten nach oben, und dann umgekehrt von oben nach unten fortschreitend, mit nur einem Schlegel (in der rechten Hand) zuerst

mehrmals durchspielen. Also: etwa Kolumne E von unten nach oben durchgespielt:
3 . 1 . 4 . 2 . 5 . 3 . 1 . 4 . 2 . 5 . Und nach einiger Zeit in parallelen Oktaven, also:

Abbildung 19

$$\left(\!\!\left|\begin{array}{l} \overbrace{3 \;.\; 1 \;.\; 4 \;.\; 2 \;.\; 5 \;.\; 3 \;.\; 1 \;.\; 4 \;.\; 2 \;.\; 5 \;.}\\ \underline{3} \;.\; \underline{1} \;.\; \underline{4} \;.\; \underline{2} \;.\; \underline{5} \;.\; \underline{3} \;.\; \underline{1} \;.\; \underline{4} \;.\; \underline{2} \;.\; \underline{5} \;. \end{array}\right|\!\!\right)$$

Auf diese Weise beginnt man auch gehörsmäßig die Identität der Intervallschritte zu erfassen und — für das Komponieren unentbehrlich — daß eine fallende Kiganda-Quart strukturell identisch ist mit einer steigenden Kiganda-Quint. A l l e Intervalle der Übungsreihe sind irgendwo in der Kolumne E, Abb. 18 enthalten und dort auffindbar. Die obige Schlagfolge enthält sozusagen die Gesamtheit der möglichen Progressionen innerhalb dieses Mikrokosmos. Auch die Reihenfolge kann nicht geändert werden, ohne dieses Universum zu verlassen. Eine ähnliche Reihe läßt sich auch aus der benachbarten Kolumne D bilden, nur muß man von oben beginnen: 5 . 2 . 4 . 1 . 3 . 5 . 2 . 4 . 1 . 3 . Das Universion einer jeden der drei übrigen Kolumnen, A, B und C ist dagegen Kolumnen-übergreifend. Damit meine ich, daß das Abspielen des Inhalts irgendeiner dieser Kolumnen zusätzliche Progressionen schafft, die in ihr nicht enthalten sind, aber in einer nebenstehenden Kolumne vorkommen. Dies praktisch auszuprobieren, möchte ich dem experimentierfreudigen Leser an der *amadinda* selbst überlassen. Auch mathematisch lassen sich im *miko*-System, wie überhaupt in der Kiganda-Musik, einige Entdeckungen machen. Nach den Erfolgen einer mathematischen Untersuchung visueller Ideogramm-Zeichensysteme in Angola/Nordwest-Zambia (vgl. Ascher 1988 a und b, Gerdes 1988, Jaritz 1983), die mancherlei Strukturparallelen zur *amadinda*-Musik haben (cf. Kubik 1987), wäre eine mathematische Untersuchung der Kiganda-Xylophonmusik, des *miko*-Systems und der Kompositionsregeln mittels eines geeigneten Computer-Programms zu begrüßen.

Wir können auch die Intervallprogressionen unseres Beispiels, nämlich der *okunaga*-Reihe von „Segomba ngoye Mwanga alimpa" (Abb. 17), den Kolumnen der Abb. 18 zuordnen. Jeder Intervallschritt muß in einer Kolumne zu finden sein.

Durch das *miko*-System reduzieren sich für den Komponisten die sechs möglichen Intervalle im Kiganda-Tonsystem (das sechste ist die Oktave) auf nur drei abstrakte Intervall s t r u k t u r e n . Da jemand der *amadinda*-Musik komponiert, doch Stücke erfindet, die in fünf *miko*-Transpositionen abspielbar sein sollen, ist er gezwungen, sich jedes Intervall sozusagen simultan in seinen fünf möglichen Transpositionen vorzustellen (siehe die vertikalen Kolumnen der Tabelle, die man im Zweifel konsultieren kann). Das verlangt natürlich eine ganz andere Denkweise als jene in vielen bekannteren Musikkulturen der Welt.

Die Kiganda-Sekunde ist nur eine Umkehrung der Kiganda-Septime, die Kiganda-Quart eine Umkehrung der Kiganda-Quint; Prime und Oktave sind austauschbar. Im

miko-System operiert der Komponist daher mit d r e i I n t e r v a l l k a t e g o r i e n.
Die melodische Umkehrbarkeit der Kiganda-Intervalle hat keinerlei Strukturveränderung in den Tonbeziehungen zur Folge.

Wie werden diese drei Intervallkategorien von Baganda-Musikern empfunden und welche Assoziationen hat man bei ihnen? —

Kategorie I: O k t a v e u n d E i n k l a n g. — Diese werden in der Kiganda-Musik als identisch, vertauschbar, vertretbar und als Element der Verdoppelung und Klangverstärkung eingesetzt.

Kategorie II: K i g a n d a - Q u a r t u n d K i g a n d a - Q u i n t. — Diese Tonbeziehungen werden empfunden
1. als maximaler Abstand und Kontrast zwischen zwei Tönen innerhalb dieses Systems, und
2. als optimaler Wohlklang (Konsonanz) bei konsekutivem Einsatz.

Kategorie III: K i g a n d a - S e k u n d e u n d K i g a n d a - S e p t i m e. — Diese Tonbeziehungen werden empfunden
1. als minimaler Kontrast zwischen zwei Tönen, daher gelegentliche Simultaneität z. B. zwischen Vokalstimme und Instrumentalbasis im Sinne heterophoner Varianten;
2. als Mißklang, der durch ihren wiederholten konsekutiven Einsatz entstehen würde (Dissonanz).

So wichtig das *miko*-System als theoretische Grundlage der Komposition ist, so sehr sind ihm bei der Aufführungspraxis Grenzen gesetzt. Außer zu Demonstrationszwecken (etwa bei Vorträgen) wird kaum ein Stück nacheinander in allen fünf *miko* gespielt.[18] Die meisten *amadinda*-Kompositionen wurden nur in e i n e m bestimmten *muko* aufgeführt; bei manchen, etwa *Ssematimba ne Kikwabanga* (vgl. Aufnahmen von Hugh Tracey 1952, Gerhard Kubik 1960, 1962, 1967, Ph. A. Wien) können zwei bis drei *miko* besonders beliebt sein. Da man alle übrigen von jenem ableiten kann, das besonders gebräuchlich ist, habe ich im Transkriptionsteil der vorliegenden Arbeit die *amadinda*-Kompositionen in jeweils nur einem *muko* dargestellt. Für die Komposition *Segomba ngoye Mwanga alimpa* (No. 5) ist im Anschluß an diesen Abschnitt eine vollständige Transkription in allen *miko* gegeben. Dabei zeigt sich die Meisterschaft der alten Baganda-Komponisten: alle fünf *miko* haben einen strukturierten, rhythmisch komplexen *okukoonera*-Part.

Die *miko* aller veröffentlichten *amadinda*-Partituren (mitsamt ihren *okukoonera*-Parts) kann sich jeder auf dem Papier, oder schneller auf dem persönlichen Computer analog zur Darstellung von *Segomba ngoye* ... (Abb. 20) selbst ableiten. Und dies ist eine Entdeckungsreise, da mit jedem neuen *muko* sozusagen ein anderes inhärentes Pattern (= ein der Komposition innewohnendes melodisch-rhythmisches Muster) an die Oberfläche geschwemmt wird und als *okukoonera*-Part (Klopfpart) in Erscheinung tritt.

Joseph Kyagambiddwa beschäftigte sich als erster mit dem *miko*-System. Mit Bezug auf die Harfe (*ennanga*), wo man gleichfalls ein Stück in verschiedenen *miko* spielen kann, schrieb er: „Each harp song can be played in five independent MIKO (transpositions). These miko serve as key changes. And yet each *muko* has its own character, and a listener or player will prefer this or that muko. (One can say it is Modal)" (Kyagambiddwa 1955: 107).

Wie bereits Klaus Wachsmann in seiner Rezension von Kyagambiddwa's Buch (1956) andeutete, sind es in erster Linie die durch die Oktavversetzungen erzeugten Melodie-Umstülpungen, die weitgehend den „eigenen Charakter" eines jeden *muko* bedingen. Dazu kommt bei den *amadinda*-Stücken der bei jedem *muko* verschiedene und überraschend kohärente *okukoonera*-Part (vgl. Abb. 20).

Für die Anordnung der *miko* zueinander gibt Kyagambiddwa (1955) Regeln an. Er vertrat auch als erster Autor die Auffassung, daß man das *miko*-System als „modal" bezeichnen könne (Kyagambiddwa 1955: 107), ein Gedanke, den Lois Anderson (1968) weiterverfolgte.

Nach unserer Exkursion in die Tiefenstruktur der *amadinda*-Intervalle erhebt sich umso brennender die Frage: wie haben die alten Baganda-Hofmusiker gearbeitet? Wie ist es ihnen gelungen, Strukturen zu schaffen, die man fünfmal transponieren kann und die wie Vexierbilder jedesmal etwas neues Anschaubares ergeben, obwohl sich ihre Struktur nicht ändert?

Wie macht man das, wie komponiert man so ein Stück, das fünfmal umgestülpt jedes Mal eine strukturierte *okukoonera*-Formel für den Musiker C (*omukoonezi*) herbeizaubert; ein Stück das, nach den Äußerungen der Baganda-Zuhörerschaft immer angenehm und wohlklingend ist, ohne irgendwelche Zusammenklänge außer Oktaven zu enthalten?

Amadinda-Partitur.
Transkription eines Stückes in allen fünf *miko.*
Titel: *Segomba ngoye Mwanga alimpa*
(Ich kümmere mich nicht um Kleider, Mwanga wird mir welche geben;
No. 5 der Sammlung)

Der Inhalt des diesem *amadinda*-Stück zugrundeliegenden historischen Liedes bezieht sich auf die Regierungszeit von Kabaka Mwanga II, der Mutesa I nach dessen Tod 1884 auf den Thron folgte und von den Briten 1899 auf die Seychellen verbannt wurde, wo er 1903 starb. Das Lied wurde vor dem Kabaka von bedeutenden Personen wie *saza*-Häuptlingen gesungen, die Geschenke bringen wollten, aber wegen eigener Verluste dazu unfähig waren. (Alisi Nabawesi, pers. Mitteilung 1962)

Die Regierungszeit von Mwanga II war gekennzeichnet durch religiöse Konflikte zwischen Islam und Christentum und übersteigerter materieller Erwartungen von seiten junger Leute (einschließlich der Hofmusiker) gegenüber dem Kabaka, was moderne Bekleidung und importierte Luxusgüter betraf.

Joseph Kyagambiddwa hielt zu diesem Lied fest:

„It was King Mwânga II who massacred the Blessed Martyrs of Uganda after succeeding his „Solomonic" father ...

He gave full liberty to young men to do every thing they pleased. He provided their necessities and, to the irritation of experienced elders, made chiefs out of them.

It was those liberties to young men which gave an inspiration for the song of *Mwânga Alimpa:*

‚The King will give me the villages to rule:
I've no need for clothes.
He'll give me wealth:
I don't need to work.' "

(Kyagambiddwa 1955: 133)

Abbildung 20

MUKO I

```
                                         *
okukoonera     . 2 . 1 . . . . . 1 . . . 2 . 1 . 2 . . 2 . 1 2

okunaga  (24)  5 . 4 . 5 . 5 . 3 . 3 . 5 . 4 . 3 . 5 . 2 . 1 .

                             ↑
okwawula       . 2 . 1 . 3 . 3 . 1 . 3 . 2 . 1 . 2 . 3 . 4 . 2
```

MUKO II

```
                                     *
okukoonera     . 1 . . . 2 . 2 2 . 2 2 . 1 . . . 2 1 . 2 1 . . 1

okunaga  (24)  4 . 3 . 4 . 4 . 2 . 2 . 4 . 3 . 2 . 4 . 1 . 5 .

                             ↑
okwawula       . 1 . 5 . 2 . 2 . 5 . 2 . 1 . 5 . 1 . 2 . 3 . 1
```

67

MUKO III

```
                                        *
okukoonera      . . 2 . . 1 . 1 1 . 1 1 . . 2 . 1 . . 1 . 2 . .
okunaga   (24)  3 . 2 . 3 . 3 . 1 . 1 . 3 . 2 . 1 . 3 . 5 . 4 .
                            ↑
okwawula        . 5 . 4 . 1 . 1 . 4 . 1 . 5 . 4 . 5 . 1 . 2 . 5
```

MUKO IV

```
                                        *
okukoonera      2 . 1 . 2 . 2 . . . . . 2 . 1 . . . 2 . . 1 . .
okunaga   (24)  2 . 1 . 2 . 2 . 5 . 5 . 2 . 1 . 5 . 2 . 4 . 3 .
                            ↑
okwawula        . 4 . 3 . 5 . 5 . 3 . 5 . 4 . 3 . 4 . 5 . 1 . 4
```

MUKO V

```
                    *
okukoonera      1 . . 2 1 . 1 . . . 2 . . 1 . . 2 . . 1 . . . 2 .
okunaga   (24)  1 . 5 . 1 . 1 . 4 . 4 . 1 . 5 . 4 . 1 . 3 . 2 .
                            ↑
okwawula        . 3 . 2 . 4 . 4 . 2 . 4 . 3 . 2 . 3 . 4 . 5 . 3
```

Nachvollzug der Komposition eines amadinda-Stückes: „Ssematimba ne Kikwabanga" — die Geschichte von zwei Prinzen

Ssematimba ne Kikwabanga ist eine der bekanntesten uns überlieferten historischen Kompositionen der Hofmusik von Buganda. Komponiert wahrscheinlich zur Zeit von Kabaka Suuna II (ca. 1824—1854, vgl. Tabelle I), handelt dieses Lied von zwei legendären Prinzen und Kriegern, Ssematimba und Kikwabanga, die es zu besonderem Ruhm gebracht hatten (Kyagambiddwa 1955: 160, Katamba und Cooke 1987). Der sehr umfangreiche und von verschiedenen Sängern in Buganda mit vielerlei Varianten vorgetragene Text ist weitgehend metaphorisch und handelt von der Eitelkeit weltlicher Reichtümer und von der Sterblichkeit des Irdischen — ein inhaltliches Motiv, das in vielen Liedern Südugandas erscheint (vgl. etwa das Lied „Galivunda" von Daudi Mukama, dem bedeutenden blinden Sänger aus Bugwere, Aufnahmen Ph. A. Wien/1959/60, Kubik; No. B 4907 und B 4921).

Wie andere historische Lieder kann auch *Ssematimba* ... auf verschiedensten Instrumenten gespielt werden. In der *amadinda*-Version sind die Töne als Ergebnis einer technischen Arbeitsteilung auf zwei einander gegenübersitzende Musiker verteilt, die sie in Form von zwei ineinandergreifenden Reihen (*okunaga* und *okwawula*) spielen. Für die Baganda ist Grundlage und Zielsetzung ihrer musikalischen Ästhetik jedoch das Gesamtbild eines solchen Stückes, in dem das Vokalthema enthalten sein muß;

die Aufspaltung in verzahnte Reihen ist ein technisches Erfordernis. So etwa verhält sich das gesungene Thema von *Ssematimba ne Kikwabanga* zu seiner Instrumentalversion auf der *amadinda* wie folgt (Abb. 21, S. 70; vgl. auch Abb. 13 und 16).

Wie hat man solche Stücke früher komponiert? Wie war die Reihenfolge des Vorgehens?

Einer der möglichen Ausgangspunkte war, daß dem Komponisten eine Vokalmelodie vorschwebte, daß ihm zuerst ein Textthema oder -fragment für ein neues Lied einfiel. Der eher sprachrhythmische Charakter eines solchen ersten Texteinfalls erforderte dann eine „Regularisierung", ein Ausfüllen mit Zwischentönen („ancillary notes" wie Peter Cooke sie 1970 nannte), um eine fortlaufende Elementarpulsation zu erzielen. Spielte der Komponist Harfe, dann konnte er die „Leerpuls"-Stellen seines Vokalthemas durch Harfentöne ausfüllen.

Das Spiel einer *ennanga* (Bogenharfe) erfolgt auf drei gleichzeitigen Aktionsebenen: 1. *okunaga* (der Part der rechten Hand auf der Harfe), 2. *okwawula* (der Part der linken Hand) und 3. *okuyimba* (wörtlich: „singen", der Vokalpart). Zur Textidee fand der Komponist auf seinem Instrument eine regelmäßige Tonreihe, die dem gefundenen Text im Unisono folgte. Deshalb wohl haben so viele der alten Hofmusik-Kompositionen in den Texten ihrer Grundthemen mehr Töne mit dem *okunaga*-Part gemeinsam als mit dem *okwawula*. Das heißt, das Vokalthema verteilt sich ungleichmäßig auf die beiden Basisparts. Zum Beispiel: von den Tönen des Gesanges bei *Ssematimba ne Kikwabanga* (Abb. 21 oben) fallen 12 Töne in den *okunaga*-Part und nur 7 in den *okwawula*-Part. Auch die berühmte Komposition *Olutalo olw'e Nsinsi* vom Ende des 18. Jahrhunderts zeigt deutlich die Liierung des Themas an den *okunaga*-Part oder „Baß", wie mein ehemaliger Mitarbeiter aus der Zentralafrikanischen Republik, Maurice Djenda, den *okunaga*-Part zu nennen pflegte.

Dort wo der Ausgangspunkt der Komposition eine kurze textlich-gesangliche Idee war, ein Thema mit dem man ein aktuelles Ereignis kommentierte, dürfte sich das weitere Verfahren so abgespielt haben, daß der Harfenist seinen gesungenen Vortrag zunächst durch Anreißen von Saiten mit der rechten Hand (im Unisono zu seinem Gesang) skizzierend begleitete. Daraus entstand langsam der *okunaga*-Part in der Harfenbegleitung. Dabei wurden die prominenten Töne im Vokalpart, vor allem jene, die a u f d e m B e a t standen, sofort auch instrumentalisiert. Da nun aber die Vokalmelodien gegenüber dem Beat in Dreierpuls-Gruppen ablaufen und die rechte Hand des Harfenisten dagegen im *okunaga* jeden zweiten Elementarpuls anschlägt, entstand sofort eine 2 : 3 bimetrische Spannung zwischen der gesungenen Melodie und dem *okunaga*-Part. Dies vollzog sich ganz im Sinne ähnlicher uns bekannter polyrhythmischer Traditionen Afrikas. Gegen zwei „Triolengruppen" im Vokalpart spielt der Harfenist in seinem *okunaga*-Part drei „Duolengruppen". Die starken offbeat-Akzentuierungen, die sich aus den Silbenfolgen des gesungenen Textes gegenüber dem internen Beat des Harfenisten ergeben, mögen zwar die 2 : 3 Struktur verschleiern, können sie jedoch nicht eliminieren. (Abb. 22)

Abbildung 21

70

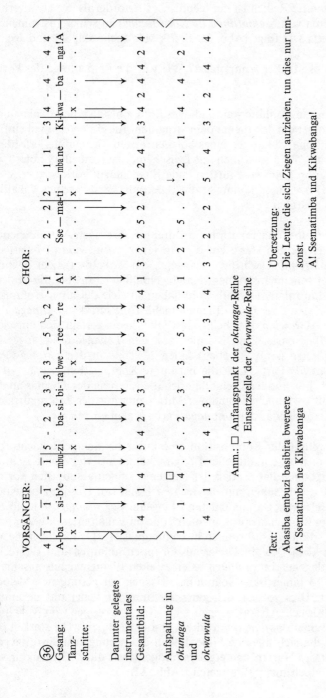

VORSÄNGER: CHOR:

36 Gesang:

4 1̄ - 1̄ 1 - 1̄ 5 - 2 3 3 3 3 - 5 2 - 1 - - 2 - 2 2 - 1 1 - 1 1 - 3 4 - 4 - 4 4
A-ba — si-b'e - mbu-zi ba-si-bi-ra bwe — ree — re Sse — ma-ti — mba ne A! Ki-kwa — ba — nga !A

Tanz-schritte:
x · · x · · x · · x · · x · · x · · x · ·

Darunter gelegtes instrumentales Gesamtbild:
1 4 1 1 4 5 4 2 3 3 1 3 2 5 3 2 4 1 3 2 2 5 2 2 5 2 4 1 3 4 2 4 4 4 2 4

Aufspaltung in okunaga
1 · 1 · 4 □ · · 5 · 2 · 3 · 3 · 5 · 2 · 1 · 2 · 5 · 2 ↓ 2 · 1 · 4 · 2 ·

und okwawula
· 4 · 1 · 1 · 4 · 5 · 2 · 3 · 3 · 1 · 2 · 3 · 4 · 3 · 2 · 2 · 5 · 4 · 3 · 2 · 4 · 4

Anm.: □ Anfangspunkt der *okunaga*-Reihe
→ Einsatzstelle der *okwawula*-Reihe

Text:
Abasiba embuzi basibira bwereere
A! Ssematimba ne Kikwabanga

Übersetzung:
Die Leute, die sich Ziegen aufziehen, tun dies nur um-sonst.
A! Ssematimba und Kikwabanga!

Abbildung 22: Der Anfang von *Ssematimba ne Kikwabanga* ..., nunmehr begleitet durch den *okunaga*-Part einer Harfe (gespielt mit der rechten Hand). Das hier ausgewählte *muko* ist identisch mit dem in Abb. 21.

```
Gesang:        4 | 1̄ -  1̄  1̄ -  1̄ | 5 -  2  3  3  3 | 3 -  5  \  2 - |
㊱               A-|ba - si- b'e - mbu|zi  ba-si -bi -ra|bwe - ree -  re |   etc.

okunaga          | 1 . 1 . . . | . 2 . 3 . | 3 . . . 2 . |
(Harfe)          | 1 . 1 . 4 . | 5 . 2 . 3 . | 3 . 5 . 2 . |   etc.

Innerer          | x . . . . . | x . . . . . | x . . . . . |
Referenz-Beat:
```

N.B. Auf der achtsaitigen Harfe können nicht alle Oktaven verdoppelt werden.

Wie aus Abbildung 22 zu ersehen ist, steht der *okunaga*-Part dieses Stückes zum Vokalthema rhythmisch in einem Kontrast, obwohl die Töne miteinander im Unisono stehen. Alle *okunaga*-Töne haben im Vokalthema ihre Entsprechung, mit Ausnahme des Tons 4̲ , der im ersten Takt eine Lücke füllt. Dies ist ein solcher „Füllton". Die Vokalmelodie liegt hier längere Zeit auf einer 1̄ ; der „Füllton" wird dazwischen gepreßt. Daß es eine 4̲ ist, verrät uns bereits etwas über ein wichtiges Kompositionsprinzip in dieser Musik; diese 4̲ ist nämlich ein optimales Kontrastintervall zu der liegenden Gesangsstimme, sie ist eine Kiganda-Quart bzw. Kiganda-Quint von dieser entfernt. Daß gerade dieser Ton dazwischengespielt wurde, ist kein Zufall. Wir haben hier — wie sich später zeigen wird — eine Grundidee bzw. ein Grundverhalten in der Kiganda-Kompositionstechnik aufgespürt.

Ein auf diese Weise ursprünglich auf der Harfe komponiertes Stück wurde bald auf andere Instrumente, vor allem auf das Xylophon *amadinda* und das *entenga*-Zwölftrommelspiel übertragen. Diese drei Instrumente bilden in der Musikkultur von Buganda einen zusammengehörigen Komplex, obwohl sie nicht gemeinsam gespielt werden. An der *amadinda* übernahmen zwei Musiker, *omunazi* und *omwawuzi* dann die Rollen der rechten und linken Hand des Harfenisten. Das Vokalthema entfiel. Da die Instrumentaltöne auf der Harfe aber dem Vokalpart im Unisono folgen, ist es auch in den *amadinda*-Versionen enthalten und für einheimische Zuhörer erkennbar.

Nicht immer dürfte der Ausgangspunkt einer Komposition ein gesungenes Textthema gewesen sein. Die irregulären Akzente in den Melodiefolgen aller uns bekannten historischen Lieder müßten in einem solchen Falle ausschließlich auf den Luganda-Sprachrhythmus und die tonsprachlichen Intonations-Sequenzen zurückgeführt werden. Es bestehen aber Zweifel, daß dies immer möglich ist. Auch ist kaum denkbar, daß ein berühmter Harfenvirtuose, wie der *omulanga* (Hofharfenist) Temusewo Mukasa, seine *ennanga* immer dann weggelegt hätte, wenn der Moment des Einfalls einer neuen Textmelodie kam.

Ein blinder *omulanga* (Hofharfenist) bei einem solistischen Vortrag in den Gemächern der Königinmutter von Kabaka Mutesa I während des Besuches der ersten Europäer, John Hanning Speke und James A. Grant im Jahre 1862. Strichzeichnung nach Entwürfen von James A. Grant (aus: John Hanning Speke: *Journal of the Discovery of the Sources of the Nile*, London 1863).

Wer afrikanischen Musikern in vielen Teilen des Kontinents in intimem (häuslichem) Rahmen zugehört hat, ist oft überrascht zu bemerken, wie viel man i n s t r u m e n t a l experimentiert, ohne ein Wort zu singen. Man spielt bewegungsmäßig konzipierte Stimm-Kombinationen, ohne daß man schon einen Text weiß und läßt sich dann treiben. Wenn niemand zuhört, ist man niemandem verpflichtet, braucht auch nicht zu singen — denn vor allem die Texte sind ja zuhörerbezogen, sie übermitteln der Gemeinschaft das Anliegen des Solisten. Das letztere schließt auch Selbstzensur mit ein, etwa wenn Mitglieder der königlichen Familie die Audienz darstellen.

Gerade bei den solistisch eingesetzten Instrumenten findet man vielfach Rasselkörper oder andere Objekte zur Klangverfärbung angebracht, wie etwa die Vibrationsringe bei der *ennanga*-Harfe. Dabei handelt es sich um geflochtene Ringe aus Fasern und Eidechsenhaut, die am Hals der Harfe knapp unterhalb der Wirbel angebracht werden (siehe Fotos von Evaristo Muyinda). Der Harfenist adjustiert sie vor dem Spiel, indem er sie so nahe an die Saiten heranschiebt, daß diese gegen die schuppige Oberfläche der Eidechsenhaut vibrieren. Dies verlängert den Klang und gibt den Tönen eine schillernde Qualität, die ihrerseits wieder Meditation und Illusion anregt. Der *ennanga*-Harfenist, wenn er allein spielt und komponiert, hört in die Tiefen der ab-

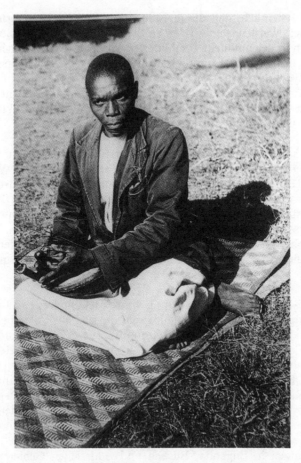

Temusewo Mukasa, der letzte, Mitte der sechziger Jahre verstorbene *omulanga,* photographiert von Hugh Tracey im Jahre 1952.

laufenden Strukturen und entdeckt dort immer neue „Bilder". In jenen Musikkulturen, besonders in Buganda und Busoga, wo man so komponiert, daß die Stücke vexierbildartigen Charakter haben und inhärente Patterns (Illusionsmuster) entstehen, erreicht der individuelle Musiker sehr bald einen sogenannten „flow state" während seines Spiels. Im Zustand des oft stundenlangen Spielens auf seinem Instrument fallen dem Musiker-Komponisten dann Worte, Texte ein, oft auch nur Textfetzen, die er zu i n h ä r e n t e n P a t t e r n s seines Instrumentalspiels assoziiert. Diese heraustretenden, „innewohnenden" Melodiestimmen sprechen geisterhaft; sie sind autonom; der Harfenspieler hört ihnen zu und findet heraus, w a s sie sprechen. Fast ist es so, als ob er sie gar nicht selbst spielen würde.

Es stimmt wahrscheinlich, daß die meisten *amadinda*-Stücke ursprünglich auf der Harfe komponiert wurden; nur w i e es zu den Themen selbst kam, das dürfte sich nicht selten auch in der nunmehr geschilderten Weise abgespielt haben. Oft wird der Ausgangspunkt instrumentale Improvisation gewesen sein, wobei einem Harfenspieler dann neue Worte, inspiriert durch i n h ä r e n t e P a t t e r n s in seinem Instrumentalspiel einfielen. Dann paßte man die Instrumentalstimmen dem neuen Text an. Auf diese Weise wurden wohl auch blitzschnell Kommentare auf aktuelle politische und gesellschaftliche Ereignisse in Buganda geschaffen.

Dabei ist festzuhalten, daß die Spaltung und Verteilung der instrumentalen Gesamtmelodie auf zwei ausführende Agenten — ungeachtet irgendwelcher Vokalthemen — bereits auf der Harfe vorgegeben ist. Man spielt auf der Harfe ebenso zwei Basisreihen wie auf der *amadinda,* verteilt auf die rechte und linke Hand. Bewegungstechnisch ist das Ganze somit bereits auf der Harfe aufgespalten und nicht erst auf der *amadinda.* Auch auf anderen Instrumenten, wie etwa der *endingidi* (Röhrenspießgeige) besteht eine motionale Z w e i e r teilung des Gesamtbildes der Komposition, durch das Auf und Ab bzw. Vorwärts und Rückwärts der Bewegung mit dem Streichbogen.

Die beiden Basisreihen sind somit nicht als bloßes sekundäres Ergebnis der Halbierung einer Instrumentalbegleitung aufzufassen, die sich aus Vokalmelodien ableitet. Denn völlig unabhängig von den Lied-Kompositionsverfahren besteht quer durch Ost- und Zentralafrika (in den Trommelmusikformen, im Spiel von Holmxylophonen etwa in Moçambique usw.) ein Gestaltungsprinzip, das genau die Umkehrung des Vorganges der „Halbierung" ist: die Kombinationstechnik des sogenannten i n t e r - l o c k i n g (cf. Kubik 1960, 1965). Alfons M. Dauer hat dafür im Deutschen die Bezeichnung „Verzahnung" vorgeschlagen, weil die zu kombinierenden Stimmen wie Zahnräder ineinandergreifen (Dauer 1966, reproduziert in A. Simon Ed. 1983: 45).

Unsere Erfahrungen in Buganda, Busoga und zahlreichen Gebieten Zentral- und Südostafrikas haben bestätigt:

1. Die Technik des „interlocking" (Verzahnung) ist eine altafrikanische, seit langem im Gesamtraum der Niger-Kongo-Sprachen überlieferte Form der K o m b i n a t i o n motionaler Einheiten. Wahrscheinlich reichen ihre Wurzeln bis zur Arbeitsorganisation zurück, etwa dem Stampfen von Hirse und andere Tätigkeiten; bei den Baganda vielleicht in jene ferne Vergangenheit, wo die Volksernährung noch nicht auf die Mehlbanane (*matoke*) ausgerichtet war. Wenn zwei Frauen Hirse oder Mais stampfen, tun sie dies in vielen Teilen Ost- und Zentralafrikas in einer Zweier-Verzahnung, genau wie bei der *amadinda,* wenn auch langsam; wenn drei an einem Mörser stehen, ergibt sich eine Dreierverzahnung wie bei der *akadinda.*

2. In Buganda sind die Basisreihen an einer *amadinda* oder *ennanga* nicht nur als konstituierende Parts eines Gesamtbildes im Bewußtsein der Musiker verankert, sondern auch als autonome Reihen, die man sich als solche merkt und die man

zusammenfügt. Dies wurde mir während meines Unterrichts bei Evaristo Muyinda sehr bald klar. Es spiegelt sich auch in der Luganda-Musikterminologie. So beschreiben die Termini *okunaga* und *okwawula* eine K o m b i n a t i o n s - und keine Aufspaltungs- oder Halbierungstechnik.

Die Funktion des *okunaga*-Part in Beziehung zum Grundthema des Gesanges bei der Harfe ist die einer instrumentalen Unterstützung, wenn man will Begleitung, durch eine regelmäßige, aber rhythmisch kontrastierende Tonreihe. Bei erfahrenen Komponisten mag es wohl vorgekommen sein, daß bald nach dem Finden des *okunaga*-Part auch schon der *okwawula*-Part angedeutet war, dies ändert aber nichts daran, daß das Grundthema der gesungenen Melodie primär am *okunaga*-Part verankert ist. Der Gesang wie auch das Spiel des *okunaga*-Parts haben in der Vorstellung eines Harfenisten jedoch identischen Bezug auf den inneren Beat. Das Vokalthema läuft meist im Sinne des folgenden Rhythmus: $(x . x | x . x | x . x | x . x)$, auch dort wo die Elementarpulsation durch gesungene Töne vollständig aufgefüllt wird (siehe etwa die Folge 2 3 3 3 3 - bei *Ssematimba ...*, Abb. 22). Dagegen wird der innere Beat durch die *okunaga*-Reihe wie folgt unterteilt: $(x . x . x |.$ etc. Der Referenz-Beat, identisch mit den Schritten der Tänzer — wenn dasselbe Stück auf lauten Instrumenten, etwa mit Trommelbegleitung gespielt wird — liegt in der Kiganda-Musik meist auf jedem s e c h s t e n   E l e m e n t a r p u l s innerhalb eines 24er oder 36er Zyklus.

Erst im fortgeschrittenen Stadium des Komponierens fand der Harfenspieler dann den vollständigen *okwawula*-Part, dessen Aufgabe ja ist, zu „trennen", zu „kontrastieren". Durch das Dazwischenfallen mit den *okwawula*-Tönen werden tatsächlich immer zwei benachbarte Töne der *okunaga*-Reihe voneinander getrennt, wie wenn sich zwischen 18 Personen, die sich in einer Kette aufstellen, weitere 18 dazwischendrängen würden. Lehrreich ist jedoch, w e l c h e Töne der uns unbekannte Komponist von *Ssematimba ne Kikwabanga ...* auswählte, um das *okwawula* zu bilden (vgl. Abb. 21).

Wo der Vokalpart bei den Worten „A-ba-si b'e-mbu-zi" lange auf der 1 liegt, beharren sowohl *okunaga* wie *okwawula* darauf, diese Melodielinie entweder mit 1 (im Unisono bzw. Oktaven) oder mit 4 (Kiganda-Quart/-Quint) zu stützen; allerdings in einer polyrhythmischen Weise, die, wenn wir uns nur den ersten „Takt" nochmals herausschreiben, folgende Querbeziehungen sichtbar macht:

Abbildung 23

okunaga	1 .	1 .	4 .		etc.
okwawula	. 4	. 1	. 1		

Die Kombination ineinandergreifender Töne führt in der auditiven Wahrnehmung zu einer Aufspaltung in zwei inhärente Muster:

75

Abbildung 24

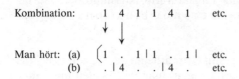

Kombination:　　1　4　1　1　4　1　　etc.

Man hört:　(a)　(1　.　1 | 1　.　1 |　etc.
　　　　　　(b)　　.　| 4　.　.| 4　.　　etc.

Muster *a* verdoppelt die gesungene Stimme (vgl. Abb. 21). Die Lücken (transkribiert als Punkte) sind zweimal im Kontrastintervall ausgefüllt; die 4 schafft sowohl Konsonanz, wie auch optimale Klarheit und rhythmische Spannung. Die vom Gehör isolierte 4 liegt (a) off-beat, (b) kommt sie jeden zweiten Elementarpuls (steht daher im Kontrast zur Bewegung der Hände des Harfenisten) und (c) steht sie zum inhärenten Muster *a* in einer Verzahnung.

Man könnte in dieser Weise weiterverfolgen, was durch die ganze Komposition von „Ssematimba ne Kikwabanga", auch bei den Textvariationen und -fortspinnungen geschieht. Ich möchte jedoch nur noch einen Takt in der Abb. 21 weitergehen, um zu ermitteln, wie die anderen Stimmen reagieren, wenn der Vokalpart beweglich wird und sich in eine neue Richtung bewegt. Auf der Silbe -*zi* des Wortes „embuzi" (Takt 2) landet der Vokalpart auf einem Ton 5. Bis zum Anfang des dritten Taktes läuft die gesungene Stimme wie folgt ab: 5 - 2 3 3 3 | 3 etc. Wie verhält sich nun die Harfe? Der *okunaga*-Part dupliziert, wie wir schon wissen, das weiterschreitende Vokalthema. Der *okwawula*-Part, gespielt von der linken Hand des Harfenisten, füllt den Sprung 5—2 der Vokalstimme mit einem „Brückenton" aus, wodurch sich im Gesamtbild der Melodie die Folge 5 4 2 ergibt. Warum wird eine 4 gesetzt und keine 3? Die Erklärung liegt in einem Phänomen in der Kiganda-Musik, das wir noch gar nicht so richtig erfaßt haben. Diese Musik — und jede einzelne Komposition — besitzt T o n a l i t ä t s s t u f e n. Die dazwischen gespielte 4 suggeriert ein Verharren auf jener Tonalitätsstufe, die den ganzen ersten Takt charakterisierte und aus der Verzahnungskombination von Tönen 1 und 4 bestand. Eine 3 könnte hier noch aus einem anderen Grunde nicht stehen. Im zweiten Takt ergäbe sich nämlich dann im Gesamtbild die Tonfolge 5 3 2 3 3 1. Genau das geht kompositorisch in der Kiganda-Musik nicht. Was n i c h t geht (wenn wir nicht gerade sagen wollen „verboten" ist) ist die Folge 3 2 3 in der Geschwindigkeit der Elementarpulsation. Sie würde als unangenehmer Zusammenprall von Tönen empfunden werden: wir können sagen als k o n s e k u t i v e D i s s o n a n z. Damit haben wir etwas Wichtiges entdeckt: in einer bestimmten Reihenfolge und in der Geschwindigkeit der Elementarpulsation ablaufende Bewegungen in Kiganda-Sekunden sind in diesem Musiksystem nicht akzeptabel. Die Baganda lehnen sie ab — und nicht nur die Baganda, auch Angehörige anderer Kulturen, wie experimentell nachgewiesen wurde (cf. die Versuche von Ulli Wegner, Institut für Vergleichende Musikstudien e. V., Berlin; unveröffentlicht: persönliche Mitteilung).

Wie geht die Komposition *Ssematimba* weiter? — Nach dieser „Brücke" oder Verbindung landet die Vokalmelodie auf einer anderen Tonalitätsstufe, nämlich der 3, auf die der Harfenist in analoger Weise reagiert; zwischen die beiden 3 in seinem *okunaga*-Part am Ende des zweiten Taktes wirft er wieder ein K o n t r a s t intervall (Kiganda-Quart/-Quint), nämlich eine 1. Ein neues Tonalitätszentrum ist dadurch — ebenso vorübergehend — etabliert.

Wenn man den Instrumentalpart von *Ssematimba* ... *(amadinda-* oder *ennanga*-Harfe) weiter untersucht, stellt sich heraus, daß dieses Lied folgende Tonalitätsstufen durchläuft, die durch verbindende Läufe aneinandergekettet sind:

Abbildung 25

```
㊱ ⌈ 1 . 1 . 4 .⌉ 5 . 2 .⌈ 3 . 3 .⌉ 5 . 2 . 1 . 2 .⌈ 5 . 2 . 2 .⌉ 1 .⌈ 4 . 4 . 2 .⌉
   ⌊ . 4 . 1 . 1⌋ . 4 .⌊ 3 . 1 .⌋ 2 . 3 . 4 . 3 .⌊ 2 . 2 . 5 .⌋ 4 . 3 .⌊ 2 . 4 . 4⌋
        I              II                  III                IV
```

In den meisten Kiganda-Kompositionen werden vier solcher Stufen durchlaufen. Die Ruhepunkte, wo sich also das Ohr auf einer Stufe „niederläßt", werden fast durchwegs nach demselben Schema rhythmisch gestaltet, wie der Vergleich von I, III und IV (Abb. 25) zeigt. Die Tonalitätsstufe II wird eher andeutend vollzogen, da ein sehr starker Tonalitätssog von der 5 ausgeht, die sich mit der 3 zu einem „Cluster" verbinden möchte. Es kommt zu keiner längeren Ausprägung weder der einen noch der anderen Stufe, wodurch die Erwartung auf den Chorus-Refrain mit seinen Tonalitätsstufen III und IV nur noch gesteigert wird.

Theoretisch gibt es im Kiganda-System f ü n f Tonalitätsstufen, die immer aus zwei Tönen (sukkzessive) im Abstand des Kontrastintervalls (Kiganda Quart/Quint) konstituiert werden:

Abbildung 26

```
1 .        5 .        4 .        3 .        2 .
. 4        . 3        . 2        . 1        . 5
```

Beim Komponieren eines *okwawula*-Part muß der Muganda-Komponist so weit wie möglich das Unisonoprinzip zum Vokalpart beachten. Jene Töne des gesungenen Themas, die auf Stellen der Elementarpulsation fallen, wo *okwawula*-Töne hinkommen sollen, sind dort so weit wie möglich im Unisono zu duplizieren. Daraus entsteht das grundlegende Gerüst eines *okwawula*-Parts. Die noch fehlenden Töne werden dann überwiegend mit Kontrastintervallen ausgefüllt.

Das Ergebnis ist zunächst eine Art provisorische Version der neuen Komposition. Denn wie im Falle von *Ssematimba* ... bildet das gesungene Thema bei weitem noch nicht das gesamte Lied. Der Text muß fortgesponnen werden. Und hier scheint es, ließen sich die alten Harfenisten weitgehend von inhärenten Patterns in ihrer Instrumentalbegleitung inspirieren, zu denen ihnen neue Worte einfielen. Ist die Kombination von *okunaga* und *okwawula* nach den Regeln der Kunst vor sich gegangen, dann entstehen in der Tiefe des Gesamtbildes mehrere sogenannte inhärente Patterns. Der Musiker hört plötzliche seine Harfe „sprechen". Melodiefetzen und Phrasen, die ihre Entstehung solchen Gestalteffekten verdanken, drängen sich auf und suggerieren neue Textteile. Der Komponist muß diesem Prozeß aber manchmal nachhelfen. Wenn etwa ein inhärentes Melodie-Pattern im Instrumentalspiel der Harfe eine neue Textzeile andeutet, aber den „Satz" nicht „zu Ende s p r i c h t", oder wenn die Töne des suggerierten Luganda-Satzes nicht genau den tonsprachlichen Erwartungen entsprechen, dann ändert der Harfenist den einen oder anderen Ton seines Harfenparts, manchmal auch nur vorübergehend, d. h. unmittelbar bevor er den neuen Text auch wirklich singt. Solche kleinen Variationen, die den Textfortspinnungen folgen, nennt man im Luganda *ebisoko*. Veränderungen von Tönen der Harfenbegleitung sind allerdings problematisch und müssen mit großer Zurückhaltung gemacht werden. Denn es kann sein, daß nun wohl die neue Textzeile, die er zur Fortspinnung des Themas benötigt, deutlicher aus den Tönen der *ennanga*-Saiten herauszuklingen scheint, er aber durch seine Tonersetzungen das Unisonoprinzip zum Grundthema durchbrochen hat.

Die *ennanga*-Instrumentalbegleitungen stellen daher in der Regel einen Kompromiß dar. An manchen Stellen laufen Instrument und Gesang nicht ganz im Unisono sondern in geringer Heterophonie (vgl. etwa in Abb. 21, 5. Takt die Instrumentalbegleitung der Silben *-mba* und *-ne* über den Tönen 1 1 im Vokalpart, aber instrumental kommentiert mit 2 4).

In den Harfenversionen braucht jedoch nicht immer ein Kompromiß gebildet zu werden (wie etwa in den *amadinda*-Versionen), weil der Harfenist als Solist sich den Veränderungen seines Gesanges jederzeit durch geringe Variationen anpassen kann. Wenn er eine neue Textzeile bringen will, bereitet er die Zuhörer schon darauf vor, indem er zuerst instrumental die erforderliche Variante spielt. Wenige Augenblicke danach trägt er die neue Textstelle auch vokal vor. An der *amadinda* liegt der Fall anders; im Prinzip sollten die Zuhörer durch Verbalassoziation imstande sein, aus den fixen *amadinda*-Versionen nicht nur das Thema des Liedes herauszuhören, sondern auch möglichst viele Textfortspinnungen. Da jedoch die beiden Parts von zwei Personen (und nicht zwei Händen derselben Person) gespielt werden, wurden bald Standardreihen gebräuchlich, die jenen Kompromiß darstellen. Deshalb sind die *ennanga*- und *amadinda*-Versionen derselben Stücke nicht selten um zwei bis drei Töne verschieden voneinander. So etwa spielt man in der *amadinda*-Version des Stückes *Olutalo ol'we Nsinsi* (No. 7 in den Partituren) im *okwawula*-Part die Formel 5 . 2 . 1 in ständiger Wiederholung. In der Aufnahme einer *ennanga*-Version durch Evaristo Muyinda (Orig.-Band A 34/1962) kann man deutlich hören, wie sich der Harfenist dem Vokalthema anpaßt. Er spielt (zur Vergleichbarkeit hier auf ein anderes *muko* transponiert): ⌈5 . 2 . 1 . 5 . 2 . 1 . 5 . 2 . 1 . 4 . 2 . 2 .⌉ (vgl. auch Kubik 1966/67: 23).

Obgleich Variation an der *amadinda* eingeschränkt ist, ist sie nicht völlig abwesend. Etwa bei dem Stück *Ennyana ekutudde* (No. 6) wurde auch an der *amadinda* von verschiedenen Musikern im Hause von Evaristo Muyinda, Nabaale, 1962, als ich dort wohnte, regelmäßig variiert, wobei sich die Variationstöne dann näher an das gesungene Thema anlehnten. Wenn man die Variation spielte, hörten die Zuhörer sofort das Grundthema des Liedes heraus. In diesem Falle hatte sie daher eher die Funktion, eine Reprise des Themas vorzubereiten.

Irreguläre Formzahlen

Baganda-Musiker konzeptualisieren die Anzahl der Töne in den einzelnen Parts und nehmen auf sie Bezug; besonders bei irregulären Zyklen. Obgleich man erwarten würde, daß Zyklen, die in herkömmlicher Weise durch 6 teilbar sind, um den Beat der Tänzer zu markieren, das Bild bestimmen, gibt es vor allem in der *amadinda*-Musik eine ganze Reihe von Ausnahmen. Das bekannteste Beispiel ist die Komposition „Agenda n'omulungi azaawa" (No. 50) mit je 35 Tönen in den einzelnen Basisreihen, also eines Zyklus von 70 Elementarpulsen. Wo steckt der Beat bei solchen Stücken?

Bei der *amadinda* sind es gerade sehr alte und beliebte Kompositionen, deren Form- oder Zykluszahl von den üblichen Zahlen 24, 36 oder 48 abweicht und die somit nicht in der üblichen Weise teilbar sind. Zu einigen dieser Kompositionen könnte man eine *empunyi*-Trommel, d. i. eine Beat-repräsentierende Trommel, die man alle sechs Elementarpulse schlägt, gar nicht in der üblichen Weise dazuspielen. Ebenso ginge sich die bekannte *baakisimba*-Trommelformel nicht aus. Sind somit die beliebten historischen Kompositionen unserer Gruppe IV in den Partituren, *Bakebezi bali e Kitende* (No. 47) mit 25 Tönen, *Ab'e Bukerere balaagira emwanyi* (No. 48) und *Akawologoma* (No. 49) mit 27 und *Agenda n'omulungi azaawa* (No. 50) mit 35 Tönen als Anomalien im Gesamtrepertoire aufzufassen?

Dies wohl kaum, denn nach all unserem Wissen ist Kiganda-Musik ein einheitliches System. Im Gegenteil, diese Kompositionen sind Meisterwerke, die uns überliefert wurden und für Anfänger, die gerade gelernt haben *Olutalo ol'we Nsinsi* zu spielen, kaum ausführbar. Ein Anhaltspunkt zu ihrem Verständnis findet man vielleicht, wenn wir uns strikt an Baganda-Gewohnheit halten, die Anzahl der Töne in einem *amadinda*-Part allein zu konzeptualisieren, und nicht die Anzahl der Elementarpulse, die sich aus der Kombination der Parts ergibt. Dadurch werden die Zahlen leichter erfaßbar. Zunächst fällt uns auf, daß k e i n e P r i m z a h l e n darunter sind. Alle diese Reihen mit irregulären Formzahlen sind doch teilbar; 25 und 35 durch die Zahl 5 und 27 durch 3 als kleinste Einheiten. Wir vermuten daher, daß man diese Stücke in einer etwas anderen Weise begleitete; wahrscheinlich legte man — wie es auch in Rwanda und gelegentlich bis nach Zimbabwe in manchen Musikformen vorkommt — ein Fünfermodell darunter (bei den Stücken No. 47 und 50) und ein Dreiermodell bei *Ab'e Bukerere ...* (No. 48) und *Akawologoma*, wobei der Gesamtzyklus 2 ×

27 = 54 Elementarpulse ja auch durch 6 geteilt werden kann. Die Fünferteilung bei den erstgenannten Stücken scheint Kyagambiddwa (1955) indirekt zu bestätigen. Bei seiner Notation von *Agenda n'omulungi azaawa* ist aufschlußreich, wie er offenbar trotz des ihm aufgezwungenen europäischen Notationssystems versuchte, seine Konzeptionen auszudrücken. Aus seinen *amadinda*-Transkriptionen läßt sich generell erkennen, daß er die Taktstriche konform mit den wiederkehrenden Schlägen einer imaginären *empunyi*-Trommel zu setzen pflegte; daraus läßt sich ableiten, wo er den Beat empfand. Und *Agenda n'omulungi azaawa* interpretiert er eindeutig als Fünfermetrum, also im Sinne einer Wiederkehr von *empunyi*-Schlägen alle fünf Töne des *okunaga*-Parts. Es gibt also offenbar in der Kiganda-Musik Themen, wo der Beat jeden fünften Elementarpulsschlag empfunden wird.

Im Gegensatz zur *amadinda* kommen im *akadinda*-Repertoire solche irreguläre Formzahlen offenbar nicht vor. Die Kompositionen *Muleke atabaale* (No. 92) und *Ab'e Salama* (No. 91) mit Formzahl 60 (also einem *okunaga*-Part mit 20 Tönen) sind als neue Kompositionsversuche aufzufassen; sie entstanden außerhalb der Hofmusik im Milieu der Blinden Musiker von Salama.

Die Interdependenz der Basisreihen

Wir haben bereits angedeutet, daß *okunaga*- und *okwawula*-Part in der *amadinda*-Musik voneinander abhängig sind. Vollständig und sozusagen automatisch kann man den *okwawula*-Part aus dem *okunaga*-Part jedoch nicht ableiten, weil als grundlegender Faktor das (nicht gesungene) Vokalthema besteht, dem beide Parts weitgehend im Unisono folgen sollen. Durch das Vokalthema sind auch bereits die Tonalitätsstufen und ihr Wechsel innerhalb einer *amadinda*-Komposition vorgegeben und vom Instrument her zu untermauern.

Mitte der sechziger Jahre machte ich mir die Mühe, durch statistische Ermittlung das melodische Verhalten der beiden Basisreihen aller gesammelten *amadinda*-Kompositionen zu untersuchen (Kubik 1969). Obwohl damit der Einfluß des Vokalthemas auf die Gestaltung ausgeklammert wurde, erbrachte diese Untersuchung wesentliche Erkenntnisse über Vorstellungen einer konsekutiven Konsonanz in der *amadinda*-Musik und der Kiganda-Musik im allgemeinen.

Zunächst muß daran erinnert werden, daß die bei 600 M. M. dahinjagenden verzahnten *amadinda*-Töne in ihrer Dauer immer etwas überlappen. Dies hat zur Folge, daß unmittelbar nacheinander angeschlagene Töne verschiedener Frequenzen doch — wenn auch nur einen kurzen Moment lang — „zusammenklingen". Dies ist u. a. in den Sonagrammen zu sehen, die Walter Graf in den sechziger Jahren für mich freundlicherweise anfertigte (aufbewahrt in Privatsammlung G. Kubik). Der von Baganda-Zuhörern immer wiederbetonte Wohlklang von *amadinda*-Musik, wenn sie auf einem der alten Instrumente gespielt wird, ist sicher ein besonderes Anliegen der

80

Komponisten gewesen; und diese müssen daher das Überlappen der Töne beim „interlocking" berücksichtigt haben.

Experimentell läßt sich nachweisen: verschiebt man zwei Basisreihen einer beliebigen Komposition gegeneinander, indem man etwa um einen Schlag „falsch einsetzt" oder dies durch Computer simuliert, wie es Ulli Wegner, Berlin, getan hat, dann verschwinden nicht nur sofort alle Bildungen von i n h ä r e n t e n P a t t e r n s, einschließlich jener, die den darin steckenden Vokalpart suggerieren sollen, sondern es entsteht ein chaotischer Mißklang. An sich nichts Überraschendes, dasselbe ließe sich ja wohl auch beim Verschieben der Einsätze in Kompositionen anderer Kulturen erreichen. Dennoch ist dieser „chaotische Mißklang" spezifisch. Bei näherer Analyse erweisen sich ausgedehnte Folgen von Kiganda-Sekunden bzw. -Septimen als Hauptursache des Mißklangs. Ebenso erfolgen nicht selten mehrmalige Wiederholungen desselben Tons im Gesamtbild, was in der *amadinda*-Musik von Buganda, im Gegensatz zur verwandten *embaire*-Musik von Busoga, offenbar ebenso unerwünscht ist. Kyagambiddwa (1955) gebrauchte den Terminus „harmonize" (harmonisieren), um das richtige Verhältnis der Parts zueinander zu beschreiben. Daß Konsonanz ein angestrebtes Ziel der Kompositionstechnik in Bugunda ist, kann man mit Sicherheit annehmen. Genau definiert muß aber werden, wie die Konsonanzvorstellungen intrakulturell beschaffen sind.

Aus der Wahrnehmungspsychologie wissen wir, daß ein ständig wiederholter Reiz zu Abstumpfung führt. Die alten Komponisten lernten wechselnde Tonrelationen einzusetzen, um einerseits Konsonanz zu erzeugen, aber andererseits sie durch Spannung und Reibung stets aufs Neue zu bestätigen. Da die *amadinda*-Töne überlappen, können wir untersuchen, wie sich derartige Vorstellungen auf die Wahl des vorhergehenden und des jeweils nächsten Tons eines beliebigen Ausgangstons auswirken; welche Nachbartöne sind bevorzugt? Oder: welchen Ton im *okwawula*-Part läßt man mit Vorliebe zwischen zwei im *okunaga*-Part gegebene Töne fallen?

Später kann man längere Folgen, etwa kurze verzahnte Tonreihen untersuchen, um zu sehen, inwieweit der Inhalt einer Verzahnung auch aus größerer Entfernung im Ablauf bestimmt wird. Wir wissen inzwischen von unserer Analyse der Komposition *Ssematimba ne Kikwabanga . . .*, daß man offenbar dort, wo zwei identische, benachbarte Töne im *okunaga*-Part vorkommen, mit Vorliebe eine Kiganda-Quart/ -Quint dazwischen fallen läßt. Tut man dies immer? Und außerdem: welche Quart/ Quint ist vorziehbar, die obere oder untere? Warum wurde die $\bar{1}$ im Vokalteil am Anfang von *Ssematimba . . .* (Abb. 21) mit einer 4 und nicht mit einer 3 kommentiert? Auch die 3 wäre eine Kiganda-Quart gewesen. Gibt es hier Regeln?

Bei meinen statistischen Untersuchungen in den sechziger Jahren (ohne Hilfe eines Computers) schrieb ich in wochenlanger Arbeit alle Tonprogressionen zwischen *okunaga* und *okwawula* in den 50 gesammelten *amadinda*-Kompositionen, beginnend mit *Banno bakoola ng'osiga* (No. 1), heraus.

Abbildung 27

okunaga:

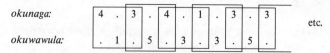

etc.

okuwawula:

Ich erhielt 966 solcher überlappender Kästchen, ausgehend vom *okunaga*-Part bei den 50 Kompositionen, und dann dieselbe Anzahl, als ich vom *okwawula*-Part ausging. Nun untersuchte ich statistisch, welcher Ton zwischen zwei gegebenen Tönen als Verzahnungston benutzt wird. Die Ergebnisse waren signifikant; jedoch bestand keine signifikanter Unterschied zwischen den Ergebnissen der beiden gewählten Ausgangspunkte (*okunaga* oder *okwawula*). Daraus ließ sich ableiten, daß die Interdependenz der beiden Basisreihen in der *amadinda*-Musik r e z i p r o k ist, daß sie in ihrem Verhältnis zueinander für den Komponisten gleichberechtigt sind, und mögliche Kompositionsregeln bilateral gelten müssen.

Im folgenden gebe ich eine Zusammenfassung meiner Ergebnisse. Ich verzichte hier jedoch auf eine statistische Darstellung, da die Untersuchung mittels moderner Geräte an einer größeren Sammlung von *amadinda*-Kompositionen (unter Berücksichtigung neuen Materials und der älteren Sammlungen etwa von Kyagambiddwa) wiederholt werden soll. Für die Untersuchung der Kompositionstechniken genügt uns die relative Häufigkeit von Kombinationen (ohne prozentuelle Angaben). In der Tabelle VI weiter unten sind Verzahnungen, die in der *amadinda*-Musik offensichtlich nicht vorkommen, durchgekreuzt; jene, die sehr selten vorkommen, strichliert durchgekreuzt. Die häufigen Verzahnungen sind eingerahmt und die weniger häufig vorkommenden ohne weiteres Zeichen stehengelassen. Jede der herausgeschälten Verhaltensregeln oder -regelmäßigkeiten im Verzahnungsschema gilt für alle fünf *miko*-Transkriptionen, die hier nicht nochmals dargestellt zu werden brauchen. Das heißt also, wenn wir feststellen, daß die folgende Verzahnungskombination:

Abbildung 28

zu den bevorzugten gehört, dann gilt dies in derselben Weise für alle ihre fünf *miko*-Transpositionen (vgl. Tabelle IV im Abschnitt „Das *miko*-System in der *amadinda*-Musik").

Abbildung 29

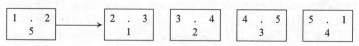

82

Und natürlich gilt dies ebenso für jede melodische Umkehrung (durch Oktavversetzung). Wir erinnern daran, daß wir nur Intervall s t r u k t u r e n im Kiganda-Musiksystem zu beachten haben, die Richtung einer melodischen Bewegung jedoch für die
Interdependenz der beiden Basisparts irrelevant ist.

Wie sich aus unserer früheren Tabelle IV ableiten läßt, sind in der *amadinda*-Musik
insgesamt neun melodische Progressionen möglich, von denen jedoch vier auf Grund
der Eigenheiten des *miko*-Transpositionssystems strukturell miteinander identisch
sind. Sie brauchen daher bei der Untersuchung der kompositorischen Verzahnungs-
techniken nicht singularisch berücksichtigt zu werden. Die folgende Tabelle V soll
diese Identitäten zeigen.

Tabelle V: Melodische Progressionen in der Kiganda-Musik

Abbildung 30

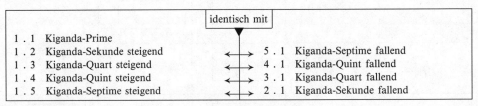

Insgesamt sind daher, etwa bei der Erstellung eines Computer-Programmes nur fünf
Strukturen von Melodieprogressionen zu berücksichtigen. Für jede dieser fünf Progressionen bestehen fünf Möglichkeiten der Verzahnung (des Dazwischenspielens
eines Tons in der gegenübergestellten Basisreihe). Unsere Untersuchung zeigte, daß
einige von ihnen besonders häufig sind, andere völlig vermieden werden.

In der Tabelle VI sind die Ergebnisse unserer statistischen Untersuchung der Einfach-
heit und Übersichtlichkeit halber in jeweils nur einem *muko* dargestellt. Wenn ein
Studierender in irgendeiner von ihm entdeckten *amadinda*-Komposition zum Beispiel
die folgenden Partikel isoliert und in der Tabelle finden möchte,

Abbildung 31

um zu erfahren, ob diese Art des „interlocking" regelmäßig, selten oder überhaupt
nicht vorkommt, dann muß er sie entsprechend transponieren, um sie in unserer Tabelle VI zu eruieren; im vorliegenden Falle um zwei Xylophonplatten hinauf, denn
sie ist dort unter

Abbildung 32

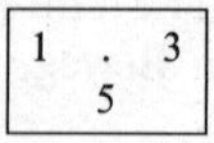

```
┌─────────────┐
│ 1  .  3     │
│     5       │
└─────────────┘
```

in der Kolumne rechts außen, drittes Feld von oben zu finden. Sie fällt unter die häufigen Verzahnungen. Wer den Abschnitt über *miko*-Transposition studiert hat und das Übungsbeispiel an der *amadinda* spielte, sollte keine Schwierigkeiten haben, die Tabelle zu benützen.

Tabelle VI: Verzahnungsverhalten in der Mikrostruktur von *amadinda*-Kompositionen

Abbildung 33

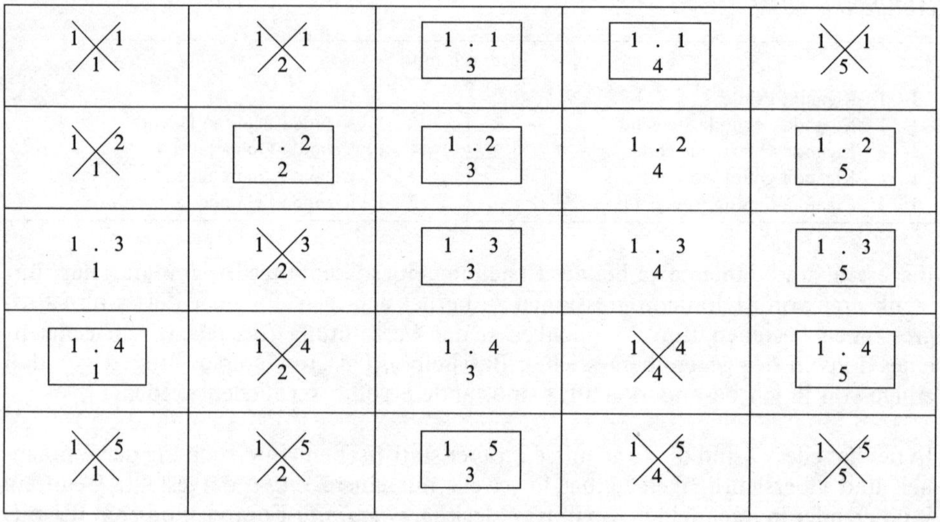

Die Verzahnung zwischen *okunaga*- und *okwawula*-Part ist eine delikate Angelegenheit, bei deren faktischer Gestaltung mehrere Faktoren generativ zusammenwirken. Aus Tabelle VI entnehmen wir, daß in den von mir untersuchten 50 *amadinda*-Kompositionen (siehe Partituren) sieben Typen der Verzahnung n i c h t vorkommen. Sie sind ausgekreuzt. Offensichtlich widersprechen sie grundlegenden Konzepten innerhalb des Kiganda-Musiksystems.

Bei einem Aufeinanderfolgen zweier gleicher Töne in einem Part wird n i c h t verzahnt mit:
a) einem identischen Ton, vgl. $\underset{1}{\overset{1\,1}{\times}}$ in der Tabelle;

b) einem benachbarten Ton, vgl. $\frac{1\times 1}{2}$ oder $\frac{1\times 1}{5}$, also mit einer Kiganda-Sekunde oder (umgestülpt) Kiganda-Septime.

Wenn zwei Töne einander im Abstand einer Sekunde (bzw. ihrer *muko*-Umkehrung) in f a l l e n d e r Bewegung folgen, dann kann mit k e i n e m d e r b e i d e n Töne verzahnt werden. Die Kombinationen $\frac{1\times 5}{1}$ und $\frac{1\times 5}{5}$ kommen also nicht vor.

Wenn zwei Töne im Abstand von einer Kiganda-Sekunde (bzw. ihrer Umkehrung) in a u f s t e i g e n d e r Bewegung aufeinanderfolgen, dann wird mit dem ersten der beiden Töne offenbar niemals verzahnt, wohl aber vorzugsweise mit dem zweiten. $\frac{1\times 2}{1}$ ist also nicht gebräuchlich, $\boxed{\begin{smallmatrix}1 & . & 2 \\ & 2 & \end{smallmatrix}}$ dagegen sehr häufig. Die zweite, häufige Verzahnung führt zu einer besonderen Wendung im abgeleiteten *okukoonera*-Part vieler Kompositionen, etwa in *Kalagala e Bembe* (No. 35 in den Partituren). Ich nannte sie daher: „Kalagala-e-Bembe"-Partikel (Kubik 1969: 34). Diese Partikel wird kompositorisch vielfach als Floskel zur Einführung eines Überganges in die Tonalitätsstufe auf der Ziffer 2 verwendet. Zum Beispiel tritt sie im *amadinda*-Stück *Kalagala e Bembe* in folgenden Zusammenhang auf:

Abbildung 34: „Kalagala-e-Bembe"-Partikel

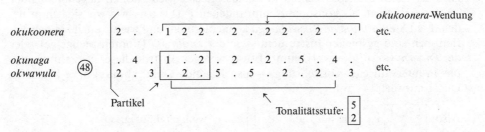

Dies ist ein interessanter Fall, denn es ist der einzige, wo in diesem System mehr als zwei in den Tonfrequenzen nahe beieinanderliegende Töne aufeinanderfolgen dürfen. Mir scheint, daß diese Wendung darauf abzielt, den Charakter mancher *okukoonera*-Parts als unabhängige Patterns zu betonen und zu festigen. Möglich ist auch, daß diese Partikel ein „Zitat" darstellt und die mit ihr verbundenen Phrasen einen bestimmten, vielleicht proverbialen Text tragen.

Auch die Verzahnung $\frac{1\times 3}{2}$ (siehe Tabelle VI, zweite Kolumne, Mitte) ist nicht gebräuchlich. Offenbar hatten die Komponisten dieser alten Musik eine ausgesprochene Abneigung gegen in benachbarten Tonfrequenzen a u f s t e i g e n d e Folgen; als Ergebnis der Kombination würde hier eine solche Folge, nämlich 1 2 3 entstehen.

In a b s t e i g e n d e r Progression gehören dagegen solche Wendungen zu den häufigen Verzahnungen, vgl. $\boxed{1 \; \begin{smallmatrix} \\ 5 \end{smallmatrix} \; 4}$ (letzte Kolumne, zweite Verzahnung von unten).

Zusammen sind es also sieben Typen der Verzahnung, die man vermeidet, die dieses System zurückweist. In der *embaire*-(Holmxylophon-)Musik des benachbarten Busoga, welche strukturell weitgehend der *amadinda*-Musik entspricht, ist das Verzahnungsverhalten etwas anders. So etwa werden dort zwei in einem Part aufeinanderfolgende gleiche Töne sogar sehr oft durch denselben Ton im anderen Part verzahnt, sodaß man dort, im Gegensatz zu Buganda, rasche Tonwiederholungen wie etwa 1 1 1 häufig findet (cf. Kubik 1964, 1988: 162—163). Aber auch in Buganda kann man so verzahnen und zwar in der *akadinda*-Musik. Dies ist sehr merkwürdig. Inwieweit sich daraus gewisse Schlußfolgerungen auf die Art der historischen Beziehungen zwischen all diesen Xylophonmusiktraditionen ziehen lassen werden, läßt sich wohl erst nach der Auswertung unseres *embaire*-Materials (1960, 1963 und 1967/68) abschätzen.

Die in der *amadinda*-Musik b e v o r z u g t e n Verzahnungspartikel lassen sich wie folgt kategorisieren:

1. Zwei aufeinanderfolgende gleiche Töne in einem Part werden, je nach dem weiteren tonalen Zusammenhang (Tonalitätsstufen), meist entweder mit einer Kiganda-Quart abwärts bzw. ihrer Umkehrung einer Kiganda-Quint aufwärts verzahnt. Hier zeigt sich dieselbe Technik des „Ausfüllens" wiederholter, liegenbleibender Töne durch einen als konsonant empfundenen F ü l l t o n , wie wir sie schon bei dem Lied *Ssematimba ne Kikwabanga* kennenlernten, und wie sie auch bei den Variationen solo-gespielter Instrumente wie der *endingidi* (Röhrenspießgeige) oder der *enderre* (Kerbflöte) vorkommt. Etwas weniger oft tritt dieser Verzahnungstypus in intervallischer Umkehrung — also Kiganda-Quint abwärts bzw. Kiganda-Quart aufwärts — auf.

   Also: $\boxed{1 \; \begin{smallmatrix} \\ 4 \end{smallmatrix} \; 1}$ ist sehr häufig; $\boxed{1 \; \begin{smallmatrix} \\ 3 \end{smallmatrix} \; 1}$ etwas weniger häufig.

   Die statistische Differenz war jedoch relativ gering, so daß wir sie beide unter die häufigen Verzahnungen aufgenommen haben.

2. Bei einer fallenden Kiganda-Sekunde (bzw. steigenden Kiganda-Septime) wird meist die obere Kiganda-Quart zur Verzahnung verwendet, also: $\boxed{1 \; \begin{smallmatrix} \\ 3 \end{smallmatrix} \; 5}$ (vgl. Tabelle VI, Kolumne 3, unten)

3. Bei einer steigenden Kiganda-Sekunde (oder fallenden Kiganda-Septime) besteht weniger Eindeutigkeit in den Präferenzen; entweder eine Kiganda-Quart aufwärts, oder eine Sekunde abwärts oder aufwärts kommt in Frage, daher:

$$\boxed{\begin{matrix} 1 & . & 2 \\ & 3 & \end{matrix}} \text{ oder } \boxed{\begin{matrix} 1 & . & 2 \\ & 5 & \end{matrix}} \text{ oder } \boxed{\begin{matrix} 1 & . & 2 \\ & 2 & \end{matrix}}$$

Der letztere Fall ist unsere schon erwähnte „Kalagala e Bembe"-Partikel.

4. Wo der erste Part eine steigende Quart (bzw. fallende Quint) bildet, wird am häufigsten eine Kiganda-Sekunde abwärts oder Quart aufwärts dazwischengepreßt,
also: $\boxed{\begin{matrix} 1 & . & 3 \\ & 5 & \end{matrix}}$ oder $\boxed{\begin{matrix} 1 & . & 3 \\ & 3 & \end{matrix}}$

5. Bei einer fallenden Kiganda-Quart (bzw. steigenden Kiganda-Quint) ist der vorzüglich benützte Verzahnungston die Prim, also: $\boxed{\begin{matrix} 1 & . & 4 \\ & 1 & \end{matrix}}$ oder die Sekunde abwärts: $\boxed{\begin{matrix} 1 & . & 4 \\ & 5 & \end{matrix}}$

Weitere Verzahnungstypen (siehe Tabelle VI) kommen gleichfalls vor, sind aber relativ selten (cf. die nicht mit Quadraten umschriebenen Typen).

Die obige Darstellung bestätigt zwar keine a b s o l u t e Ableitung eines *okwawula*-Parts aus einem *okunaga*-Part oder umgekehrt, aber doch eine sehr weitgehende Interdependenz. Der vorhandene Spielraum für die Auswahl der Verzahnungstöne wird durch die notwendige Anpassung an den (dahinter mitschwingenden) Vokalpart von Fall zu Fall weiter eingeschränkt. Man kann sagen: Bei der Verzahnung werden nach Möglichkeit Intervalle verwendet, die (a) als konsonant empfunden werden und (b) optimalen Kontrast bilden, im *miko*-System also die „entferntesten" Intervalle sind. Die Verwendung optimaler Kontrastintervalle ist e i n e der generativen Kompositionstechniken, durch die ein Zerfall des Gesamtbildes in der auditiven Wahrnehmung in sogenannte inhärente melodisch-rhythmische Muster ausgelöst wird. „Dissonante" Folgen, also ein Aufeinanderfolgen von m e h r a l s z w e i i d e n t i s c h e n o d e r b e n a c h b a r t e n I n t e r v a l l e n (ausgenommen die „Kalagala-e-Bembe"-Partikel) werden strikt vermieden.

Man kann auch sagen, daß die am meisten „bindenden" Regeln oder „grammatikalischen Regeln" der Kiganda-Kompositionstechnik dann ins Spiel kommen, wenn in einem Part ein gleicher Ton oder eine Kiganda-Sekunde aufeinanderfolgen. In einer Gesamtanzahl von 174 Fällen von Primfolgen in der statistischen Auswertung aller 50 *amadinda*-Kompositionen sind nicht weniger als 126 mit der tieferen Quart verzahnt. Bei einer aufsteigenden Sekunde wurde in 85 Fällen mit der oberen Kiganda-Quart und in 62 Fällen mit der unteren Sekunde (bei einer Gesamtzahl von zufällig genau 200 Fällen) verzahnt. Und bei einer absteigenden Sekunde wurde in nicht weniger als 159 Fällen aus einer Gesamtzahl von 197 mit der oberen Quart verzahnt. Dies hat einen ganz bestimmten Grund, denn jener Typus der Verzahnung in stufenweise absteigenden, parallelen Verzahnungsquarten, der etwa in der *akadinda*-Musik die beliebteste Ostinato-Formel bildet, (vgl. weiter unten, Abschnitt III) ist auch in der *amadinda*-Musik eine beliebte, immer wiederkehrende Wendung.

Die Faktoren, die somit die Interdependenz der beiden Parts weitgehend bestimmen, lassen sich wie folgt zusammenfassen:

a) Es besteht ein Bedürfnis nach konsonanten Folgen, daher Vorzug einer Verzahnung in Quarten (bzw. Quinten).

b) Bestimmte melodische Passagen sollen als inhärente Patterns auftreten, z. B. die „Kalagala e Bembe"-Partikel. Diese Patterns sind wohl immer Textträger, Träger von implizierten Textmelodien.

c) Es besteht ein Konzept tonaler Segmentierung, daß heißt ein Wechsel zwischen mehreren Tonalitätsstufen innerhalb eines Stückes.

d) Formale Eigenschaften, zum Beispiel Zweiteiligkeit in vielen *amadinda*-Stücken, reflektieren eine ähnliche Struktur in den Vokalthemen, manchmal sogar ein dort vorhandenes Responsorialschema.

e) Bei der Komposition zielte man darauf ab, schillernde Strukturen zu schaffen, in denen ein Ton — fast wie ein Mensch in der Gesellschaft der Baganda — in ein Netz multilateraler verwandschaftlicher Beziehungen verstrickt ist. Man kann diese Beziehungen umkippen und neue Konstellationen ergeben sich daraus, eine Idee, die recht gut in dem Wort *okusulika* ausgedrückt ist, mit dem Baganda-Musiker das Transponieren eines Stückes in ein anderes *muko* beschreiben. Durch die multilateralen Beziehungen eines jeden konstituierenden Tons werden diese Gebilde zu wahrhaftig auditiven V e x i e r b i l d e r n. In jedem *muko* wird ein anderes inhärentes Pattern auf die *amatengezzi* (die beiden tiefsten Xylophonplatten) hingeschwemmt und auf den *amakoonezi* von Musiker C imitiert. Die *okukoonera*-Parts aller fünf *miko* sind in höchstem Maße strukturiert.

f) Die aus der Komposition hervortretenden inhärenten Gestalten werden von den Zuhörern v e r b a l i s i e r t. Das Xylophon „spricht", „singt" das Thema oder andere Wortphrasen, die in Variationen auf der Harfe tatsächlich gesungen werden.

g) In der Instrumentalversion muß die Vokalmelodie deutlich hörbar enthalten sein, obwohl sie während des Spiels nicht gesungen wird.

Alle diese Faktoren — und es gibt wohl noch mehr — sind in einem subtilen Gegeneinanderspiel wirksam und produzieren jenes Ergebnis, das wir oben als distinktives „Verhalten" der *amadinda*-Melodiereihen beobachtet hatten. Die Kunst bestand darin, zwischen allen diesen Faktoren ein Gleichgewicht zu finden, und um auf den Vergleich mit dem einzelnen Menschen in der größeren Gemeinschaft zurückzukommen: Die multilateralen Beziehungen müssen sich in einem Gleichgewichtszustand befinden, nirgends darf Übergewicht herrschen und außerdem sind sie schillernd, von Tag zu Tag veränderbar, so daß nacheinander verschiedenste Konfigurationen an die

Oberfläche kommen, ohne daß sich an der Gesamtstruktur selbst das Geringste ändern würde.

Zu den genannten Interdependenzen in der Mikrostruktur solcher Kompositionen kommt eine Grauzone größerer kontextueller Abhängigkeiten, auf der Ebene ganzer Phrasen und tonal-konsonantischer Segmente. Wir hatten oben festgestellt, daß bei einer fallenden Kiganda-Sekunde in einem Part meist mit der oberen Kiganda-Quart verzahnt wird. Was geschieht, wenn wir dieses Schema r e d u p l i k a t i v fortsetzen? Wenn wir also in dem Ausgangs-Part noch eine Kiganda-Sekunde und noch eine weitere in der selben melodischen Richtung anfügen, vielleicht durch den ganzen Zirkel des Kiganda-Tonsystems hindurch? Also:

Abbildung 35

```
┌─────────┐
│ 1 . 5 │ . 4 . 3 . 2 . 1
│ . 3 . │ ? . ? . ? . ? .
└─────────┘
```

Geht das Verzahnungsschema dann in derselben Weise weiter?

In vielen Kulturen sind Melodiebewegungen gebräuchlich, die man als reduplikativ bezeichnen kann. Damit meine ich melodische Progressionen, die sich — im Prinzip unendlich, in der Praxis natürlich begrenzt — in der selben Richtung und mit demselben Intervall entwickeln. Die einfachste solcher Progressionen ist die zu einem gleichen Ton, also einer Serie gleicher Töne. Eine andere ist um eine Stufe in der Skala abwärts oder aufwärts, wodurch eine leiternförmige Melodie entsteht. Auf dem *amadinda*-Xylophon kann man solche Reihen unendlich fortsetzen, nur daß das *miko*-System in bestimmten Abständen Oktavtranspositionen verlangt. Reduplikative Progressionen haben experimentellen Wert, denn sie enthüllen uns, ob bei der Verzahnung der Parts identische Verhaltensweisen über längere Strecken vorkommen oder nicht. Wir stellen uns daher die Frage, ob in der Kiganda-Musik reduplikative Bewegung in einem Part definitive Reaktionen im anderen hervorruft.

A) Reduplikation der Prim

Wiederholungen eines Tons können in beiden Parts einer *amadinda*-Komposition vorkommen, im *okunaga* und *okwawula,* obwohl offenbar häufiger im ersteren. Jedoch scheint es, daß kein Ton in einem der beiden Parts öfter als dreimal hintereinander wiederholt wird. Die einzige Ausnahme, die ich fand, ist *Balinserekerera balinsala ekyambe* (No. 29) und in einem Stück, das ursprünglich aus Busoga kam: „Titel unbekannt" (No. 10). Nur als Variationstechnik kommen Reduplikationen auf größeren Strecken häufig vor. (Vgl. *Kawumpuli,* No. 31)

Wie reagiert der andere Part, wenn ein Ton in dem einen dreimal in Wiederholung gespielt wird? Die Transkriptionen zeigen, daß ein solches Pattern entweder in paralleler oder in Seitenbewegung verzahnt werden kann, sowohl aufsteigend wie abfallend, und als Intervalle können Kiganda-Quarten oder -Quinten benützt werden.

B) *Aneinander angeschlossene Reduplikationen von Prim und Kiganda-Quart oder -Quint*

Es gibt einen Typus von Reduplikation in der Kiganda-Musik, der unsere besondere Aufmerksamkeit verdient, da er zu breiten konsonanten Segmenten und Stufenwechsel führt. Ich meine jene Fälle, wo die (einmalige) Reduplikation eines gegebenen Tons von einem Intervall gefolgt wird, das sich zu ihm in Konsonanzverwandtschaft befindet und selbst wieder redupliziert werden kann; also Wendungen wie: 1 . 1 . 4 . 4 . zum Beispiel, oder:

3 . 3 . 1 . 3 . 3 . etc.

Hier ereignet sich etwas Merkwürdiges. Es erfolgt eine Art der Verzahnung, die eine Art m e l o d i s c h e s   N e g a t i v zum ersteren Part bildet, wobei beide wie Patrix und Matrix zusammenkommen. Im verzahnten zweiten Part erscheinen dieselben Töne wie im ersten nur melodisch in komplementärer Gestalt. Ich möchte zwei Beispiele aus unseren *amadinda*-Transkriptionen anführen:

Abbildung 36: Phrase aus *Mugoowa lwatakise* (No. 24)

| *okunaga* | 3 | . | 3 | . | 1 | . | 3 | . | 3 | |
| *okwawula* | . | 1 | . | 3 | . | 3 | . | 1 | . | |

Abbildung 37: Phrase aus *Ab'e Bukerere balaagira emwanyi* (No. 48)

okunaga   2 . 5 . 2 . 2 . 5 . 5 . 5 . 3 . 5 . 5
okwawula   . 2 . 2 . 5 . 5 . 3 . 3 . 5 . 5 . 3 .

Segment A   Segment B

Dies sind typische Passagen in der *amadinda*-Musik. Es sind konsonante Segmente, die in den Kompositionen regelmäßig auftauchen und eine Art Ruhestelle bilden. Zwei oder mehr solcher Segmente können in einer Komposition auf verschiedenen Tonstufen auftreten. Sie können durch alle Arten von verbindenden Läufen und Sequenzen liiert werden. Diese konsonanten Segmente auf ruhenden Tönen müssen nicht notwendigerweise so lange sein wie in den beiden obigen Beispielen, oft umfassen sie nur drei bis vier Töne, die nach dem obigen Schema verzahnt werden. Das genügt aber bereits, um dem Ohr das Bewußtsein distinktiver tonaler Stufen zu vermitteln. Außerdem ergeben solche Segmente einen resultierenden rhythmischen Aufbau, der sich charakteristisch im *okukoonera*-Part des entsprechenden *muko* niederschlägt.

Im obigen Beispiel, Abbildung 37, impliziert das Segment A eine Tonalitätsstufe $\frac{5}{2}$, unmittelbar gefolgt von Segment B mit Tonalitätsstufe $\frac{5}{3}$. Zwei konsonantische Segmente sind somit hier direkt aneinandergereiht.

C) Reduplikation in Kiganda-Sekunden

a) fallend

Solche Progressionen führen im anderen Part zu einer Kettenreaktion. Die Verzahnung beginnt mit der oberen Quart des ersten Tons (bzw. unteren Quint in der *muko*-Umkehrung) und führt zu einem (unendlichen) Quarten-Verzahnungszirkel, einem „v e r z a h n t e n   Q u a r t e n p a r a l l e l i s m u s " wie man es nennen könnte. Vom Komponisten wird er natürlich spätestens nach Durchlauf einer Oktave abgebrochen, wie das folgende Beispiel zeigt.

Abbildung 38: Eine weitere Episode aus *Mugoowa lwatakise* (No. 24)

```
                          O
okunaga      1 .  5  .  4  .  3  .  2  .  1
okwawula       .  3  .  2  .  1  .  5  .  4  .
                          O
```

In diesem Verzahnungsschema ist die Essenz der Konsonanzvorstellungen der Baganda dargestellt. Auf der *amadinda* gespielt veranschaulicht diese Kombination auch in geradezu idealer Weise die Umstülpung von Intervallbeziehungen durch die *miko*-Transposition. Das Beispiel zeigt außerdem die R e z i p r o z i t ä t des Verzahnungsgedankens: Die Melodie des *okunaga* ist mit jener des *okwawula* absolut identisch; die Einsatzpunkte „im Kanon" erfolgen genau im Abstand von f ü n f Elementarpulsen (die Stellen sind durch das Zeichen O markiert) wodurch der gesamte Zyklus der Projektion der Kiganda-Tonskala auf zehn Elementarpulse genau in die Hälfte geteilt wird. Man kann darüber philosophieren, inwieweit solche Strukturen sich auch auf die rhythmische Gestaltung der Kiganda-Musik ausgewirkt haben — etwa der auffallenden Vorliebe für die Zahl 5 bei manchen Kompositionen (vgl. oben). Das Beispiel zeigt aber, wie sich hier immer neue Tiefendimensionen aufschließen.

b) steigend

Was geschieht nun im anderen Part, wenn die Reduplikation in Sekunden aufsteigend erfolgt? Hier können wir keine gleichförmige Verzahnung erwarten; denn genau das würde im resultierenden Gesamtbild Melodien ergeben, die in Z i c k z a c k s e k u n d e n aufsteigen, was in dieser Musikkultur (wie schon weiter oben gezeigt) nicht erwünscht ist.

Wie haben nun die alten Baganda-Kompositionen solche Zickzacksekunden umgangen? Eine typische Verzahnung scheint mir jene aus dem Stück *Akawologoma*

(No. 49) zu sein. Die in Sekunden aufsteigende Reihe findet sich hier in einer Episode des *okwawula*-Parts. Die Verzahnung des *okunaga*-Parts verhält sich dazu wie in der folgenden Abb. 39 dargestellt.

Abbildung 39: Episode der Verzahnung aus *Akawologoma* (No. 49)

```
                              O
okunaga        .  2  .  3  .  1  .  4  .
okwawula       5  .  1  .  2  .  3  .  4
```

Das Schema ist recht überraschend. Am Anfang der Phrase scheint es, als ob man mit oberen Quarten verzahnen wolle, aber dies wiederholt sich nur zweimal. An der dritten Verzahnungsstelle des *okunaga*-Parts (markiert durch das Zeichen O) fällt plötzlich eine 1 dazwischen, wodurch sich an dieser Stelle im Gesamtbild die für das Muganda-Ohr offenbar angenehme abfallende Melodie 3 2 1 ergibt. Und unmittelbar darauf ergibt sich durch die Verzahnung mit einer 4 die ebenso beliebte „Kalagala-e-Bembe"-Partikel: 3 4 4. Sie bildet mit darauffolgenden (oben nicht mehr transkribierten Tönen) eine Formel, die in diesem *muko* als inhärentes Pattern in der Mittellage erscheint, in einem anderen *muko* auf die Höhe des *okukoonera*-Parts geschwemmt wird.

Ähnliche Verzahnungsschemen, wie das oben erwähnte in *Akawologoma*, lassen sich noch bei mehreren anderen Stücken auffinden. (Vgl. zum Beispiel *Agenda nomulungi azaawa*, No. 50) Leiterhaft aufsteigende Passagen sind aber doch selten in den individuellen Parts der *amadinda*-Kompositionen. Was wir nun definitiv wissen, ist, daß der andere Part in solchen Fällen nicht mit paralleler Verzahnung reagiert.

III. Akadinda-Kompositionsverfahren

Als *akadinda* bezeichnet man in der Luganda-Sprache das zweite der in Buganda überlieferten Holmxylophone. Ursprünglich ein Instrument für den Kabaka, ist die *akadinda* ein Beispiel für esoterische Musikinstrumente, deren Gebrauch sich ausschließlich im Rahmen der Hofmusik-Institution abspielte. Die *akadinda* durfte nicht außerhalb der Umzäunung des Königshofes erklingen, ausgenommen in Kidinda, einem Dorf in der Grafschaft Butambala, dem Heimatort jenes Musikerclans, der mit der Pflege dieser Musikform betraut war. Dort wurde in der Regel auch der Nachwuchs innerhalb des Clans herangebildet und dort befand sich auch ein weiteres Exemplar.

Ihre Erfindung wird bis auf die legendäre Zeit des ersten Kabaka, Kintu, zurückgeführt. Nach einer nur in sehr engen Kreisen bekannten Oraltradition soll sie in der Zeit Kintus durch einen Mann namens Semambo Sebuufu, Sohn des Kikomeko, der als Ahne des *njovu*-(Elefanten-)Clans gilt, erfunden worden sein. Die Erfindung soll in Kintu's Residenz in Buligi, gemacht worden sein (Trowell und Wachsmann 1953: 315).

Klaus Wachsmann beschäftigte sich viele Jahre lang sehr eingehend mit Oraltraditionen über Ursprung und Herkunft der Kiganda-Instrumente. Seine Aufzeichnungen zur *akadinda* sind im Aufsatz „Musical instruments in the Kiganda tradition and their place in the East African scene" (1971) niedergelegt, einem Beitrag, den er mir in Manuskriptform bereits 1963 in London gab. Dies sind die wichtigsten Daten:

„... the *akadinda*, which in the 1950s apparently existed in only one or two specimens, was in the care of the elephant clan; *Namutalira* was the title of the official in charge of the instrument. This clan also acted as the king's herdsmen and participated in the initiation of a new king at his accession by handing him the flute, *takiwereza*, which once belonged to Kabaka Kimera — possibly in the sixteenth century — who played on it while herding. Roscoe calls the *akadinda* „the King's musical instrument". The localities to which tradition links the instrument are close together. One is the hut Nawandigi, above the river of the same name at the clan seat of Buligi, which the people described as Kintu's residence and the birthplace of the *akadinda*; the other locality is the clan land along the northwestern shore of Lake Victoria. In the 1940s, the elephant clan could no longer supply these musicians; members of the monkey clan began to take over" (Wachsmann 1971: 109—110).

Im Gegensatz zu den meisten Instrumenten von Buganda postulieren die Oraltraditionen gerade für die *akadinda* k e i n e fremde Herkunft; dasselbe trifft nach Wachsmann (1971: 109) auch auf die *entaala* oder *amadinda* zu.

Joseph Kyagambiddwa berührt in seinem Buch auch die *akadinda*. Er schreibt:

„The Akadinda was the original type of xylophone that Kintu and his men found in Muwawa (Uganda). He entrusted its care and improvement to the *Envubu* (Hippopotamus) Clan ... The Baganda developed the Akadinda from seventeen to twenty-two keys" (Kyagambiddwa 1955: 117).

Und an einer anderen Stelle stellt er eine genetische Beziehung zwischen den beiden Xylophontypen her: „The Amadinda is the type of xylophone (*entāla*) which the Baganda evolved from the Akadinda." (S. 117)

Man kann mit Sicherheit annehmen, daß Kyagambiddwa weitgehend Informationen festgehalten hat, die ihm von seinem Lehrer im Xylophonspiel, Evaristo Muyinda, mitgeteilt wurden. Daß der musikalische Teil seines Buches fast zur Gänze aus dieser Quelle stammt, verschweigt er uns zwar, doch geht dies aus persönlichen Mitteilungen Evaristo Muyinda's sowie indirekt aus Klaus Wachsmann's kritischen Bemerkungen (1956) hervor.

Zur Zeit als Klaus Wachsmann seine erste umfassende Arbeit über die Musikinstrumente von Uganda verfaßte (Trowell/Wachsmann 1953), also in den Jahren 1945 bis 1951, gehörte die *akadinda* mit 22 Platten bereits zu den Seltenheiten in Buganda:

„The *akadinda* of twenty-two keys, far from being available to any ordinary chief, exists only in three specimens: one in the Lubiri, one in the Uganda Museum, and the third in the home of the players in Butambala county. The last-named instrument was destroyed in a fire recently; it was replaced by a rather hurriedly-made instrument carved for the writer's benefit on the occasion of a visit. [...]

Incidentally, its rarity made it difficult for young players to get sufficient experience. The *akadinda* demands a specialized technique for the various parts; it is practically impossible for a player to change places with another man at short notice. As a result of this a full complement of musicians has been unobtainable latterly, and when the *akadinda* was played at all the number of keys had to be reduced by one octave, i. e. by five to seventeen. Recent visits put some heart into the musicians, and a promise was given to revert as soon as possible to the traditional range of twenty-two keys." (Wachsmann, in Trowell & Wachsmann 1953: 315).

Kyagambiddwa wie auch Wachsmann erwähnen die uns bekannten Versionen der *akadinda*, jene mit 22 und jene mit nur 17 Platten. Allerdings suggerieren Kyagambiddwas Bemerkungen (1955: 117), daß das 17-Platten-Modell die ältere Version sei und daß der legendäre Einwanderer Kintu sie bereits vorfand. Hier ist zu bemerken, daß es in den Nachbargebieten Bugandas Xylophone mit meist 15 oder 16 Platten gibt, obgleich auf ihnen eine Musik gespielt wird, die nicht im *akadinda*-Stil strukturiert ist. Organologisch fällt die *akadinda* daher nicht unbedingt aus dem Rahmen der Holmxylophone in den Kulturen Südugandas. Die 22-Platten-*akadinda* sei, nach Kyagambiddwa, eine Entwicklung der Baganda, ausgehend von der offenbar älteren Form.

Wachsmann andererseits impliziert durch seine Bemerkungen, daß der „traditionelle" Tonumfang 22 Platten sei, man aber in j ü n g e r e r Zeit — mangels Personal — gezwungen war, ihn auf 17 Platten zu reduzieren. Die beiden Standpunkte sind nicht unvereinbar, denn es wäre denkbar, daß das ursprüngliche Modell 17 Platten hatte, später in der Blütezeit des Königreiches Buganda und seiner Hofmusik auf die imposante Länge mit 22 Platten erweitert wurde, bis man um die Mitte des 20. Jahrhunderts begann, diese Traditionen wieder zu vernachlässigen und auf das ältere Modell zurückgriff. An diesem Punkt wird dann der Einfluß der Ethnomusikologie, vertreten durch den in Uganda arbeitenden und lebenden Klaus Wachsmann, sichtbar, der versucht, die Baganda-Musiker zur Erhaltung ihrer Traditionen anzuregen.

Die Bezeichnung *akadinda* ist in Buganda übrigens bei weitem nicht allgemein bekannt. Bis in die fünfziger Jahre wurde sie wahrscheinlich nur im engen Kreis der spezialisierten Musiker benützt. Dies mag damit zusammenhängen, daß es sich bei der *akadinda* um eine esoterische, in der Obhut eines ausgewählten Clans befindliche Hofmusik-Überlieferung handelte. Evaristo Muyinda war *akadinda*-Musiker des Kabaka und seine Angaben sind wohl authentisch. Er war es aber wahrscheinlich auch, der diese Bezeichnung popularisierte. Joseph Kyagambiddwa (1955) und spätere Autoren haben mit Sicherheit Muyinda's Terminologie übernommen.

In der Literatur wird ein Xylophon mit 22 Platten, das der *akadinda* entspricht, erstmals von Apolo Kaggwa (1905) im Kapitel 28 „Emirimu gy'amagezi ga Baganda" seines Werkes *Ekitabo kye mpisa za Baganda* (Das Buch der Sitten und Gebräuche der Baganda) beschrieben. Während Kaggwa das zwölfstäbige Xylophon *entaala* nennt, bezeichnet er dieses größere Xylophon als *amadinda*. Klaus Wachsmann (in Trowell und Wachsmann 1953: 314) meinte, daß Kaggwa hier einer Korrektur bedürfe. Es ist jedoch merkwürdig, daß noch in den fünfziger Jahren Hugh Tracey bei seinem Besuch im Königshof eine ähnliche Terminologie notierte. In den Feldkarten (veröffent-licht im *Catalogue of the Sound of Africa Series,* Vol. II, 1973) ist die Bezeichnung *akadinda* nirgends erwähnt, obwohl er von diesem Instrument im *lubiri* vier Aufnah-men machte. Die auf der Schallplatte AMA TR-137 veröffentlichten historischen Aufnahmen eines 17-stäbigen Exemplars werden als „madinda ga Kabaka" geführt, das zwölfstäbige Xylophon als „ntamivu za Kabaka" (Tracey 1973: 310). Auch bei R. A. Snoxall (1967) in seinem *Luganda — English Dictionary* findet sich keine der-artige Bezeichnung.

Zu diesem Instrument hielt Hugh Tracey von seinem Besuch am 26. Juni 1952 folgen-des fest:

„... *Madinda* 17 note xylophone, loose notes on banana stalks, 3 players. Madinda ga Kabaka, xylophone players of the Lubili Palace. Lubili Palace, Mengo, Kampala, Uganda. — Both this instrument and the other xylophone at the Lubili Palace had been brought in from different parts of the country. They were both slightly out of tune, it was said. The shape of the individual notes was interesting having two lugs protruding from the lower side to prevent the note from jumping out of place over the two banana stalk supports. The notes are kept in place literally by their wands about 3 feet long which are sharpened and stuck into the soft stalks between each slat" (Tracey 1973: 310).

Wie das Wort *amadinda,* so enthält auch die Bezeichnung *akadinda* den Wortstamm *-dinda.* Verschieden ist nur das Präfix: *-ma-* ist durch *-ka-* ersetzt. *Ma-* bezeichnet im Luganda, wie in den verschiedensten Bantu-Sprachen, eine Ansammlung von Din-gen, Objekten, *ka-* ist dagegen ein sogenanntes Diminutiv-Präfix. Ist *akadinda* daher ein besonders kleines Instrument?

Im Gegenteil, die 22-Platten-*akadinda* ist mit mehreren Metern Länge der größte Holmxylophontypus, der überhaupt je in Afrika dokumentiert wurde. Die Platten sind keineswegs klein, sondern wuchtig. (Vgl. das Foto von Hugh Tracey aus dem Jah-re 1952). Wachsmann (in Trowell und Wachsmann 1953: 315) identifiziert zwar *-ka-* gleichfalls als Diminutivpräfix, meint jedoch — ohne dies näher zu begründen — daß es in diesem Fall, entgegen der Regel, sich auf etwas Großes und Wichtiges beziehe.

Ich bezweifle dies aus linguistischen Gründen und meine, daß sich dieses Präfix über-haupt nicht auf die physische Größe des Instruments bezieht, sondern etwas über die T o n l a g e aussagen soll. Hugh Tracey betonte in zahlreichen Publikationen (cf. Tra-cey 1958 etc.), daß Bantu-sprachige Völker in der Regel keine „Höhenkonzeption" (altitude conception) von Tönen haben — wie Engländer und Deutsche (siehe: „ho-her" Ton, „tiefer" Ton), — sondern eine „Größenkonzeption" (magnitude concep-tion). Ein hoher Ton ist somit ein k l e i n e r Ton, ein tiefer ist ein g r o ß e r, d i c k e r Ton. Aus dem Luganda und dem verwandten Lusoga ist uns die Terminolo-gie gut bekannt: *oguloboozi* ist ein „großer", „dicker" Ton, *eddoboozi* ist ein Ton mittlerer Höhe, und *akaloboozi* ein „kleiner", d. h. ein hoher Ton. (Gespräche mit Charles Sekintu 1962 in Mukono bei Kampala). Im letzteren Begriff steckt das Präfix *ka-* und es ist wahrscheinlich, daß es sich auch bei der Bezeichnung *akadinda* auf die

Tonhöhe des Instruments bezieht. Im benachbarten Busoga hat man eine analoge Terminologie für Lamellophone; *endongo* ist ein Lamellophon mittlerer Stimmung, *gadongo* ist ein Baßlamellophon und *kadongo* ist ein kleines, hochgestimmtes Lamellophon (Plural: *budongo).*

Die akadinda ist im Vergleich zur *amadinda* tatsächlich höher gestimmt, sie hat einen in der 17-Platten-Version um eine und in der 22-Platten-Version um zwei Oktaven größeren Tonumfang als die *amadinda*, wobei zahlreiche sehr hoch klingende Platten am oberen Ende dazukommen. Außerdem sind die Tonfrequenzen in ihren absoluten Werten offenbar insgesamt um etwa die Hälfte des Standardintervalls beider Instrumente von ca. 240 Cents höher als jene der *amadinda*. (Siehe den Abschnitt über das Kiganda-Tonsystem)

Zur Konstruktion einer *akadinda* verwendet man ähnliche Hölzer wie zu jener einer *amadinda*. Besonders beliebt ist der Baum *lusambya* (bot. Markhamia platycalix); *mukeremba* (bot. Vitex fischeri) kann auch verwendet werden. Vom Stamm eines, manchmal auch zweier Bäume, werden die Hölzer in passender Länge zugeschnitten. Diese werden in zwei bis vier Teile weiter gespalten. Nachdem man sie mit dem Beil oder Buschmesser ungefähr auf die Gestalt der gewünschten Xylophonplatten gebracht hat, legt man sie einige Wochen zum Trocknen aus. Schließlich werden sie mit Messer oder Dechsel weiterbearbeitet, bis die gewünschte Form der Xylophonplatten erreicht ist; ihre Oberfläche wird dann geglättet.

Die Form der Xylophonplatten ist in Buganda nicht immer einheitlich. Einzelne Instrumentenbauer haben ihre ästhetischen und handwerklichen Präferenzen. In der Regel sind jedoch Kiganda-Xylophonplatten in Länge, Breite und Höhe ziemlich ebenmäßig proportioniert. Die Enden werden von einigen Instrumentenbauern abgerundet, andere Instrumente — vielfach jene die von Evaristo Muyinda gebaut wurden — haben die Enden senkrecht abgehackt und lassen an den Enden einen halbkreisförmigen Querschnitt erkennen.

Klaus Wachsmann (1953: 317) schenkte besondere Beachtung einer Eigentümlichkeit jener *akadinda*, die sich bis zum Ende des Königreiches im Musikhaus am Königshof befand und die auch Hugh Tracey photographierte (siehe Foto), nämlich den sogenannten *amakundi*. Das sind stumpfe Vorsprünge an der Unterseite der Platten, die der Handwerker beim Zuschnitzen einer jeden Platte stehenließ und die den Zweck haben, ein Weggleiten der Xylophonplatten während des Spiels zu verhindern. (Abb. 40)

Abbildung 40: Eine *akadinda*-Platte mit den *amakundi*-Protuberanzen an der Unterseite (Zeichnung nach Klaus P. Wachsmann, Trowell und Wachsmann 1953: 332)

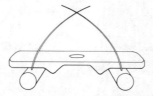

Amakundi heißt: „die Näbel". Die Verwendung des Begriffes „Nabel" im Luganda für etwas Vorspringendes, zum Beispiel auch für den Buckel eines Schildes, ist verständlich, wenn man weiß, daß bei vielen in den Dörfern geborenen Personen in Buganda nach der Geburt die Nabelschnur so abgetrennt wurde, daß anatomisch eine Protuberanz übrigblieb. (Wachsmann 1953: 317)

Ebenso wie die *amadinda* besaß auch die *akadinda* ein weiteres wichtiges Merkmal: in der Mitte jeder Platte befand sich eine muldenartige, ovale Einbuchtung. Wachsmann nennt dies „tuning depressions" (Wachsmann 1953: 316), da ihre Anbringung ohne Zweifel Einfluß auf die Stimmung der Platte hat. Wie jedoch schon bei der *amadinda* erwähnt, lassen sich diese Einbuchtungen und ihre Anbringung nicht allein aus der Notwendigkeit des Abstimmens erklären; dazu genügt das Abhacken und Herausschaben von Holz an der Mitte der Unterseite und an den beiden Plattenenden unten. Analog zur *amadinda* läßt sich der technische Vorgang des Stimmens einer *akadinda* wie folgt zusammenfassen: soll der Ton tiefer werden, wird mit dem Dechsel Holz in einer flachen Zone von der Mitte der Unterseite herausgehackt; soll er erhöht werden, hackt man an der Unterseite b e i d e r Enden möglichst gleiche Mengen von Holz ab. Bei ungleichmäßiger Arbeit entwickeln die Platten starke enharmonische Teiltöne, die unerwünscht sind. Bei vielen Xylophonen zeigen die Platten an diesen Stellen Bearbeitungsspuren. Die ovalen Vertiefungen oben werden nach Angaben mancher Musiker in Buganda aus ästhetischen Gründen angebracht. (Über gewisse außerafrikanische Parallelen dieses Merkmals war schon bei der Besprechung des Kiganda-Tonsystems die Rede.)

Das Stimmen erfolgt selbstverständlich erst nach dem Austrocknen der lange gelagerten Hölzer. Beim Abstimmen wird auch der Zustand der Hölzer beachtet. Platten, die in ihrer Holzstruktur oder in ihrem Klang nicht entsprechen, werden ausgeschieden. Für das feine Abstimmen eines Xylophones wurde oft ein Stimm-Experte herbeigerufen. Solche Experten waren ab Ende der fünfziger Jahre bereits selten. Evaristo Muyinda bestätigt mir, daß auch bei der *akadinda* stufenweise vom höchsten zum tiefsten Ton gestimmt wird.

Nach dem Abstimmen werden die Platten in leitermäßiger Tonanordnung auf zwei frische Bananenstämme gelegt. Damit sie beim Spiel voneinander getrennt bleiben,

Die siebzehnstäbige *akadinda,* die sich im Musikhaus des *lubiri* (der sogenannten „königlichen Einzäunung") befand. Man beachte die *amakundi* (Protuberanzen) an der Unterseite der kunstvoll geschnitzten Platten. Durch sie wurde das Herausgleiten der Platten aus ihrer Lage verhindert. (Foto: Hugh Tracey, 26. Juni 1952).

steckt man Ästchen, meist aus *nzo* (bot. Teclea nobilis) zwischen die Platten (cf. Wachsmann in Trowell und Wachsmann 1953: 317).

Ende der vierziger, anfangs der fünfziger Jahre begann eine Bewegung, *akadinda* auch außerhalb des Königshofes zu spielen. Dazu war die besondere Bewilligung des Kabaka notwendig. Die neuen Instrumente waren aber wesentlich modifiziert; von den Bananenstämmen als Unterlage ging man ab und ersetzte sie durch ein Holzgestell. Auf den zwei Längsbalken wurden Streifen aus Autoreifengummi befestigt und die Platten daraufgelegt. Die Trennung der Platten erfolgte nicht mehr durch Ästchen, sondern durch lange Nägel, die in die Längsbalken geschlagen werden. Bei der Herstellung bediente man sich verschiedener Werkzeuge einer Tischlereiwerkstatt, zum Beispiel auch des Hobels. Entsprechend der neuen Herstellungstechniken änderte sich auch die Form der Platten. Die *amakundi* („Näbel") fielen weg; auch die Vertiefungen auf der Oberseite wurden nicht mehr gemacht und die Enden der Platten oder Stäbe meist gerade abgehackt.

Der erste Konstrukteur eines Xylophons mit Holzgestell in Buganda war nach übereinstimmenden Aussagen vieler Informanten Mr. Petero Kivumbi aus Misansala, Masaka (cf. Kyagambiddwa 1955: 116). Ein solches Instrument, in europäischer Stimmung, wurde von diesem Instrumentenbauer bereits 1948 dem Uganda Museum angeboten.

Ende der fünfziger Jahre begann sich der Holzrahmen in Buganda durchzusetzen, nicht aber die siebenstufige europäische Stimmung, die Petero Kivumbi mit seinem „verbesserten" Kiganda-Xylophon, wie es in seinem Kreis genannt wurde, verbunden hatte. Muyinda stimmte seine nach Kivumbi's Muster konstruierten Instrumente stets in der überlieferten Pentatonik. Auch die Struktur der Kompositionen veränderte sich nicht, obwohl nach und nach eine Reihe neuer Stücke komponiert wurden, meist von Evaristo Muyinda selbst oder von ihm adaptiert, oder von seinen Schülern. Oft auch außerhalb des Königshofes gespielte neue Kompositionen waren: *Uganda kwefuga* (No. 62) (Unabhängigkeit für Uganda), das zur Zeit des Kampfes um Selbstverwaltung und Unabhängigkeit komponiert wurde; *Omusalaba* (No. 72) (Das Kreuz); oder *Njagala okuddayo e Bukunja* (No. 61) (Ich möchte nach Bukunja zurückkehren), eine der beliebtesten Kompositionen in Evaristo Muyinda's „modernem" Repertoire. (Siehe Transkriptionen der gesammelten *akadinda*-Stücke)

Mit Bewilligung des Kabaka Mutesa II baute Evaristo Muyinda 1958 eine *akadinda* mit Holzgestell für die blinden Schüler des Salama Agricultural Training Centre, südlich von Mukono, nahe des Viktoria-Sees. Damals gab er dort regelmäßigen Unterricht. Es entstand ein bedeutendes Forum der Pflege von Musiktraditionen Ugandas im Rahmen des Ensembles „The Blind Musicians of Salama" (siehe Foto). Mit ständig wechselndem Personal, da ja die Blinden sich meist nicht länger als ein Jahr in der Schule aufhielten, bestand dieses Ensemble über zehn Jahre lang — von 1958 bis etwa 1968 war es in voller Blüte. Muyinda unterrichtete die Blinden längst nicht mehr regelmäßig, als ich sie im November 1959 zum ersten Mal aufnahm. Das Repertoire wurde jedoch intern in Salama ständig weitergegeben und einige der Blinden, wie etwa Amisi Sebunya, waren ja auch länger als ein Jahr in der Ausbildungsstätte und für die Musik verantwortlich.

Als ich 1967 nach fünf Jahren Abwesenheit Salama erneut besuchte, stand die alte, von Evaristo Muyinda gebaute, *akadinda* immer noch dort; sie war sogar neu gestrichen worden (blau). Die Platten hatte man jedoch inzwischen auf fünfzehn verkürzt — möglicherweise unter dem Einfluß der vielen Basoga, die in die Blindenschule kamen und auf der *akadinda* die *embaire*-(Xylophonmusik) ihres Gebietes spielten (Aufnahmen 1967/68, Ph. A. Wien). Man beklagte sich auch, daß die Stimmung nicht mehr einwandfrei sei.

Das „Kiganda-Orchester" der Blinden Musiker von Salama, 1960. Im Zentrum des Ensembles steht die von Evaristo Muyinda 1958 konstruierte *akadinda* mit 22 Platten. Sechs Musiker spielen das Xylophon. Rechts im Bild sitzen die *abanazi* mit je einem Schlegel in der Hand, links die *abawuzi* mit zwei Schlegeln. Die große Konustrommel in der Mitte des Bildes dient zum Spiel der *baakisimba*-Trommelformel (Bugembe Stadion, Jinja, Uganda, März 1960; Foto: Kubik).

Am Königshof hatte man die *akadinda* unbegleitet gespielt. In Evaristo Muyinda's „Kiganda Orchestra" wurde sie Teil eines großen Ensembles, in dem die Standard-Trommeln der populären Musik von Buganda unentbehrlich waren. Weitere Instru-

100

Die Trommeln des Ensembles der „Blind Musicians of Salama".
Von links nach rechts: *engalabi* (hohe Trommel, auf der man komplexe Variationen spielt), *nankasa* (mit Stäbchen gespielte Konustrommel) und *baakisimba* (manchmal auch *embutu* genannt). Die Trommeln werden immer bei den tiefgestimmten Platten des Xylophons aufgestellt. Sie bilden gleichsam eine Fortsetzung des Xylophons ins tiefste Register (Bugembe Stadion, Jinja, Uganda, März 1960; Foto: Kubik).

mente wie die Rasseln *ensege* oder *ensasi*, die einsaitige Röhrenspießgeige *(endingidi)* und Kerbflöten *(enderre)* wurden integriert.

101

Muyinda war zu seiner Idee eines Kiganda-Orchesters — in dessen Mittelpunkt nicht immer eine *akadinda*, sondern oft auch eine *amadinda* stand (vgl. unsere Aufnahmen aus Nabbale 1962, Ph. A. Wien, Orig.-Band No. A 3) — von der Aufführungspraxis europäischer Orchestermusik f o r m a l angeregt worden. Klaus Wachsmann hatte dabei als Anreger sicher eine gewisse Rolle gespielt. Inwieweit Muyinda dabei aber auf ältere Vorbilder in Uganda selbst zurückgegriffen haben mag, ist noch weitgehend ungeklärt.

Gerade jene Xylophone aus den Nachbargebieten Bugandas, die der *akadinda* — trotz aller Verschiedenheiten der Musik — in Größe und Aussehen am Ähnlichsten sind, wie die Xylophone der Baruli und Basoga (cf. Kubik 1982: 83) werden von Trommeln begleitet. Wachsmann hielt dies für eine ältere Überlieferung.

„[...] With most of the larger types, three customs of the past are preserved: supplementing the sounds of the xylophone with ensembles of drums, dancing to their music in a manner now almost forgotten, and sacrificing a cock over the instrument. [...]" (Wachsmann 1971: 110)."

Bei den Kompositionen für *akadinda*, die ich zwischen 1959 und 1968 sammeln konnte, handelt es sich zum großen Teil um überliefertes, und zu einem kleinen Teil um neu komponiertes Musikgut. Die älteren Stücke dürften sich kaum verändert haben. Wie die *amadinda*-Musik, so ist auch die Musik für *akadinda* in Buganda streng komponiert, d. h. Ton für Ton. Trotz der Abwesenheit eines schriftlichen Notationssystems vor dem Ereignis der Ziffernnotation erfolgte die Weitergabe der Kompositionen traditionskonform, wie sich aus Vergleichen älterer Aufnahmen (in den Sammlungen von Klaus Wachsmann und Hugh Tracey) mit meinem Material aus den sechziger Jahren zeigt. Auch die noch 1984 in Berlin mit Evaristo Muyinda gemachten Video-Aufnahmen (archiviert in der Musikethnologischen Abteilung, Museum für Völkerkunde) bestätigen dies. Experten-Musiker in Buganda verfügten über ein geschultes Gedächtnis und hatten bei ständiger Praxis ein Repertoire von etwa fünfzig bis siebzig Kompositionen für die *akadinda* stets bereit. Nach den Ereignissen des Jahres 1966 erfolgte allerdings ein rascher Abfall.

Eine der erstaunlichsten Entdeckungen der letzten Jahre war jedoch, daß trotz der politischen Auflösung der Königreiche Südugandas im Jahre 1966 die *akadinda*-Tradition in Buganda unterschwellig weiterbesteht. Seit Beginn der Regierung von Yoweri Museweni im Jahre 1986 sind in Uganda hoffnungsvolle Veränderungen eingetreten. Die Königreiche werden wohl nicht mehr reinstituiert, aber vielleicht werden sich einige der kulturellen Einrichtungen symbolisch rekonstruieren lassen. Im August 1986 besuchte der offizielle Erbe von Mutesa II, der Ssabataka (Erbprinz) Ronnie Mutebi zum ersten Mal wieder seine Heimat (cf. Bericht in International Herald Tribune, August 16—17, 1986). Für diesen Anlaß wurde in Kidinda eine neue *akadinda* gebaut. Peter Cooke, der in jüngster Zeit Uganda nochmals besuchte, schrieb mir, daß er dort zahlreiche jüngere und fähige Spieler vorgefunden habe. (Brief von P. Cooke, datiert 16. März 1988)

Abbildung 41: Sitzordnung und Spielfelder der Ausführenden an der 17-Platten-*akadinda,* die im Musikhaus des *lubiri* stand mit Bezug auf die Komposition „Bogerera mwogerere"

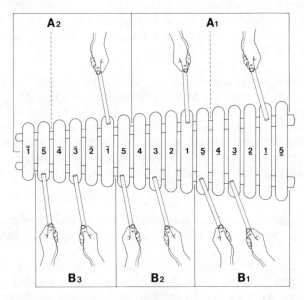

A$_1$ und A$_2$ Abanazi → okunaga
B$_1$, B$_2$ und B$_3$ Abawuzi → okwawula

Abbildung 42: Beispiel einer *akadinda*-Komposition

„Bogerera mwogerere" — (Man muß stellvertretend zu ihm sprechen) (Elementarpulsation: ca. 500—600 M. M.)

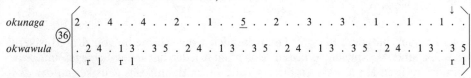

↓   Einsatzstelle für die *okwawula*-Formel
r = rechter Schlegel der *abawuzi*
l = linker Schlegel der *abawuzi*

N.B. Das vorliegende Transkriptionsbeispiel bezieht sich auf die Aufführungspraxis im *lubiri* (Königshof), wo die Musiker in der in Abb. 41 angegebenen Sitzordnung saßen. Die *abawuzi* hatten die tiefen Töne zur rechten Hand. Im Kiganda-Orchester der „Blinden Musiker von Salama" und bei anderen Gruppen von Evaristo Muyinda ist die Sitzordnung vertauscht (vgl. die Fotos von den Blinden).

Die fünf Ausführenden an der *akadinda* spielen die obige Komposition in einer Oktav-Verdrei-fachung. Notiert ist nur die mittlere Stimme (Musiker A$_1$ rechte Hand und Musiker B$_2$).

Die wichtigsten Charakteristika einer akadinda-Komposition und ihrer Aufführung

1. An einer *akadinda* sitzen in der Regel fünf Personen, drei auf einer Seite und zwei ihnen gegenüber auf der anderen. Das Instrument kann aber auch von sechs oder auch nur drei Personen gespielt werden. Im letzteren Fall fällt die oberste Oktavverdoppelung der Stimmen weg.

2. Die Gruppe A — zwei Musiker — sitzt in der Hofmusik-Tradition so, daß sich die tiefen Töne des Xylophons zur linken Hand befinden (Abb. 41). Der im tieferen Register spielende Musiker A_1 hat zwei Schlegel und beginnt ein Kernthema zu spielen, das aus völlig äquispatial aufeinanderfolgenden Schlägen in parallelen Oktaven besteht. Der neben ihm sitzende Musiker A_2 hat nur einen Schlegel in der rechten Hand und verdoppelt die von seinem Partner gespielten Oktavreihen durch Hinzufügung einer weiteren, höheren Oktave. Die beiden Musiker nennt man *abanazi* (einer ist ein *omunazi*).

Die beiden Musiker beginnen oft kurz nacheinander; meist beginnt A_1 und spielt das Kernthema. Seine Aktion wird mit dem Verbum *okunaga* charakterisiert.

Im Vergleich zur *amadinda*-Musik wird die *okunaga*-Tonreihe jedoch um ein Drittel langsamer gespielt, denn ihre Impaktpunkte (Schläge) erfolgen jeden d r i t t e n Elementarpuls, zum Beispiel in der Komposition *Bogerera mwogerere* (No. 53).

Abbildung 43

Musiker A_2:	$\overline{2}$	.	.	$\overline{4}$	.	.	$\overline{4}$	.	.	$\overline{2}$	.	.	$\overline{1}$	.	.	$\overline{5}$	.	.	
Okunaga: Musiker A_1:	2	.	.	4	.	.	4	.	.	2	.	.	1	.	.	5	.	.	etc.
	$\underline{2}$	.	.	$\underline{4}$	.	.	$\underline{4}$	.	.	$\underline{2}$	.	.	$\underline{1}$	.	.	$\underline{5}$	.	.	

Es ist auch möglich, die drei Oktavparallelen der Kernreihe von drei Musikern, A_1, A_2 und A_3, spielen zu lassen, wobei dann jeder nur einen Schlegel, und zwar in der rechten Hand hält. In diesem Falle sitzen dann sechs Musiker an der *akadinda*.

3. Bald nachdem die *okunaga* ausführenden Musiker mit ihrem Thema fest etabliert sind, setzen, gleichfalls meist in Staffelung, die ihnen gegenübersitzenden Musiker der Gruppe B ein. Diese nennt man *abawuzi* in der Fachsprache, einer ist ein *omwawuzi*. Ihr Spiel einer Kontrastformel nennt man *okwawula*. Die Terminologie ist also analog jener bei der *amadinda* und suggeriert daher auch Identitäten im konzeptuellen Bereich. Aufgabe der Gruppe B ist es auch in diesem Ensemble mit ihren Schlägen zu „trennen“, zu „teilen“, zu „kontrastieren“. Im Gegensatz zur *amadinda*-Musik werden an der *akadinda* jedoch Kontrastf o r m e l n zwischen das

okunaga-Kernthema hineingespielt. Es gibt nur eine beschränkte Anzahl solcher Formeln, von denen jede (mit kleinen Modifikationen) bei vielen Stücken vorkommt. Motional haben alle diese Formeln jedoch identischen Aufbau; sie bestehen aus in der Geschwindigkeit der Elementarpulsation aufeinanderfolgenden Doppelschlägen, zuerst mit dem rechten, dann mit dem linken Schlegel ausgeführt und gefolgt von einem Leerpuls, also: (x x . x x . x x) . etc. Z w e i Standardformeln bestimmen weitgehend diese Musik, eine ist die in der Komposition *Bogerera mwogerere*; sie besteht aus sechs Schlägen regelmäßig verteilt über eine Formzahl 9.

Abbildung 44

```
                    ⎧ r  l    r  l    r  l ⎫
okwawula    ⑨      ⎨ 3  5 .  2  4 .  1  3 ⎬ .
                    ⎩                      ⎭
```

Mit dieser Formel fällt einer nach dem anderen unter den *abawuzi*, meist in der Reihenfolge B$_1$, B$_2$, B$_3$ an einem genau bestimmten Punkt zwischen die *okunaga*-Reihe der ihnen gegenübersitzenden Musiker. Es kommt auch vor, daß zwei oder alle gleichzeitig einsetzen. Durch die *okwawula*-Formel wird die *okunaga*-Reihe dreigeteilt. Dabei beziehen die *abawuzi* ihr Spiel aber auf einen eigenen, individuellen Beat. (Zum Verzahnungsschema vgl. Abb. 42)

Der Beat wird von den *abawuzi* bei dieser Sitzordnung in den Schlägen der rechten Hand gefühlt, also auf dem e r s t e n Ton eines jeden Doppelschlages.

5. Die Geschwindigkeit des Ablaufs einer *akadinda*-Komposition entspricht jener der *amadinda*; Experten spielen mit bis zu 600 M. M. für die Elementarpulsation. Der einzelne Musiker mit seinem Beat spielt jedoch an der *akadinda* nur ein Drittel so schnell, da der Beat an der *akadinda* jeweils drei Elementarpulse zusammenfaßt. Die Geschwindigkeit der Experten ist somit ca. 200 M. M. für den Beat. Für Personen, die nicht aus Buganda oder Busoga kommen, sondern aus anderen afrikanischen Kulturen, aus europäischen oder asiatischen Kulturgebieten und diese Musik erlernen wollen, empfiehlt sich, die Stücke zunächst wesentlich langsamer zu spielen. Dabei ist aber auch zu beachten, daß die *abawuzi* ihre Formeln keineswegs als „synkopiert" in Relation zum Kernthema der *abanazi* auffassen dürfen. Wenn ein *omunazi* im obigen Beispiel (*Bogerera mwogerere*) mit seiner Formel 3 5 . 2 4 . 1 3 . an der vorgesehenen Stelle einsetzt (siehe Abb. 42) und seine zwei Töne zwischen die *okunaga*-Töne hineinzwängt, dann muß er im Bruchteil der Sekunde seines Einsatzes den ihm vertrauten Beat der *abanazi* aufgeben. Er schaltet um und empfindet alle mit seinem rechten Schlegel gespielten Töne, also die 3, die 2 und die 1 (von links nach rechts) als a u f dem Beat stehend. Von seinem Standpunkt aus spielen die *abanazi* nun off-beat. Wir nennen dies Relativismus in der Beat-Auffassung. Ohne dies erlernt zu haben, ist es nicht möglich *akadinda*-Musik zu spielen.

6. Der Ablauf einer *akadinda*-Komposition ist wie der jeder anderen Musik in Buganda zyklisch. Das heißt, die komplexen, zusammengesetzten Gebilde werden ständig wiederholt. Es gibt natürlich längere und kürzere Themen; die kürzesten haben eine Formzahl 24. In diesem Fall besteht das *okunaga*-Kernthema nur aus acht Tönen. Die häufigsten Formzahlen in der *akadinda*-Musik sind: 24 (3 × 8) 36 (3 × 12) und 48 (3 × 16) Elementarpulse.

7. Die Spielfelder der einander gegenübersitzenden Musiker sind nicht notwendigerweise deckungsgleich, wie jene bei der *amadinda*. Die *okunaga*-Kernthemen überschreiten zwar auch hier niemals den Umfang von fünf Kiganda-Tönen (wie bei der *amadinda*), die *okwawula*-Formeln tun dies jedoch, wenn man ihre beiden Komponenten, d. s. Töne der rechten und der linken Hand summarisch betrachtet. *Okwawula*-Formeln wie zum Beispiel: 5̲ 3 . 2 5 . 2 5 . 4 1̄ (etwa im Stück *Basubira malayika*, No. 98) sind sogar um zwei Töne oktavüberschreitend. Der Part einer einzelnen Hand ist es dagegen nicht: 5̲ . . 2 . . 2 . . 4 . . für die rechte Hand im zitierten Beispiel, und 3 . . 5 . . 5 . . 1̄ . . für die linke. Auch daran zeigt sich, daß man die *okwawula*-Formeln der *akadinda*-Musik selbst als Verzahnung zweier Reihen auffassen sollte. Dazu kommt, daß die *okwawula*-Formeln als Ganzes gegen den *okunaga*-Part und sein Spielfeld oft um einen Ton nach oben oder unten (links oder rechts auf dem Xylophon) verschoben sind. Die Spielfelder der an einer *akadinda* einander gegenübersitzenden Musiker sind also nicht absolut kongruent und verändern sich außerdem mit jedem Stück etwas. Wir haben daher in unserer Abbildung 41 die Spielfelder für ein bestimmtes Stück, *Bogerera mwogerere*, eingezeichnet.

Für den einzelnen Musiker an der *akadinda* sind also seine Spielfelder nicht so rigoros abgegrenzt wie bei der *amadinda*; sie überlappen mit seinem Nachbarn. Abgesehen von der unterschiedlichen Struktur der *akadinda*-Stücke ist dies auch darauf zurückzuführen, daß Oktavüberschreitungen bei der Größe des Instruments nicht behindernd sind, wie sie etwa an der *amadinda* wären.

An der *akadinda* kann man auch, nach den Vorlieben der Ausführenden, Stücke als Ganzes ein bis zwei Stufen höher oder tiefer spielen, ohne in den Zwang der Oktavtransposition wie bei den *emiko* der *amadinda* zu kommen.

Die *akadinda*-Stücke sind nach einer sehr alten Bantu-afrikanischen Technik der Stimmenkombination aufgebaut, nämlich nach dem Prinzip einer Dreierverzahnung. (Cf. Kubik 1988: 84, Abbildung) A. M. Jones war der erste Forscher, der uns von dieser Kombinationsmethode in einem Tanz namens *ngwayi* bei den Babemba in Zambia berichtete und unter dem Terminus „cross rhythm" beschrieb. Gleichzeitig erkannte Jones, daß die zusammenspielenden Trommler keinen „gemeinsamen Takt" oder Beat haben, sondern ihre Phrasen auf einen individuellen Beat beziehen, der zwischen den Beat der jeweiligen Partner fällt. Um seinen europäischen Lesern diese bislang unbekannte kognitive Dimension afrikanischer Musikgestaltung zu erschließen, schrieb er jene denkwürdigen Worte über das Spiel in Dreierverzahnung, die eine Epoche in der Erforschung der afrikanischen Musik einleiteten:

„Concentrate on your own drum. When drum No. 2 can hear his own rhythm well (i. e. when he is convinced that his beat is *not* the 3rd beat of No. 1's bar, but is beat 1 of his own bar) then he can add his other tap (beat 3)" (Jones 1934: 2).

Jones' Entdeckung des individuellen Beat wurde zunächst von anderen Forschern völlig ignoriert, ja wahrscheinlich gar nicht verstanden.

Eine Dreierverzahnung besteht darin, daß jedes Musikstück aus drei völlig ineinandergreifenden Schlagreihen aufgebaut ist, bei der *akadinda* sind es die *okunaga*-Reihe und die Schlagreihe der rechten und linken Hand der *okwawula*-Formel. Ihre Kombination ergibt als Resultante, als resultierendes Bild dann eine rasend ablaufende Pulskette, die im vorliegenden Falle mit der innerlich wahrgenommenen Elementarpulsation zusammenfällt. Im Schema stellt sich dies wie folgt dar.

Abbildung 45

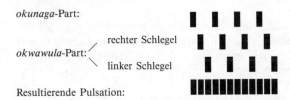

okunaga-Part:

okwawula-Part: / rechter Schlegel
\ linker Schlegel

Resultierende Pulsation:

Akadinda-Musik und die ihr zugrundeliegende Kombinationstechnik wurde erstmalig in meiner Arbeit „The structure of Kiganda xylophone music" (1960) beschrieben. Im selben Jahr, März 1960, beobachtete ich Dreierverzahnung im Trommelspiel in einer langsamen, geradezu trägen Ausführung bei den Wapangwa im Hochland nordöstlich des Malaŵi-Sees (Tanzania) in einem Tanz namens *ngwaya* (cf. Kubik 1982: 142—143). [19] Wenig später stellte sich heraus wie sehr dieses Prinzip in Tanzania verbreitet ist. Auch im *ng'oma*-Tanz der Frauen von der ethnischen Gruppe der Wagogo, Zentral-Tanzania, bei dem Doppelkonustrommeln von den Frauen zwischen den Beinen gehalten und mit den Händen gespielt werden, konnte ich dann in Mvumi am 1. Januar 1962 eine Dreierverzahnung im Sinne von Jones' „cross rhythm" beobachten; — hier relativ rasch gespielt, aber nicht so rasch wie an der *akadinda*. Dies mag genügen zu belegen, daß der *akadinda*-Typus der Verzahnung in verschiedenen Varianten ein motionales Gerüst darstellt, welches in der Musik Bantu-sprachiger Kulturen weite Verbreitung hat.

In Uganda selbst steht die *akadinda*-Kombinationstechnik merkwürdig isoliert da. Ich selbst konnte bisher in Uganda keine Parallele in irgendeinem anderen Xylophonstil der Nachbarvölker finden. Lois Anderson berichtete aber, daß sie bei den Jopadhola — das ist eine nicht-Bantu-sprachige Gruppe in Mitteluganda — einen ähnlichen „Stil" gefunden habe:

„The only style which is comparable to this" [Stil der Akadinda] „is that used by the Padhola, although an important difference is the scale structure used. While the Ganda utilize a five-tone scale, the Padhola use a six-tone scale; while six players are required on the *akadinda*, five play the Padhola xylophone, of fourteen keys; and while the Padhola incorporate the use of two drums with xylophone, the *akadinda* is unaccompanied" (Lois Anderson 1967: 69).

Die in der vorliegenden Abhandlung transkribierten 52 *akadinda*-Stücke stammen aus drei Quellen:

a) von meinem Lehrer Evaristo Muyinda aus der Zeit Dezember 1959 bis März 1960, in der er mich wiederholt unterrichtete; sowie von unseren langen Sitzungen in seinem Hause 1967/68.

b) vom Repertoire der Blinden Musiker in Salama, 1959/60, 1961—63 und 1967/68, in derem Kreis in Salama ich mich wiederholt viele Wochen aufhielt, mit ihnen spielte und manchmal auch bei öffentlichen Konzerten mitwirkte.

c) Vier Stücke stammen von Tonbandaufnahmen, die Hugh Tracey 1950 am Hof des Kabaka von Buganda gemacht hatte; zum Teil waren diese meinem Lehrer Evaristo Muyinda nicht bekannt, als ich sie ihm im Dezember 1967 vorspielte; zum Teil kannte er sie unter einem anderen Namen.

Einige der *akadinda*-Stücke im Verzeichnis sind Kompositionen von Evaristo Muyinda, andere sind populäre Lieder, die er für *akadinda* adaptierte. Es war nicht immer leicht, Muyinda's schöpferischen Anteil an einer Komposition festzustellen. Wir haben daher neben die Titel jener Kompositionen, deren Urheber (o d e r „Arrangeur") bekannt ist den Vermerk: Copyr. X gesetzt. Die nicht weiter gekennzeichneten *akadinda*-Stücke stammen aus dem überlieferten Repertoire der Hofmusik.

Die Popularisierung der *akadinda* außerhalb des *lubiri* ab Ende der fünfziger Jahre bewirkte, daß relativ viel komponiert wurde. Nicht nur Evaristo Muyinda selbst leistete seinen Beitrag, sondern auch zahlreiche Musiker unter der Gruppe der Blinden versuchten es. Evaristo Muyinda, 1914 geboren, steht in gewissem Sinne auch für die Generation von Musikern des sogenannten *emirembe gy'endingidi* (Zeitalter der Röhrenspießgeige). Dieser Ausdruck im Volksmund geht darauf zurück, daß die *endingidi* (Spießlaute) in ihrer uns bekannten Form in Buganda offenbar erst um 1907/1908 auftauchte. Sie wurde bald zu einem überaus populären Instrument und kennzeichnete die darauf folgende Ära. Evaristo Muyinda begann *endingidi* in den zwanziger Jahren zu spielen. Neben seiner Tätigkeit als Musiker im *akadinda*-Ensemble am *lubiri* fühlt er sich stark zu den populären Formen hingezogen, und ihm gelang ja auch später eine bemerkenswerte Synthese.

Struktur und Kompositionsverhalten in der akadinda-Musik

Ein auffallendes Merkmal der *akadinda*-Musik — und dies auch im Gegensatz zu den meisten *amadinda*-Themen — findet sich in der melodisch-rhythmischen Struktur des *okunaga*-Parts. Bei beiden Xylophontraditionen besteht das *okunaga* zwar aus äquispatial gesetzten Schlägen — bei der *amadinda* jeden zweiten, bei der *akadinda* jeden dritten Elementarpuls — die *akadinda*-Kernthemen sind jedoch verblüffend anders. Bei der *amadinda* zeigt die *okunaga*-Reihe eine überwiegend irreguläre, nicht-metrische Gliederung, die mit einer meist gleichartig strukturierten *okwawula*-Reihe verzahnt wird. Bei der *akadinda* sind die *okunaga*-Kernthemen dagegen divisiv geordnet.

Schon bei meinem ersten Kontakt mit dieser Musik in Kampala im November 1959 (vgl. Aufnahmen Orig.-Bänder 3 und 5/1959—60 Kubik, Ph. A. Wien) war ich darüber erstaunt, denn diese Themen klangen für mich, in Isolation gespielt, völlig unafrikanisch, sie widersprachen dem, was ich aus anderen afrikanischen Musiktraditionen bis dahin zu kennen glaubte. Auch später erwiesen sich die *akadinda*-Themen im ost- und zentralafrikanischen Gesamtkontext als ungewöhnlich strukturiert. Ein typisches Beispiel für eine solche divisive Ordnung ist etwa der *okunaga*-Part von *Kisawo kyamuwabutwa kiwedemu emwanyi* (Die Tasche eines Giftverteilers hat keine Kaffeebohnen mehr darin, No. 51). Erst wenn die zweite Gruppe der Musiker mit dem *okwawula*-Part dazwischen fällt, hat dieses Thema die uns aus afrikanischer Musik vertrauten Akzent-Muster.

Abbildung 46: Kisawo kya muwabutwa ... — okunaga-Part

Das ganze Thema besteht metrisch aus einer Aneinanderreihung von $4 + 2 + 2 + 2 + 2 = 12$ Elementen.

Hier hat seinerzeit Arthur M. Jones angehakt und die *akadinda*-Tradition rundweg für einen alten indonesischen Import erklärt, der als esoterische Tradition im Bereich der Hofmusik des Kabaka bis heute überlebt habe.

In seinem Buch *Indonesia and Africa. The evidence of the xylophone and other musical and cultural factors* (1964, [2]1971: 140) schrieb er:

„In Java, the basic element of a composition for the *gamelan* is what Mantle Hood calls the ‚Nuclear Theme' or the principal melody of the *gending*. This is a standard traditional melody — and there are a great many of them — which is played on the *Sarons*. It comprises 16 measures and is largely and often entirely composed of notes of equal time-value. Around this Nuclear Theme, the whole composition is woven. Exactly the same structure is present with the Baganda *Akadinda* music. There is a basic theme called *Okunaga*. [...] It covers usually 12 measures, but sometimes 8 or 16. [...] We are not suggesting that there is any parallelism in the melodies themselves: it is the similarity in the general structure of the nuclear theme as a basis for xylophone music that is the point at issue.

In Java, the gongs divide this nuclear theme into sections by striking at certain intervals. [. . .] With the Baganda, exactly the same principle is involved [. . .] in the case of the Akadinda, there are two embellishing notes between each note of the nuclear theme. There is, however, a difference. While the Javanese *panerusan* instruments all appear to conform to a basic $\frac{4}{4}$ time, so that the whole piece is isorhythmic, the Baganda achieve the same embellishing effect in a typically African manner, by employing the technique of superimposed polyrhythms characteristic of African drumming. In short, we have here an Africanised version of what is basically Javanese *gamelan* music. [. . .]" (Jones 1964: 141).

Wie immer man sich zu Jones' Gedanken stellen mag, die Ungewöhnlichkeit der *akadinda*-Themen im afrikanischen Kontext ist nicht von der Hand zu weisen. Jones' These eines südostafrikanischen Erbes in der Kiganda-Xylophonmusik — und er geht sogar soweit, daß er von „indonesischen Siedlern" spricht — ist mit unseren wissenschaftlichen Mitteln weder in zustimmendem noch in verneinendem Sinne belegbar. Etwas mehr wissen wir über die Geschichte der Bananenpflanze in Ostafrika, die ja in gewissem Sinne mit jener des Xylophons in einem Zusammenhang steht. David W. Phillipson (1977: 168) bestätigt, daß die Bananenpflanze — und Mehlbananen (*matoke*) sind Grundnahrungsmittel im Süden von Uganda — mit Ausnahme der äthiopischen *ensete* aus dem südostasiatischen (indonesischen) Raum nach Ostafrika kam; dies geschah vor dem Ende des sogenannten Frühen Eisenzeitalters, also noch vor ca. 1 000 u. Z. Phillipson betont, daß Bananen im Viktoria-See-Gebiet nicht erst später bekanntgeworden sein können, sonst wäre die Ausbildung von lokalen Varianten, wie sie dort gegenwärtig existieren, nicht möglich gewesen. Was wir mit Sicherheit sagen können ist somit, daß Holmxylophone, so wie wir sie heute kennen — mit einer Unterlage aus Bananenstämmen — vor der Einfuhr der Bananenpflanze nicht existierten. Auf welche Weise die Bananenpflanze genau nach Ostafrika kam und warum die Mehlbanane nur in ganz bestimmten Gebieten, und zwar vor allem im Viktoria-See-Gebiet bis weiter westlich in die Randgebiete von Zaïre (bei den Banyabwisha etc.) und südlich bis nach Unyakyusa (am Nordufer des Malawi-Sees, Tanzania) zu einem Grundnahrungsmittel wurde, ist eines der vielen historischen Rätsel Ostafrikas. Auffallend ist natürlich, daß fast alle diese *matoke*-Gebiete (und auch der Name für die Mehlbanane ist interregional verbreitet) mit solchen zusammenfallen, in denen sich zumindest heute Holmxylophone vorfinden.

Sollte die Idee des Xylophons in den Formen: (a) Trogxylophon wie bis heute bei den Zaramo an der Tanzania-Küste und den -Cuabo in Moçambique und (b) Holmxylophon wie in den ostafrikanischen Hauptverbreitungsgebieten Uganda und Nyasa/Ruvuma-Kulturgebiet ursprünglich aus dem südostasiatischen Raum importiert worden sein, dann würde sich zumindestens für den Typus b (Holmxylophon) unter Umständen eine zeitliche Parallelität mit dem Import der Bananenpflanze anbieten; dies wäre dann Jahrhunderte v o r der Entwicklung der Königreiche des Zwischenseengebietes gewesen, die etwa im 14. Jahrhundert begann. Die Assimilation südostasiatischen Musikeinflusses in der Hofmusik von Buganda in dem von Jones postuliertem Ausmaß könnte aber in einem solchen Fall erst erfolgt sein, als diese Königreiche Macht genug hatten, um überhaupt solche Einflüsse p u n k t u e l l anzulocken (denn *akadinda*-Musik etwa gibt es nur in Buganda in der Hofmusik). Die Kontakte über das Handelsnetz des Indischen Ozeans, wenn sie Buganda berührten, hätten dann wohl erst in relativ rezenter Zeit stattgefunden. Jones' Siedlertheorie postuliert die Anwesenheit indonesischer Siedler an den ostafrikanischen Küsten um (vielleicht ab) 700 u. Z. Zu jenem Zeitpunkt existierte weder Buganda noch irgendeines der Staatengebilde des Zwischenseegebietes.

Die mögliche Existenz esoterischer Musiktraditionen, in denen Einflüsse aus fernsten Ländern verarbeitet werden, im Rahmen von Hofmusikformen, paßt andererseits vorzüglich zu der uns bekannten kulturellen Absorptionskraft solcher Königshöfe und im besonderen eines organisierten staatlichen Mittelpunktes wie des *lubiri* in Kampala. Daß sich die wissens- und machthungrigen Könige in ihrem ständigen Bedürfnis nach Sensationen gelegentlich auch Kulturgüter aus fernen Ländern aneigneten und solche Einflüsse an sich lockten, ist psychologisch einleuchtend. Im Rahmen der sich über einige Jahrhunderte entwickelnden und ständig „modernisierenden" Hofmusik des Kabaka war gerade der *lubiri* mit seinem Musikhaus ein Ort der Begegnung in Ostafrika, an dem Musiktraditionen verschiedenster Herkunft geradezu museal gepflegt wurden. In gewissem Sinne war der *lubiri* ein kulturelles Museum. Hier wurden nicht nur bodenständige Traditionen erhalten und Jahrhunderte lang gepflegt, sondern auch neue „Objekte", die Besucher brachten, der „Sammlung" hinzugefügt. Wenn asiatische Musikeinflüsse an manchen Punkten Ostafrikas bestünden, dann wäre ein Kontext wie der Hof des Kabaka genau der Ort, an dem man sie am ehesten erwarten könnte.

Vom Standpunkt einer Methodologie zum Studium des Kulturkontakts und seiner „Mechanismen" hat allerdings A. M. Jones vorbehaltlos recht, wenn er a l l g e m e i n auf den so wichtigen (und in den vierziger Jahren erstmals von Melville J. Herskovits formulierten) Vorgang der R e i n t e r p r e t a t i o n hinweist, dem Entlehnungen unterworfen werden. Sollte südostasiatischer Musikeinfluß auf irgendeine Weise und zu welchen Zeiten auch immer nach Buganda gelangt sein, dann wurde er sicher verarbeitet. Ein Beispiel vom Beginn des 20. Jahrhunderts, nämlich der Afrikanisierung von Militärmusiktraditionen europäischer Herkunft hat A. M. Jones selbst am *mganda*-Tanz Malaŵis gezeigt. (Siehe auch Kubik 1982: 192—197) Die Projektion des altüberlieferten afrikanischen Dreierverzahnungsschemas auf Instrumentalmusik-Importe aus Indonesien wäre somit ein zu erwartender Vorgang der Reinterpretation und ist zumindestens als theoretisches Schema für „Mechanismen", die beim Kulturkontakt in Afrika eine Rolle spielen, nicht abwegig.

In einem ganz anderen Sinn nicht weniger auffällig ist die Struktur der *okwawula*-Formeln in der *akadinda*-Musik:

(1) Es sind, wie von Jones richtig erkannt, im wesentlichen „drum patterns" oder Bewegungsstrukturen, die man anstelle mit zwei Schlegeln auch mit zwei Händen auf

einer Trommel ausführen kann. Und dies geschieht auch tatsächlich in mehreren Musikkulturen Tanzanias, Malaŵis und Zambias.

(2) Der Beat liegt auf dem „kurzen Schlag". Das ist besonders für Studierende mit europäischer Musikausbildung überraschend, da man in Europa dazu neigt, solche Schlagfolgen „auftaktig" zu hören, — in dieser Weise:

Abbildung 47

³⁄₈   x | x . x | x . x | x . x | x . x |
       1   2   3   4

In zahlreichen Kulturen Ost- und Zentralafrikas ist dagegen die richtige Relation zum inneren Beat wie folgt:

Abbildung 48

⑫ | x x . | x x . | x x . | x x . |
     1   2   3   4

Damit fügt sich die *akadinda*-Bewegungsauffassung problemlos in den größeren Rahmen vieler Perkussionstraditionen von Uganda und Tanzania bis nach Zimbabwe, in denen es ähnlich empfunden wird.

(3) Melodisch werden die vom rechten und die vom linken Schlegel produzierten Töne als autonome Reihen empfunden; also als linear. Wenn man die *okwawula*-Formeln zerlegt betrachtet, dann sind es Reihen, die fast durchwegs im Abstand einer Kiganda-Quart oder Kiganda-Quint (oder einer Kombination aus beiden) zueinander stehen. Abstände von sich wiederholenden Kiganda-Sekunden, also etwa 3 4 . 2 3 . 1 2 . anstelle von 3 5 . 2 4 . 1 3 . sind in dieser Musik undenkbar.

(4) Der *okwawula*-Part in der *akadinda*-Musik ist immer eine der relativ wenigen Standard-Formeln. Bisher konnten wir insgesamt nur sechs solcher Formeln feststellen, wobei zwei sehr häufig, quasi ubiquitär sind, die anderen selten.

Angesichts dieses Befundes stellen sich für den Studierenden der Kompositionstechnik in der *akadinda*-Musik nun folgende Fragen: Womit beginnt man den Kompositionsprozeß? Und nach welchen ausgesprochenen oder durch Konvention bestimmten Regeln werden *okunaga*-Kernthema und *okwawula*-Formel zusammengefügt?

Die Antwort auf die erste Frage ist hier viel leichter zu finden als dies bei der *amadinda*-Musik der Fall war. Eine *akadinda*-Komposition kann man n u r mit dem *okunaga*-Kernthema beginnen, eine andere Möglichkeit gibt es nicht, da die *okwawula*-Formeln keine themenbildende Kapazität haben. Wegen ihrer Kürze, ihrer schematischen Struktur und ihrer geringen Anzahl mit der das gesamte *akadinda*-Repertoire auskommen muß, sind sie im wesentlichen „Begleitformeln". Ihre Funktion ist eindeutig: die *okunaga*-Kernthemen „aufzufüllen"; Jones würde in Anlehnung an seine Indonesien-Spekulationen sagen: „to embellish". Das instrumentale Kernthema *okunaga* wird aber, wie bei der *amadinda,* in Anlehnung an Vokalmelodien gefunden.

Mit der Beantwortung der zweiten Frage beschäftigt sich nun der übrige Abschnitt dieses Teils unserer Abhandlung. Für das Dazwischenspielen einer *okwawula*-Formel gab es ohne Zweifel ungeschriebene Regeln in der Hofmusik von Buganda, die bestimmten, welche *okwawula*-Formel zu einem gegebenen Kernthema „geht" und welche nicht, und ferner, an welcher Stelle man einsetzen muß. Aus der Analyse der 52 erhaltenen Kompositionen können wir solche Regeln ableiten.

Wir haben die divisive Ordnung der *okunaga*-Themen bei der *akadinda* bereits diskutiert. Im Zusammenhang mit der divisiven Ordnung steht aber noch eine merkwürdige Entdeckung, nämlich daß in den meisten *okunaga*-Themen unseres Verzeichnisses immer ein Ton vorkommt, der in regelmäßigen Abständen wiederkehrt, so als ob das Thema an ihm hängen würde. Ich möchte diesen Ton als W e g m a r k e oder M a r k i e r u n g s t o n bezeichnen. Sehr bald stellt sich heraus, daß sein Vorhandensein und seine Position innerhalb des *okunaga* von größter Wichtigkeit für das Kompositionsverfahren an der *akadinda* ist, denn genau an dieser „Wegmarke" wird der *okwawula*-Part in einer bestimmten Weise angehakt.

In Evaristo Muyinda's Kiganda-Orchester wird der Markierungston noch zusätzlich durch die Schläge einer *empunyi*-Trommel identifiziert, die den Beat markiert und die Schritte der Tänzer lenkt. Die von der *empunyi* in Abständen von sechs Elementarpulsen erzeugten dumpfen Schläge fallen zumindestens bei allen *okunaga*-Kernthemen, die aus acht oder sechzehn Tönen bestehen, mit dem Markierungston zusammen. Die *empunyi* wird vom Trommler mit der rechten, flachen Hand geschlagen. A. M. Jones hat bekanntlich diesen einfachen Grundschlag im Kiganda-Orchester von Evaristo Muyinda als weitere Parallele zu Slendro Gamelans angeführt, was wir der Kuriosität halber festhalten, da die Betonung der divisiven Struktur der *okunaga*-Themen durch die *empunyi* den wenig „afrikanisch" anmutenden Strukturelementen ein weiteres hinzufügt. Jones schrieb:

„In view of the typical combination of African drum patterns [er meint hier: so wie in vielen anderen afrikanischen Kulturen, Jones 1959] the use of the *Empunyi* drum to give a steady beat is of special interest, corresponding as it does, not with African technique but with the performance of the Javanese drums" (Jones 1964: 139).

Die Auffindung des Markierungstons in den *okunaga*-Kernthemen der *akadinda*-Musik wollen wir an einer Reihe von Beispielen zeigen. In dem uns schon bekannten Thema *Bogerera mwogerere* (No. 53, vgl. Abb. 42) gibt es unter den insgesamt 12 Tönen e i n e n Ton, der in regelmäßigen Abständen wiederkehrt. Es ist die dreimal wiederkehrende 2. Kein anderer Ton hat in diesem Stück eine ähnliche Wiederkehr. Um ihn hervorzuheben habe ich ihn in der folgenden Abbildung in ein Kästchen gesetzt.

Abbildung 49: Der Markierungston im *okunaga*-Part von *akadinda*-Stücken darge-stellt am Beispiel von „Bogerera mwogerere" (No. 53)

(36) [2] . . 4 . . 4 . . [2] . . 1 . . 5 . . [2] . . 3 . . 3 . . 1 . . 1 . . 1 . .

In einigen Stücken, z. B. *Balinserekerera balinsala ekyambe* (No. 52) kehrt der Markierungston durch den ganzen *okunaga*-Part regelmäßig wieder (er wird viermal wiederholt); bei den meisten Stücken tritt er dreimal auf, seltener nur zweimal, oder er erscheint überhaupt nicht wie in *Kisawo kya muwabutwa kiwedemu emwanyi* (No. 51). In der Mehrheit der Fälle in unseren Notationen ist er eine 2.

Im folgenden geben wir eine Reihe von Beispielen aus dem Gesamtverzeichnis, die die Auffindung des Markierungstons demonstrieren.

Abbildung 50

„*Nzige buzige si rusejera*" (No. 65)

(24) [2] . . 4 . . [2] . . 2 . . 1 . . 1 . . [2] . . 5 . .

„*Yabba nandere*" (No. 66)

(24) [2] . . 4 . . 1 . . 1 . . [2] . . 3 . . 1 . . 1 . .

„*Omusango gwennyama*" (No. 67)

(24) 5 . . 5 . . 4 . . 1 . . 1 . . [2] . . 3 . . [2] . .

„*Omusalaba*" (No. 72)

(36) 4 . . [1] . .1 . . [1] . . 3 . . [1] . . 1 . . 5 . . 5 . . [1] . . 2 . . [1] . .

„*Omusango gw'abalere*" (No. 55)

(36) [2] . . 3 . . 4 . . [2] . . 5 . . 5 . . [2] . . 3 . . 3 . . 3 . . 1 . . 1 . .

„*Njagala okuddayo e Bukunja*" (No. 61)

(36) [3] . . 4 . . 4 . . [3] . . 1 . . 1 . . [3] . . 2 . . 5 . . [3] . . 2 . . 2 . .

„*Singa namera byoya singa mbuse*" (No. 78)

(48) [2] . . 4 . . 4 . . 4 . . [2] . . 3 . . [2] . . 5 . . 3 . . 5 . . 5 . . 5 . . [2] . . 3 . . [2] . . 5 . .

„*Nakulabudde*" (No. 93)

(36) [4] . . 5 . . 5 . . [4] . . 2 . . 2 . . [4] . . 3 . . 1 . . [4] . . 2 . . 2 . .

„*Tweyanze, tweyanze ewa Mugwanya*" (No. 102)

(36) [4] . . 1̄ . . 1̄ . . 1̄ . . [4] . . 1̄ . . 5 . . 5 . . [4] . . 3 . . 3 . . 3 . .

Ein Vergleich dieser Themen macht deutlich, daß der Markierungston bei manchen die Tendenz hat, jeden dritten Schlag zu erscheinen, bei anderen jeden zweiten oder vierten Schlag. Auf jeden Fall unterstreicht er den divisiven Charakter der *okunaga*-Themen.

Bei *akadinda*-Stücken mit acht oder sechzehn Tönen (Formzahl 24 oder 48) erscheint der Markierungston im Prinzip in Abständen von zwei oder vier Schlägen. Völlig anders ist dies bei *okunaga*-Parts mit zwölf Tönen. Dort erscheint er grundsätzlich jeden dritten Schlag (vgl. *Bogerera mwogerere* (No. 53) oder *Njagala okuddayo e Bukunja* (No. 61). Hier gibt es aber auch einige signifikante Ausnahmen, die wir weiter unten diskutieren wollen, zum Beispiel das Stück *Ganga alula* (No. 71). Bei einigen Stücken tritt kein Markierungston auf, zum Beispiel bei *Kisawo kya muwabutwa* (No. 51) *Ab'e mbuga basengeja* (No. 60) *Bijja bisamba endege* (No. 95) etc. All dies hat gewisse Auswirkungen auf das Kompositionsverfahren. Der Markierungston kann auf jeder Tonstufe erscheinen. In den Notationen der hier gesammelten *akadinda*-Stücke ist er jedoch meistens eine 2, weil diese Stücke auf dem entsprechenden Tonhöhenniveau der *akadinda* gespielt wurden.

Die Abstände des Markierungstons — ob nach zwei, drei oder vier Schlägen wiederkehrend — geben uns zusammen mit dem Zyklus des Stückes (ob 8, 12 oder 16 Töne im *okunaga*-Part stehen) einen ersten Hinweis darauf, welche *okwawula*-Formel verwendet werden kann. Die *okwawula*-Formeln werden mit dem *okunaga*-Part in einer Weise kombiniert, die weitgehend durch den Markierungston bestimmt ist. Erst wenn die Standard-Gestalt einer *okwawula*-Formel an der richtigen Stelle angehängt wurde, kann sie auch modifiziert werden, um erstens den tonalen Progressionen (dem Stufenwechsel) innerhalb des *okunaga*-Part zu folgen und zweitens, sich der genauen Melodie des gesungenen Themas anzupassen. Beide Erfordernisse, Koordination mit der Textmelodie und konsonantische Anpassung an Tonalitätsstufen, können einander auch zuwiderlaufen, in welchem Falle Kompromißlösungen gefunden werden. In jedem Falle werden dann einige Töne der Standardgestalt einer *okwawula*-Formel verändert. Man kann durch Analyse so gut wie immer diese Abweichungen erklären. Ein Beispiel einer ziemlich weitgehenden Adaptation einer *okwawula*-Standardgestalt ist das Stück *Omulwadde w'envunza* ... (No. 77). Aus der Grundform des *okwawula*-Parts für dieses Stück, nämlich (3 5 . 2 4 .) wurde in Anpassung an die Töne des *okunaga*-Parts und des ihm zugrundeliegenden Vokalthemas: „Omulwadde w'envunza analaba obuyinja" (Steine werden die Füße dessen, der Sandflöhe hat, verletzen) folgende Kette von Substitutionsvarianten gebildet:

Abbildung 51

3	5	.	2	4	.		Grundform
3	5	.	1	4	.		Variante 1
3	5	.	1	3	.		Variante 2
3	5	.	1	3	.		Variante 2
3	5	.	1	4	.		Variante 1
3	5	.	5̲	3	.		Variante 3
3	5	.	2̲	4	.		Grundform
3	5	.	1	4	.		Variante 1

Mit diesen acht Anpassungen durchläuft die *okwawula*-Formel hier die Strecke des 16 Töne umfassenden *okunaga*-Themas.

Aus der senkrechten Darstellung kann man erkennen, daß der erste Teil der Formel, nämlich 3 5 . unverändert bleibt, nur der zweite wird von den Variationen berührt. Neben der Grundform werden durch Substitution einzelner Töne insgesamt drei Varianten entwickelt.

Systematische Darstellung der okwawula-Formeln und ihrer kompositionellen Verwendung

Trotz des Auftretens von Anpassungsvarianten in verschiedenen Stücken kann man die Grundgestalt der *okwawula*-Formeln leicht erkennen, denn sie haben einen charakteristischen Aufbau. Baganda-Musiker verwenden in der Regel Wortformeln (verbal mnemonics), um die *okwawula*-Formeln in ihrer Akzentstruktur zu charakterisieren und Anfängern an der *akadinda* zu lehren. Von den blinden Musikern in Salama wurden zur Zeit meines Unterrichts die zwei wichtigsten *okwawula*-Formeln mittels der mnemonischen Verbalformeln „kulya-kulya-kulya" (das heißt: essen, essen, essen) und „Katongole" (das heißt: kleiner Häuptling) weitergegeben. Wenn immer man eine Formel unter dieser Bezeichnung erwähnte, wußte sofort jeder im Ensemble was er zu spielen habe. (Vgl. Kubik 1964: 151)

Die erste Formel, „kulya-kulya-kulya", ist eine stufenweise absteigende Sequenz von Kiganda-Quartsprüngen; in der häufigsten Stimmlage auf dem *akadinda*-Xylophon gespielt, sieht sie wie folgt aus (Abb. 52)

Abbildung 52: Die „kulya-kulya-kulya"-Formel

Formel:	3 5 . 2 4 . 1 3 .
Merksilben:	ku- lya ku- lya ku- lya
Ausführung:	r l r l r l

Wenn man die Schlagreihen des rechten (r) Schlegels und des linken (l) Schlegels autonom betrachtet, dann entpuppt sich diese Formel als eine Folge von stufenmäßig absteigenden drei Tönen in „Quartenparallelen", wobei die Quarten jedoch nicht simultan sind, sondern gegeneinander verschoben, die höhere Reihe beginnt um einen Elementarpuls später. (Abb. 53)

Abbildung 53

„Kulya-kulya-kulya"-Formel

linker Schlegel:	.	5	.	.	4	.	.	3	.
rechter Schlegel:	3	.	.	2	.	.	1	.	.

Beide Reihen, die mit dem linken wie jene mit dem rechten Schlegel gespielten Töne, sind als melodische Linien völlig gleichberechtigt; man kann auch sagen, daß jeder *omunazi* in sich eigentlich zwei Musiker vereinigt, symbolisiert durch den linken und den rechten Schlegel, die beinahe unabhängig agieren.

Für die Aufführungspraxis ist dies nicht unwichtig zu wissen, denn die mit dem linken und mit dem rechten Schlegel eines *omwawuzi* angeschlagenen Tonfolgen werden linear gedacht und sollen gleichen Akzentwert haben. Sie sind wie zwei autonome, miteinander verzahnte Linien und werden von den Ausführenden auch so empfunden. Daß sie tatsächlich auch unabhängig voneinander existieren können, zeigt sich unter anderem darin, daß ein *omwawuzi*, um seinen Beat mit Sicherheit zu etablieren, mit der rechten Hand allein einsetzen kann. Dies ist auf einigen von Hugh Tracey's Aufnahmen aus dem *lubiri* zu hören. (Vgl. Schallplatte AMA. TR-137, B — 3 & 4). Sobald er sich seines Beat sicher ist, fügt er die Tonfolge des linken Schlegels hinzu (genau wie dies auch Jones bei seinen Babemba-Trommlern in den dreißiger Jahren in Zambia beobachtete). Man kann also zum Beispiel mit der *okwawula*-Formel von *Bogerera mwogerere* in dieser Weise beginnen:

Abbildung 54

```
3 . . 2 . . 1 . . 3 . . 2 . . 1 . . 3 5 . 2 4 . 1 3 . 3 5 . 2 4 .   etc.
r     r     r     r     r     r     r l   r l   r l   r l   r l
```

Außerhalb des Königshofes unterliegt die Aufführungspraxis einer *akadinda* einigen Veränderungen. So hat Evaristo Muyinda an der von ihm für die Blinden von Salama gebauten 22-Platten-*akadinda* eine andere Sitzordnung festgelegt, bei der die *abanazi* und *abawuzi* (vgl. Abb. 41) ihre Plätze vertauscht haben. Die *abanazi* sitzen nun mit den tiefen Platten zur rechten Hand, die *abawuzi* mit den tiefen Platten zur linken. Da die Formeln bei der Ausführung nicht verändert werden können, spielt man sie „seitenverkehrt", was links war wird rechts und umgekehrt. Der Beat liegt weiterhin in der rechten Hand, nun aber fällt er entsprechend mit der oberen Tonlinie der *okwawula*-Formel zusammen. Wenn etwa die blinden Musiker bei einem Stück wie *Bogerera mwogerere* mit einem Schlegel allein einsetzen, dann sieht dies wie folgt aus. Der Beat liegt nun in den hohen Tönen. (Abb. 55)

Abbildung 55

```
5 . . 4 . . 3 . . 5 . . 4 . . 3 . 3 5 . 2 4 . 1 3 . 3 5 . 2 4 .        etc.
r     r     r     r     r     r   l r   l r   l r   l r   l r
```

Wenn man die beiden melodischen Schlagfolgen der rechten und linken Hand als autonome Linien ansieht, kann es für ein Verständnis der Struktur dieser Musik von Vorteil sein, zu verfolgen wie sie sich zueinander verhalten. Die „kulya-kulya-kulya"-Formel besteht aus zwei s t u f e n w e i s e absteigenden Tonfolgen, die in verzahnten Kiganda-Quarten geführt werden, wobei der Ton des linken Schlegels um einen Elementarpuls nachschleppt. Obwohl es keine simultanen, sondern verschachtelte Parallelen sind, ändert dies nichts am zugrundeliegenden Prinzip der Parallelität.

Eine weitere Formel, die allerdings relativ selten vorkommt und die wir bisher nur aus vier *akadinda*-Stücken kennen (siehe GRUPPE III No. 93—96), unter anderen *Bijja bisamba endege* (No. 95), besteht aus verschachtelten, aufsteigenden Kiganda-Quinten (Abb. 56).

Abbildung 56: Die „Bijja bisamba endege"-Formel

```
5  3  .  1  4  .  2  5
r  l
```

Anstatt fallend ist diese Formel steigend, anstatt Kiganda-Quarten besteht sie aus dem Umkehrintervall: Kiganda-Quinten, die parallel geführt werden. Bei näherer Analyse zeigt sich, daß diese Formel strukturell mit der „kulya-kulya-kulya"-Formel identisch ist. Wenn man nämlich das Experiment macht und die Quinten durch Oktavtransposition in Quarten verwandelt, dann entsteht folgende Form: 5 3 . $\bar{1}$ 4 . $\bar{2}$ 5 .

Das ist allerdings in der Bewegungsstruktur r l . r l . etc. bei überlieferter Sitzordnung wie im *lubiri* nicht spielbar. Man müßte die Hände überkreuzen. Um solche Quartenfolgen auf einer *akadinda* als Formel zu spielen, muß man mit dem tieferen Ton anfangen, das heißt, wir müssen die obige Quartensequenz im Krebsgang(!) spielen: (Abb. 57)

Abbildung 57

```
5  $\bar{2}$  .  4  $\bar{1}$  .  3  5  .
r  l
```

Nun ist aber genau dies die „kulya-kulya-kulya"-Formel, nur erscheint sie jetzt um zwei Stufen höher, was strukturell nichts an der Formel selbst verändert. Beweis: wir transponieren sie zwei Stufen tiefer:

Abbildung 58

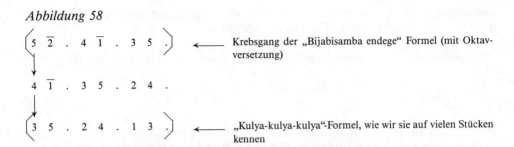

$$\left(5 \ \overline{2} \ . \ 4 \ \overline{1} \ . \ 3 \ 5 \ . \right)$$ ⟵ Krebsgang der „Bijabisamba endege" Formel (mit Oktavversetzung)

4 $\overline{1}$. 3 5 . 2 4 .

$$\left(3 \ 5 \ . \ 2 \ 4 \ . \ 1 \ 3 \ . \right)$$ ⟵ „Kulya-kulya-kulya"-Formel, wie wir sie auf vielen Stücken kennen

Aus Kuriosität und beinahe durch Zufall sind wir hier wieder ein Stück weiter in die Tiefenstruktur der Kiganda-Hofmusik vorgestoßen und haben gleich etwas entdeckt: Die „Bija bisamba endege"-Formel ist strukturell dasselbe wie die „kulya-kulya-kulya-Formel. Die eine ist jeweils die Krebsgestalt (mit Oktavversetzung) der anderen. Wenn man dies von der „kulya-kulya-kulya"-Formel ausgehend aufrollen will, dann entspricht (3 5 . 2 4 . 1 3 .) der Gestalt: (3 $\overline{1}$. 4 $\overline{2}$. 5 $\overline{3}$.) Auf einer 22-Platten-*akadinda* können wir das in Frage kommende Stück auf dem erforderlichen Tonhöhenniveau spielen.

Die beiden bisher beschriebenen *okwawula*-Formeln sind Gebilde von neun Elementarpulsen. Sie können dementsprechend nur bei *akadinda*-Stücken in Erscheinung treten, deren *okunaga*-Kernthema sich über einen durch 9 teilbaren Zyklus erstreckt, d. s. Themen mit Formzahl 36 und 12 Tönen im *okunaga*-Part (GRUPPE I und III im Verzeichnis der gesammelten *akadinda*-Stücke).

Die wichtigste Formel für *okunaga*-Kernthemen mit acht oder sechzehn Tönen wurde von den Salama-Musikern mittels der Verbalformel „Katoŋgole" (kleiner Häuptling) im Gedächtnis behalten.

Abbildung 59: Die „Katoŋgole"-Formel

		1 4 . 3 5 . 1 4 . 3 5 .
Formel:		
Merksilben:	⑫	Ka- to- ŋ- go- le Ka- to- ŋ- go- le
Ausführung:		r l r l

Diese Formel erstreckt sich über zwölf Elementarpulse und ist tonal dadurch charakterisiert, daß abwechselnd mittels einer Kiganda-Quint und einer Kiganda-Quart verzahnt wird, wobei beide Stimmen zueinander in Seitenbewegung laufen. Der rechte Schlegel schlägt die Tonfolge 1 . . 3 . . 1 . . 3 . . an, überspringt also jeweils eine Xylophonplatte, während der linke die Folge 4 . . 5 . . 4 . . 5 . . erzeugt und sich somit zwischen zwei benachbarten Platten hin- und herbewegt.

Die drei genannten Formeln sind die wichtigsten für den *okwawula*-Part bei der *akadinda*. Die übrigen, die ich dokumentieren konnte — und es gibt mehr — sind selten

119

und scheinen teilweise Elemente oder Motive aus den drei oben genannten zu verwenden. Es sind, kurz zusammengefaßt, die folgenden:

Abbildung 60: Die *okwawula*-Formel aus dem Stück *Basubira malayika* (No. 98)

⑫ $\left[\begin{array}{l} \underline{5} \; 3 \quad . \; 2 \; 5 \quad . \; 2 \; 5 \quad . \; 4 \; \overline{1} \quad . \\ r \quad l \end{array}\right]$

Diese besitzt einen Gesamtumfang von sieben Tönen ($\underline{5}$ bis $\overline{1}$), ist also um zwei Töne oktavüberschreitend. Die Spielfelder der *abawuzi* überlappen untereinander bei dieser Formel.

Abbildung 61: Die *okwawula*-Formel aus dem Stück *Akakuba-mpanga n'enkoko bagenda mangu* (No. 100)

⑫ $\left[\, 3 \; 4 \quad . \; 1 \; 3 \quad . \; 2 \; 4 \quad . \; \underline{5} \; 3 \quad . \,\right]$

Man kann diese Formel als Variante der „Katoŋgole"-Formel ansehen, wie aus der folgenden Gegenüberstellung ersichtlich ist. (Abb. 62)

Abbildung 62

„Akakuba-mpanga …"-Formel: $\left[\, 3 \; 4 \quad . \; 1 \; 3 \quad . \; 2 \; 4 \quad . \; \underline{5} \; 3 \quad . \,\right]$ 3 4 etc.

reduziert auf die
„Katoŋgole"-Grundform: 2 4 . $\underline{5}$ 3 . 2 4 . $\underline{5}$ 3 . 2 4
Ka- to — ŋgo -le   Ka- to — ŋgo -le

Zwei Töne wurden ersetzt. Daß in dem vorliegenden Stück die Formel um eine Stufe tiefer erscheint als bei den meisten Stücken, wo sie vorkommt, sollte uns nicht beirren: $\underline{5}$ 3 . 2 4 . ist dasselbe wie 1 4 . 3 5 .

Abbildung 63: Die *okwawula*-Formel aus dem Stück *Kawuta yeggalidde* (No. 101)

⑫ $\left[\begin{array}{l} 2 \; 4 \quad . \; 3 \; 5 \quad . \; 1 \; 4 \quad . \; \underline{5} \; 4 \quad . \\ r \quad l \end{array}\right]$

Das ist die Formel zu einer der ungewöhnlichsten Kompositionen im *akadinda*-Repertoire, deren Geschichte wohl untersucht werden müßte. Neben Kiganda-Quarten und -Quinten tritt am Ende eine Kiganda-Septime auf, die dadurch entsteht, daß die Stimme der linken Hand einfach liegen bleibt.

Abbildung 64: Die *okwawula*-Formel aus *Tweyanze tweyanze ewa Mugwanya* (No. 102)

(12) $\qquad$ 1 4 . 5̲ 3 . 4̲ 2 . 5̲ 3 .
$\qquad$ r 1

Wegen der im Verhältnis zum *okunaga*-Thema dieses Stückes sehr tief liegenden *okwawula*-Formel (die *okunaga*-Melodie erreicht den Ton 1̄, cf. Partitur) kann man dieses Stück in der mir von Evaristo Muyinda mitgeteilten Fassung nur auf dem großen 22-Platten-Xylophon ausführen, auf dem auch der tiefe Ton 4̲ zu finden ist.

In dieser eigenartigen Formel sind verschachtelte Kiganda-Quinten-Parallelen zu einer bogenförmigen Melodie angeordnet.

Alle diese selteneren *okwawula*-Formeln haben eine Länge von zwölf Elementarpulsen. Die ersten zwei Formeln „*kulya-kulya-kulya*" und „*Katoŋgole*" erscheinen auf verschiedensten Stufen, je nach dem Stück und der Struktur des *okunaga*-Part, dem sie eingepaßt werden. Im Prinzip können aber alle *okwawula*-Formeln auf beliebigem Tonhöhenniveau erscheinen; es hängt von der betreffenden Komposition ab und auf welcher Höhe man sie spielt.

Wir wollen uns nun damit befassen, wie diese Formeln am *okunaga*-Part angehängt sind und kommen auf die schon erwähnten Markierungstöne zurück. Dieses Prinzip wird so strikte eingehalten, daß man von Kompositionsr e g e l n sprechen möchte, obgleich ich sie durch Analyse der vorhandenen Kompositionen entdeckte und nicht in Gesprächen mit befreundeten Baganda-Musikern. Inwieweit diese Regeln bzw. diese „musikalische Grammatik" der *akadinda* früher auch verbal von Baganda-Musiktheoretikern konzipiert wurde, ist schwer abzuschätzen. Möglich ist es, angesichts der Entwicklung einer Terminologie-reichen Musiktheorie im Bereich der Hofmusik, wie sie ja zum Teil auch Evaristo Muyinda noch überliefert.

Ich darf vorausschicken, daß es jeweils nur eine e i n z i g e Möglichkeit für den Komponisten gibt, eine *okwawula*-Formel an ein *okunaga*-Thema der *akadinda*-Musik anzuhängen. Wo der Anker liegt, wird von der Struktur der *okunaga*-Kernreihe her bestimmt. Der Studierende kann dies experimentell überprüfen. Sobald er die unten folgenden Regeln erlernt hat, kann er sich die *okunaga*-Themen aller 52 gesammelten *akadinda*-Kompositionen herausschreiben und versuchen, nun selbst den *okwawula*-Part dazu zu rekonstruieren. Bei den meisten Stücken wird ihm dies mit nur ganz wenigen kleinen Fehlern, die darauf zurückgehen, daß gewisse Töne nicht an das Vokalthema angepaßt sind (welches ihm ja unbekannt ist) gelingen. Andererseits entsteht bei Fehlkombination, wie auch bei der *amadinda*, sofort dissonantes Chaos.

A.) *Okunaga*-Kernthemen aus 12 Schlagelementen bei deutlich erkennbarem Markierungston

a) Der Markierungston erscheint nach jedem dritten Schlag

In diesem Fall wird mit „kulya-kulya-kulya“ verzahnt. Sowohl der Einsatzpunkt der „kulya-kulya-kulya“-Formel wie das Tonhöhenniveau, auf dem diese stehen soll, sind sehr leicht zu finden. Zuerst stellt man fest, wo der Markierungston auftritt. Dieser verlangt so etwas wie eine absolute „Harmonisierung“, wenn wir dieses Wort von Joseph Kyagambiddwa (1955) in eingeschränktem Sinne verwenden wollen. Im Kiganda-System ist, wie erinnerlich, nach der Prim der nächstverwandte Ton eine Kiganda-Quart (oder Kiganda-Quint in der Umkehrung). Dem Markierungston folgt im *okwawula*-Part zuerst die Prime (identischer Ton), vom *omwawuzi* mit dem rechten Schlegel anzuschlagen, und dann folgt eine Kiganda-Quart nach oben. Zu dieser Regel gibt es offenbar keine Ausnahmen.

Verzahnung mit „kulya-kulya-kulya“, demonstriert am Beispiel von *Bogerera mwogerere* (Anfang des *okunaga*-Themas):

Abbildung 65

```
(36)  [2] .  .  4  .  .  4  .  .  [2] .  .  1  .  .  5  .  .   etc.
          ↑  ↑                        ↑  ↑
          2  4                        2  4
          r  l                        r  l
```

Im vorliegenden Falle ist der Markierungston eine in regelmäßigen Abständen wiederkehrende 2. Wir passen nun die „kulya-kulya-kulya“-Formel so dazwischen, daß ihr mittleres Element, nämlich die Folge 2 4 . unmittelbar auf den Markierungston folgt. Dann stimmt es. Die *okwawula*-Formel ist richtig dazugepaßt. (Abb. 66)

Abbildung 66

```
      ┌─────────┐                ┌─────────┐
(36)  │ 2  .  .  .│ 4  .  .  4  .  .│ 2  .  .  .│ 1  .  .  5  .  .
      │ .  2  4  │ .  1  3  .  3  5 │ .  2  4  │ .  1  3  .  3  5    etc.
      └─────────┘           ku- lya│ ku- lya  │ ku- lya
                                   └─────────┘
```

Das vollständige Stück wurde einige Seiten vorher schon transkribiert. (Abb. 42) Was wir soeben durchführten, mag wie Magie anmuten, zeigt aber nur, wie streng strukturiert die *akadinda*-Stücke sind. Im Augenblick wo im *okunaga* der Markierungston gefunden ist, läßt sich somit innerhalb weniger Sekunden der ganze *okwawula*-Part (zumindest in seiner Grundform) rekonstruieren. Die einzupassenden Töne sind immer das mittlere „kulya“, also die mittleren zwei Töne dieser *okwawula*-Formel:

Abbildung 67

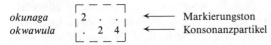

Wir wollen dieses mittlere „kulya" als Konsonanzpartikel bezeichnen, denn ganz offensichtlich hat es die Funktion einer konsonanten Kommentierung des entsprechenden *okunaga*-Tons, der „Wegmarke". Darüberhinaus verraten uns Markierungston und Konsonanzpartikel zusammen eigentlich den Kern der Tonsystem- und Konsonanzvorstellungen der Baganda. (Abb. 68)

Abbildung 68

| *okunaga* | 2 | . | . | ← Markierungston |
| *okwawula* | . | 2 | 4 | ← Konsonanzpartikel |

Der nächstverwandte Ton in diesem System ist ein identischer Ton (d. h. 2 verlangt 2); der übernächste verwandte Ton ist jedoch eine Kiganda-Quart. Damit sind diese Konsonanzvorstellungen praktisch auf ihren embryonalen Ausgangspunkt zurückgeführt: alles andere, und besonders das auf Linearität, Erzeugung inhärenter Patterns u n d Erzeugung von Konsonanzfolgen abgestimmte Kompositionsverfahren ist davon abgeleitet.

Anhand vieler *akadinda*-Stücke, insbesondere No. 52—57, 59, 61—62 kann der Studierende nun selbst die „kulya-kulya-kulya"-Kontrastformeln näher untersuchen. Elemente, die deren Grundgestalt modifizieren, stammen zum Teil aus den uns noch unbekannten Vokalthemen, die (ebenso wie schon vorher hinter den *amadinda*-Stücken) auch hinter den *akadinda*-Stücken stehen.

Um den richtigen *okwawula*-Part zu einem Stück zu finden, können wir auch schrittweise im Frage/Antwort-Spiel vorgehen. Dies sei an einem weiteren Beispiel, *Omusango gw'abalere* (No. 55) gezeigt, das folgenden *okunaga*-Part hat:

$$\left(2 . . 3 . . 4 . . 2 . . \underline{5} . . \underline{5} . . 2 . . 3 . . 3 . . 3 . . 1 . . 1 . .\right)$$

Erste Frage: Welches ist der Markierungston? Antwort: Jener einzige Ton, der in regelmäßigen Abständen mehrmals wiederkehrt. Es ist die 2.

Zweite Frage: In welchen Abständen kehrt dieser Ton wieder und wie oft? Antwort: In Abständen von drei Schlägen (Tönen) und insgesamt dreimal.

Lösung: Wir müssen deshalb mit „kulya-kulya-kulya" verzahnen. Nach jedem Markierungston inserieren wir zuerst einen unisono-Ton (eine 2), zu spielen mit der rechten Hand, und dann eine Kiganda-Quart nach aufwärts (eine 4), zu spielen mit der linken. Wir wissen ferner, daß es die

123

mittleren Töne der Formel sind, die an dem Markierungston ankern, daher kann die hier zu verwendende Transpositionsform nur so lauten: 3 5 . 2 4 . 1 3 . Diese Grundgestalt schreiben wir nun in die Lücken hinein. (Abb. 69)

Abbildung 69: Omusango gw'abalere — Verzahnung mit „kulya-kulya-kulya" (provisorische Gestalt, die weiterer Anpassungen bedarf):

```
                            ↓
okunaga     ⎛2 . . 3 . . 4 . . 2 . . 5 . . 5 . . 2 . . 3 . . 3 . . 3 . . 1 . . 1 . .⎞
okwawula  36⎝. 2 4 . 1 3 . 3 5 . 2 4 . 1 3 . 3 5 . 2 4 . 1 3 . 3 5 . 2 4 . 1 3 . 3 5⎠
```

Der kleine senkrechte Pfeil in der Notation markiert den von der Konvention festgelegten Einsatzpunkt für die *okwawula*-Formel. Kompositionell ist dieser zunächst von wenig Interesse, wichtig ist, wie die Stimmen zusammenzupassen sind. Trotzdem markieren wir ihn bereits in diesem Beispiel. An der Stelle beginnt also der erste *omwawuzi* mit der Formel: 3 5 . etc.

Wenn der Studierende die Vokalmelodie kennengelernt hat, die hinter jedem Xylophonstück steckt, dann wird er in der Praxis den *okwawula*-Part an sie anpassen, das heißt er wird einige Töne des letzteren so verändern, daß sie einerseits zu Tönen der Vokalmelodie im Unisono stehen, andererseits aber ihre technische Ausführung durch die *abawuzi* nicht behindert wird. Auch aus dem Bemühen um konsonante Sequenzen werden kleine Adaptationen gemacht.

Zum Beispiel sehen wir aus der obigen provisorischen Verzahnung, daß zwischen die beiden Töne 5 . . 5 im *okunaga*-Part die Partikel . 1 3 . fällt. Wenn wir dies unbeanstandet lassen, entsteht im Gesamtbild der Kombination eine dissonante Folge (vgl. meine Ausführungen zur Interdependenz der Basisreihen in der *amadinda*-Musik). Wir haben sie in der folgenden Abbildung 70 wellig unterstrichen.

Abbildung 70

— — ➤   2 2 4 5 1 3 5 3 5 2 2 4   etc.

Für die Baganda-Komponisten wäre dies unakzeptabel. Die so entstehende Folge klingt dissonant, weil hier die Töne 4 5 1 aufeinanderfolgen, das sind alles Kiganda-Sekunden (bzw. ihre Umkehrung) in aufsteigender Folge, trotz der Verschleierung durch die Oktavversetzung der 5 nach unten. Eine solche Folge fällt auch in der *amadinda*-Musik (vgl. Tabelle VI, zweite Kolumne, Mitte) unter die „verbotenen" Progressionen. Sie quälen das Ohr, wirken extrem dissonant in der raschen Folge. Der Komponist kann diese Stelle entschärfen, indem er statt der 1 in der rechten Hand ohne technische Schwierigkeiten eine 5 spielt. Dann verbindet sich die ganze Ziffernreihe ab der ersten 5 zu einem Wohlklang. „Kulya-kulya-kulya" wurde hier also leicht adaptiert, um dissonante Stellen zu entschärfen. Dies ist ein Vorgehen nach rein

124

musikalischen Vorstellungen; es ist nicht vom Text des Liedes und seinen Tönen abhängig. Die korrigierte Verzahnung sieht demnach so aus: (Abb. 71)

Abbildung 71: Omusango gwa balere — endgültige, modifizierte Verzahnung mit der „kulya-kulya-kulya"-Formel

```
                                      ↓
okunaga    (36) 2 . . 3 . . 4 . . 2 . . 5 . . 5 . . 2 . . 3 . . 3 . . 3 . . 1 . . 1 . .
okwawula        . 2 4 . 1 3 . 3 5 . 2 4 . 5 3 . 3 5 . 2 4 . 1 3 . 3 5 . 2 4 . 1 3 . 3 5
                                    ↑
                          modifizierter okwawula-Ton
```

Okunaga-Kernthemen, die aus achtzehn Tönen bestehen (cf. *Wakayayu azinide ebuko analya ki?*, No. 63) werden in analoger Weise mit der „kulya-kulya-kulya"-Formel in melodischer Anpassungsform verzahnt, da der Markierungston in Abständen von drei Schlägen auftritt.

b) Der Markierungston erscheint nach jedem zweiten oder vierten Schlag

Bei Kernthemen mit 12 oder 18 Schlagelementen kommt dies selten vor; woraus sich zeigt, daß eine enge Liierung zwischen der Formzahl des Zyklus und den zur Verfügung stehenden *okwawula*-Formeln in der *akadinda*-Musik besteht. Die „kulya-kulya-kulya"-Formel und ihre Varianten sind wegen der Teilbarkeit notwendigerweise den 36er (und 54er) Formzahlen zugeordnet. Da diese Zahlen jedoch auch durch 6, und im ersteren Fall durch 12 teilbar sind, kann der Markierungston auch nach jedem zweiten (bzw. vierten) Schlag erscheinen. In diesem Falle wird mit der „Katoŋgole"-Formel verzahnt. Es entsteht dadurch eine Art „polymetrische" Spannung. Die wichtigsten Beispiele aus unserem Repertoire sind die Stücke *Ganga alula* (No. 71), *Omusalaba* (No. 72), *Be tunyuwa nabo omwenge* (No. 73) und *Banawulira evvumbe* (No. 74).

B.) *Okunaga*-Kernthemen aus 12 Schlagelementen ohne erkennbaren Markierungston, jedoch ausgeprägt divisiver Zweier-Struktur

Bei diesen ganz besonders „unafrikanisch" wirkenden Kernthemen (vgl. unsere Ausführungen weiter oben) sind die konstituierenden Teile meist im Sinne divisiver Folgen von 2 + 2 etc. oder 2 + 4 etc. gruppiert. Die zwei wichtigsten Themen sind die folgenden (Formzahl 12):

Abbildung 72

„Kisawo kyamuwabutwa kiwedemu emwanyi"

⑫ (4 . . 4 . . 4 . . 4 . . 2 . . 2 . . 5 . . 5 . . 3 . . 3 . . 1 . . 1 . .)

„Ab'e mbuga basengejja"

⑫ (5 . . 5 . . 5 . . 5 . . 2 . . 2 . . 4 . . 4 . . 3 . . 3 . . 2 . . 2 . .)

In diesem Falle, so fanden wir heraus, gilt die 2 nach dem e r s t e n melodischen Buch im *okunaga*-Thema als stellvertretend für den Markierungston und die „kulya-kulya-kulya"-Formel wird entsprechend angehängt. Dies sieht so aus:

Abbildung 73: bei „Kisawo kyamuwabutwa ..."

```
㊱   4  .  .  4  .  .  4  .  .  4  .  . │2 . .│ 2  . .    etc.
                              3  5 │ . 2  4 │ . 1  3      etc.
```

Abbildung 74: bei „Ab'e mbuga basegenjja"

```
㊱   5  .  .  5  .  .  5  .  .  5  .  . │2 . .│ 2  . .
                              3  5 │ . 2  4 │ . 1  3
```

Beide Themen beginnen mit einer viermaligen Wiederholung desselben Tons, dann folgt der melodische Bruch: es wird eine 2 geschlagen. Diese 2 gilt nun als Markierungston und die „kulya-kulya-kulya"-Formel wird wie bereits bekannt mit dem mittleren „kulya" (. 2 4) an dieser Stelle eingepaßt.

C.) *Okunaga*-Kernthemen aus 8 oder 16 Schlagelementen bei deutlich erkennbarem Markierungston

Grundsätzlich ist der Vorgang hier genau gleich. Zuerst wird der Markierungston gefunden. Er kann in Abständen von zwei oder vier Tönen wiederkehren. Dann wird dort angehakt und „Katoŋgole" inseriert, jedoch in folgender Weise: der e r s t e Ton der „Katoŋgole"-Formel w i r d u m e i n e S t u f e t i e f e r an den Markierungston angeschlossen. Oder, anders ausgedrückt, unmittelbar an den Markierungston anschließend, schlägt der *Omwawuzi* mit seiner linken Hand eine Xylophonplatte tiefer an, und dieser Ton ist der Beginn der „Katoŋgole"-Formel, er ist das „*Ka-* von „Katoŋgole".

Analog unserer Abbildung bei der „kulya-kulya-kulya"-Formel (Abb. 68) kann man sich die Relation zwischen Markierungston und Konsonanzpartikel bei den mit „Katoŋgole" verzahnbaren Stücken wie folgt merken:

126

Abbildung 75

```
okunaga  ┌ 2   .   . ┐  ←——— Markierungston
okwawula └ .   1   4 ┘  ←——— Konsonanzpartikel
```

Nehmen wir den Fall an, einer unserer alten Informanten in Buganda erinnere sich an ein uns unbekanntes *akadinda*-Stück mit einem *okunaga*-Part von 8 oder 16 Tönen, habe jedoch den *okwawula*-Part völlig vergessen. Wir können nun, auf Grund unseres Wissens, mit einiger Zuversicht, daß es stimmen wird, das vollständige Stück rekonstruieren. Die Vorgangsweise der Rekonstruktion ist analog dem, was wir bei „kulya-kulya-kulya" gelernt haben. Zuerst versuchen wir den Markierungston aufzufinden. Wenn er jeden zweiten bzw. vierten Ton erscheint, und das Thema außerdem 8 oder 16 Töne besitzt, können wir mit großer Sicherheit annehmen, daß im *okwawula* die „Katoŋgole"-Formel in ihrer Grundform oder leichten Variante zu erscheinen hat. Wir müssen sie also dazupassen, und dies geschieht nach dem in der obigen Abbildung dargestellten Schema; an einem kurzen Beispiel, *Matu ga njobe,* sei dies praktisch gezeigt: (Abb. 76)

Abbildung 76: Verzahnung von *Matu ga njobe* (No. 64) mit der „Katoŋgole"-Formel

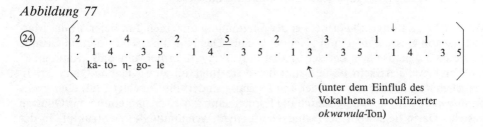

Das ganze rekonstituierte Stück lautet daher:

Abbildung 77

(24)
```
2   .   .   4   .   .   2   .   .   5   .   .   2   .   .   3   .   .   1   .   .   1   .   .
.   1   4   .   3   5   .   1   4   .   3   5   .   1   3   .   3   5   .   1   4   .   3   5
ka- to-  ŋ- go- le
```

(unter dem Einfluß des Vokalthemas modifizierter *okwawula*-Ton)

Das einzige, was wir mit dieser Methode nicht rekonstruieren könnten, wäre die notwendige Anpassung einzelner Töne der „Katoŋgole"-Formel an die Melodie des Vokalthemas, wenn wir sie nicht kennen. Die Zusammenfügung von *okunaga*-Kernthema und *okwawula*-Formel in ihrer Grundgestalt erfolgt aber nach kompositionellen Verhaltensregeln, die in sich selbst sinnvoll sind und sich aus einer Reihe motionaler und tonaler Konzepte ergeben. Im motional-rhythmischen Bereich ist es zum Beispiel nicht zufällig, daß alle *okwawula*-Formeln konsequent aus Partikeln bestehen, in denen auf einen tiefen Ton (in der rechten Hand bei der Sitzordnung im *lubiri*) ein höherer folgt und dann ein leerer Elementarpuls. (Abb. 78)

Abbildung 78

a) $\left[\begin{array}{c} \text{T H . T H . T H .} \\ \text{ku- lya \quad ku- lya \quad ku- lya} \end{array}\right]$

b) $\left[\begin{array}{c} \text{T H . T H .} \\ \text{ka- to- ŋ- go- le} \end{array}\right]$ 　　　T = tieferer Ton
　　　　　　　　　　　　　　　　　　H = höherer Ton

Dieses Schema wird niemals umgekehrt. Es bedeutet aber, daß in der *akadinda*-Musik melodische Akzente durch die Qualität des Hochtons mit besonderer Vorliebe auf die Pulsschläge 3 und 6 innerhalb des Beat-Schemas der Tänzer und der *empunyi*-Trommel fallen. Es sind off-beat-Akzente und genau das gibt ja der *akadinda*-Musik ihren besonderen „Swing", wie unzählige Aufnahmen demonstrieren.

Im tonalen Bereich fällt ferner auf, daß — ungeachtet der Vokalthemen — die *okwawula*-Formeln in sich selbst konsonantische Clusters darstellen, wegen der Vorliebe für Kiganda-Quart- und Quint-Abstände zwischen den Linien des rechten und linken Schlegels, und daß sie sicherlich nach „musikalischen" (und nicht nur textmelodiebedingten) Regeln, entsprechend dem Konsonanzempfinden der Baganda, in die *okunaga*-Themen eingehakt werden.

All dies hat mit den hinter den *akadinda*-Kompositionen stehenden Vokalthemen direkt nichts zu tun; es sind musikalische Strukturprinzipien, die hier ins Spiel kommen und kompositionell wirksam werden. Das Vokalthema hat seinen Einfluß, überwiegend jedoch in zwei Phasen des Kompositionsablaufes: 1. Beim Konstruieren eines *okunaga*-Kernthemas und 2. bei der melodischen Anpassung der *okwawula*-Formeln an dieses Vokalthema und seine Fortspinnung im Gesang.

Warum die „Katoŋgole"-Formel bei der Verzahnung um einen Ton tiefer als der Markierungston einsetzt, regt zum Nachdenken an. Das Hineinpassen erfolgt im Grunde genommen genauso wie bei der „kulya-kulya-kulya"-Formel, nur daß „Katoŋgole" bloß aus zwei Partikeln besteht und das erste Intervall eine Kiganda-Quint ist. In manchen Kompositionen wird der Ton 1 sogar geändert und zu einer 2 (cf. *Omunyoro atunda nandere*, No. 68), wodurch die Formel dann 2 4 . 3 5 . lautet und aus Quarten besteht. Darin liegt wohl der Schlüssel zu einem Verständnis ihrer Struktur. In der Verzahnungstechnik wird „Katoŋgole" eigentlich so behandelt, als ob es eine Verkürzung von „kulya-kulya-kulya" sei, bei der man das eine „kulya" weg ließ und beim zweiten (mittleren) die 2 durch die 1 des weggelassenen Teils ersetzte. In Anlehnung an Vokalassimilation und Ähnliches in verschiedenen Bantu-Sprachen, könnte man hier vergleichsweise von kompensatorischer Assimilation sprechen. (Abb. 79)

Abbildung 79

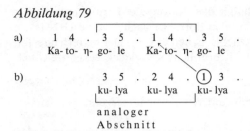

a) 1 4 . 3 5 . 1 4 . 3 5 .
Ka- to- ŋ- go- le Ka- to- ŋ- go- le

b) 3 5 . 2 4 . ① 3 .
ku- lya ku- lya ku- lya

analoger
Abschnitt

Da die Partikel 1 4 . zu den Merksilben „Ka-to-" sozusagen die 2 4 . des mittleren „kulya" der anderen Formel vertritt, wird verständlich, warum es diese Partikel ist, die man dem Markierungston bei den 8- und 16tönigen *okunaga*-Kernthemen folgen läßt. Und genau wie das erste „kulya" (3 5 .) bei der „kulya-kulya-kulya"-Formel, so fällt auch die Merksilbe „go-le" (3 5 .) auf Töne unmittelbar v o r einem Markierungston.

Ungeachtet der jeweils verwendeten *okwawula*-Formeln herrscht also quer durch das *akadinda*-Repertoire weitgehende Konsistenz im strukturellen und damit kompositorischen Bereich. Es ist ein einheitliches System, das wir hier vor uns haben.

Kompositionen mit 20 Tönen im *okunaga*-Part, wie sie von den Salama-Musikern komponiert wurden (vgl. *Ab'e Salama,* No. 91 und *Muleke atabaale,* No. 92), wurden gleichfalls mit „Katoŋgole" verzahnt.

D.) *Okunaga*-Kernthemen aus 8, 16 oder 20 Schlagelementen ohne erkennbaren Markierungston, jedoch ausgeprägt divisiver Struktur

Dies sind die wichtigsten uns bekannten Themen (Abb. 80):

Abbildung 80

Baabirya bisooboza (No. 81)

㊽ 3 . . 3 . . [1] . . 1 . . 2 . . 1 . . 4 . . 4 . . 2 . . 2 . . 2 . . 1 . . 5̲ . . 5̲ . . 1 . . 5̲ . .

Empuuta nagirya (No. 87)

㊽ 5 . . 5 . . [4] . . 3 . . 3 . . 4 . . 1̄ . . 1̄ . . 4 . . 4 . . 3 . . 2 . . 2 . . 3 . . 2 . . 2 . .

Ab'e Salama (No. 91)

(60) 2 . . 4 . . 4 . . 4 . . [3] . . 3 . . 3 . . 2 . . 1 . . 1 . . 2 . . 4 . . 4 . . 4 . . 2 . . 2 . . 2 . . 1 . . 5̲ . . 5̲ . .

Muleke atabaale (No. 92)

(60) 5 . . 5 . . 5 . . 5 . . [2] . . 2 . . 2 . . 5 . . 4 . . 4 . . 4 . . 4 . . 1 . . 2 . . 1 . . 2 . . 1 . . 2 . . 3 . . 3 . .

Als Faustregel gilt in diesen Fällen: man hängt die „Katoŋgole"-Formel unmittelbar an den ersten auffälligen Melodiebruch an, also dort, wo nach L i e g e n b l e i b e n eines Tons am Anfang des Themas ein plötzlicher Bruch erfolgt. Der betreffende Ton ist in den obigen Illustrationen wieder mit dem üblichen Rechteck gekennzeichnet.

E.) *Okunaga*-Kernthemen aller Art, die mit anderen Formeln verzahnt werden

Es gibt eine Reihe von *okunaga*-Kernthemen, die strukturell nicht verschieden sind von jenen, die wir mit „kulya-kulya-kulya" oder „Katoŋgole" verzahnt haben und die trotzdem mit einer anderen Formel verzahnt werden. Bei diesen handelt es sich um die eher seltenen *okwawula*-Formeln. Unter welchen Voraussetzungen diese und nicht die beiden geläufigsten verwendet werden, ist bei weitem noch nicht vollständig erforscht. Unsere Datenbasis müßte erheblich erweitert werden, um hier zu Schlußfolgerungen zu gelangen.

Ein Thema wie etwa *Omunyoro atikkira engule* (No. 96), das mit der „Bijja bisamba endege"-Formel verzahnt ist, unterscheidet sich strukturell in keiner Weise von *Ab'e mbuga basengejja* (No. 60), das mit der „kulya-kulya-kulya"- Formel verzahnt ist.

Nehmen wir an, die *okunaga*-Kernthemen beider Kompositionen wären uns überliefert, die *okwawula*-Formeln aber von den Informanten vergessen worden; unser Versuch der Rekonstruktion mit „kulya-kulya-kulya" nach den bisherigen Erfahrungen wäre für das eine Thema richtig, für das andere falsch. Dies ist ein Unsicherheitsfaktor, der unsere Möglichkeiten etwas einzuschränken scheint.

Die *okwawula*-Formel in steigenden Quinten wie bei *Bijja bisamba endege* tritt bei *okunaga*-Themen mit 12 Tönen auf. Wann jedoch d i e s e und wann die „kulya-kulya-kulya"-Formel bei solchen strukturell kaum unterscheidbaren Themen kompositorisch verwendet wird, ist schwierig zu lösen. Wir haben in unserem Repertoire (vgl. Gruppe III der *akadinda*-Partituren) insgesamt vier Stücke (No. 93—96).

Einen Anhaltspunkt gewinnen wir vielleicht gerade bei der „Bijja bisamba endege"-Formel, wenn wir uns erinnern, daß diese und die „kulya-kulya-kulya"-Formel spiegelverkehrte Versionen derselben Struktur sind, wobei wie beim *miko*-System der *amadinda* man die Oktaven versetzen kann. Immerhin haben wir vier *akadinda*-Kompositionen gesammelt, bei denen diese Formel vorkommt. Wir können daher überprüfen, ob bei der Einpassung der „Bijjabisamba endege"-Formel Analogien zu finden sind. Da wir sie schon als Krebsgang der „kulya-kulya-kulya"-Formel erkannt haben und außerdem von der Einheitlichkeit des Kiganda-Systems ausgehen, ist unsere Arbeitshypothese, daß die Verzahnung mit der „Bijjabisamba endege"-Formel analog erfolgen muß. Dies läßt sich an den Beispielen leicht nachprüfen.

Zur Vergleichbarkeit müssen wir diese Beispiele auf das entsprechende Tonhöhenniveau transponieren. Die folgende Zusammenstellung gibt uns einen Überblick. (Abb. 81—84)

Abbildung 81

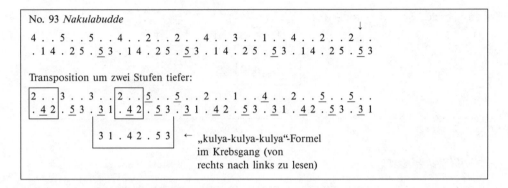

No. 93 *Nakulabudde*

Transposition um zwei Stufen tiefer:

"kulya-kulya-kulya"-Formel im Krebsgang (von rechts nach links zu lesen)

Abbildung 82

No. 94 *Nantaza Lubanje*

Transposition um zwei Stufen tiefer:

"kulya-kulya-kulya"-Formel im Krebsgang

Abbildung 83

No. 95 *Bijja bisamba endege*
↓
5 . . 5 . . 5 . . 2 . . 2 . . 2 . . 4 . . 4 . . 4 . . 3 . . 3 . . 3 . .
. 5̲ 3 . 1 4 . 2 5 . 5̲ 3 . 1 4 . 2 5 . 5̲ 3 . 1 4 . 2 5 . 5̲ 3 . 1 4 . 2 5

Transposition um zwei Stufen tiefer:

3 . . 3 . . 3 . . 5̲ . . 5̲ . . 5̲ . . 2 . . | 2 . . | 2 . . 1 . . 1 . . 1 . .
. 3̲ 1 . 4̲ 2 . 5̲ 3 . 3̲ 1 . 4̲ 2 . 5̲ 3 . 3̲ 1 . | 4̲ 2 | . 5̲ 3 . 3̲ 1 . 4̲ 2 . 5̲ 3

| 3 1 . 4 2 . 5 3 |
„kulya-kulya-kulya"-Formel im
Krebsgang

Abbildung 84

No. 96 *Omunyoro atikkira engule*
↓
4 . . 4 . . 4 . . 4 . . 2 . . 2 . . 4 . . 4 . . 3 . . 3 . . 1 . . 1 . .
. 1 4 . 2 5 . 5̲ 3 . 1 4 . 2 5 . 5̲ 3 . 1 4 . 2 5 . 5̲ 3 . 1 4 . 2 5 . 5̲ 3

Transposition um zwei Stufen tiefer:

| 2 . . | 2 . . 2 . . | 2 . . | 5̲ . . 5̲ . . | 2 . . | 2 . . 1 . . 1 . . 4̲ . . 4̲ . .
| 4̲ 2 | . 5̲ 3 . 3̲ 1 | . 4̲ 2 | . 5̲ 3 . 3̲ 1 | . 4̲ 2 | . 5̲ 3 . 3̲ 1 . 4̲ 2 . 5̲ 3 . 3̲ 1

| 3 1 . 4 2 . 5 3 |
„kulya-kulya-kulya"-Formel im
Krebsgang

Wie schon die Bemerkungen im eingerahmten Feld der Abbildungen verraten, war unsere Arbeitshypothese tatsächlich richtig. Das Ergebnis ist einerseits sensationell, andererseits gar nicht mehr überraschend. Die Abbildungen stellen klar, daß auch in dieser Gruppe der *akadinda*-Kompositionen die Regel gilt, die m i t t l e r e Partikel der Formel (in diesem Falle der „Bijjabisamba endege"-Formel), nämlich das . 4̲ 2, einem Markierungston zuzuordnen, der in dieser Transposition immer eine 2 ist. Im Vergleich zur „kulya-kulya-kulya"-Formel erfolgt aber die Zuordnung in u m g e k e h r - t e r Schlagfolge, also zuerst wird der Kiganda-Quart/Quint-Ton mit dem rechten Schlegel hineingespielt und dann der Unisono-Ton (mit dem linken).

Genau dies zeigt aber, daß 4̲ 2 nur der Krebsgang von 2 4 ist, und man kann nun an der entsprechenden Stelle die gesamte „kulya-kulya-kulya"-Formel darunterschreiben und (im Krebsgang) von rechts nach links lesen.

132

Ein Vergleich der beiden so ähnlichen, aber mit verschiedenen *okwawula*-Formeln verzahnten Stücke *Ab'e mbuga basengejja* (No. 60) und *Omunyoro atikkira engule* (No. 96) läßt uns noch tiefer in diese Beziehungen hineinblicken. Wenn man das Stück *Omunyoro atikkira engule* in einen Spiegel hält, oder seitenverkehrt druckt (siehe Abb. 85 unten) und mit dem normal gehaltenen oder gedruckten *Ab'e mbuga basengejja* vergleicht, sieht man, daß der *okwawula*-Part der beiden Stücke in den Ziffern kongruent ist.

Abbildung 85

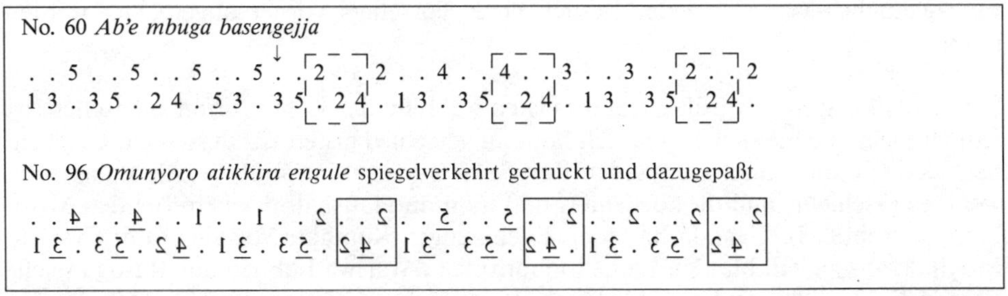

No. 60 *Ab'e mbuga basengejja*

No. 96 *Omunyoro atikkira engule* spiegelverkehrt gedruckt und dazugepaßt

Dies sei als weiteres Beispiel und auch als Anregung für eigene Forschungen angeführt. Denn die Kiganda-Hofmusik ist eine Welt unbegrenzter Tiefenstrukturen.

In subtiler Weise ist auch bei der „Bijja bisamba endege"-Formel das Kiganda-System in seinen tonalen Verwandtschaften erhalten, nur die Reihenfolge der Verzahnungstöne ist links-rechts-vertauscht. Aber die ganze Formel ist genau an denselben Stellen angehakt, die wir schon bei den anderen Kompositionen kennengelernt haben.

Wann „kulya-kulya-kulya" und wann die aufsteigende Quinten-Formel bei 12-schlägigen *okunaga* verwendet wird, haben wir jedoch noch immer nicht geklärt. Möglicherweise gibt es keine musikbezogene Klärung, sondern diese Formel ist eine Alternative, die dann versucht wird, wenn die „kulya-kulya-kulya"-Formel den Tönen des Vokalthemas hinter einer *akadinda*-Komposition zuwiderläuft.

Die übrigen unter den seltenen *okwawula*-Formeln sind mangels größeren Vergleichsmaterials nur schwer zu untersuchen. Auch über die Formel bei der Komposition *Basubira malayika* (No. 98), die auf einer Schallplatte von Hugh Tracey erhältlich ist (AMA-TR 137), läßt sich vorläufig nur soviel aussagen, als daß sie zusammengesetzt scheint. Der *okunaga*-Part dieses Stückes aus acht Tönen ist streng divisiv und besteht aus Zweiergruppen. Der Einsatzpunkt mit der Formel erfolgt unmittelbar nach dem ersten Anschlag des *okunaga*-Parts. Bei der Verzahnung der Parts ist auffallend, daß eine Hälfte des *okunaga*-Themas, und zwar der Ausschnitt 5 . . 2 . . 2 . . 4 . . von den Tönen der rechten Hand der *abawuzi* zwei Elementarpulse antizipierend imitiert wird. Nur ist der erste Ton um eine Oktave tiefer versetzt. Insgesamt haben zwei *akadinda*-Kompositionen die genannte *okwawula*-Formel (vgl. Gruppe IV); *Mukadde mwangu* ist identisch mit *Basubira malayika.*

Feldbeobachtung der Komposition von akadinda-Stücken

Eine direkte Beobachtung der alten Hofmusik-Komponisten von Buganda bei ihrer Arbeit war auch schon in den fünfziger Jahren nicht mehr möglich. Der größte Teil des Repertoires war überliefert. Einem intimen Kontakt mit den Hofmusikern im *lubiri* selbst waren außerdem Grenzen gesetzt, da der Königshof Besuchern nicht frei zugänglich war und jeder Besuch eines Forschers vorher angemeldet werden mußte.

Einem afrikanischen Musiker-Komponisten während der Komposition zuzusehen, ist jedoch nichts Unmögliches, und ich hatte in verschiedensten Ländern dazu Gelegenheit. Jedoch kann man niemanden dazu auffordern. Man muß gerade dabei sein, wenn es geschieht, und dies bedeutet, daß man im Haushalt des betreffenden Musikers leben muß. In Uganda hatte ich solche engen Kontakte vor allem mit Evaristo Muyinda sowie dem blinden Lamellophonspieler Waiswa Lubogo aus Busoga (siehe Foto in Kubik 1988) und verschiedenen Personen im Kreise der blinden Musiker von Salama. Evaristo Muyinda komponierte niemals ein *akadinda*-Stück in meiner Gegenwart, aber in Salama war ich zweimal dabei, als dies geschah. Sicher gehört es zu den seltenen Fällen in der Literatur über Afrika, daß überhaupt etwas Derartiges berichtet wird.

Mein wiederholter Wohn-Aufenthalt im Agricultural Training Centre for the Blind, Salama, 1960, 1961—63, 1967/68 (mit vielen Unterbrechungen), das ständige gemeinsame Üben mit den Blinden an der *akadinda*, die dort in einer Art „Musikhaus" auf dem Wege vom Speiseraum der Schüler zu ihren Unterkünften stand, bildeten günstige Voraussetzungen für solche Beobachtungen. Schon im Dezember 1962 hatte ich Glück, als ich den blinden Amisi Sebunya fand, wie er das Stück *„Ab'e Salama"* (Die Leute von Salama, No. 91) gemeinsam mit anderen Blinden komponierte.

Amisi Sebunya war ein Muganda, der von Evaristo Muyinda unterrichtet worden war, und dann die Leitung der Musikpraxis der Blinden in Salama übernommen hatte. Einige 8-mm-Filmaufnahmen, die ich 1963 drehte, zeigen ihn auch als Experten des *baakisimba*-Trommelspiels. Sebunya brauchte einige Tage, bis er die günstigste Struktur der *akadinda*-Parts gefunden hatte, die mit dem gesungenen Lied zusammengingen. Während eine Gruppe der Blinden *akadinda* spielte, sang eine andere Gruppe im Vorsänger/Chor-Schema: *Ab'e Salama,* händeklatschend, begleitet von den Trommeln *empunyi* (Beat-Trommel) und *baakisimba,* auf der die Ostinato-Formel „Kabaka ali Nkuluze ..." (Merksilben) gespielt wurde. Sebunya machte den Vorsänger und spielte dabei mit hinreißenden Akzenten die hohe *engalabi*-Meistertrommel. Von den verschiedenen Stadien seiner Kompositionsarbeit liegen Aufnahmeserien vor (cf. Phonogrammarchiv Wien, Uganda-Aufnahmen 1961—63).

134

Obgleich die Vorgangsweise der Salama-Musiker nicht unbedingt konklusiv dafür sein kann, wie die alten Hofmusiker einst ihre Stücke komponierten, stand die *akadinda*-Musik der Blinden andererseits in keinem Vakuum, sondern war gewissermaßen eine Fortsetzung der Hofmusiktradition. Unter beträchtlichen Verlusten — das ist sicher — lebte die letztere in diesem Milieu weiter, als l e b e n d i g e Tradition, in die die Blinden ungeheure Begeisterung und Energie investierten.

Wenn man in Salama ein neues *akadinda*-Stück komponierte, war der Ausgangspunkt eine vokale Idee. Eine kurze Textphrase formte sich zu einer Vorsängerstimme, zu der der Komponist bald eine Antwortphrase fand, die er an das stets bereitwillige Personal seiner Gruppe von drei bis vier blinden Musikern verteilte. Dann wurde geprobt und das so gefundene gesungene Thema wurde mit Händeklatschen begleitet. Nicht selten hatte der Komponist sein Lied schon einige Tage vorher allein gesungen. Sollte es nun für *akadinda* gesetzt werden, ging er wie folgt vor: Meist allein, in einem Augenblick wo die anderen beim Essen waren oder arbeiteten, setzte er sich an die *akadinda*, summte das Lied und versuchte eine instrumentale Abstraktion des Vokalthemas zu finden, indem er a u f d e m B e a t in der doppelten Geschwindigkeit der Schläge einer *empunyi*-Trommel die entsprechenden Töne des Vokalparts im Unisono nachahmte. So entstand nach und nach der *okunaga*-Part. Manchmal spielte er auch unter Benutzung beider Schlegel das Lied im „single-note"-Stil auf der *akadinda*. Dies jedoch offenbar nur, um sich an die Instrumentalisierung zu gewöhnen. Sollte es im Ensemble gespielt werden, dann bestand die wesentliche und schwierige Aufgabe darin, die Töne so zu verteilen, daß sie von sechs Musikern an der *akadinda* gespielt werden konnten. Daß in Salama sechs Musiker spielten, hängt damit zusammen, daß es für die Blinden — und der *okunaga*-Part wurde als der leichteste Part eher von Anfängern gespielt — auf Grund ihrer Blindheit schwierig war, in parallelen Oktaven zu schlagen. Sie neigten dazu, die Oktavabstände zwischen den beiden Schlegeln ohne visuelle Orientierung nicht genau einzuhalten und schlugen oft daneben. Daher ließ man die *abanazi*-Gruppe auf der einen Seite des 22-Platten-Xylophons nur mit einer Hand, der rechten, ihren Part anschlagen.

Amisi Sebunya legte dann den so gefundenen *okunaga*-Part unter seine Vokalmelodie wie einen regelmäßigen Beat-tragenden „Baß". Seine Töne waren grundsätzlich im Unisono mit den Vokaltönen, zu denen sie klangen. Bereits das kann dem Komponisten allerlei Probleme verursachen. Denn der *okunaga*-Part soll offenbar in sich selbst eine logische und daher merkbare Melodie sein, und außerdem von überwiegend divisivem Charakter. Den Hofkomponisten gelang dies besser, wenn man ihre Stücke mit denen vergleicht, die in Salama komponiert wurden. Amisi Sebunya kam auf 20 *okunaga*-Töne für das Stück *Ab'e Salama*. Ihre innere Logik leitete sich von der Zweiteiligkeit des Themas, über je 10 *okunaga*-Töne her, wobei Abschnitt B_1 eine Transposition von Abschnitt B um eine Stufe tiefer ist (vgl. Abb. 86). Im Inneren ist aber jeder der beiden Teile, A B und A B_1 weniger im Sinne eines divisiven metrischen Aufbaus wie die alten *akadinda*-Stücke gegliedert, sondern fast „additiv" möchte man sagen.

Abbildung 86: Struktur des *okunaga*-Parts von *Ab'e Salama* (No. 91) komponiert Dezember 1962 von Amisi Sebunya, Salama.

```
  2..4..4..3..3..3..2..1..1..2..4..4..4..2..2..2..1..5..5..
  └─── A ───┘└─── B ───┘└─ A ─┘└─── B₁ ───┘
```

Wie *Ab'e Salama* haben die neuen Stücke im *okunaga*-Part auch meistens keinen Markierungston. Es ist interessant, daß die erste Version des *okunaga*-Parts, die Amisi für sein Lied hatte, nur 18 Töne besaß. Dann beschloß er die Melodie des Vokalthemas zu „strecken", so daß eine Reihe aus 20 Tönen darunter paßte. Um den richtigen *okunaga*-Part zu finden, half er sich von Zeit zu Zeit auch damit, die ganze Vokalmelodie unter Benützung des rechten und linken Schlegels auf dem Xylophon im „single-note style" mehrmals abzuspielen. Dieser Stil ist eine weitere Art, in der man *akadinda* spielen kann, und dieses Solo-Spiel wird oft bei *baakisimba*-Tanzrhythmen verwendet. Es ist im Kiganda-Orchester von Evaristo Muyinda gleichfalls gebräuchlich. Im Prinzip spielt man dann auf dem Xylophon das gesungene Vokalthema, ausgefüllt mit einigen Zwischentönen, aber nicht perlend gleichmäßig, sondern „gebrochen", indem man einige Elementarpulse leer läßt, im Prinzip so ähnlich wie auch ein *endere*-Flötenspieler seine Variationen um das Vokalthema herum gestaltet. (Zum Solo-Stil auf der *akadinda* besitze ich eine Reihe alter Aufnahmen, vgl. 1959—1963, Ph. A. Wien).

Im Solo-*akadinda*-Stil wird die Vokalmelodie instrumental imitiert und durch Zwischentöne ausgeschmückt. Gelegentlich erfolgen starke Abschweifungen in entfernte Variationen.

Als sich Amisi auf das *okunaga*-Thema mit 20 Tönen festgelegt hatte, eine Formzahl die durch sechs nicht teilbar ist und daher mit der *baakisimba*-Formel auf der Trommel kaum begleitet werden konnte, stand er vor der Aufgabe, den *okwawula*-Part zu finden. Er erklärte mir seine Vorgangsweise mit folgenden Worten: Zuerst findet man *okunaga* und dann muß man sehen, ob „kulya-kulya-kulya" oder „Katoŋgole" dazugeht.

Bald merkte er auch, daß bei dieser Anzahl von Schlagelementen (20) wohl „Katoŋgole" verwendet werden muß. Leider verlor ich seine weiteren Anstrengungen durch unsere Abreise am 1. Januar 1963 aus den Augen. Es ist unklar, was aus dem Stück später wurde, denn 1967/68, als ich Salama neuerlich besuchte, war es offenbar nicht mehr im Repertoire der Blinden.

Im Dezember 1967 stieß ich aber auf einen anderen Salama-Musiker, der sich gerade beim Komponieren befand: Abusolomu Mukasa, ca. 30, gleichfalls ein Muganda. Er war sehend, hatte jedoch seit mehreren Jahren in Salama gearbeitet und gelebt. Er organisierte auch die regelmäßigen Konzerte der Blinden in Kampala und an verschiedenen Schulen des Landes. Bereits vorher hatte er bemerkenswerte Vokalmusik-Kompositionen im Luganda zustandegebracht. 1962 hatte ich ihn dabei gesehen, wie er bei Kompositionsversuchen an der *akadinda* teilnahm, und wenn ich mich richtig erinnere, hat er einen Anteil an der Komposition des Liedes *Mpa wali yanda-yanda* (No. 84). Da seine Methode typisch ist, möchte ich in Einzelheiten schildern, wie er sein *akadinda*-Stück *Akabira kange* komponierte.

Eines Tages kam Mukasa zu dem kleinen Gästehaus in Salama, in dem ich gemeinsam mit dem Ethnologie-Studenten aus der Zentralafrikanischen Republik, Maurice Djenda, untergebracht war. Einige Tage vorher war er beinahe weinend zu uns gekommen, um uns mitzuteilen, daß sein Fernsehgerät zusammengebrochen war. Nachdem er dieses in Kampala repariert hatte und mit strahlender Miene zurückgekommen war, widmete er sich wieder seiner normalen Tätigkeit. An jenem Tag kam er nun und sagte auf Englisch: „I am in trouble composing a new tune". Er bat mich, ob ich ihm nicht helfen könne. Er habe ein neues Lied für *akadinda,* der *okunaga*-Part sei fertig und in Ordnung, aber die Schwierigkeit liege darin, einen passenden *okwawula*-Part zu finden und richtig einzubauen. Ganz gewiß müsse „Katoŋgole" mit seiner Komposition zusammengehen, aber er wolle verschiedenste Wege versuchen, es hineinzupassen, und dabei möge ich ihm helfen. Ich folgte ihm hinunter zum Musikhaus, wo die *akadinda* stand. Wir waren ganz allein, setzten uns an die *akadinda,* Mukasa auf der Seite der *abanazi.* Dann begann er zu spielen und zu singen, was er bis dahin fertig gebracht hatte, indem er sich mit dem *okunaga*-Part, den er schon dazu komponiert hatte, selbst begleitete.

Abbildung 87: Akabira kange ... Lied im Luganda
komponiert von Abusolomu Mukasa, Dezember 1967

```
        2                                             2
3 - 3 5 4   3 - 5 - - - 2 - 2 2 - 2 2 - 2 2 - 1 3 - 3 5 4   3 - 5 - - 3 3 - 3 3 - 1 2 - 1 1 1 1
A - ka-bi-ra  ka-nge      'na - ka-te -malwa - gu-lo  gu-lo A- ka-bi-ra  ka-nge   a- na - ka- te - ma'na-mme-nde-ge-ra
3 . . 5 . . 3 . . 5 . . 2 . . 2 . . 2 . . 2 . . 3 . . 5 . . 3 . . 5 . . 3 . . 3 . . 2 . . 1 . .
```

Der Liedtext (Luganda) lautete wie folgt:

Akabira kange
Nakatema lwa gulogulo
Akabira kange
anakatema anamendegera

Akabira kange
Nakatema lwa gulogulo
Akabira kange
ananjagala anangoberera.

Aus obiger Transkription können wir ersehen, in welcher Weise Vokalthema und *okunaga*-Part der *akadinda* aufeinander bezogen sind. Die ursprüngliche Vokalmelodie wird im *okunaga*-Part instrumental durch eine völlig mit ihr gleichlaufende Unisono-Reihe aus Tönen gleicher Abstände skizzenhaft in ihren prominenten Melodietönen dargestellt.

Nun ersuchte mich Mukasa „Katoŋgole" dazwischen zu spielen. Wir versuchten diese Formel in verschiedensten Lagen und an verschiedenen Punkten einsetzend, eigentlich völlig unsystematisch nach dem Prinzip von „trial and error". Plötzlich sagte er, ich möge anhalten. Die richtige Kombination war gefunden. Diejenige die er liebte, hatte offenbar die überzeugende Qualität, die okunaga-Töne in einer Weise zu ergänzen beziehungsweise auszufüllen, daß wir beide deutlich hören konnten, wie aus der Gesamtkonfiguration die Worte „Akabira kange ..." hervortraten. Man hört die Melodie des Vokalthemas in der Gesamtstruktur als inhärentes Pattern. Und dies war genau, was Herr Mukasa wollte.

Einige kleine Korrekturen waren notwendig, an einigen Stellen des okwawula-Part, um mit der Vokalmelodie weitgehendes Unisono zu erreichen. Die vollständige Komposition von Herrn Mukasa und die Gesamtkonfiguration, die sich aus den verzahnten Parts ergibt, ist weiter unten dargestellt. Man kann sehen wie genau die gesungene Melodie in der Instrumentalbegleitung enthalten ist. (Abb. 88)

Bemerkenswert für das Talent von Herrn Mukasa ist, daß das okunaga-Thema, abgesehen von seinem divisivem Aufbau, der der Tradition entspricht, ja auch einen relativ deutlich erkennbaren Markierungston hat, das ist die 3 in der Ziffernnotation. Hätte ich damals die in dieser Arbeit destillierten Kompositionsregeln gewußt, hätte ich ihm die „Katoŋgole"-Formel innerhalb von wenigen Sekunden an den richtigen Stellen dazwischen spielen können. So mußten wir probieren, bis die gewünschte Vokalmelodie aus dem Instrumentalspiel herauszukommen schien.

Abusolomu Mukasa's Versuch, ein von ihm v o k a l fertig komponiertes Lied auf die akadinda zu übertragen, hat uns aber noch eine weitere Beobachtung ermöglicht: der dazupassende okunaga-Part (von Herrn Mukasa gefunden noch bevor er mich hinzurief) hat eine doch recht typische akadinda-Struktur und unterscheidet sich so gut wie gar nicht von den „traditionellen" Kernthemen. Wir hatten uns gewundert, wie „unafrikanisch" diese Kernthemen klingen, und A. M. Jones hatte darüber spekuliert. Die Vokalmelodie von Mukasa klingt aber keineswegs unafrikanisch, sondern ist eine hübsche schwingende Melodie, fast in einem „shuffle"-Rhythmus, so wie er sie auf dem Tonband singt. (Orig.-Band-Aufnahme 115/II Ende a—c).

Durch den okunaga-Part wird diese Melodie sozusagen auf ihre Tonalitätsstufen und deren Wechsel reduziert, und dabei stellt sich heraus, daß die okunaga-Kernthemen wohl deswegen so divisiv gestaltet sind, weil der Tonalitätsstufenwechsel in der Kiganda-Musik eben ganz regelmäßig erfolgt. Es gäbe also, um A. M. Jones nochmals zur Diskussion zu stellen, auch eine funktionale Erklärung für die Eigenart dieser Themen, anstelle einer diffusionistischen. Wie schon bei der amadinda-Musik erörtert, bewegen sich Luganda-sprachige Themen in der Regel durch meist v i e r Tonalitätsstufen, selbstverständlich auch die akadinda-Themen und die ihnen zugrundeliegenden Vokalmelodien. Im Gesamtbild der 48 Töne von Akabira kange ... ist der Tonalitätsstufenwechsel leicht zu erkennen, wir stellen ihn in der folgenden Abbildung

Abbildung 88: Akabira kange ... komponiert von Abusolomu Mukasa, Dezember 1967, und wie die Vokalmelodie darin enthalten ist

okunaga (48)	3 . . 5 . . 3 . . 5 . . 2 . . 2 . . 2 . . 2 . . 3 . . 5 . . 3 . . 5 . . 3 . . 3 . . 2 . . 1 . . 3 . . etc.
okwawula	. 3 5 . 4 1̄ . 3 5 . 4 1̄ . 2 5 . 4 1̄ . 2 5 . 4 1̄ . 3 5 . 4 1̄ . 3 5 . 4 1̄ . 3 5 . 4 1̄ . 2 5 . 4 1̄ . 3 5 etc.
Gesamtbild:	3 3 5 5 4 1̄ 3 3 5 5 4 1̄ 2 2 5 2 4 1̄ 2 2 5 2 4 1̄ 3 3 5 5 4 1̄ 3 3 5 5 4 1̄ 3 3 5 3 4 1̄ 2 2 5 1 4 1̄ 3 3 5
Vokalmelodie:	3 - 3 ⌈5 4⌉(2) 3 - 5 - - - 2 - 2 2 - 2 2 - 2 2 - 1 3 - 3 ⌈5 4⌉(2) 3 - 5 - - 3 3 - 3 3 - 1 2 - 1 1 1 1 3 - 3
Text:	A ka-bi-ra ka-n ge 'na - ka-te - malwa - gu-lo gu-lo A- ka-bi-ra ka -nge a- na - ka-te - mana-mme-nde-ge-ra A - ka-

dar. Und wenn man genauer hinsieht, stimmt er auch mit den Textzeilen und ihren Motiven im Lied überein.

Abbildung 89

$$\begin{array}{cccccccc}
\overline{3\ 3\ 5\ 5\ 4\ 1} & 3\ 3\ 5\ 5\ 4\ \overline{1} & 2\ 2\ 5\ 2\ 4\ \overline{1} & 2\ 2\ 5\ 2\ 4\ \overline{1} & 3\ 3\ 5\ 5\ 4\ \overline{1} & 3\ 3\ 5\ 5\ 4\ \overline{1} & 3\ 3\ 5\ 3\ 4\ \overline{1} & 2\ 2\ 5\ 1\ 4\ \overline{1} \\
A & A & B & B & A & A & C & D
\end{array}$$

Mukasa's Lied durchläuft die drei Tonalitätsstufen: $\dfrac{5}{3} \longrightarrow \dfrac{5}{2} \longrightarrow \dfrac{5}{3} \longrightarrow \dfrac{55}{32} \rightarrow \dfrac{4}{1}$ mit einer vierten intermediären Stufe $\dfrac{1}{4}$, die als melodische Partikel 4 $\overline{1}$ wiederkehrt. Dieses ostinato-Motiv markiert als off-beat-Akzent das Ende und den Übergang aller Tonalitätsstufen. Das Gesamtbild der *akadinda*-Begleitung dieses Liedes hat einen sehr logischen Aufbau. Trotz anfänglicher Probleme ist *Akabira kange...* dem Komponisten vortrefflich gelungen.

IV. Strukturelle Querverbindungen zwischen verschiedenen Instrumentalisierungen

Man kann die *amadinda*-(Xylophon)-, *ennanga*-(Harfen)- und *entenga*-(Zwölftrommel)-Musik von Buganda als einen zusammengehörigen Komplex ansehen, innerhalb dessen auf verschiedenen Instrumententypen dieselben Strukturen, nur in unterschiedlicher Aufführungspraxis, von einer oder mehreren Personen gespielt wurden. Diesem Komplex stand die *akadinda*-Musik gegenüber, die nirgends in Buganda Parallelen zu haben schien und als separate Tradition bestand.

Man kann somit die beiden Genres der Xylophonmusik des alten Buganda als voneinander unabhängige Traditionen mit verschiedener Geschichte ansehen. Im Rahmen der sich über Jahrhunderte entwickelnden Hofmusik war jedoch die „königliche Einzäunung" (*lubiri*) auch jener Ort, wo verschiedene Traditionen notwendigerweise miteinander in Kontakt kamen. Beim Durchsehen der Partituren am Ende dieser Arbeit ist das unterschiedliche Repertoire für *amadinda* und *akadinda* evident; jedoch gibt es ein dutzend Kompositionen oder Titel, die im Repertoire beider Xylophone auftauchen. Lieder wie *Ssematimba ne Kikwabanga, Ennyana ekutudde, Omusango gw'abalere, Balinserekerera balinsala ekyambe* oder *Ganga alula* waren so berühmt, daß sie praktisch auf allen Instrumenten der Hofmusik, von allen Ensembles im *lubiri* gespielt wurden, auch auf b e i d e n Xylophontypen.

Wenn wir uns jedoch die Xylophonversionen ansehen, ist der erste Eindruck, daß es sich um völlig verschiedene Strukturen handelt. Sind es tatsächlich dieselben Lieder, mit denselben Texten, die in den *amadinda*- bzw. *akadinda*-Instrumentalisierungen stecken, oder vielleicht andere mit demselben Titel?

Livingstone Katongole, aus dem Uganda Museum, Kampala, mit dem ich 1960 oft an der *amadinda* spielte, zeigte mir die *akadinda*-Version von „Ssematimba ne Kikwabanga", nachdem ich die *amadinda*-Version unter demselben Titel bereits wochenlang vorher gespielt hatte, mit folgenden Worten auf Englisch: „This is the second tune that branches off from ‚Ssematimba ne Kikwabanga'. " Wie sollen wir diese Feststellung interpretieren? Gab das Thema über die beiden Prinzen Ssematimba und Kikwabanga Anlaß zur Komposition zweier verschiedener Stücke? Der Vergleich mit Abzweigungen ist ein eigenartiges Bild, das vielleicht treffend ausdrückt, was wirklich dahinter steckt. Die *amadinda*- und *akadinda*-Versionen sind wohl verschiedene Stücke, zweigen aber von demselben Lied ab.

Noch eine weitere Beobachtung bestätigt diese Querverbindungen. *Amadinda*- und *akadinda*-Stücke mit demselben Titel haben dieselbe Formzahl, dieselbe Anzahl von Tönen im Gesamtbild. So haben *Ssematimba . . ., Omusango gwa balere, Ganga . . .* und *Balinserekerera . . .* 18 Töne im *okunaga*-Part an der *amadinda,* und folgerichtig zwölf an der *akadinda.* Und die mit zwölf Tönen an der *amadinda* haben acht auf der *akadinda.*

Die nähere Untersuchung hat schließlich gezeigt, daß das Gesamtbild in groben Zügen identisch sein soll, obgleich dies kompositorisch gar nicht so leicht zu erreichen war. Völlig deckungsgleich können die Gesamtbilder der *amadinda*- und *akadinda*-Versionen schon aus technischen, aber auch strukturellen Gründen gar nicht sein. Die Ausführung des *okwawula* auf der *akadinda* mittels einer der bekannten Standard-Formeln schränkt die Möglichkeiten des *omwawuzi* erheblich ein. Die beiden Xylophontraditionen sind in der m o t i o n a l e n Organisation zu verschieden voneinander. Warum versuchte man dann viele der ursprünglich auf der Harfe komponierten Lieder auch auf der *akadinda* zu spielen? Vielfach stand dahinter wohl auch experimentelles Unterfangen und das Bedürfnis nach einer Vereinheitlichung der gesamten Hofmusiktradition; dazu kam das legitime Bedürfnis der Mitglieder des *akadinda*-Ensembles, nicht im Trend nachzuhinken, sondern sich die jeweils populären Lieder sofort anzueignen. Was e i n e Gruppe hatte, wollte die andere auch besitzen; dies schließt sogar theoretische Vorstellungen mit ein. Unter den einzelnen Ensembles am *lubiri* herrschte auch Konkurrenz, schließlich ging es um die Gunst des Kabaka. In der *akadinda*-Musik, zum Beispiel, gibt es eigentlich keine *miko,* denn diese Instrumente sind groß genug, daß man notfalls die Spielfelder a l l e r Ausführenden zusammen, um eine oder zwei Stufen versetzen kann. Und trotzdem beeilte sich Evaristo Muyinda, als ich ihn einmal fragte, ob es in der *akadinda*-Musik *miko* gäbe, meine Frage zu bejahen, worauf er mir ein solches *muko* zeigte. (Notizen im Haus von Muyinda, Nabbale bei Kampala, Dezember 1967). Es war jedoch — in meiner Auffassung — ein Pseudo-*muko,* bei dem nur das *okunaga*-Thema unter Oktavversetzungen transponiert wurde, nicht aber die *okwawula*-Verzahnungsformel. Der *okwawula*-Part wurde ohne Oktavversetzungen einfach verschoben. Und außerdem war Muyinda nur imstande, e i n e solche Transposition vorzuschlagen, von einer Versetzung durch alle theoretisch möglichen fünf *miko* konnte keine Rede sein.

Es liegt auf der Hand, daß Kompositionen, die im Repertoire beider Xylophontypen vorkommen, von der *amadinda* auf die *akadinda* übertragen wurden, und nicht umgekehrt. Ursprünglich auf der Harfe komponiert, bildeten diese Stücke zuerst Inhalt des *entamiivu*-Ensembles, bis irgendwann sie jemand auf der *akadinda* versuchte. Das dürfte am Hof aufsehenerregend gewesen sein.

Ich möchte nun an zwei Beispielen zeigen, bis zu welchem Grade die *amadinda*- und *akadinda*-Versionen kongruent sind, und wo in beiden das gesungene Lied steckt. Relativ leicht ist dies bei *Ganga alula* (No. 19 und 71) herauszufinden. Zuerst müssen wir beide Versionen in ihren Gesamtbildern niederschreiben. Dann halten wir Ausschau nach wiederkehrenden Passagen, die uns als Anhaltspunkte dienen können. Wir finden die Tonfolge 5 2 1 im Gesamtbild (siehe Zeichen ⊢⊣) und sehen, daß sie in beiden Versionen regelmäßig wiederkehrt. Nun können wir beide Versionen entsprechend untereinander schreiben. Als nächstes vergleichen wir die *amadinda*-Versionen mit der Harfenversion (im vorliegenden Falle benützte ich die Aufnahme Orig.-Band 115/I/3, Dezember 1967 von Evaristo Muyinda). An ihr zeigt sich, wie das Vokalthema zu den *okunaga*- und *okwawula*-Reihen der Harfe läuft. Entsprechend können wir einen Auszug aus dem gesungenen Part nun in die Transkription hineinschreiben. (Abb. 90)

Abbildung 90: Ganga alula — Ausmaß der Kongruenz zwischen Vokalthema, *amadinda*- und *akadinda*-Version

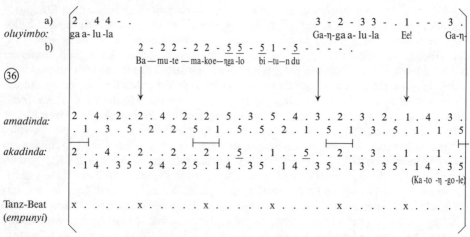

Obgleich die Gesamtbilder der *amadinda*- und *akadinda*-Versionen nicht absolut deckungsgleich sind, ist die Kongruenz doch ausreichend, um darin dasselbe Lied zu erkennen. Die beiden Varianten (mit je 36 Tönen des Gesamtbildes) sind übrigens nur in 7 Tönen voneinander abweichend. Und alle diese Abweichungen sind interessanterweise eher A u s weichungen auf Nachbartöne des Xylophons, also zur nächsten Kiganda-Sekunde (bzw. Kiganda-Septime in der *miko*-Umkehrung). Dies ist signifikant. Denn wie wir bereits in früheren Abschnitten dieser Arbeit gelernt haben, ist das konsonante Kontrastintervall die Quart (oder Quint), das heterophone Substitutionsintervall dagegen nur die Kiganda-Sekunde (bzw. Septime). Sie ist sozusagen der nächstbeste Ton, den man anspielt oder intoniert, wenn man den gewünschten Ton — aus welchen Gründen auch immer — nicht hinkriegt.

Unser zweites Beispiel für die Querverbindungen zwischen *amadinda*- und *akadinda*-Versionen identischer Titel ist das uns bereits bekannte Stück *Ssematimba ne Kikwabanga.* In der folgenden Abbildung 91 ist zu sehen, wie sich *amadinda*- und *akadinda*-Versionen (vgl. No. 11 und No. 58) zueinander verhalten und in welchen Teilen der Struktur das Vokalthema steckt. Die *akadinda*-Version mußte zu diesem Zweck um eine Stufe höher transponiert werden.

Abbildung 91: Ssematimba ne Kikwabanga — Ausmaß der Kongruenz zwischen Vokalthema, *amadinda*- und *akadinda*-Version

```
oluyimbo   4 1̄ - 1̄ 1̄ - 1̄ 5 - 2 3 3 3 3 - 5 2 - 1 - - 2 - 2 2 - 1 1 - 3 4 - 4 - 4 4
           A-ba—si-b'e-mbu-zi  ba-si-bi-rabwe—ree— re  A!  Ss e—ma-ti-m-ba ne  Ki-kwa—ba -ŋ -ga A-
(36)
amadinda:    1 . 1 . 4 . 5 . 2 . 3 . 3 . 5 . 2 . 1 . 2 . 5 . 2 . 2 . 1 . 4 . 4 . 2 .
             . 4 . 1 . 1 . 4 . 3 . 1 . 2 . 3 . 4 . 3 . 2 . 2 . 5 . 4 . 3 . 2 . 4 . 4

akadinda:    1̄ . . 1̄ . . 5 . . 3 . . 3 . . 5 . . 1 . . 2 . . 2 . . 1 . . 4 . . 4 . .
             . 1 3 . 3 5 . 2 3 . 1 3 . 3 5 . 2 4 . 1 2 . 3 5 . 2 4 . 1 3 . 2 4 . 2 4
```

Aus der obigen Transkription ist zu erkennen, daß der *okunaga*-Part in der *akadinda*-Version

a) den Tönen des Vokalthemas im Unisono folgt. Hier zeigt sich am Beispiel einer alten Komposition aus dem Repertoire der Hofmusik, was uns auch die jungen Musiker aus Salama als ein Grundprinzip bestätigten: daß der erste Schritt nach dem Finden einer Vokalmelodie sei, diese an der *akadinda* mittels des *okunaga*-Parts darzustellen.

b) mit Tönen der *amadinda*-Version, die an den entsprechenden Stellen erscheinen, im Prinzip kongruent ist; kleine Abweichungen werden in der Regel dadurch entschärft, daß der gesuchte (erforderliche) Ton entweder um einen Elementarpuls antipiziert oder retardiert im Gesamtbild dennoch erscheint.

Entsprechend der völlig verschiedenen technischen Voraussetzungen der *akadinda* mit ihren Standard-Formeln im *okwawula* und dem Links-rechts-Bewegungsmuster der *abawuzi* kann im *okwawula*-Part absolutes Unisono mit der gesungenen Melodie nicht erreicht werden. Die *okwawula*-Melodien an Vokalthemen anzupassen, ist offenbar immer schon ein Problem gewesen. Gewisse Korrekturen sind möglich, im vorliegenden Fall steht die *okwawula*-Variante (vgl. Partituren, No. 58) n ä h e r der gesungenen Melodie, deshalb habe ich auch sie eingesetzt und nicht die Grundform. Es zeigt, daß diese Kompositionen, die ursprünglich auf der Harfe entstanden, ein Repertoire darstellen, dessen Übertragung auf die *akadinda* schwierig ist. Deshalb sind auch Kompositionen, die auf beiden Instrumenten gespielt werden, *amadinda* und *akadinda,* relativ selten. *Amadinda* und *akadinda* haben im Prinzip voneinander unabhängige Repertoires, mit einigen Ausnahmen wie eben „Ganga alula" und „Ssematimba ne Kikwabanga", die von dem Experimentierwillen der Baganda-Hofmusiker ein beredtes Zeugnis ablegen.

Transkriptionen (Partituren)

Im folgenden sind die 102 Kompositionen abgedruckt, deren Analyse uns zur Evaluation des Kompositionsverhaltens in dieser Musik geführt hat. Bei einer Wiedergabe dieser Partituren in Noten nach europäischem Muster in allen Einzelheiten, Oktavverdoppelungen etc. wäre vielfach eine volle Druckseite pro Stück notwendig (vgl. einige meiner Transkriptionen in älteren Publikationen, cf. Kubik 1960, 1964). In den hier abgedruckten Ziffernnotationen sind nur die beiden verzahnten Basisparts, *okunaga* und *okwawula* angegeben, da alles übrige sich von diesen ableitet.

Die beiden Basisparts sind hinsichtlich des Einsatzpunktes n i c h t koordiniert, d. h. sie stehen einfach so untereinander, daß der erste Ton (die erste Ziffer) als der Anfangspunkt der jeweiligen Reihe (bzw. des Musters wie bei der *akadinda*) gilt, den sich der Lernende merken muß. Wie die beiden Parts zusammenzufügen sind, ist durch den Pfeil ↓ — der immer zwischen zwei *okunaga*-Töne gesetzt ist — angegeben. Hier inseriert man den ersten Ton des *okwawula*-Parts. Oktavverdoppelungen sind nicht angegeben, da dieser Aspekt der Aufführungspraxis aus den entsprechenden Abbildungen zur Sitzordnung abgeleitet werden kann.

Nicht angegeben ist aus ähnlichem Grunde auch die *okukoonera*-Zweitonformel bei den *amadinda*-Kompositionen. Jeder kann sie sich selbst ableiten, indem er *okunaga* und *okwawula* zusammenfügt und alle Ziffern 2 und 1 herausschreibt, sollte er sie „auf dem Papier" ableiten wollen. Beim Spiel an der *amadinda* erscheint die *okukoonera*-Formel als Hörbild auf den tiefsten Platten des Xylophons, den *amatengezzi;* der *omukoonezi* kann sie sich also auditiv ableiten. Der Einsatzpunkt mit der *okukoonera*-Formel ist durch das Sternchen * angegeben.

Nur in einem *muko,* dem nach unseren Erfahrungen beliebtesten, sind die *amadinda*-Stücke transkribiert. Alle übrigen *miko* kann sich jeder selbst ableiten.

Auf diese Weise gelingt es uns, Kompositionen von unerhörter Komplexität auf wenigen Seiten hier wiederzugeben. Sie sich zu erarbeiten, sie wirklich zu verstehen, ist — und da glaube ich nicht fehlzugehen — eine Arbeit von Jahren. Mindestens ein Jahr praktisches Studium ist notwendig, um auch nur ein dutzend der *amadinda*- und *akadinda*-Kompositionen im Ensemble einigermaßen zufriedenstellend spielen zu können. Sich das gesamte Repertoire zu erarbeiten, auch nur im Sinne von „Instrumentalmusik", ist eine Angelegenheit von Jahren. Heute gibt es auch in Uganda niemanden mehr, der alle hier abgedruckten Stücke spielen könnte. Die Zukunft wird erweisen, inwieweit es möglich sein wird, diese Tradition auch in ihrer Heimat, Buganda, wiederzubeleben.

Amadinda-Partituren

1) *Banno bakoola ng'osiga* (Deine Freunde roden, aber du säst)
Ok. 4 . 3 ↓ 4 . 1̇ . 3 . 3 . 4 . 2 . 3 . 4 . 2 . 1 .
Okw. 5 . 3 . 3 . 5 . 5 . 3 . 5 . 2 . 3 . 5 . 1 . 1 .

2) *Ndyegulira ekkadde* (Ich werde mir eine alte Frau kaufen)
Ok. 2̇ . 1 . 2 . 2 . 2 . 5 . 2 . 1 . 1 ↓ 2 . 3 . 5 .
Okw. 5 . 4 . 2 .

3) *Ekyuma ekya Bora* (Die Maschine von Bora)
Ok. 4 ↓ 3 . 2̇ . 3 . 3 . 2 . 4 . 3 . 2 . 3 . 3 . 2 .
Okw. 5 . 5 . 4 . 1 . 5 . 1 . 5 . 5 . 1 . 1 . 5 . 1 .
Entwicklung des *okunaga:*   a)   4 . 5 . 1 . 1 . 3 . 2 . 4 . 5 . 2 . 3 . 3 . 2 .
                              b)   4 . 5 . 1 . 1 . 3 . 2 . 4 . 4 . 2 . 3 . 3 . 2 .
                              c)   4 . 5 . 2 . 4 . 3 . 2 . 4 . 3 . 2 . 3 . 3 . 2 .

4) *Abana ba Kalemba besibye bulungi* (Die Kinder von Kalemba; sie sind hübsch angezogen)
Ok. 4 . 3 ↓ 4 . 4 . 2 . 2 . 4 . 3 . 2 . 4 . 2 . 1 .
Okw. 5 . 2̇ . 2 . 5 . 2 . 1 . 5 . 2 . 2 . 5 . 1 . 1 .
$$\boxed{1 . 3}$$

5) *Segomba ngoye Mwanga alimpa* (Ich kümmere mich nicht um Kleider, Mwanga wird mir welche geben)
Ok. 5 . 4 . 5 ↓ 5 . 3 . 3 . 5 . 4 . 3 . 5 . 2 . 1 .
Okw. 3 . 3 . 1̇ . 3 . 2 . 1 . 2 . 3 . 4 . 2 . 2 . 1 .

6) *Ennyana ekutudde* (Das Kalb hat sich losgerissen)
Ok. 5 . 5 . 3 . 5 . 2 . 1 . 5 . 5 . 3 . 3 . 1 . 1 ↓
Okw. 1̇ . 2 . 4 .

Variation des *okwawula:*   a)   1 . 2 . 3 . 2 . 3 . 4 . 1 . 2 . 3 . 1 . 1 . 4 .
                             b)   1 . 2 . 3 . 1 . 2 . 4 . 1 . 2 . 3 . 1 . 1 . 4 .

Variation des *okunaga:*   5 . 1 . 3 . 5 . 2 . 1 . 5 . 1 . 3 . 3 . 1 . 1 .

7) *Olutalo olw'e Nsinsi* (Die Schlacht von Nsinsi)
Ok. 4 . 3 . 4 . 3 . 3 . 3 . 4 . 3 . 4 . 4 . 2 ↓ 2 .
Okw. 5 . 2̇ . 1 .

Variation des *okwawula:*   5 . 2 . 1 . 5 . 2 . 1 . 5 . 2 . 1 . 4 . 2 . 2 .

8) *Wavvangaya* (Eigenname)
Ok. 4 . 3 . 4 . 3 . 3 ↓ 2 . 4 . 3 . 4 . 3 . 3 . 1 .
Okw. 5 . 2̇ . 1 .

9) *Omunyoro atunda nandere* (Der Omunyoro verkauft *nandere*-Fisch)
Ok. 5 . 4 . 3 . 5 . 4 . 3 . 5 . 4 . 3 ↓ 4 . 4 . 2 .
Okw. 2 . 2 . 1 . 2 . 2 . 1 . 2 . 3 . 1̇ . 2 . 1 . 1 .

146

10) Titel unbekannt
Ok. 5 . 5 . 5 ↓ 5 . 4 . 3 . 5 . 4 . 2 . 5 . 4 . 3 .
Okw. 3 . 2̣ . 1 .
Man glaubt, daß dieses Stück aus Busoga stammt.

Gruppe II: Formzahl 36 (2 × 18)

11) *Ssematimba ne Kikwabanga* (Ssematima und Kikwabanga)
Ok. 4 . 5 . 2 . 3 . 3 . 5 . 2̇ . 1 . 2 . 5 . 2 ↓ 2 . 1 . 4 . 4 . 2 . 1 . 1 .
Okw. 5 . 4 . 3 . 2 . 4 . 4 . 4 . 1 . 1 . 4 . 3 . 1 . 2 . 3 . 4 . 3 . 2 . 2 .

12) *Naagenda kasana nga bulaba* (Wir werden aufbrechen, wenn es Tag ist)
Ok. 2 . 1 . 2 . 5 . 2 . 2 . 2 . 5 . 5 . 2 . 1 . 2 . 5 . 2 . 1 . 2 . 4 ↓ 4 .
Okw. 2̣ . 3 . 4 . 3 . 2 . 2 . 4 . 5 . 5 . 2 . 3 . 4 . 3 . 2 . 3 . 4 . 5 . 4 .

13) *Omusango gw'abalere* (Der Prozeß der Flötenspieler)
Ok. 2̣ . 1 . 2 . 5 . 2 ↓ 2 . 1 . 5 . 5 . 2 . 1 . 2 . 3 . 4 . 5 . 1 . 4 . 4 .
Okw. 5 . 4 . 3 . 2 . 5 . 4 . 3 . 1 . 5 . 2 . 4 . 3 . 2 . 4 . 4 . 3 . 2 . 2 .

14) *Omuwabutwa wakyejo* (Der Giftmischer ist waghalsig)
Ok. 3 . 4 . 4 . 2 . 4 . 4 . 3 ↓ 4 . 1 . 3 . 4 . 3 . 1 . 3 . 2 . 4 . 2 . 2 .
Okw. 5 . 3 . 4 . 5 . 2̣ . 3 . 3 . 5 . 2 . 2 . 4 . 1 . 5 . 2 . 4 . 4 . 1 . 1 .

15) *Mwasansa* (Eigenname)
Ok. 4 ↓ 3 . 2̣ .
Okw. 5 . 5 . 5 . 1 . 5 . 1 . 1 . 4 . 4 . 1 . 5 . 2 . 3 . 5 . 1 . 1 . 4 . 4 .

16) *Alifuledi* (Eigenname)
Ok. 4 . 3 . 4 . 3 . 5 ↓ 5 . 5 . 3 . 4 . 2 . 2 . 2 . 4 . 3 . 4 . 4 . 3 . 1 .
Okw. 3 . 3 . 1 . 5 . 2 . 4 . 4 . 2 . 1 . 5 . 1 . 1 . 5 . 2 . 1 . 5 . 2̣ . 1 .
Dieses Stück stammt aus Busoga und ist dort unter dem Titel „Mobuka nkomera" bekannt.

17) *Omutamanya n'gamba* (Der Nichtwisser)
Ok. 4 ↓ 5 . 5 . 2̣ . 3 . 3 . 5 . 2 . 1 . 4 . 5 . 1 . 3 . 4 . 4 . 1 . 3 . 2 .
Okw. 5 . 3 . 4 . 3 . 1 . 3 . 3 . 4 . 5 . 1 . 4 . 5 . 4 . 2 . 4 . 4 . 5 . 1 .

18) *Katulye ku bye pesa* (Geben wir unser Geld aus und essen wir gut!)
Ok. 4 . 3 . 4 . 3 . 3 . 2 . 4 . 3 . 5 . 5 . 3 . 4 . 3 . 3 . 2 . 4 . 3 . 1 ↓
Okw. 1 . 1 . 5 . 2 . 1 . 5 . 1 . 5 . 5 . 2 . 5 . 5 . 2̣ . 1 . 5 . 1 . 5 . 5 .
                                                                5 .

19) *Ganga alula* (Ganga hatte einen engen Fluchtweg)
Ok. 5 ↓ 3 . 5 . 4 . 3 . 2 . 3 . 2 . 1 . 4 . 3 . 2 . 4 . 2 . 2 . 4 . 2 . 2 .
Okw. 5 . 5 . 2̣ . 1 . 5 . 1 . 3 . 5 . 1 . 1 . 5 . 1 . 3 . 5 . 2 . 2 . 5 . 1 .

20) *Balagana enkonge* (Jene, die einander heute vor Gefahr warnen)
Ok. 3 . 4 . 4 . 2 . 3 . 4 . 3 . 1 . 2 . 1 . 3 . 3 . 1 . 2 . 1 . 4 . 1 ↓ 1 .
Okw. 4 . 5 . 4 . 2̣ . 3 . 3 . 2 . 1 . 2 . 5 . 4 . 3 . 1 . 2 . 5 . 4 . 1 . 1 .
        3 .   3 .

21) *Byasi byabuna olugudo* (Gewehrkugeln über der ganzen Straße)
Ok.   4 . 3 ⁚ 2 . 4 . 3 . 2 . 3 . 2 . 2 . 4 . 3 . 2 . 3 . 3 . 1 . 2 . 3 . 1 .
Okw. 5 . 5 . 1 . 4 . 4 . 1 . 5 . 5 . 1 . 5 . 4 . 1 . 3 . 3 . 1 . 5 . 1 . 1 .

22) *Ab'e Busoga beggala ngabo* (Die Leute von Busoga gebrauchen Schilde als Türen)
Ok.   4 . 4 ⁚ 5 . 2 . 4 . 4 . 5 . 2 . 2 . 4 . 4 . 5 . 1 . 2 . 3 . 5 . 1 . 1 .
Okw. 3 . 4 . 4 . 1 . 3 . 4 . 4 . 2 . 1 . 3 . 2 . 4 . 1 . 2 . 1 . 4 . 1 . 1 .

23) *Nanjobe* (Eigenname einer Frau)
Ok.   5 . 5 . 4 ⁚ 5 . 1 . 1 . 3 . 5 . 4 . 1 . 1 . 1 . 3 . 5 . 4 . 3 . 2 . 2 .
              4 .   4 .
Okw. 5 . 3 . 4 . 5 . 3 . 2 . 1 . 3 . 4 . 5 . 3 . 2 . 1 . 2 . 5 . 1 . 3 . 2 .

24) *Mugoowa lwatakise* (Als Mugoowa dem Hof nicht berichtete)
Ok.   5 . 5 . 5 . 3 . 3 . 2 . 3 . 3 . 1 . 3 . 3 . 2 . 1 . 5 . 4 . 5 . 1 ⁚ 2 .
Okw. 5 . 4 . 3 . 3 . 5 . 1 . 5 . 4 . 1 . 3 . 3 . 1 . 5 . 4 . 3 . 2 . 1 . 3 .

25) *Gulemye Mpangala* (Name eines Häuptlings)
Ok.   5 . 5 . 3 . 2 . 4 . 5 . 1 . 2 . 3 . 3 ⁚ 1 . 1 . 3 . 2 . 3 . 5 . 1 . 2 .
Okw. 5 . 4 . 5 . 4 . 4 . 1 . 3 . 5 . 4 . 3 . 4 . 5 . 2 . 2 . 2 . 4 . 4 . 1 .

26) *Mawanda segwanga* (Mawanda der Große)
Ok.   4 ⁚ 3 . 4 . 4 . 3 . 4 . 3 . 3 . 4 . 5 . 3 . 5 . 5 . 1 . 4 . 2 . 2 . 1 .
Okw. 5 . 5 . 2 . 5 . 5 . 2 . 5 . 5 . 2 . 5 . 5 . 2 . 5 . 5 . 1 . 5 . 5 . 2 .

27) *Ebigambo ebibulire bitta enyumba* (Worte, die man weitererzählt, zerstören Familien)
Ok.   4 . 3 . 5 . 5 . 3 . 4 . 4 . 2 . 2 . 4 . 2 ⁚ 1 . 4 . 3 . 3 . 4 . 3 . 1 .
Okw. 5 . 2 . 1 . 5 . 1 . 1 . 5 . 2 . 1 . 5 . 2 . 1 . 5 . 2 . 1 . 5 . 2 . 1 .

28) *Walugembe eyava e Kkunywa* (Walugembe, der aus Kkhunywa kam)
Ok.   5 . 5 ⁚ 1 . 3 . 5 . 5 . 1 . 3 . 3 . 5 . 5 . 1 . 2 . 3 . 4 . 1 . 2 . 2 .
Okw. 4 . 5 . 5 . 2 . 4 . 5 . 5 . 3 . 2 . 4 . 3 . 5 . 2 . 3 . 2 . 5 . 2 . 2 .

29) *Omujooni: Balinserekerera balinsala ekyambe* (Arm wie ich bin, sie werden mich verlachen und brutal ermorden)
Ok.   5 . 5 . 4 . 4 . 2 . 3 . 4 . 1 . 1 . 4 . 4 . 4 . 4 . 2 . 3 . 4 . 1 . 2 ⁚
Okw. 2 . 2 . 2 . 1 . 3 . 5 . 2 . 1 . 3 . 5 . 2 . 2 . 1 . 3 . 5 . 2 . 1 . 4 .
                                                                  4 .

30) *Lutaaya yesse yekka* (Lutaya hat sich selbst getötet)
Ok.   2 . 3 . 4 . 3 . 3 . 4 . 2 . 1 . 1 . 2 . 3 . 4 . 2 . 2 . 4 . 2 ⁚ 1 . 1 .
Okw. 5 . 4 . 3 . 5 . 2 . 1 . 5 . 2 . 1 . 5 . 4 . 3 . 5 . 2 . 1 . 5 . 2 . 2 .

31) *Kawumpuli* (Die Pest)
Ok.   1 . 2 . 3 . 2 . 2 . 3 . 2 . 1 . 4 . 1 . 2 . 3 . 1 . 1 . 4 . 1 ⁚ 1 . 4 .
Okw. 4 . 5 . 2 . 4 . 1 . 5 . 4 . 1 . 5 . 4 . 5 . 2 . 4 . 1 . 5 . 4 . 1 . 1 .
     ⌈ 5 . 5 . 5 . 5 . 5 . 5 . ⌉

148

32) *Abalung'ana be baleta engoye* (Die Araber waren es, die Kleider brachten)
Ok. 4 . 4 ↓ 2 . 3 . 2 . 2 . 4 . 5 . 2 . 3 . 3 . 3 . 2̇ . 3 . 1 . 1 . 3 . 2 .
Okw. 5 . 4 . 1 .

Gruppe III: Formzahl 48 (2 × 24)

33) *Atalabanga mundu agende Buleega* (Wer noch niemals ein Gewehr gesehen hat, sollte nach Bulee-
ga gehen)
Ok. 4 . 3 ↓ 4 . 1̇ . 3 . 2 . 1 . 3 . 3 . 1 . 2 . 1 . 4 . 3 . 4 . 1 . 3 . 2 . 1 . 2 . 2 . 1 . 2 . 1 .
Okw. 5 . 3 . 4 . 5 . 4 . 3 . 5 . 3 . 3 . 5 . 1 . 1 . 5 . 3 . 4 . 5 . 4 . 2 . 5 . 4 . 3 . 5 . 1 . 1 .

34) *Ezali embikke kasagazi kawunga* (Die gepflegten Pflanzungen sind nun verwüstet)
Ok. 1̇ . 3 . 5 . 1 . 1 . 3 . 5 . 1 . 1 . 3 . 4 . 4 . 1 . 3 . 5 . 1 . 5 . 3 . 5 . 5 . 1 . 3 . 4 ↓ 4 .
Okw. 2 . 4 . 5 . 1 . 2 . 4 . 5 . 1 . 2 . 4 . 5 . 5 . 2 . 4 . 5 . 1 . 2 . 4 . 1 . 5 . 2 . 4 . 5 . 5 .
  └ 1 .   1 .   1 . 1 .   5 . ┘

35) *Kalagala e Bembe* (Kalagala von Bembe)
Ok. 5 . 4 . 1 . 3 . 2 . 1 . 5 . 4 . 1 . 2 . 2 . 2 . 5 . 4 . 1 . 3 . 2 . 1 . 5 . 4 . 1 . 4 . 1 ↓ 1 .
Okw. 4 . 3 . 2 . 3 . 4 . 5 . 4 . 3 . 2̇ . 3 . 2 . 5 . 5 . 2 . 2 . 3 . 4 . 5 . 4 . 3 . 2 . 3 . 1 . 1 .

Nach Evaristo Muyinda ist dieser Titel nur eine andere Version von *„Nandikuwadde ennyanja e
kalide",* in welchem Falle aber Muyinda zwei Töne im *okunaga*-Part zu verändern wünscht:
Ok. 5 . 4 . 1 . 3 . 2 . 5 . 5 . 4 . 1 . 2 . 2 . 2 . 5 . 4 . 1 . 3 . 2 . 4 . 4 . 4 . 1 . 4 . 1 ↓ 1 .

36) *Semakookiro ne Jjunju* (Semakookiro und Jjunju)
Ok. 3 . 5 . 5 . 2̇ . 4 . 3 . 1 . 5 . 4 . 3 . 1 . 1 . 4 . 3 . 4 ↓ 4 . 4 . 2 . 5 . 2 . 2 . 5 . 1 . 2 .
Okw. 2 . 2 . 1 . 2 . 2 . 5 . 2 . 2 . 5 . 1 . 5 . 3 . 5 . 5 . 1 . 2 . 3 . 2 . 1 . 5 . 4 . 1 . 1 . 4 .

37) *Agawuluguma ennyanja* (Was im See poltert)
Ok. 5 . 4 . 3 . 2 . 4 . 4 . 3 . 2 . 5 . 4 . 1 . 1 . 4 . 3 . 2̇ . 1 . 3 . 3 . 3 . 2 ↓ 5 . 4 . 2 . 2 .
Okw. 1 . 2 . 1 . 5 . 2 . 2 . 1 . 5 . 4 . 2 . 1 . 5 . 1 . 2 . 1 . 4 . 1 . 1 . 5 . 4 . 3 . 1 . 1 . 5 .

38) *Akaalo kekamu* (Im selben Dorf leben rücksichtslose Leute)
Ok. 5 . 4 . 4 . 2 . 4 . 3 . 4 . 5 . 4 . 4 ↓ 1 . 1 . 4 . 3 . 3 . 1 . 5 . 4 . 2 . 3 . 2 . 5 . 2 . 2 .
Okw. 4 . 4 . 5 . 2 . 1 . 3 . 3 . 2 . 3 . 4 . 1 . 2 . 2 . 5 . 1 . 3 . 2 . 4 . 4 . 1 . 5 . 3 . 2 . 1̇ .

39) *Afa talamusa* (Die Toten senden keine Grüße)
Ok. 5 ↓ 5 . 1 . 3 . 5 . 5 . 1 . 3 . 2 . 5 . 1 . 3 . 4 . 5 . 1 . 3 . 4 . 1 . 3 . 2 . 5 . 1 . 3 .
Okw. 2̇ . 4 . 5 . 5 . 2 . 4 . 5 . 5 . 2 . 2 . 5 . 5 . 2 . 4 . 5 . 4 . 2 . 4 . 4 . 5 . 2 . 2 . 5 . 5 .

40) *Okuzanyira ku nyanja kutunda mwoyo* (Beim See spielen heißt seinen Geist verkaufen)
Ok. 4 . 3 . 4 . 2 . 4 . 4 ↓ 2 . 3 . 5 . 1 . 1 . 1 . 4 . 3 . 5 . 1 . 2 . 1 . 4 . 3 . 5 . 5 . 2 . 1 .
Okw. 4 . 4 . 2 . 1 . 4 . 4 . 5 . 1 . 3 . 2 . 5 . 4 . 5 . 1 . 3 . 2̇ . 2 . 4 . 5 . 1 . 1 . 4 . 4 . 2 .

41) *Ngabo Maanya eziriwangula Mugerere* (Die Schilde von Kamanya werden Mugerere erobern)
Ok. 5 . 4 . 3 . 1 . 1 . 4 . 3 . 4 ↓ 4 . 4 . 2 . 5 . 2 . 2 . 5 . 1 . 2 . 4 . 5 . 5 . 2̇ . 4 . 3 . 1 .
Okw. 2 . 2 . 1 . 2 . 2 . 5 . 2 . 2 . 5 . 1 . 5 . 3 . 5 . 5 . 1 . 2 . 3 . 2 . 1 . 5 . 4 . 1 . 1 . 4 .

42) *Ensiriba ya munange Katego* (Der Zauber meines Freundes Katego)
Ok. 5.4.2.1.5.2.3.3.5.2.1.1.4.5.4.2.1.2.4.4.2.1.2.2.
Okw. 3.4.3.4.3.1.3.3.4.4.1.1.2.3.4.5.4.2.3.4.2.5.2.2.
4.

43) *Atakulubere* (Wer dir nicht beistehen wird)
Ok. 5.4.5.1.2.3.4.4.3.3.2.2.5.4.5.1.2.3.4.4.2.5.2.2.
Okw. 5.4.2.2.1.2.3.5.2.2.1.2.5.4.2.2.1.1.3.4.2.2.1.1.

44) *Nkejje namuwanula* (Der größte *nkejje*-Fisch auf dem Gestell)
Ok. 5.4.5.4.3.1.4.4.2.4.4.1.5.1.4.1.1.5.1.2.1.3.3.1.
Okw. 3.2.2.2.1.2.3.2.4.4.1.2.3.3.1.1.4.3.4.5.4.3.1.2.

45) *Kansimbe omuggo awali Kibuka* (Ich möchte meinen Stock dort pflanzen, wo Kibuka ist)
Ok. 3.5.2.4.3.5.2.2.3.5.1.1.3.5.2.4.3.4.2.4.3.5.1.1.
Okw. 1.1.4.4.1.2.1.4.1.1.4.5.1.2.2.5.1.2.1.4.1.1.4.5.

46) *Omukazi omunafu agayigga na ngabo* (Diese müßige Frau geht durch ihren Garten mit einem Schild)
Ok. 1.3.3.4.1.2.3.4.1.2.2.4.1.2.2.4.1.2.3.4.1.3.3.4.
Okw. 3.5.1.1.3.5.2.3.3.5.2.3.3.5.1.1.3.5.2.3.2.5.2.2.

Gruppe IV: Höhere Formzahlen

47) *Bakebezi bali e Kitende* (Die Schlauen sind in Kitende) Formzahl 50 (2 × 25).
Ok. 3.4.4.1.3.2.3.4.5.2.3.3.1.1.4.5.2.4.4.1.3.2.2.5.1.
|5.5.5.|
Okw. 5.5.2.3.4.5.4.1.3.4.3.1.5.4.1.1.4.4.2.3.4.5.5.2.2.
3.
Die unter den Reihen angegebenen Ersatztöne bzw. melodischen Varianten werden meist mit dem Thema abwechselnd gespielt.

48) *Ab'e Bukerere balaagira emwanyi* (Die Leute von Bukerere leben von Kaffee)
Formzahl 54 (2 × 27)
Ok. 5.5.5.3.5.5.4.5.1.3.3.4.5.1.4.4.5.1.3.3.4.5.1.2.5.2.2.
Okw. 3.3.5.5.3.2.1.4.3.5.2.1.4.4.2.1.4.3.5.2.1.2.5.2.2.5.5.

49) *Akawologoma* (Der kleine Löwe) Formzahl 54 (2 × 27)
Ok. 5.3.3.5.4.5.3.2.3.1.4.1.1.4.3.2.3.1.4.2.2.4.3.4.2.1.2.
Okw. 1.2.3.4.4.4.1.2.3.4.5.4.5.5.5.2.3.4.1.1.5.1.1.4.1.1.5.
3.

50) *Agenda n'omulungi azaawa* (Wer mit den Schönen geht, verliert sich) Formzahl 70 (2 × 35)
Ok. 3.2.3.3.1.5.2.2.3.2.5.4.1.5.1.1.1.3.3.1.1.4.3.2.5.4.3.2.5.4.1.5.3.1.1.
Okw. 1.2.3.3.2.3.3.3.5.3.1.3.3.2.5.4.5.1.2.3.3.1.4.4.1.5.1.4.1.1.5.1.2.1.5.

150

Akadinda-Partituren

Gruppe I: *kulya-kulya-kulya*-Formel

a) Formzahl 36 (3 × 12)

51) *Kisawo kya muwabutwa kiwedemu emwanyi* (Die Tasche eines Giftmischers hat keine Kaffeebohnen mehr darin)
Ok. 4↓ . 4 . . 4 . . 4 . . 2 . . 2 . . 5 . . 5 . . 3 . . 3 . . 1 . . 1 . .
Okw. 3 5 . 2 4 . 1 3 . 3 5 . 2 4 . 1 3 . 3 5 . 2 4 . 1 3 . 3 5 . 1 4 . 1 3 .

52) *Omujooni: Balinserekerera balinsala ekyambe* (Arm wie ich bin, sie werden mich verlachen und brutal ermorden)
Ok. 2 . . 4 . . 4 . . 2 . . 3 . . 3 . . 2 . . 4 . . 4 . . 2 . . 1 . . 5↓ .
          5   5
Okw. 3 5 . 2 4 . 1 3 . 3 5 . 2 4 . 1 3 . 3 5 . 2 4 . 1 3 . 3 5 . 2 4 . 5 3 .

53) *Bogerera mwogerere* (Man muß zu ihm durch einen Mittelsmann sprechen)
Ok. 2 . . 4 . . 4 . . 2 . . 1 . . 5 . . 2 . . 3 . . 3 . . 1 . . 1 . . 1↓ .
Okw. 3 5 . 2 4 . 1 3 .

54) *Omugenyi agenda Kyandanda* (Der Gast bricht auf)
Ok. 4 . . 4 . . 4↓ . 2 . . 1 . . 1 . . 2 . . 3 . . 3 . . 2 . . 5 . . 5 . .
Okw. 3 5 . 2 4 . 1 3 . 3 5 . 2 4 . 1 3 . 3 5 . 2 4 . 5 3 . 3 5 . 2 4 . 1 3 .

55) *Omusango gw'abalere* (Der Prozeß der Flötenspieler)
Ok. 2 . . 3 . . 4 . . 2 . . 5 . . 5↓ . 2 . . 3 . . 3 . . 3 . . 1 . . 1 . .
Okw. 3 5 . 2 4 . 1 3 . 3 5 . 2 4 . 1 3 . 3 5 . 2 4 . 1 3 . 3 5 . 2 4 . 5 3 .

56) *Mwekume abatambala bajja* (Gib acht, die Batambala kommen!)
Ok. 1 . . 3 . . 4↓ . 1 . . 3 . . 3 . . 1 . . 3 . . 4 . . 1 . . 1 . . 1 . .
Okw. 2 4 . 1 3 . 5 2 .
Variation des *okwawula*: 2 4 . 1 3 . 5 2 . 2 4 . 1 3 . 4 2 . 2 4 . 1 3 . 5 2 . 1 4 . 1 3 . 4 2 .

57) *Nkada bamuyitanga mukadde* (Sie hielten Nkada für eine alte Frau)
Ok. 4 . . 4 . . 2 . . 5 . . 5 . . 2 . . 4 . . 4↓ . 2 . . 3 . . 3 . . 1 . .
Okw. 3 5 . 2 4 . 1 3 . 3 5 . 2 4 . 1 3 . 3 5 . 2 4 . 5 3 . 3 5 . 2 4 . 1 3 .
     |3 4 . 2 3 .|

58) *Abasiba embuzi — Ssematimba ne Kikwabanga* (Jene, die Ziegen züchten — Ssembatimba und Kikwabanga)
Ok. 5 . . 5↓ . 4 . . 2 . . 2 . . 4 . . 5 . . 1 . . 1 . . 5 . . 3 . . 3 . .
Okw. 2 4 . 1 3 . 5 2 .

Es gibt zahlreiche Variationen des *okwawula*, zum Beispiel:
2 4 . 1 2 . 5 2 . 2 4 . 1 3 . 5 1 . 2 4 . 1 3 . 5 2 . 1 3 . 1 3 . 5 2 .

59) *Sala akalagala kuliko emmamba ye* (Bringe ein frisches Bananenblatt für seinen *mmamba*-Fisch)
Ok. 5 . . 4 . . 3 . . 5 . . 2 . . 2↓ . 5 . . 4 . . 3 . . 5 . . 1 . . 1 . .
Okw. 1 3 . 5̲2 . 4̲1 .
Erweiteter *okwawula*-Part: 1 3 . 5̲2 . 4̲1 . 1 3 . 5̲1 . 4̲1 . 1 3 . 5̲2 . 4̲1 . 1 3 . 5̲2 . 4̲1 .

60) *Ab'e mbuga basengejja* (Die Leute bei der Residenz des Häuptlings filtern Bier)
Ok. 4 . . 4 . . 4 . . 4↓ . 1 . . 1 . . 3 . . 3 . . 2 . . 2 . . 1 . . 1 . .
Okw. 2 4 . 1 3 . 5̲2 . 2 4 . 1 3 . 5̲2 . 2 4 . 1 4 . 5̲2 . 2 4 . 1 3 . 4̲2 .

61) *Njagala okuddayo e Bukunja* (Ich möchte nach Bukunja zurückkehren). Copyr.: E. Muyinda
Ok. 3 . . 4 . . 4 . . 3 . . 1 . . 1↓ . 3 . . 2 . . 5̲ . . 3 . . 2 . . 2 . .
Okw. 4 1̲ . 3 5 . 2 4 . 3 1̲ . 3 5 . 2 4 . 4 1̲ . 3 5 . 2 4 . 4 1̲ . 3 5 . 1 4 .

62) *Uganda kwefuga* (Uganda-Unabhängigkeit). Copyr.: E. Muyinda
Ok. 4 . . 4 . . 4↓ . 2 . . 1 . . 5̲ . . 1 . . 1 . . 5̲ . . 2 . . 1 . . 5̲ . .
Okw. 3 5 . 2 4 . 1 3 .
Variation der *okwawula*-Formel gespielt von Mr. Waida, Salama, 1967
3 5 . 2 4 . 1 3 . 3 5 . 2 4 . 1 3 . 3 5 . 2 4 . 1 3 . 3 5 . 2 4 . 1 4 .

b) Formzahl 54 (3 × 18)

63) *Wakayayu azinide ebuko analya ki?* (Wakayayu hat im Hause seines Schwagers getanzt, was wird er essen?)
Ok. 2 . . 4 . . 4 . . 2 . . 3 . . 3↓ . 2 . . 1 . . 5̲ . . 2 . . 1 . . 5̲ . . 3 . . 3 . . 3 . . 2 . . 1 . . 5̲ . .
Okw. 3 5 . 2 4 . 5̲3 . 3 5 . 2 4 . 5̲3 . 3 5 . 2 3 . 1 3 . 3 5 . 2 4 . 5̲3 . 3 5 . 2 4 . 1 3 . 3 5 . 2 4 . 1 3 .
4 .

Gruppe II: *Katongole*-Formel

a) Formzahl 24 (3 × 8)

64) *Matu ga njobe* (Die Ohren des Wasserbocks)
Ok. 2 . . 4 . . 2 . . 5̲ . . 2 . . 3 . . 1↓ . 1 . .
Okw. 1 4 . 3 5 . 1 4 . 3̲5 . 1 4 . 3 5 . 1 3 . 3 5 .
Dieses Stück, so wie es mich E. Muyinda lehrte, ist praktisch identisch mit *„Omunyoro atunda nandere"* (No. 68)

65) *Nzige buzige si rusejera* (Erwachsene Heuschrecken sind keine jungen)
Ok. 2↓ . 4 . . 2 . . 2 . . 1 . . 1 . . 2 . . 5̲ . .
Okw. 1 4 . 3 5 .
Die blinden Musiker von Salama spielten den *okwawula*-Part vereinfacht als 2 4 . 3 5 . — Einige Informanten nennen dieses Stück auch *„Endwadde ya kabotongo"* (Die Syphillis-Krankheit)

66) *Yabba nandere* (Er stahl *nandere*-Fisch)
Ok. 2↓ . 4 . . 1 . . 1 . . 2 . . 3 . . 1 . . 1 . .
Okw. 1 4 . 3 5 . 1 4 . 3 5 . 1 3 . 3 5 . 1 4 . 3 5 .
Wichtige Variation des *okwawula*: 1 3 . 3 5 . 1 3 . 3 5 . 1 3 . 3 3 . 1 4 . 3 5 .

152

67) *Omusango gw'ennyama* (Der Prozeß wegen des Fleisches)
Ok.   5 . . 5 . . 4 . . 1 . . 1 . . 2 . . 3 . . 2 ↓ .
Okw. 24 . 35 . 24 . 35 . 13 . 35 . 24 . 35 .
      |1   1   1|

68) *Omunyoro atunda nandere* (Der Munyoro verkauft *nandere*-Fisch)
Ok.   2 ↓ . 4 . . 2 . . -
                5 . . 2 . . 3 . . 1 . . 1 . .
Okw. 24 . 35 .
Variation des *okwawula:* 24 . 35 . 24 . 35 . 23 . 35 . 14 . 35 .
Viele Musiker ziehen aber diesen *okwawula* vor: 14 . 35 . 14 . 35 . 13 . 35 . 14 . 35 .

Nach der Unabhängigkeit Ugandas wurde dieser Titel, da er die Banyoro diskriminiert, verändert. Er lautete nun: *„Omusajja atunda nandere"* (Der Mann verkauft *nandere*-Fisch)

69) *Ennyana ekutudde* (Das Kalb hat sich losgerissen)
Ok.   2 ↓ . 4 . . 1 . . 1 . . 2 . . 3 . . 1 . . 1 . .
Okw. 14 . 35 . 14 . 35 . 23 . 35 . 14 . 35 .
                        1 .
Variation des *okunaga:* 2 . . 4 . . 4 . . 4 . . 2 . . 3 . . 1 . . 1 . .

70) *Bawala luga* (= Spitzname für eine grausame Person)
Ok.   4 . . 4 . . 4 . . 2 . . 5 . . 2 . . 4 . . 2 ↓ .
Okw. 14 . 35 . 24 . 35 . 14 . 35 . 23 . 35 .

b) Formzahl 36 (3 ×12)

71) *Ganga alula* (Ganga hatte einen engen Fluchtweg)
Ok.   2 ↓ . 4 . . 2 . . 2 . . 2 . . 5 . . 1 . . 5 . . 2 . . 3 . . 1 . . 1 . .
                              |5 . . 5 . . 4 . .|
Okw. 14 . 35 . 24 . 25 . 14 . 35 . 14 . 35 . 13 . 35 . 14 . 35 .

72) *Omusalaba* (Das Kreuz). Copyr.: E. Muyinda
Ok.   4 . . 1 . . 1 . . 1 . . 3 . . 1 . . 1 . . 5 ↓ . 5 . . 1 . . 2 . . 1 ↓ .
Okw. 13 . 24 . 13 . 24 . 13 . 24 . 13 . 24 . 53 . 24 . 12 . 24 .
Die oben notierte Version ist jene der Blinden von Salama. Muyinda spielte den *okwawula*-Part anders:
53 . 24 . 53 . 24 . 53 . 23 . 53 . 24 . 53 . 24 . 52 . 24 .

73) *Be tunyuwa nabo omwenge* (Diejenigen mit denen wir unser Bier teilen). Copyr.: E. Muyinda
Ok.   4 . . 4 . . 4 . . 1 . . 2 . . 1 . . 5 ↓ . 1 . . 3 . . 2 . . 1 . . 1 . .
      |3 . . 3 . . 5 . .|
Okw. 24 . 13 . 24 . 13 . 24 . 13 . 24 . 14 . 24 . 12 . 24 . 53 .
                        5

74) *Banawulira evvumbe* (Sie werden den Geruch wahrnehmen). Copyr.: E. Muyinda
Ok.   4 ↓ . 3 . . 4 . . 4 . . 2 . . 1 . . 2 . . 2 . . 4 . . 3 . . 1 . . 1 . .
Okw. 14 . 35 .
Einige Musiker spielen den *okwawula*-Part als 2 4 . 3 5 .

153

c) Formzahl 48 (3 × 16)

75) *Yalambula amasaza* (Er bereiste die Grafschaften)
Ok. 2..4..4..4↓.2..2..5..5..2..3..3..3..2..2..1..1..
Okw. 35.24.35.14.34.13.35.13.35.14.35.14.35.14.34.14.

Variationen des *okwawula:*
a) 35.24.35.14.35.14.35.13.35.14.35.14.35.14.34.14.
b) 25.24.25.14.35.14.34.13.35.24.35.14.35.24.34.14.

(Diese Variationen können auch untereinander vermischt werden)

76) *Webale kujja Nakatanza* (Es ist gut, daß du gekommen bist, Nakatanza)
Ok. 2..3..2..5..2↓.2..1..5..2..3..2..5..2..2..1..1..
Okw. 14.35.14.35.13.35.14.35.14.25.13.35.13.35.14.35.
      2   2   2   2   2   2

77) *Omulwadde w'envunza analaba obuyinja* (Steine werden die Füße dessen verletzen, der Sandflöhe hat)
Ok. 2..4..4..4↓.2..2..1..1..2..3..3..3..2..1..5..5..
                        4
Okw. 35.24.35.14.35.13.35.13.35.14.35.53.35.24.35.14.

78) *Singa namera byoya singa mbuse* (Wenn ich Flügel hätte, würde ich fliegen)
Ok. 2..4..4..4..2..3..2..5..3..5..5..5..2..3..2↓.5..
Okw. 14.35.14.35.14.35.13.35.14.35.14.35.14.35.13.35.

79) *Walulumba ekyakukendula enkende kki?* (Wespe, was hat deine Taille so eng gemacht?)
Ok. 2..4..4..4..2..1..1..1..2↓.3..3..3..2..5..5..5..
Okw. 24.35.24.35.24.35.24.35.24.35.24.35.24.35.14.35.

Eine andere Version des *okwawula*-Part:
13.35.13.35.14.35.14.35.14.35.14.35.14.35.14.35.

80) *Ennyanja ye Rwaje* (Der Rwaje-See)
Ok. 3↓.4..4..4..3..2..2..2..3..5..5..1..3..1..1..1..
Okw. 34.41.34.41.25.41.25.41.35.41.15.41.35.41.25.41.
      2   2   2

81) *Baabirya bisooboza* (Sie aßen die Bohnen schon als sie unreif waren)
Ok. 3↓.3..1..1..2..1..4..4..2..2..2..1..5..5..1..5..
Okw. 14.35.14.35.24.35.24.35.24.35.24.35.24.35.14.35.

82) *Kyalale* (Raleigh-Fahrrad). Copyr.: Blinde Musiker von Salama
Ok. 3↓.5..3..3..3..1..2..2..5..5..2..2..3..4..3..1..
      5
Okw. 25.41.25.41.25.41.25.41.25.41.25.41.24.41.25.41.

83) *Nali simanyi nga ndiwona esasi* (Ich glaubte nicht, die Kugel zu überleben)
Ok. 2..2..4..4..2..3..3..1..1..2↓.2..2..5..2..3..1..1..
Okw. 24.35.14.35.23.35.14.35.24.35.24.35.24.35.14.35.

154

84) *Mpa wali yanda-yanda* (Wenn ich tot bin, wird niemand für mich tanzen). Copyr.: Blinde Musiker von Salama

Ok. 2 . . 4 ↓ . 3 . . . 3 . . . 3 . . 4 . . 1 . . 1 . . 2 . . 4 . . 4 . . 3 . . 2 . . 2 . . 5 . . 5 . .
Okw. 3 5 . 1 4 .

85) *Kataza miti* (Kataza-Baum)

Ok. 2 ↓ . 4 . . 2 . . 3 . . 3 . . 2 . . 1 . . 1 . . 2 . . 4 . . 2 . . 1 . . 1 . . 1 . . 5 . . 5 . .
Okw. 1 4 . 3 5 . 1 4 . 3 5 . 1 4 . 3 5 . 5̲ 4 . 3 5 . 1 4 . 3 5 . 1 4 . 3 5 . 1 4 . 3 5 .

86) *Omukanya bulo atuyanye* (Der Hirse-Esser hat geschwitzt)

Ok. 1 . . 4 ↓ . 4 . . 2 . . 1 . . 2 . . 1 . . 1 . . 1 . . 4 . . 4 . . 2 . . 1 . . 2 . . 5 . . 5 . .
Okw. 1 4 . 3 5 .

87) *Empuuta nagirya* (Ich aß *mpuuta*-Fisch)

Ok. 4 . . 4 ↓ . 3 . . 2 . . 2 . . 3 . . 5 . . 5 . . 3 . . 3 . . 2 . . 1 . . 1 . . 2 . . 1 . . 1 . .
Okw. 5̲ 3 . 2 4 .

88) *Muno omwa baba* (In diesem Haus meines Großvaters)

Ok. 3 . . 3 . . 3 . . 1 . . 3 . . 4 . . 3 ↓ . 1 . . 3 . . 2 . . 1 . . 5̲ . . 3 . . 5̲ . . 5̲ . . 5̲ . .
Okw. 3 5 . 4 1̲ .

89) Titel unbekannt

Ok. 1 ↓ . 3 . . 1 . . 2 . . 2 . . 2 . . 5̲ . . 5̲ . . 1 . . 3 . . 1 . . 4 . . 4 . . 4 . . 4 . . 4 . .
Okw. 1 3 . 2 4 . 1 3 . 2 4 . 1 3 . 2 4 . 5̲ 3 . 2 4 . 1 3 . 2 4 . 5̲ 3 . 2 4 . 5̲ 3 . 2 4 . 5̲ 3 . 2 4 .

90) *Akabira kange*

Ok. 3 ↓ . 5 . . 3 . . 5 . . 2 . . 2 . . 2 . . 2 . . 3 . . 5 . . 3 . . 5 . . 3 . . 3 . . 2 . . 1 . .
Okw. 3 5 . 4 1̲ . 3 5 . 4 1̲ . 2 5 . 4 1̲ . 2 5 . 4 1̲ . 3 5 . 4 1̲ . 3 5 . 4 1̲ . 3 5 . 4 1̲ . 2 5 . 4 1̲ .

d) Formzahl 60 (3 × 20)

91) *Ab'e Salama* (Leute von Salama). Copyr.: Amisi Sebunya

Ok. 2 . . 4 . . 4 . . 4 . . 3 . . 3 . . 3 . . 2 . . 1 . . 1 . . 2 . . 4 . . 4 . . 4 . . 2 ↓ . 2 . . 2 . . 1 . . 5̲ . . 5̲ . .
Okw. 1 4 . 3 5 .

92) *Muleke atabaale* (Laß ihn tun, wie es ihm gefällt). Copyr.: E. Muyinda

Ok. 4 . . 4 . . 4 . . 4 . . 1 . . 1 . . 1 . . 4 . . 3 ↓ . 3 . . 3 . . 3 . . 5̲ . . 1 . . 5̲ . . 1 . . 5̲ . . 1 . . 2 . . 2 . .
Okw. 5̲ 3 . 2 4 .

Gruppe III: „Bijja bisamba endege"-Formel

Formzahl 36 (3 × 12)

93) *Nakulabudde* (Ich warnte dich)

Ok. 4 . . 5 . . 5 . . 4 . . 2 . . 2 . . 4 . . 3 . . 1 . . 4 . . 2 . . 2 ↓ .
Okw. 5̲ 3 . 1 4 . 2 5 .

155

94) *Nantaza Lubanje* (Eigenname)
Ok. 5..5..5..5..3..1..2..1..4..4..3↓.3..
Okw. 5̲3.14.25.

95) *Bijja bisamba endege* (Sie kommen mit ihren Fußglocken daher)
Ok. 5..5..5..2↓.2..2..4..4..4..3..3..3..
Okw. 5̲3.14.25.

96) *Omunyoro atikkira engule* (Der Munyoro trägt eine Krone)
Ok. 3..3..3..3..1..1..3..3..2..2..5̲..5̲↓.
Okw. 4̲2.5̲3.14.

Gruppe IV: seltene *okwawula*-Formeln; verschiedene Formzahlen

97) *Envubu terindwa buziba* (Man wartet nicht auf ein Flußpferd im tiefen Wasser)
Ok. 4..4..4..4..2↓.3..2..3..5..5..5..5..3..1..1..1..
Okw. 4̲2.14.14.35.

98) *Basubira malayika* (Sie hoffen auf einen Engel) oder *Mukadde mwangu* (Der schnelle Alte)
Ok. 5↓.5..2..2..4..4..3..1..
Okw. 5̲3.25.25.4̲1̲

In Muyinda's Version unter dem Titel „Mukadde mwangu" wurde anstelle der 5̲ im *okwawula*-Part eine 1 gespielt.

99) *Kirema embuzi okulya* (Was die Ziege nicht essen kann)
Ok. 4..4..2..5̲..5̲..3↓.2..1..
Okw. 4̲2.24.5̲3.14.

Bei einer anderen Gelegenheit lehrte mich Evaristo Muyinda genau dasselbe Stück unter dem Titel „Kiri ku luggi" (Was sich draußen vor der Tür befindet)

100) *Akakuba-mpanga n'enkoko bagenda mangu* (Der Raubvogel — und die Hühner verschwinden schnell)
Ok. 4..4..2..5̲..3↓.3..3..1..
Okw. 34.13.24.5̲3.

101) *Kawuta yeggalidde* (Kawuta hat sich eingeschlossen)
Ok. 2↓.1..2..1..2..1..2..5̲..
Okw. 24.35.14.5̲4.

102) *Tweyanze, tweyanze ewa Mugwanya* (Wir erweisen Mugwanya die Ehre)
Ok. 4..1̲..1̲..1̲↓.4..1̲..5..5..4..3..3..3..
Okw. 14.5̲3.4̲2.5̲3.14.5̲3.4̲2.5̲3.14.5̲3.4̲3.5̲3.

Literatur

Anderson, Lois
1967   „The African xylophone", *African Arts/Arts d'Afrique,* No. 1, Autumn.
1968   *The Miko modal system in Kiganda xylophone music.*
        Phil. Diss., University of California, Los Angeles.
1977   „The entenga tuned drum ensemble", in: *Essays for a Humanist.* An offering to Klaus Wachs-
        mann, New York.
1984   „Multipart relationships in xylophone and tuned-drum traditions in Buganda", *Selected Re-
        ports,* Vol. 5, pp. 120—144.

Ascher, Marcia
1988 a „Graphs in Cultures: A study in Ethnomathematics", *Historia Mathematica,* Vol. 15, pp.
        201—227.
1988 b „Graphs in Cultures (II): A study in Ethnomathematics", *Archive for History of Exact Scien-
        ces,* Vol. 39, No. 1, pp. 75—95.

Brandel, Rose
1961   *The music of Central Africa,* The Hague, ²1973.

Cooke, Peter
1970 a „Ganda xylophone music: another approach", *African Music,* Vol. 4, No. 4.
1970 b *The Ganda „Ndere".* An examination of the notched flute of the Ganda people of Uganda ...
        M. A. Dissertation, Edinburgh University.

Dixon, David M.
1971   „A note on Kushite contact with the south", in: Klaus P. Wachsmann (Ed.): *Essays on Music
        and History in Africa,* Evanston.

Freeman-Grenville, G. S. P.
1976   *A modern atlas of African history.* Rex Collings, London.

Gerdes, Paulus
1988   „On ethnomathematical research and symmetry", Preprint. Faculty of Mathematical Sciences,
        Eduardo-Mondlane-University, Maputo.

Guthrie, Malcolm
1948   *The classification of the Bantu languages.* Published for the International African Institute by
        the Oxford University Press, London.

Hood, Mantle
1966   „Slendro and Pelog redefined", *Selected Reports in Ethnomusicology,* Vol. 1, No. 1.

Hornbostel, Erich M. von
1911   „Über ein akustisches Kriterium für Kulturzusammenhänge", *Zeitschrift für Ethnologie,* No.
        43; Neudruck in: E. M. v. Hornbostel: *Tonart und Ethos.* Aufsätze zur Musikethnologie und
        Musikpsychologie, Reclam Universal-Bibliothek, Band 1169, Verlag Philipp Reclam jun., Leipzig.

Janata, Alfred
1975   *Musikinstrumente der Völker.* Außereuropäische Musikinstrumente und Schallgeräte: Systema-
        tik und Themenbeispiele. Sammlungskatalog des Museums für Völkerkunde, Wien.

Jaritz, Wolfgang
1983   „Über Bahnen auf Billardtischen — oder: Eine mathematische Untersuchung von Ideogrammen angolanischer Herkunft", *Bericht Nr. 207, Mathematisch-Statistische Sektion,* Forschungszentrum Graz.

Jeffreys, M. D. W.
1961   „Negro influences in Indonesia", *African Music,* Vol. 3, No. 4.

Johnston, Sir Harry Hamilton
1902   *The Uganda Protectorate,* Vol. 1 and 2, London.

Jones, Arthur M.
1934   „African drumming — an study of the combination of rhythms in African music", *Bantu Studies,* Vol. 8.
1959   *Studies in African Music,* Vol. 1 and 2, London, [4] 1971.
1964   *Africa and Indonesia.* The evidence of the xylophone and other musical and cultural factors. Leiden, [2] 1971.
1969   „The influence of Indonesia. The musicological evidence reconsidered", *Azania,* No. 4, 1969.
1978   „ ‚Stretched octaves' in xylophone tuning", *Review of Ethnology,* Vol. 6, No. 8.

Kaggwa, Sir Apolo
1901   *Ekitabo kya basekabaka be Buganda,* London and Kampala, [2] 1972.
1905   *Ekitabo kye mpisa za Baganda,* London, [2] 1918.
1908   *Ekitabo kye bika bya Baganda,* Kampala, [2] 1949.

Kakoma, George W.
1972   „Musical traditions of East Africa" in: *African Music — Meeting in Yaoundé,* 23—27 February 1970, organized by UNESCO. La Revue Musicale 7, Paris.

Karugire, Samwiri
1970   „Relations between the Bairu and Bahima in nineteenth-century Nkore", *Tarikh,* Vol. 3, No. 2, pp. 22—33.

Kasirye, J. S.
1955   *Abateregga ku Nnamulondo ya Buganda,* London [2] 1959.

Katamba, Francis and Cooke, Peter
1987   „Ssematimba ne Kikwabanga: The Music and Poetry of a Ganda Historical Song", *The World of Music,* Vol. XXIX, Nr. 2.

Kirwan, B. E. R. und Gore, P. A.
1951   *Elementary Luganda,* Kampala.

Kiwanuka, M. S. M.
1971   *The Kings of Buganda by Sir Apolo Kaggwa.* Translated and edited. Historical texts of Eastern and Central Africa I, East African Publishing House, Nairobi.

Klein, Christopher
im Druck „Zur Frage der Rhythmik im Werk von Joseph Kyagambiddwa" in: *Festschrift E. W. Müller,* Institut für Ethnologie und Afrika-Studien, Johannes Gutenberg-Universität, Mainz.

Kubik, Gerhard
1960 „The structure of Kiganda xylophone music", *African Music,* Vol. 2, No. 3, 1960. — Corrigenda in: *African Music,* Vol. 4, No. 4, 1970.
1962 „Beziehungen zwischen Musik und Sprache in Afrika", *Neues Afrika,* Heft 1, Januar; wiederveröffentlicht in Artur Simon (Hrsg.): *Musik in Afrika,* Berlin 1983.
1964 „Xylophone playing in southern Uganda", *The Journal of the Royal Anthropological Institute,* Vol. 94, Part 2.
1966/67 „Ennanga music", *African Music,* Vol. 4, No. 1.
1969 „Composition techniques in Kiganda xylophone music. With an introduction to some Kiganda musical concepts", *African Music,* Vol. 4, No. 3; Corrigenda in *African Music,* Vol. 4, No. 4, 1970.
1982 *Musikgeschichte in Bildern: Ostafrika,* VEB Deutscher Verlag für Musik, Leipzig.
1987 „African space/time concepts and the *tusona* ideographs in Luchazi culture; with a discussion of possible cross-parallels in music", *African Music,* Vol. 6, No. 4, pp. 53—89.
1988 *Zum Verstehen afrikanischer Musik.* Ausgewählte Aufsätze. Reclam Universal Bibliothek, Kunstwissenschaften, Band 1251, Verlag Philipp Reclam jun., Leipzig.

Kunst, Jaap
1936 „A musicological argument for cultural relationship between Indonesia, probably the Isle of Java and Central Africa", *Proceedings of the Musical Association,* Session LXII.

Kyagambiddwa, Joseph
1955 *African music from the source of the Nile,* A. Knopf, New York.

Lush, A. J.
1936 „Kiganda Drums", *The Uganda Journal,* Vol. III.

Moorehead, Alan
1973 *The White Nile.* Penguin Books Ltd., Harmondsworth.

Mutesa II, Edward F. (Kabaka)
1967 *Desecration of my Kingdom,* London.

Mworoha, Emile
1977 *Peuples et rois de l'Afrique des Lacs.* Le Burundi et les royaumes voisins au XIXe siècle, Dakar — Abidjan.

Nsimbi, M. B.
1956 *Amannya Amaganda n'Ennono Zaago,* Kampala.

Phillipson, David W.
1977 *The Later Prehistory of Eastern and Southern Africa.* Heinemann, London.

Roscoe, John
1911 *The Baganda,* London.

Sempebwa, Ernest K. K.
1948 „Baganda folk songs — a rough classification" *The Uganda Journal,* Vol, 12, No. 1, March.

Serwadda, Moses, and Pantaleoni, Hewitt
1968 „A possible notation for African dance drumming", *African Music,* Vol. 4, No. 2.

Simon, Artur (Hrsg.)
1983   *Musik in Afrika.* Mit zwanzig Beiträgen zur Kenntnis traditioneller afrikanischer Musikkulturen. Museum für Völkerkunde, Musikethnologische Abteilung, Berlin (West).

Speke, John Hanning
1863   *Journal of the Discovery of the Source of the Nile,* London.

Thiel, Paul van
1969   „An attempt to a Kinyankore classification of musical instruments", *Review of Ethnology,* Vol. 13, pp. 1—5.
1971   *Volksmuziek uit Ankole, West-Uganda.* Opnamen van Afrikaanse muziek uitgegeven door het Koninklijk Museum voor Midden-Afrika, 6, Tervuren.

Tracey, Hugh
1952   *Grammophone Records* of African Music and Semi-African Music, recorded in many different territories on the continent of Africa by African Music Research directed by Hugh Tracey. Catalogue July 1952. Gallo (Africa) Limited, Johannesburg.
1953   „Recording in East Africa and Northern Congo", *African Music Society Newsletter,* Vol. 1, No. 6, September.
1958   „Towards an assessment of African scales", *African Music,* Vol. 2, No. 1.
1973   *Catalogue of the Sound of Africa Series.* 210 Long Playing Records of Music and Songs from Central, Eastern and Southern Africa by Hugh Tracey. Vol. I and II. The International Library of African Music, Roodepoort, South Africa.

Trowell, Margaret and Wachsmann Klaus P.
1953   *Tribal crafts of Uganda.* Oxford.

Tucker, A. N.
1962   „The syllable in Luganda — a prosodic approach", *Journal of African Languages and Linguistics,* Vol. 1, No. 2, pp. 122—166.

Wachsmann, Klaus P.
1950   „An equal-stepped tuning in a Ganda harp", *Nature,* No. 165.
1956   „Review of Joseph Kyagambiddwa: African Music from the Source of the Nile", *African Music,* Vol. 1, No. 3.
1957   „A study of norms in the tribal music of Uganda", *Ethnomusicology Newsletter,* No. 11.
1964   „Human migration and African harps", *Journal of the International Folk Music Council,* Vol. 16.
1965   „Some speculations concerning a drum chime in Buganda", *Man,* No. 1, January-February, pp. 1—8.
1967   „Pen-equidistance and accurate pitch: a problem from the source of the Nile", in: *Festschrift für Walter Wiora zum 30. Dezember 1966,* hrsg. von Ludwig Fischer und Christoph-Hellmut Mahling, Kassel.
1971   „Musical instruments in the Kiganda tradition and their place in the East African scene", in: *Essays on Music and History in Africa* (Ed.: Klaus P. Wachsmann), Evanston.
1980   „Uganda, II. Buganda" in: *The New Grove Dictionary of Music and Musicians,* Ed. Stanley Sadie, Vol. 19, MacMillan Publishers, London, pp. 316—319.

Wegner, Ulrich
1984   *Afrikanische Saiteninstrumente.* Museum für Völkerkunde, Berlin-West.

160

Anmerkungen

1 Buganda = das Land; Baganda = das Volk; Muganda = ein Angehöriger des Baganda-Volkes; Kiganda = Dinge, Angelegenheiten, die Buganda und die Baganda betreffen.

2 Vgl. die Tonaufnahme eines Sologesanges in Lunyankore, vorgetragen von dem blinden Mädchen Flora, ca. 12, Aufnahme No. B 12351 Ph. A. Wien, Sammlung 1967/68 Kubik. Ein Überblick von Kinyankore-Musiktraditionen findet sich auf einer Schallplatte von Paul van Thiel (1971).

3 *Kabaka* war der hereditäre *Titel* des Herrschers. Auf die Ahnenreihe der toten Könige bezog man sich mit dem Ausdruck *basekabaka* (cf. Apolo Kaggwa 1901). Die traditionell Regierenden der benachbarten Gebiete Bunyoro und Tooro trugen den Titel *Mukama;* der Regierende von Nkore hieß dagegen *Mugabe*.

4 Im Luganda und benachbarten Sprachen der ZONE E gibt es die sogenannten Anfangsvokale, die den Präfixen vorangehen. Mit Ausnahme einiger Titel wie *Katikkiro, Kabaka* etc. und Platznamen wie Mengo, Kampala etc. haben alle Substantiva einen Anfangsvokal, der aber in vielen Satzzusammenhängen weggelassen wird. Daher: *abalere* oder einfach: *balere, amadinda* oder einfach: *madinda*. Manchmal kann man den Anfangsvokal im Deutschen mit einem bestimmten Artikel wiedergeben: z. B. *amadinda* = die *madinda*. Nicht immer sind jedoch solche Übersetzungen sinnentsprechend.

5 AMA — The Sound of Africa Series, TR-137, erhältlich von der International Library of African Music, c/o I.S.E.R. Rhodes University, Grahamstown 6140, South Africa.

6 Zum Beispiel: „Ssematimba ne Kikwabanga", ausgeführt von Albert Sempeke und Gruppe, Kampala November 1967, Aufnahme No. B 12507, Ph. A. Wien; oder derselbe Titel, gespielt von Evaristo Muyinda gemeinsam mit mir, Orig.-Band No. 13, 1960/Kubik.

7 Die Bezeichnung „Uganda" ist die Kiswahili-Version des Landesnamens Buganda. Sie wurde von der britischen Verwaltung übernommen und auf das ganze von ihr kontrollierte Territorium nördlich des Viktoria-Sees projiziert.

8 Siehe Sammlungen der Gesamt-Tonaufnahmen G. Kubik 1959/60, 1961—1963, 1967/86 aus Uganda im Phonogrammarchiv Wien und in der Musikethnologischen Abteilung des Museums für Völkerkunde, Berlin-West.

9 Die Sammlung von Klaus Wachsmann befindet sich in den National Sound Archives, London; meine Sammlung wurde im Phonogrammarchiv Wien und in der Musikethnologischen Abteilung, Museum für Völkerkunde, Berlin, archiviert; umfangreiche Interviews mit Evaristo Muyinda aus den Jahren 1983 und 1984 (Interviewer Dr. Bisaso), sind gleichfalls in Berlin archiviert. Dort findet sich auch ein von der Musikgruppe Evaristo Muyinda der Abteilung geschenktes schriftlicher Traktat über Kiganda-Musik.

10 Vgl. Aufnahme B 4884, Ph. A. Wien, von Evaristo Muyinda, Kampala 1960/Kubik; Vergleichsaufnahme desselben Titels vom Juni 1983, gespielt von Evaristo Muyinda in Berlin (Orig.-Band A 177/I/4, Kubik).

11 Ton-Mittschnitt des Vortrages G. Kubik/E. Muyinda „Die traditionelle Hofmusik von Buganda", 23. Juni 1983, archiviert in der Musikethnologischen Abteilung des Museums für Völkerkunde, Berlin.

12 Inventar-Nummer 65719, Maschmeyer, Erwerbungsjahr: 1900. „Trog aus roh behauenem Holzblock mit fünf in der Mitte flach gekerbten Holzstäben, die durch je einen Holzdorn an beiden Längsseiten des Trogs voneinander getrennt sind. Unter den Stäben Polster aus blauem Baumwollstoff. Vorne verdickter Holzschlegel. Trog 51,5 × 13,5 cm, Holzstäbe 29,5—30,1 cm, Schlegel 17,7 cm." (Zitiert aus Janata 1975: 8)

13 Im Juni 1983 baute Evaristo Muyinda in Berlin ein neues, sehr kompakt klingendes *amadinda*-Xylophon. Beim Konstruktionsablauf und dem Abstimmen mit seinen Erklärungen ließ ich ein Tonband mitlaufen. An verschiedenen Stellen der über zwei Stunden dauernden Aufnahme läßt sich deutlich sein Verhalten gegenüber Unisono-Klängen (*endere*-Flöte und Xylophon) sowie Oktaven (auf dem Xylophon) beobachten. (Orig.-Bänder A 175 und A 176)

14 Die von Muyinda in Berlin gebaute, große *amadinda* ist in der Musikethnologischen Abteilung des Museums für Völkerkunde aufbewahrt und jederzeit spielbar. Rotbuche und Eiche wurden als geeignete Hölzer von Muyinda selbst ausgesucht.

15 Moya Aliya unterstützte Evaristo Muyinda bei dessen Solokonzert am 21. Juni 1983 im Museum für Völkerkunde, Berlin, um den Publikum *amadinda*-Musik vorzuführen.

16 Hugh Tracey erwarb ein repräsentatives *endara* mit 16 Platten bei den Banyoro. Dieses Instrument befindet sich in der International Library of African Music.

17 Dokumentation von Kizza's Kompositions- und Spieltechnik in Legon, Ghana, wo wir ihn im Jahre 1974 trafen. (Orig.-Bänder V 3—4/1974/Kubik)

18 Eine Demonstrationsaufnahme der fünf *miko* des Titels „Olutalo olw'e Nsinsi" nahm Muyinda mit mir 1962 auf (vgl. Aufnahme B 7222, Ph. A. Wien).

19 Man beachte hier auch die mögliche Verwandtschaft der Bezeichnungen *ngwayi* im Ieibemba (Zambia) und *ngwaya* im khipangwa (Tanzania)

Für die Herstellung der Zeichnungen in diesem Beitrag danken wir Peter Mlodoch vom Archäologischen Institut der Universität Hamburg.

A Synthesizer in the Central African Bush:
A Method of Interactive Exploration of Musical Scales

SIMHA AROM

This article is really a report on the work done together by a team of four researchers[1] from LACITO, which is part of CNRS, Paris[2]. It's about an original way of using the Yamaha synthesizer DX 7 II FD in the discipline of ethnomusicology, with the idea of *discovering the systems behind Central African music scales in the field itself.* This use bore on the two poles of a single problem: on one side the interval systems of instruments of fixed pitch, and on the other those of vocal music performed *a capella* not having any external pitch reference at all. This work, carried out in the Central African Republic, aimed to study in the first case the xylophones of several different ethnic populations and, in the second, the vocal polyphony of the Aka pygmies.

Our research was based on experimental procedures which required not merely the updating of novel investigative methods, but also the adaptation of the synthesizer to the particular exigencies of the chosen field. One of our objectives — and it was far from the least — sought to replace conventional methods of enquiry, based on verbalisation, by an interactive procedure.

*

It's generally accepted that a musical scale may be thought of as *an ensemble having a finite number of discrete unities — the degrees — whose respective positions, arranged in succession of different pitches, comprise between them a system of oppositions within the framework of an octave.* Going beyond the octave is not counted as modifying the system since the intervals separating the degrees of the scale do not change proportions.

Looking again at this definition it would appear that, in much Central African music, the manner of organisation of the intervals can pose problems. The first difficulty is with the *inherent ambiguity* in these systems. At first hearing the music of this region seems leaned toward anhemitonic pentatonic scales, characterised by a division of the octave into five unequal intervals and by the absence, *in their succession,* of the interval of a semitone. It is usual to find that in a non-tempered system (where, in addition, the whole-tone is the minimal pertinent interval), the *margin of tolerance* pertaining to each degree is relatively large — and by corollary the intervals separating adjacent degrees vary just as much. What is more, we often find that the gap of permissible pitches, within which a scale degree may be placed, can at certain points be so wide that it becomes impossible to confer that degree an unequivocal position. It follows that there is not *one* but *several* ways to interpret the structure of a given

163

scale: its perception will be highly conditioned by the combinatory effects or the weighting of certain sounds, due to the *frequency of their occurence* in a piece, and of its tempo. In other words, it has often been impossible to know if we were dealing with a true scale — founded on an ensemble of successive degrees, forming a system of oppositions between them, and being *reproducible entirely within each octave* — or with registers containing complementary pitches.

In effect, in a number of musics which go beyond the octave range, we heard degrees which gave the impression of having escaped entirely from pentatonic scales, appearing in consequence as though they were outside the system. It seemed, in such cases, that the organisation of pitch was intimately associated with a *formal* criterion: the melodic material is shared by means of it, according to a principle of alternance between soloist and choir, causing the protagonists to devolve in different registers, one low and one high. These two opposing registers always hinge, nevertheless, upon one or more common pivot-notes. A pentatonic system could thus belong to each of these registers, but with each having different configurations.

Let's take for an example a song in which the soloist's part unfolds within a scale that can be heard as A C D F G, and the choir's response as that of D E F♯ A B. Do we have here a single, a „one and only" scale system, in which certain degrees have a wide margin of tolerance? In this case, which of the two versions should be considered the more pertinent? Or might we be in the presence of two pentatonic systems, which are different but complementary at the same time, wherein each hinges upon the two degress (A and D) held in common?

If we take the xylophone as reference — since it is an instrument found all over this region, whose tuning is fixed once and for all — we run into the same problem: this instrument is dependent on a system of tuning wherein its scale may be interpreted in several ways — for even when its ambit is less than an octave its tuning remains *ambiguous*. The difficulty is all the more so since the natural sounds coming from this instrument are systematically smudged or „masked" by the addition of kazoos *(mirlitons)* to the resonators. The tone is thus rendered rougher and somehow thicker. The fusion between coarseness of tone and the absence of tempering of the scale renders a precise discrimination of pitch extremely difficult, contributing so to a state of ambivalence in perception, by its *trompe-l'oreille* effects.

Such ambivalence shows itself, for example, like this: at the first hearing of a xylophone piece, you may be convinced that the tuning is close to a scale of the type C D E G A, in which the E and the A are slightly sharp. At the next hearing, the E previously found *too sharp* will be heard as a *slightly flat* F. Rehearing the piece a third time, the prevailing impression will be that an A which you thougt *too sharp* would more likely be a *flattened* B-flat. By now the original C D E G A will have nearly become C D F G B-flat. But the experiment may not be stopped there ...

164

During previous field trips, I had tried to solve this riddle. With the help of some quite rudimentary aids (like a child's glockenspiel ...) I asked the musicians about the acceptability, in a given musical context, of one or another pitch. The results were not convincing since the „toolkit" was too far from [their] reality, and thus unsuitable. Additionally, the absence of any kind of vocabulary among these populations for concepts as abstract as those of *interval* or of *degree* excluded any kind of verbalisation on the theoretical foundations of their scales.

The problems raised by scales of this region centre around the following questions:
- Would they be interval-systems based on a complementarity of registers? Would there be an implicit abstraction of the notion of the *octave?* More simply, would there be „classical" pentatonic scales which, whilst taking account of the notion of the octave, allowed a considerable field of dispersion to each of their constituent degrees?
- In this last hypothesis, what would be the theoretical model of such systems? Would the field of dispersion be fortuitous — or, on the contrary, predetermined?
- Should the latter be the case, what would be the point of such predetermination?
- Would it be aiming at an effect of „colouration" and/or the insinuation of an impression of *ambiguity?*
- In the last case, what ends would be served by such ambiguity?

*

It's in this context that for two years now, in a seminar of the Department of Ethnomusicology at LACITO (which I chair), a research programme on precisely this subject has been undertaken. First of all we updated and tried ourselves out on a series of experiments on listening to different musics recorded in the region and, while comparing our points of view, tried to decide what the scales were that we had heard. Well, there was constant disagreement: the ten ethnomusicologists who take part in this seminar include among others three young black African researchers and a couple of Tunisians. Nevertheless — and I find this point especially significant — the cleavages of opinion bore no relation to the geo-cultural origins of the participants: they were based on exclusively personal criteria. It seemed to be confirmed that the apparently inherent ambiguity of the scales was related to differences of subjective perception, corresponding to each person's enculturation.

The more exacting analyses that we subsequently made, far from resolving the problem, only confirmed the ambiguities. During previous field trips, one of us — who is doing a study in depth of xylophone music in the Central African Republic — had recorded separately the sounds of each of the bars (or blades) of the instruments he has been investigating[3].

After having given all the evidence possible to IRCAM for the finest possible measurement of frequencies and analysis of the sonic spectra[4], we were hoping that the results would let us extract the scale systems examined, and to evaluate their

165

gapping against an objective norm, calibrated in cents[5]. In other words we were hoping that, as a function of the margins revealed, we would be able to say of a certain note, for example: „This sound, pitched between B and C, may be assigned, by virtue of its calibration, either to B or to C, or even to a degree systematically half way between them."

Well, things are never that simple! The results of the analyses only confirmed the ambiguous character of these intervallic systems. The measurements in effect showed that the constitutive pitches of the scales could just as well reveal an anhemitonic-pentatonic as an equi-pentatonic system. So we presented the results to a mathematician[6] who, after he had scrutinised them, declared the reply „indeterminable".

It thus appeared to us that only the creation of a purpose-designed toolkit, with an appropriate methodology — in short, *an interactive simulation device which could be used in field conditions* — would permit us to discover how these Africans conceive their scales, and understand their pertinence. This device, by substituting for questioning, would also *skirt the difficulties of verbalisation* in a domain which, for the members of the communities concerned, is not the subject of abstract speculation.

In this perspective, my participation in the seminar ‚Für Ligeti', held in Hamburg in October 1988, was crucial. In fact it was there that, over drink, I mentioned my preoccupations to two composers, John CHOWNING and Jean-Claude RISSET, both absolutely *au fait* with latest technology in the fields of acoustics and computer music. The pair of them told me that there was indeed a device already in existence — but only one — which could fulfill the kind of research needs I was envisaging: the Yamaha DX 7 II FD synthesizer.

After some hesitation, mainly due to the technical problems posed by the use of such fragile equipment and the transport of a generator to remote bush villages, it suddenly struck me, looking at the DX 7, that I had there — in theory at least — the ideal tool! This synthesizer could accept the programming and memorisation of a great number of timbres and scale models, with the possibility of being able to modify any or all of them *with the touch of a button.* Thus it might allow different African xylophonists to perform the music of their respective ethnic groups on the basis of a series *of timbres* and of *different scales* — their own ones as well as others, theoretical ones — which would all be preprogrammed by us: they would have the choice of *accepting* them, *refusing* them and, should it be needed, of *modifying* them. Such a procedure would probably lead us, in a series ot trial runs, not only to get closer to the local conceptions each ethnic group holds of its own scales, but also — and above all — to delimit with extreme precision the field of dispersion available to each constituent degree.

The Yamaha DX 7 II FD is in fact unique, in that it permits combinations of the following operations:

166

- *The creation of novel timbres,* an indispensible requirement for the simulation of the individual sonorities of each of the xylophones to be tsted in the experiments.
- *The modification of the order of succession of sounds on the keyboard.* This aspect is particulary important because the xylophones of the Central African Republic have their bars juxtaposed according to a functional, *ergonomic* principle: that is, their disposition on the frame (or chassis) of the instrument follows the frequency with which they are played, giving unusual „topologies", markedly different from the western keyboard, with ist continuous order of pitches.
- The third fundamental operational capacity is the *micro-tuning of each key on the keyboard of the DX 7,* ermitting extremely fine ajustments of pitch *at 1/85th of a semitone: it makes it possible for each degree of the scale to be modified* by the musican himself, *to the point where* he is satisfied he has his own scale, right there.
- Finally, all the data resulting from these operations — those of programmation and modification — can be stored in the synthesizer's memory.

Nevertheless, it was clear that the DX 7 — at least in its conventional utilisation — was still insufficiently adapted to our reserch aims. We thought it inadequate to offer an African musician a succession of one of us to play, on the synthesizer, a traditional african piece from our transcriptions. A single mistake in rhythm, for example, could court the risk of rejection — not due to the scale itself, but to the overall grasp which Africans have of their music, in the middle of which it's difficult for them to evaluate in isolation the different parameters which are working together. Not only was there risk of rejestion, it would also be impossible for us to know the reason why.

It would thus be necessary to let the instrumentalists play in conditions as close as possible to their usual ways. More concretely, the African xylophonists would need to be able to play their music themselves on the Yamaha DX 7.

Nonetheless, the differences between the synthsizer's keyboard and that of an African xylophone were such that we could legitimately fear our idea were umworkable. How could we, in effect, shift the playing technique for an instrument having a limited number of wooden bars (5 to 12), struck with mallets, onto a western keyboard of five octaves and which is played with the fingers? Another difficulty was added to that and — not the least, either: the disposition of the pitches of a Central African xylophone, beyond its differences with the western keyboard, varied as well fromone ethnic group to another — indeed, from one xylophone to another in the middle of one and the same instrumental ensemble!

Hence the necessity to transform the synthesizer somewhat, so as not to disorientate an African musician. To do this, it would be helpful to find a way which would truly „disguise" it, turning the synthesizer into a traditional xylophone. That's how the idea came to me to fix „bars" onto some of the keys of the DX 7, which were longish plates of plywood large enough to be hit by mallets, as on their own real instruments. These plywood „bars" projected outwards from the keyboard, while the keys not to

Foto S. Fürniß

Foto S. Arom

168

Foto S. Arom

Foto S. Fürniß

169

be used were rendered more or less mute[7]. Using a detachable means of self-gripping fixation — made with strips of Velcronplaced under the „bars" and on the white notes of the keyboard — we would be able to simulate at leisure aon the syntehsizer as many types of xylophone as necessary, and programme it so that each musician at the DX 7 could imagine he was in front *of his own xylophone.* And so, thanks to this handyman procedure a curios symbiosis was found between immemorial tradition and high technology.

This unconventional and innovative method was put to work for the first time during fieldwork carried out by our team in the Central African Republic in February and March, 1989[8].

The experimantation dealt with, on one side, some 12 xylophones — played solo or in ensembles of three or four instruments, coming from five different ethnic groups[9] — and, on the other side, with the polyphonic *a capella* songs performed by the Aka pygmies.

For every xylophone that we wanted to analyse we worked out and programmed a different series of *timbres and scales.* As far as the timbres were concerned, we had preselected between 8 and 13 for each of the instruments, to the end that the musican would have at his disposition a sonic palette suficiently large that, from within it, he could select a simulated timbre as near as possible to the real sonority of his instrument[10].

As for the scales, the programming concerned two kinds of data: first, the reconstitution for each instrument of its original tuning on the basis of the IRCAM measurements; second, predicted figures from the development of theoretical models: three anhemitonic models and their inversions, one equi- pentatonic model and one scale including a tritone (of the kind C D E F# A). Each model was prepared in two versions, one with and one without coarseness *(rugosité),* taking into account also the difference between clear and smudgy sounds *(„murlitonnés").* [11]

*

Supplied with a portable generator, the DX 7 and its series of programmed timbres and scales, we set forth and arrived in the bush. For the first trial run of the new method, our choice was the Manza, for the following reasons:
● among the Manza the xylophone is not played in ensemble, but always solo;
● this ethnic group's own xylophone has only five bars and thus seemed the most straightforward for a first attempt;
● in the course of previous field trips, we had worked with the Manza xylophonist Dominique BAWASSAN, who is an accomplished musician, a man of much intelligence and openness of mind, who had proved from the first a valuable callaborator.

Before going into the experiments properly speaking, we set about validating various previously obtained results. Then we asked the singers whom Bawassan usually accompanied to perform severel of their repertoire pieces with him, so that everyone could perfect the memorisation of the timbres and scale of their xylophone. After that, we invited the instrumentalist to come up close to the synthesizer, which had been covered with a piece of cloth, doing this to better perceive his reactions at the very moment when he discovered this amazing device: a DX 7 transmogrified into xylophone!

The moment was crucial. Feeling at once moved and anxious, we were above all afraid of the rejection, pure and simple, of this weird apparatus which risked appearing to the musician as some sort of illusion. Happily there was nothing in it. Once the synthesizer was unveiled, we explained to him how we had tried to replicate his instrument and suggested he try it out. Straight away, without the slightest hesitation, Dominique seized his mallets and, exciting amazement in the whole entourage — our own in the first place — set himself playing on the synthesizer with stupefying ease, and was almost as quickly rejoined by the singers.

Wanting to avoid any confusion by the musician between timbre and pitch — these being directly associated parameters — the scale programmed in the synthesizer corresponded at that stage with his own xylophone. It seemed to us essential, before looking at the scales, that the musician should choose the most satisfying synthesizer timbre for him. So it was that, on the basis of *his own scale,* he would make the choice of a suitable timbre. To do this we suggested he play, several times over, a given piece from his repertoire but *whose timbre would be modified at each performance.* He would come back to us to simply indicate if he refused or accepted the timbre under trial.

Out of 13 timbres switched on for him within the first selection stage, eight were rejected from the outset. We then asked the musician to play the same piece again and pay particular attention to the five timbres he had so far retained. At this point in the experiment we put a supplementary interactive procedure into action: differently coloured stickers had been placed on each of the synthesizer buttons corresponding to the five timbres still in play. Now Bawassan could, while playing on the DX 7, change as he wished from one timbre to another, without any exterior intervention.

We were thus the audience at an astonishing spectacle wherein a Manza musician played „his" xylophone on our synthesizer, manipulating the different controls with ease as he changed from one timbre to another, selecting anew three timbres, starting over again, eliminating yet another, hesitating between the last pair, and finally declaring: „That one's the twin of my instrument!"

Once the timbre was chosen, it became possible to submit the different pre-programmed scales to the musician's choice. A first discrimination was established between scales accepted and scales declined. The latter were presented again to him so that he might tell us if he thougt a scale was incorrect *altogether* or if *only the sounds of certain bars* were not right.

In the last scale configuration, the musician immediately designated one or two bars on the DX 7 which he thought had been badly tuned. This let us put another interactive procedure into action, and not the least one: it was to ask the musician to correct the defective degress by adjusting the microtuning provided on the DX 7. So, when he pointed to an errant bar, we showed him how to manipulate the cursor for micro-tuning and thus modify in his own time the pitch of any bars, going flatter as much as going sharper.

That is how we watched an extraordinary scene: a traditional xylophonist striking with his mallet in one hand on the bars of the DX 7, while using his other hand to adjust the micro-tuning cursor. This was a musician who — just like his ancestors, on the one and only type of xylophone used by his ethnic group for centuries, and used to tuning his bars by prudent sizing of the wood (always with the risk of a cut going past the point of no return) — suddenly took his finger off the cursor to tell us, with the utmost simplicity: „What I've done there is just like me cutting my wood!" The spontaneity of the remark was the evidence he was in no way perplexed. His gesture was as pertinent in the one case as in the other; only the technical modalities were changed.

It's essential to point out, in the experiment I am describing — just as in all the others that followed — that at no moment did the musician find himself alone with the researchers. All the experimental sessions were held in the presence, and with the active participation, of other xylophonists, members of the same ethnic group and from the same ensemble. Also systematically taking an equal part were the singers who, traditionally, participated in musical events; then there were some personalities — elders and others — locally considered as authorithies on the subject. Well, disagreement was practically never there between the different protagonists. That meant that the acceptance or rejection of such and such a scale or timbre was not the evaluation or unilateral decision of an individual isolated from his usual environment; quite to the contrary, because of the consensus brought out, all choices flowed from a cultural judgement based on the representative normative presence of the collective musical tradition.

The same kind of procedure was put into action for all the xylophones examined during this field trip. The instruments were played sometimes solo, sometimes in ensembles of three or four. At each new experiment we lived through the same apprehensions: whether our respondents would categorically refuse the experimental device in itself, and then the same emotions when the principle was accepted, and finally the joy of observing — as it always turned out — that they involved themselves with as much enthusiasm as patience.

172

Thus conducting these experiments in the field itself allowed us a threesided encounter over the scales — whether they be accepted, refused, modified — and to collect a considerable quantity of information that had been aroused by the interactive character of our device.

Examination of our data has so far shown that:
- the values of the three parameters programmed on the synthesizer (pitch, timbre, coarseness) sensibly differ from one ethnic group to another, as well as in the form of their combinations;
- for the same scale, tested on a „xylophone" whose every „bar" bore the spread of harmonics which was proper to it, permutations of the timbres modifies the perception of the width of intervals, most particularly on those which seperate the sounds at the extremities of the ambit [12].

It follows that the systematic analysis of the musical scales, to be *pertinent,* cannot in any way limit itself to measurements of the fundamental pitches, but must imperatively take into account the structure of the harmonic spectra as well as the degree of coarseness *(rugosité).*

It also appears that the inherent ambiguity of the xylophone tuning, far from being fortuitous, is desired — and that it comes from an idea of musical, organisational economy. Now, it is just this very principle of tolerance, in effect, which facilitates the ensemble performance of a complete song corpus — a corpus calling for several types of pentatonic scales — without which it would be necessary to change the instruments as often as the singers changed the interval systems to be sung, if they were to be allowed to remain in the same vocal register.

In the course of these experiments all the xylophonists were able, thanks to the synthesizer's micro-tuning device, to effect *by themselves, individually, the restitution of the tuning of their respective instruments,* taking it to a degree of discrimination far beyond the somewhat empirical norms used for tuning traditional xylophones of this region.

Hence recourse to a synthesizer in an experimental context can, from now on, allow a traditional musician to *materialise his „mental template",* that is to say *the model he has in his head of an ideal scale whose tuning would be perfect.*

For the music of the Aka Pygmies, the employment of the DX 7 was going to have to be approached differently. Being vocal polyphony based on four substantive parts without any instrumental support, a direct interaction with the synthesizer of the kind described above would have been clearly unsuitable.

Attentive listening to the separate parts of pygmy polyphony reveals, in the actual performance of intervals, the presence of non-systematic phenomena: on the one hand, certain adjacent intervals are modified according to whether they are part of a rising or decending passage in the melody; on the other hand, the performance of disjunct, *yodelled* intervalls can give way to what become now major sixths, now minor sevenths.

Examining the relations between the different parts of a pygmy song, a divergence emerged between horizontal and vertical listening, which led to different conclusions. In this way, two degrees which appeared an octave apart vertically, on the separate audition of the two parts which contained them, were revealed to be forming an interval of a major seventh. Well now, this last interval created quite a problem, because it is excluded from the anhemitonic pentatonic system!

In other recordings where two versions of the same yodelled part were performed together, one of them went B G *E* G while the other did B G *F* G. There again, and for the same reason — E vs. F — meant they mutually excluded themselves.

To try to interpret these phenomena, some analysis had been done, starting with measurements of fundamental frequencies[13]: every note in a number of pygmy melodies was isolated from its melodic context, transfered for sampling on a Casio FZ 100, to be compared with complex synthesized sounds.

However, this procedure did not show any internal coherence in the phenomena observed. It was the same with the analysis of timbres of the singing voice. The hypothesis according to which a phonetic and acoustic analysis of the yodel — the alternation of vocal timbres and gapped degrees, associated with the use of specific vowels, which could normally explain the reason for the variations of pitch observed — did not come into it.

So that we could try and elucidate these phenomena in the field — with the active participation of the Aka Pygmies — we pre-programmed the DX 7 with ten models of scales based on different orderings of degrees within an octave:
● three tempered anhemitonic pentatonic scales;
● one tempered equi-pentatonic scale;
● one scale made of two disjunct tetrachords, each divided in two equal intervals;
● one scale based on the complementarities in two harmonic series distant from one another by a major second; lastly
● four scales corresponding to different sectional sequences from the harmonic series.

Once again we had to adapt the DX 7 to field conditions by developing a new technique of utilisation. With this in mind we took the ‚E!' extension of *Grey Matter,* intending to drive the DX 7 with the sequencer on that card: thanks to the conjunction of the programmes for *Performance* and the sequencer, it would in effect become possible to simulate several versions of the same polyphonic song, each of them having been programmed differently with our artificial scales, and then to submit them to the pygmies' judgement.

174

However, before being able to undertake the experiments, properly speaking, we would need to get the pygmies to recognise their own *vocal* music reconstituted via the synthesizer in a timbre noticeably different from that of the human voice; in other words, it would work suitably if they could recognise a polyphonic song from their own repertoire, in spite of the difference between true pygmy voices — whose „guttural" timbre is very idiosyncratic — and the „voices" programmed on the DX 7. To do this, we had the idea of letting them hear some utterly different music, but which would share with theirs some common features, in such a way as to not create confusion between the different parameters: periodicity, vocal parts and timbre — so that here neither, there would be no total rejection.

The music chosen for this first phase of the experiment was the opening of the *Andante* of the *Sinfonia* or first movement of the *Partita in C minor* by J. S. Bach. It was performed by one of us on the synthesizer and, in order to reproduce the principle of periodicity, the piece was put into a loop with a cycle of eight beats, at the end of which the same phrase reappears. We said to our pygmy participants: „You're going to hear some music which doesn't come from here, but which works like your own songs. It will be repeated several times. There aren't four parts in this music as there are in yours, there are only two, which you'll be able to follow by *looking at* our musician's hands."

Now came the main problem, that of timbre: how to get the Aka Pygmies to accept the difference between the timbre programmed on the DX 7 and that of their own voices? To try and help them with this difficulty, we decided to let them hear first a very different timbre.

That's how the opening of Bach's *Partita* was played at the start: with a timbre like a bell. The segment was replayed several times until the Pygmies, firstly, could accurately spot the recommencement of the cycle and, secondly, could grasp the analogy which prevailed between the two parts played and the equivalent parts existing in their own music, until the point was reached where they named the latter in Aka terminology.

After having conducted several verifications — by repeating the experiment with different timbres — we got them to listen to the simulated timbre of one of their own instruments, a little wooden flute, and after a momentary hesitation, they recognised it.

The next step, after having explained to the Aka that we couldn't really imitate the timbre of their voices, was to let them hear and identify two pieces from their polyphonic repertoire on the DX 7, which we had previously recorded with the sequencer, using tapes and transcriptions already to hand. To our immense joy, these two pieces were identified almost instantaneously.

With all the preliminary steps cleared, we had arrived at the decisive moment of the experiment: that of letting the Aka Pygmies hear ten versions of each of these same two pieces, with the modification of each version's interval system — following the different models of scales which had been programmed — and then asking them, after each of these versions, to accept or to refuse them.

But now a new problem arose, confronting us unexpectedly: to our utter astonishment, our paricipants accepted every one — the totality — of the versions we had submitted to their judgement. In other words, they considered the ten different models of scales as all being *equivalent*.

In the face of that surprising finding, we came to advance an hypothesis, to wit: that, if the pertinent key to the structure of Aka Pygmy song is not to be found in the scales, it can only be found in the progressive unfolding of the parts. So, seeking to verify this hypothesis, we let the Aka hear the four constituent parts of a song in their repertoire *one after the other*, in which the melodic contour, at a precise point in its progress, had been carefully modified by us; this was to test the reactions of our participants who, immediately, spotted our modifications.

It has thus turned out — curious though it appear — that *the horizontal progress of the individual parts would seem to prevail over the vertical resultants of their superimposition.*

*

Results obtained on this field trip far exceeded our expectations. All the musicians — including the pygmy singers — agreed with neither reserve nor hesitation to involve themselves in the experiments, to participate actively in all its phases, demonstrating by that a serious approach to a reciprocal quest.

For, in the course of working with ensembles of three or four xylophones, a collective performance would arise spontaneously wherein the musicians would use the DX 7 indifferently with any two or three other instruments, *integrating it in an organic way into their practising traditions.*

As for Pygmies, after getting used to this „chimæra" in their midst, they expressed a desire to explore the synthesizer's keyboard by themselves, which they did with much creativity, adapting themselves to it with astounding speed.

It appears to us that the exploitation of the multiple resources of the DX 7, with its efficacity in field conditions, is likely to revolutionise all previous ethno-musicological research methods dealing with pitches and structures of musical scales.

After having put it to the test, there is no doubt that this novel methodology, conceived and developed in close collaboration with the members of my team, could be applied throughout the discipline no matter what the cultural area envisaged might be.

What is more, experimentation in the field has stimulated new ways of investigation, placing the initial research objectives within much larger dimensions. In effect, it was apparent that many of the kinds of interaction provoked by our experimental device are presenting much of certain interest to the study of diverse areas raised in the cognitive sciences, as applied to homogeneous societies — notably over the ability to adapt to new technology, the psychology of perception, the gap between perception and conception and finally the relations of these diversified fields to cerebral neurobiological processes [14].

And so it was that in the framework of a study dealing with music, our synthesizer became a *discovery device for forms of know-how which, by their nature, can not be verbalised.* To put it as metaphor, one might say this: that in the emergence of the implicit, the hand moving the cursor transcends the spoken word, and indeed written; that, immediately, information stored in the *brain* of the musician becomes engraved in the *memory* of the synthesizer.

Paris, November 1989   Translated by Peter Crowe

Notes

[1] This team was Vincent DEHOUX, Susanne FÜRNISS, Frédéric VOISIN and the author of these lines. I must gratefully thank my three friends who have each willingly and carefully reread this text, suggesting a number of modifications and adding significant complementary information.
[2] Laboratoire de Langues et Civilisations à Tradition Orale of the Centre National de la Recherche Scientifique, Paris.
[3] This is Vincent DEHOUX, who is currently preparing a doctorat d'Etat on the structure of the repertoires for xylophones in this country.
[4] The analysis was done with the system called VAX, using Jean-Baptiste BARRIERE's programme HYBRIS, which were of invaluable help to us.
[5] A cent is a unit of pitch measurement corresponding to one-hundredth (1/100) of a semitone in equal temperament; the octave is thus 1200 cents.
[6] Marcel KLAPISCH, professor of mathematical physics at the Hebrew University of Jerusalem.
[7] As it is impossible to completely silence the neutralised keys of the DX 7, we tuned them all to g^8, a sound of very weak intensity, since it is pitched so extremely high.
[8] The field trip had the benefit of support from the FONDATION TOTAL POUR LA MUSIQUE.
[9] These were the Manza, the Ngbaka-Manza, the Banda-Mbi, the Banda Gba-Mbia and the Gbaya.
[10] When we began, the working out of the timbres was done empirically by progressive modifications of a timbre called ‚Maribumba', included in the DX 7's built-in collection.
The modifications essentially dealt with the envelope of a sound and the distributions of harmonics within its aural spectrum. With a view to obtaining a palette of timbres with very fine nuances, the harmonics were sharpened or flattened within a margin of 20 to 80 cents. This work was entirely carried out by Frédéric VOISIN.
[11] Each plywood plate covered two keys. The coarse effect was obtained by tuning one of two keys, at an interval varing between 25 and 40 cents, away freom the other.
[12] The detailed examination and analysis of the mass of data collected is presently under way; it seems therefore premature to go further here with results that can only be partial.

[13] These were done by Susanne FÜRNISS, who is preparing a doctoral thesis on the scale system of the Aka Pygmies. The analysis were done at the Tonstudio at Hamburg's Musikhochschule.

[14] It may be useful to add here that all of the experimental sessions were filmed in their entirety in real time on video.

Tonsysteme, Frequenzdistanz, Klangformen und die Bedeutung experimenteller Forschung für die Vergleichende Musikwissenschaft

ALBRECHT SCHNEIDER & ANDREAS E. BEURMANN

1. Einleitung

Vorliegender Beitrag befaßt sich mit den Zusammenhängen akustisch-tonometrischer, musikethnologischer und musikpsychologischer Forschung; er setzt frühere Überlegungen fort und schließt an Ergebnisse sowie mehr theoretische Diskurse an, die anderweitig publiziert wurden.[1] Soweit hier von ‚Vergleichender Musikwissenschaft' die Rede ist, spielt die schon von Carl Stumpf erhobene Forderung eine Rolle, die experimentelle Forschung mit ethnologischen Befunden zu verbinden oder auch zu konfrontieren; ohne an dieser Stelle in eine Definition der Ansätze und/oder Fachgebiete „Musikethnologie" sowie „Vergleichende Musikwissenschaft" eintreten zu wollen,[2] kann doch festgehalten werden, daß nach Konzeption u n d Forschungspraxis nicht allein in Mitteleuropa (hier vor allem Wien und Berlin), sondern ebenso in England und z. T. den USA eine eigenständige Disziplin ‚Vergleichende Musikwissenschaft' gerade durch die Kombination der systematisch-experimentellen mit der ethnologischen bzw. anthropologischen Forschung begründet werden sollte.[3] Dieser Disziplin war von Anfang an die Aufgabe zugedacht, solche Probleme zu erforschen, die nach Thematik und Reichweite fächerübergreifend sowie — modern gesprochen — der „Grundlagenforschung" zuzurechnen sind (vgl. Stumpf 1885a. Stumpf/v. Hornbostel 1911; Hornbostel 1905/06 und 1910; Lach 1924; Graf 1973; Födermayr 1983; Brandl 1984). Demgegenüber wäre der Kernbereich musikethnologischer Arbeit die Erforschung einzelner Musikkulturen und der jeweils spezifischen Gestaltungsmittel unter nachdrücklicher Berücksichtigung des historischen und sozialen Kontextes. Es liegt auf der Hand, daß — wie etwa Walter Graf (1957) hervorgehoben hat — eine Unterscheidung beider Gebiete bzw. Ansätze unter Aspekten der Terminologie, Methodik und der Arbeitsteilung möglich und sinnvoll ist, sachlich jedoch zahlreiche Querverbindungen bestehen, da auch die Musikethnologie keineswegs nur „interne" Beobachtungen anstellt und faktisch weder auf Vergleiche noch auch auf experimentelle Ergebnisse verzichten kann. Umgekehrt dürfte feststehen, daß ‚Vergleichende Musikwissenschaft' nur auf der Basis breiten und gut dokumentierten Tatsachenmaterials zu tragfähigen Verallgemeinerungen gelangen kann und in dieser Hinsicht gerade in den Anfängen der Disziplin wohl „allerhand Malheurchen passiert" sein mögen.[4] Dabei darf freilich nicht übersehen werden, daß beinahe die Mehrzahl auch explizit vergleichend angelegter Untersuchungen nicht notwendig auf weitgespannte Beziehungen oder aber ein hohes Maß an Abstraktion angelegt, vielmehr häufig mit überschaubaren Phänomenen befaßt war und ist.[5] Vor allem aber erscheint von Belang, daß die Möglichkeit vergleichender Musikwissenschaft letztlich dadurch entschieden wird, ob es gelingt, geeignete Kategorien und Prinzipien zu bestimmen, die dann das methodologische Fundament der konkreten Verfahren bilden. Von den früheren Ansätzen imponiert der von Robert Lach als „Entwicklungsgeschichte" der gesamten Musik konzipierte durch Geschlossenheit und deduktive Konsequenz;[6] neuere Überlegungen jedoch gehen weit vorsichtiger zu Werke, wobei zeichentheoretische, linguistische und anthropologische Kategorien und Modellvorstellungen eine wichtige Rolle spielen (vgl. etwa Blacking 1973; Powers 1980; Nettl 1983; Brandl 1984).

2. Vergleichende Musikwissenschaft und experimentelle Forschung

Es ist zu zeigen, daß Stumpf — der von Jugend an aktiver Musiker und an musikalischen Fragen interessiert war — von der Vergleichenden Musikwissenschaft die Klärung höchst umstrittener Fragen der Wahrnehmung und Kognition erhofft und Aufschlüsse über die Universalität des Konsonanzempfindens, des Intervallsinns und dergl. erwartet hat; Hornbostel wiederum ging es um die Ausbildung von Melodie- und den gerade bei „Naturvölkern" nicht selten komplizierten Rhythmusgestalten sowie die hiermit verbundenen Gedächtnisleistungen (vgl. Stumpf/v. Hornbostel 1911; Hornbostel 1910). Obwohl Stumpf selbst und dann seine Mitarbeiter (um 1910 waren dies Abraham, Hornbostel, Fischer und Wertheimer) eine Reihe mehr deskriptiver Arbeiten zur Veröffentlichung brachten, ist doch die psychologische und anthropologische Dimension fast immer angesprochen und hat Stumpf die Notwendigkeit vergleichender Forschung im Hinblick auf musikpsychologische, ästhetische und historische Fragestellungen stets betont (Stumpf 1885 a, 1886). Der experimentelle Ansatz kommt insonderheit in der Abhandlung über *Tonsystem und Musik der Siamesen* (Stumpf 1901) zum Tragen, und zwar sowohl in tonometrischer wie in musikpsychologischer Anwendung. Wie Stumpf und von Hornbostel wiederholt ausgeführt haben, sollten insbesondere die vergleichend-musikpsychologischen Untersuchungen auf drei Ebenen stattfinden, nämlich: (1) Experimente mit nichteuropäischen Versuchspersonen, (2) Tonmessungen an außereuropäischen Instrumenten sowie (3) Analyse der aufgenommenen und archivierten Phonogramme. Es gibt Gründe, warum die konkrete Forschung vorwiegend an Instrumenten und tonometrisch vorgenommen wurde, Versuche mit außereuropäischen Musikern hingegen nur sehr gelegentlich realisiert werden konnten; zu nennen wäre einmal der Umstand, daß aus den Kolonien und durch Forschungsreisende, Kaufleute, Missionare etc. relativ viele Instrumente in die ethnographischen Museen und sonstigen Sammlungen gelangten und also leicht zugänglich waren, während umgekehrt die erwünschten Gewährsleute meist nur durch reisende Ensembles (vgl. Stumpf 1886; 1901; Abraham & v. Hornbostel 1902/03; v. Hornbostel 1906/07) und für kurze Zeit zur Verfügung standen. Zweitens dürften die damals als bahnbrechend empfundenen Messungen von Ellis und Hipkins (1884; 1885) die Effizienz tonometrischer Messungen vor Augen geführt haben, die zudem — drittens — als objektiv, exakt und nachprüfbar i. S. des naturwissenschaftlichen und psychophysikalischen Experiments galten. Demgegenüber führten Befragungen und Versuche mit außereuropäischen Musikern, wie sie mehrfach von Stumpf und wohl auch von Ellis in die Wege geleitet wurden, zu wenig befriedi-

180

genden und jedenfalls ambivalenten (d. h. uneinheitlichen und z. T. widersprüchlichen) Resultaten (vgl. Stumpf 1901: 104 ff.). Es kann hier dahinstehen, ob die Befragten bereits durch Akkulturationseinwirkung (Ensembles aus Asien und Afrika gastierten in großen Städten Europas und hörten dort auch westliche Musik) beeinflußt und ob die Versuchsbedingungen adäquat gewählt waren; angesichts der Sprachbarrieren und Verständigungsschwierigkeiten (vgl. Hornbostel 1906/07: 11) konnten solche Untersuchungen in der Regel (und hierzu quasi als Ausnahme Lachmann 1923, der sehr früh tunesische Musik und somit „bi-musicality" zu praktizieren versucht hat) nur ergänzenden Charakter gegenüber den akustisch-tonometrischen Messungen haben.

Die tonometrischen Erhebungen zu Skalen und Tonsystemen erbrachten indessen eine beachtliche Zahl von Befunden, die im wesentlichen Aufschluß zu (a) musikpsychologischen, (b) musiktheoretischen und (c) kulturhistorischen Fragen liefern sollten. Auch hier gilt, daß diese Bereiche gewöhnlich nicht isoliert betrachtet wurden; vielmehr gewann gerade bei v. Hornbostel die „kulturhistorische" Deutung tonometrischer Daten ab etwa 1906 immer stärkeres Gewicht (vgl. A. Schneider 1976: 101 ff. und 1988 b).

2.1 Tondistanz und Intervallqualität

Nachfolgend soll die Entstehung eines wissenschaftstheoretisch relevanten Konzepts (das man mit einem inzwischen leicht strapazierten Ausdruck „Paradigma" nennen mag) im Schnittpunkt von Psychologie, Akustik, Ethnologie und Musikforschung rekonstruiert werden, das nach Stumpfs Verständnis dann auch einen zentralen Bereich vergleichender Musikwissenschaft ausmacht: es geht um das Verhältnis von Tondistanz und Intervall, ein Problem, das in der Literatur von Ellis bis zur Gegenwart zu verfolgen und justis de causis noch immer umstritten ist. Eine Befassung mit diesem Fragenkomplex innerhalb dieser Arbeit erscheint somit aus mehreren Gründen — methodologischen, forschungspraktischen und historischen — durchaus gerechtfertigt.[7]

Zunächst ist daran zu erinnern, daß der Begriff der D i s t a n z ein geometrischer und näherhin zentraler Terminus der bei Gauß, B. Riemann, Helmholtz und anderen entwickelten Distanzgeometrie ist.[8] Helmholtz bemühte sich dabei nicht allein um eine mathematische Theorie der Distanz, sondern gab zusätzlich eine physikalische sowie im Ergebnis auch psychologische Erklärung, die vom Messen bestimmter Distanzen ausgeht und letztlich auf den Vorgang des Zählens beim Abtragen eines „Maßstabs" zwischen zwei Puntken (m, n) zurückgeführt wird (vgl. Helmholtz 1887, 1971).

Offenbar im Anschluß an vorgenannte Forschungen, jedoch nun unter mehr erkenntnistheoretischen und phänomenologischen Aspekten, handelte Stumpf *Über den psychologischen Ursprung der Raumvorstellungen* (Stumpf 1873). Hinsichtlich der geometrischen Kognition unterschied Stumpf zwei Momente, nämlich das elementare Vermögen, die Verschiedenheit zweier Orte (der Punkte m, n) zu erkennen, sowie die Fähigkeit, die Größe der Verschiedenheit, d. h. die Entfernung zwischen den Punkten (m, n) zu messen (Stumpf 1873: 17). Der Abstand zwischen dem Punktepaar (m, n) wäre gleichbedeutend ihrer geometrischen Distanz in einer euklidischen Metrik.

In der zehn Jahre später erschienenen *Tonpsychologie* kehrt der Distanzbegriff wieder, der dort einen prominenten Platz behauptet und allgemein für „den reciproken Wert des Ähnlichkeitsgrades zweier Empfindungen oder kürzer den Grad ihrer Unähnlichkeit" eingesetzt wird (Stumpf 1883: 57, 122). Es verdient angemerkt zu werden, daß zumal im ersten Band der *Tonpsychologie* der Diskurs ein weitgehend philosophischer und insonderheit die Theorie der R e l a t i o n e n gegenständlich ist, die Beziehungen von Empfindung und Urteil, einzelne Urteilsklassen und die Bedingungen der auf Sinneswahrnehmung gestützten Urteile hinsichtlich der Zuverlässigkeit erörtert werden. Mithin stehen bei Stumpf die Vorgänge der Analyse und Vergleichung von Sinneswahrnehmungen und die Vorstellungen der Ähnlichkeit, Gleichheit und Ungleichheit zur Diskussion und ist die *Tonpsychologie* von empirischer Forschung im Sinne etwa des behavioristischen Ansatzes ebenso weit entfernt wie jene *Psychologie vom empirischen Standpunkt,* die Stumpfs Lehrer und Freund Franz Brentano vorgelegt und sein Schüler als Anknüpfungspunkt genommen hatte, um eine Reihe kognitiver Fragen mit Rücksicht auf musikalische Sachverhalte zu erörtern. [9]

Für Stumpf gründete sich der Begriff der D i s t a n z darauf, daß „Ähnlichkeiten allenthalben graduell abstufbar sind" und demnach auch die Vergleichung von Distanzen hinsichtlich der Relation von größer ./. kleiner möglich ist. Aufgrund von Stumpfs Definition (s. o.) können je zwei „Empfindungen" (Qualitäten, Intensitäten, Raum- oder Zeitpunkte) vergleichend in Beziehung gesetzt und der Grad der Unähnlichkeit durch ein Abstandsmaß ausgedrückt werden. Dementsprechend läßt sich die Unähnlichkeit zweier verschieden eingestimmter Töne einer Saite als „Distanz" auffassen, beschreiben und näherhin quantitativ durch Schätzung bestimmen.

Der Distanzbegriff, der in diesem Jahrhundert in Konzepten der sog. Multidimensionalen Skalierung eine konstitutive Bedeutung erlangt hat (vgl. Kühn 1976), bezieht sich also auf den Abstand von Punkten, die einer oder mehreren Dimensionen zugeordnet werden. Es ist nun bemerkenswert, daß Helmholtz in einer seiner Arbeiten zur Grundlegung der Geometrie, nämlich in der Studie *Über den Ursprung und die Bedeutung der geometrischen Axiome* von 1868/69, im Kontext des Raumbegriffs und der Dimensionalität des Raumes auch „das Reich der einfachen Töne" erwähnt und diesem unter Vernachlässigung der „Klangfarbe" dann nur noch zwei Dimensionen (Tonhöhe und Tonstärke) zuweisen will. [10] Zumindest indirekt kommt hier auch der Aspekt der später bei Stumpf so nachdrücklich erörterten „Distanzvergleichung" zur Sprache, insofern Helmholtz klarstellt, daß wir zwar zwei Punktepaare (m, n ‖ p, q) hinsichtlich ihres jeweiligen Abstands unter Anlegung eines Maßstabs vergleichen können (gleichviel, ob die Punkte des einen Paares auf dem Fußboden und horizontal, die Punkte des anderen Paares an der Wand und also vertikal aufgezeichnet sein mögen), „nicht aber den Abstand zweier Töne von gleicher Höhe und verschiedener Intensität mit dem zweier Töne von gleicher Intensität und verschiedener Höhe" (Helmholtz 1971: 201). Folglich kann die „Distanzvergleichung" sinnvoll nur innerhalb der einzelnen Dimensionen vollzogen werden, die in sich als kontinuierlich und homogen gelten.

Diese Überlegungen kehren in Stumpfs *Tonpsychologie* wieder (vgl. Stumpf 1883: 57 ff., 109 ff., 122 ff., 247 ff.; 1890 a: 319 f., 403 ff.), wobei Tondistanzen ganz analog zu räumlich-geometrischen Abständen i. S. der Helmholtzschen Lehre begriffen werden. Fungieren die Töne je für sich als Analoga von Raumpunkten und kann, wie Stumpf nachdrücklich betont, von drei Tönen (x, y, z) immer nur einer der „mittlere" sein, dann ergibt sich hieraus unschwer auch die Auffassung, daß die Mannigfaltigkeit der Töne als reine Qualitäten bzw. „Punkte" betrachtet, eine l i n e a r e und zudem e i n e d i m e n s i o n a l e Reihe ergibt.[11] In der Tat hat Stumpf eben diese Ansicht explizit vertreten und also postuliert: „Das Gebiet der Töne hat nur E i n e D i m e n s i o n" (1883: 144; dort auch S. 141, 146, 182 ff.).

Diese Dimension wurde näherhin als lineare Reihe quasi-kontinuierlich gelagerter Töne (zwischen zwei Tonorten m, n kann man zumindest theoretisch weitere bei infinitesimal kleinen Abständen „einschieben" und so immer kleinere „Distanzen" zwischen Tönen erzeugen) vorgestellt; nach Stumpf eignet dem eindimensional-linearen Tongebiet insoweit Unendlichkeit einerseits — es sind immer höhere und ebenso immer tiefere Töne denkbar (obwohl sich naturgemäß die Frage des Nullpunkts stellt) — und Stetigkeit andererseits. Aufgrund der Parallelität von Tonreihe und Schwingungszahlen eignet der Reihe nicht nur Linearität, sondern korrespondiert jeder Tonqualität (jedem „Tonpunkt", der einen spezifischen Ort bezeichnet) eine Tonhöhe und wird die Tonreihe selbst ganz zwanglos als aufsteigend empfunden (vgl. Stumpf 1883: 189 ff.).

Stellen beliebige Tonpaare (m, n) Raumpunkte mit dazwischenliegenden „Distanzen" dar, muß bei sukzessiven wie bei gleichzeitig dargebotenen Tönen (m, n) ein Hörer resp. eine Versuchsperson in der Lage sein, den Höhenabstand sowie — dies ergibt sich umstandslos aus Stumpfs Definition von „Distanz" (s. o.) — den jeweiligen „Grad ihrer Unähnlichkeit" (Stumpf 1890 a: 319) zu schätzen. Der Hörvorgang liefe demnach bei der Darbietung zweier Töne auf eine Abstandsschätzung hinaus, wobei der erste als Bezugspunkt dient; in der Praxis wäre hier am ehesten an das Einregulieren z. B. einer Saite (m) im Verhältnis zu einer anderen (n) zu denken.

Stumpfs Auffassung beruht im übrigen darauf, daß einem bestimmten Grad an Unähnlichkeit, d. h. einer gewissen „Distanz" zweier Töne, ein bestimmter Empfindungsunterschied korrespondiert. Dieser Zusammenhang führt direkt in den Bereich der Psychophysik, insofern allgemein die Beziehung von Reiz- und Empfindungsgrö-

ßen gegenständlich wird und Stumpf seinen Begriff der „Distanz" gerade dort eingeführt hat, wo er sich mit Fragen der ebenmerklichen Wahrnehmung, der ebenmerklichen Unterschiede und anderen Lehrstücken der Psychophysik befaßt (vgl. Stumpf
1883: 43 ff., 57 ff.).

Diese Konstellation ist deshalb von Belang, weil die Frage der To n d i s t a n z und der
„Distanz-Vergleichungen" nicht nur bei Stumpf, sondern auch bei seinen Mitarbeitern Abraham und v. Hornbostel unter ethnologischen und musikpsychologischen
Vorzeichen wiederkehrt. Unmittelbar nach dem ersten Band der *Tonpsychologie* erschienen nämlich die Messungen von Ellis und Hipkins (1884) bzw. Ellis (1885) nebst
Interpretation sowie mehr spekulativen Deutungen, die einzeln zu kommentieren hier
nicht erforderlich ist. [12] Da Hipkins und Ellis Gelegenheit hatten, nicht nur Instrumente zu vermessen, sondern auch die Musiker zu befragen, wertete Stumpf in einer
Rezension die Ergebnisse als die „wohl ersten psychophysikalischen Messungen an In-
dividuen außereuropäischer Nationen überhaupt" (Stumpf 1885 b: 517). Es wird
ohne weiteres ersichtlich, daß Stumpf erstens die Befunde von Ellis vornehmlich unter psychophysikalischen Aspekten (und nicht so sehr unter ethnologischen oder musiktheoretischen) begrüßt und zweitens bald als Beleg für die Wirksamkeit eines
eigenständigen D i s t a n z p r i n z i p s außerhalb und im wesentlichen unabhängig
vom Intervallsinn (s. u.) gewertet hat. Stumpfs Auffassung war jedoch bis zur Jahrhundertwende keineswegs einheitlich, [13] und selbst in der Abhandlung, die das oben
thematisierte Problem der Beziehungen von Reiz- und Empfindungsgrößen in außereuropäischer Musik näher untersucht, wird mehrfach eingeräumt, daß auch die offenbar als äquidistante Heptatonik eingerichteten Skalen der „Siamesen" (Thai)
„nicht ganz ohne Mitwirkung des Consonanzbewußtseins entstanden sind" (so
Stumpf 1901: 96; dort gesperrt).

Im Jahr 1900 gastierte in Berlin das schon von Ellis untersuchte „siamesische" Ensemble; Stumpf hatte Gelegenheit, Instrumente und Musik zu studieren sowie mit
einzelnen Musikern zu sprechen. [14] Über die Analyse der Musik hinaus spielte die
psychologische resp. psychophysikalische Fragestellung eine zentrale Rolle, denn
Stumpf ging mit Ellis von einer gleichstufig-temperierten Heptatonik aus und stellte
dann die naheliegende Frage, wie man ohne technische Hilfsmittel, allein auf das Ohr
gestützt, solche Leitern sollte einrichten können (vgl. Stumpf 1901: 81 ff., 89.).

Eine äquidistant-heptatonische Leiter hat bei exakter Einstimmung Schrittgrößen mit
dem Wert $\sqrt[7]{2} = 1,1040895$; eine solche Skala ist weder leicht vorzustellen noch etwa
durch Versuchspersonen mittels Generatoren oder anderen Apparaturen exakt zu re-
produzieren. Ihre Intervalle weichen von den uns gewohnten sämtlich ab, so daß hier
also vom Konsonanzprinzip streng genommen nur die Oktave erhalten und ansonsten
eine andere Teilung gewählt wäre, die Stumpf sogar als einfacher und „a priori näher-
liegend" gewertet hat. Der Verzicht auf harmonische Zusammenklänge sei insoweit
durch die unbegrenzten Transpositionsmöglichkeiten wettgemacht (ein Argument,
auf das unten in einem vergleichbaren Zusammenhang noch einzugehen sein wird;
vgl. S. 207).

Indessen bedarf die bloß „auditive" Ableitung vorgenannter Skala einer plausiblen Erklärung, und diese gründete Stumpf dann auf die Voraussetzung, „daß die aufeinanderfolgenden geometrisch gleichen Stufen auch in der Empfindung als gleiche Tonabstände sich darstellen" (Stumpf 1901: 91). Es wird demnach ausdrücklich vorausgesetzt, was erst zu beweisen wäre; allerdings betrachtete Stumpf diese Erklärung nur als Hypothese, die ihrerseits auf den Theoremen von H. Weber und G. Th. Fechner beruhe und umgekehrt geeignet sei, das in der Psychologie niemals unumstrittene sog. „Fechnersche Gesetz" zu bestätigen. Stumpf schränkte alsbald ein, daß die „siamesischen" Intervalle jedenfalls „die Bewährung einer logarithmischen F o r m e l für Empfindungsabstände auf dem qualitativen Gebiet" bedeute, während zunächst H. Weber und dann G. Th. Fechner ja von Empfindungsintensitäten ausgegangen seien (vgl. Stumpf 1901: 95). Wie auch andere Psychologen stand Stumpf (vgl. 1883/1890 a) der Psychophysik Fechners mit Skepsis gegenüber, konnte hier jedoch offenbar kein anderes geeignetes Erklärungsmuster finden. Fechners Bemerkung, wonach es „die einfache und sozusagen notorische Aussage des musikalischen Gehörs ist, daß gleichen Verhältnissen der Schwingungszahlen eine als gleichgroß empfundene Tondifferenz in verschiedenen Oktaven entspricht, so daß man das Gesetz hier direkter als sonst irgendwo und zwar auch für große Unterschiede erwiesen halten kann" (Fechner 1860; [3]/1907, Bd I: 181), hat Stumpf nicht überzeugt: er hielt die Übereinstimmung unserer Intervalle mit jenem „Gesetz" durchaus für zufällig und das „Gesetz" selbst für keineswegs universell anwendbar (1901: 95).

Diese Vorbehalte sind insoweit berechtigt, wie Fechners „Gesetz" in der Tat auf Verallgemeinerung empirischer Beobachtungen per Induktion und die berühmte „Maßformel" $R = k + c \cdot \log S$ auf mathematischer Ableitung beruht. Es hat schon in der Vergangenheit neben dem Fechnerschen „Gesetz" eine Reihe konkurrierender psychophysikalischer Skalierungen gegeben, so z. B. das sog. „Potenzgesetz" nach Plateau und Stevens; die postulierten Beziehungen von Reiz und Empfindung reichen von linear-linear über linear-logarithmisch (Fechner) bis zu logarithmisch-logarithmisch (Stevens). [15]

Die Bewertung dieser Skalierungen aufgrund praktischer Erfahrungen zeigt, daß es zweckmäßig erscheint, für die verschiedenen Reizarten und Sinnesmodalitäten unterschiedliche Maßstäbe resp. Funktionen zu verwenden. Insgesamt spricht schon die neurophysiologisch konditionierte Perzeption von Intervallen und zumal die interkulturell beobachtete „Oktavengeneralisation" für die Akzeptanz des oben zitierten Satzes über die Beziehungen von Frequenz v e r h ä l t n i s s e n und Intervalleindrücken; [16] aufgrund experimenteller Befunde ist dann die von Stevens und Mitarbeitern propagierte sog. „mel"-Skala, die ohnehin quer zur musikalischen Alltagserfahrung steht, angegriffen und als ungeeignet verworfen worden (vgl. u. a. Attneave & Olsen 1971; Dowling 1982).

Bei der „mel"-Skala kommen die von Stumpf in der *Tonpsychologie* angesprochenen Distanzschätzungen zum Tragen; in den Experimenten von Stevens und Mitarbeitern waren Versuchspersonen gehalten, zu einer Ausgangsfrequenz x einen Sinuston am Generator einzustellen, der dann „halb so hoch", „doppelt so hoch" usw. sein sollte. Die aus den Messungen abgeleitete „mel-Skala" hat also den Zweck, den Zusammenhang von F r e q u e n z (Stimulus) und T o n h ö h e (Empfindung) abzubilden, wobei jedoch die resultierende Kurve (vgl. Stevens & Volkmann 1940: 336) in der Höhe und in der Tiefe auf Extrapolation von Meßwerten beruht und bei der „mel-Skala" selbstredend das Problem des Nullpunkts zu beachten ist. [17] In seiner Kontroverse mit Stumpf hatte schon Wundt zu bedenken gegeben, daß von „Distanzen" phänomenal nur bei solchen Gebilden zu sprechen sei, die durch einen unteren und einen oberen Ton begrenzt sind und nun geteilt werden sollen: „Man kann aber niemals die Aufgabe stellen, zu einer gegebenen Tondistanz eine andere zu suchen, die gleich groß oder halb so groß oder noch einmal so groß sei und dergl." (Wundt 1890: 612). Die Aufgaben, die von Stevens und Mitarbeitern gestellt wurden, gehen indessen über den Schwierigkeitsgrad der „Distanz-Vergleichungen" z. T. hinaus, insofern nicht zwei intervallähnliche „Distanzen" verglichen, sondern diese nach verbalen Anweisungen („halb so hoch", „doppelt so hoch" usw.) allererst hergestellt werden müssen. [18] Die Einteilung einer gegebenen Oktave in sieben gleichgroße Stufen unter Anwendung des geometrischen Mittels wie bei jener „siamesischen" Skala wäre demgegenüber noch relativ einfach.

Entscheidende Einwände sowohl gegen die von Stumpf entwickelte Auffassung der „T o n d i s t a n z" wie auch gegen jene „mel-Skala" ergeben sich insonderheit aus der Reduzierung des Tonhöhenparameters auf e i n e   e i n z i g e   D i m e n s i o n : dies war jedoch (vgl. oben S. 183) die Bedingung, unter der überhaupt das von Stumpf entworfene Konzept wirksam werden konnte und die „Distanz" als lineares Abstandsmaß zwischen ‚Tonpunkten' fungiert. Die Töne werden dabei als „einfache" (= Sinustöne) durch Frequenzwerte repräsentiert, wobei die Frequenzdistanz den ‚Abstand' zwischen dem Tonpaar m, n angibt und dieser unschwer in einen Centwert umzurechnen ist. Ganz ähnlich wurde im übrigen bei der Konstruktion der „mel-Skala" verfahren, bei der also zwei jeweils eindimensionale Größen (Frequenz und „Tonhöhe", vgl. auch Shepard 1964: 2346) in eine Relation gebracht wurden.

Stumpfs Konzept erscheint angesichts der Tatsache, daß die sog. „Zweikomponententheorie" der Tonhöhe bereits Mitte des 19. Jahrhunderts bei Opelt und Drobisch (im Ansatz schon bei Rameau; vgl. Révész 1913 und 1926) begegnet, einigermaßen erstaunlich; hinzu kommt, daß Stumpfs Lehrer, Franz Brentano, auch hier sehr früh Anregungen gegeben hat, die Stumpf (1890 a: 199 ff.) zwar ausdrücklich erwähnt, wegen ihrer Konsequenzen jedoch abgelehnt hat. Wegen dieser „Eindimensionalität" und der Gleichsetzung von Tönen mit Punkten auf einer geraden Linie (1883: 144) verwundert es auch nicht, daß Stumpf den Ausdruck „Tonqualitäten" synonym zu „Tonhöhen" verwendet und zwischen ihnen „Distanzvergleichungen" anstellen wollte (so 1890 b: 421). Dabei war Stumpf jederzeit bewußt, daß I n t e r v a l l und D i s t a n z zweierlei sind und reine Distanzschätzungen gerade dort nicht greifen, wo Intervallqualitäten die Urteilsbildung beeinflussen (vgl. 1883: 247 ff. und 1890 a: 319 ff., 403 ff.).

Der nämliche Befund ergab sich auch bei ausgedehnten Versuchen, die Stumpfs Mitarbeiter Abraham und v. Hornbostel in den Jahren 1905—1914 angestellt und später publiziert haben; lediglich bei „Clustern" aus eng gefügten Komponenten fanden sich Indizien, die auf die erhofften Distanzschätzungen hindeuten mögen, für die psychologische Frage nach der Entstehung gleichstufiger Skalen und insbesondere jener „siamesischen" Skala allerdings nichts hergeben. [19]

Ebensowenig vermochten von Heinz Werner angestellte Versuche zu überzeugen, Melodien Ton für Ton maßstäblich zu verkleinern bzw. zu vergrößern, wodurch sich zwar die Intervalle, nicht jedoch die relativen Abstände zwischen den Tönen verändern (vgl. Werner 1926); Stumpf hatte selbst — und zwar wiederum unter Berufung auf Brentanos Vorstudien zur „Zweikomponententheorie" — ein solches Vorgehen für sinnlos gehalten und ausgeführt, es sei (a) „völlig verfehlt, das musikalische Intervall als einen bestimmten Abstand zweier Töne zu definieren", (b) seien wegen der „Verschmelzung" das prägnante Intervall und der „Abstand" (die Distanz) zweierlei. [20] Die Versuche Werners, die als Probe aufs Exempel gedacht waren und den Distanzbegriff demnach vom Intervall ablösen, liefen auf die Schlußfolgerung hinaus, wonach „theoretisch jedes Verhältnis zwischen zwei Schwingungen der physikalische Ausdruck für jedes beliebige Intervallerlebnis und für jede Harmonie sein kann" (Werner 1926: 88). Demnach wäre das auf Intervallbeziehungen gegründete Tonsystem „nur eines unter unendlich vielen theoretisch gleichwertigen Systemen" (ebenda, 89).

Dieses Fazit besticht nicht einmal „theoretisch", eben weil das Oktavphänomen augenscheinlich von universeller Gültigkeit und die Ausbildung fester Intervalle auch dann nicht zu verleugnen ist, wenn man die Wirksamkeit des Distanzprinzips in Rechnung stellt und anerkennt, was aufgrund etlicher Beobachtungen naheliegt. [21]

Bleibt noch nachzutragen, daß Brentano 1905 seine an der qualitativen Identität von Oktaven einerseits, an der aus der Optik entlehnten Dimension der „Helligkeit" andererseits orientierte Fassung der „Zweikomponententheorie" vorgelegt hat; ungeachtet gewisser Komplikationen, die durch Rekurs auf den Farbsinn zustandekommen, werden hier ein zyklisches und ein mehr lineares Moment der „Tonhöhe" unterschieden. [22] Nachdem Révész (1913) die „Zweikomponententheorie" präzisiert und durch Versuche gut belegt hatte, rückte Stumpf von seiner früheren Konzeption ab und räumte ein, daß „wegen der Undurchführbarkeit der psychologischen Konstruktion" die „eindimensionale" Auffassung nicht länger aufrecht erhalten werden könne (vgl. Stumpf 1914: 309 ff.).

Gehen indessen in die musikalischen Töne Tonqualität und Helligkeit ein, und spielen offenbar, wie Stumpf völlig zu Recht bemerkt hat, zusätzlich die Tonbeziehungen (unter Gesichtspunkten der „Verschmelzung" resp. der „Verwandtschaft" betrachtet; vgl. Stumpf 1890 a: 199 ff., 407 ff.) innerhalb der Qualitätenreihe einer Skala bei der Perzeption und Kognition eine Rolle, dann muß selbst bei einer zunächst als „Distanzschätzung" gedeuteten Oktavteilung bzw. Leiter immer auch das Moment der Tonbeziehungen in Rechnung gestellt werden (vgl. hierzu mit vielen Belegen Kubik

1960, 1983, 1985, 1986) und wird es von hier aus verständlich, daß sogar mit obertonfreien Stimuli eine Isolierung der „Tondistanz" vom Intervallurteil niemals strikt gelungen ist. [23]

Hierbei dürfte der Umstand von Belang sein, daß Tönen selbst über das „lineare" Moment hinaus phänomenal immer auch andere Eigenschaften zugeordnet werden (vgl. Albersheim 1939) und insonderheit neuere Überlegungen zur Tonhöhe (pitch; vgl. Shepard 1982 und Monahan & Carterette 1985/86) von einem mehrdimensionalen Gebilde ausgehen, während die „Tondistanz" streng genommen eben als positiver reeller Abstand zweier Punkte d (m, n) > o quasi analog zur geometrischen Theorie aufzufassen wäre. [24]

Diese Anschauung, die nicht ganz ohne Gründe und Berechtigung, gleichwohl Ergebnis erheblicher Abstraktion und Reduktion ist, fand zusammen mit der „punktuellen" Auffassung des Tons (repräsentiert durch einen exakt angebbaren Frequenzwert) Eingang in die Musikpsychologie (vgl. z. B. C. E. Seashore 1938: 53 ff.; Stevens & Davis 1938: 94 f.) ebenso wie in die Vergleichende Musikwissenschaft und hier gerade auch in die akustisch-tonometrische Forschung im Grunde bis zur Gegenwart. So heißt es beispielsweise in einer Studie des um die experimentell-vergleichende Musikwissenschaft sehr verdienten Gilbert Rouget: „Le son est ponctuel, à la fois dans sa fréquence et dans sa durée. Disons que la définition du son est très fine. C'est précisement la finesse de cette definition qui rendait logique et possible la recherche d'une grande précision dans les mésures" (Rouget 1970: 690 f.).

Diese Definition — und um eine solche handelt es sich vorliegend [25] — ist die methodologische Bedingung, aus komplexen Schallsignalen resp.-strukturen bestimmte „Elemente" zu extrahieren und diese im Sinne der hier erörterten Distanzauffassung zu interpretieren.

Dieses Konzept ist aufgrund der darin enthaltenen Reduktion [26] gleichermaßen hilfreich wie problematisch (s. u., S. 196), im übrigen mit Vorstellungen verbunden, die in der europäischen Musiklehre seit dem Mittelalter und zumal in Konventionen der Notation ihren Niederschlag gefunden haben: auch diese berücksichtigt bekanntlich nur die „Tonhöhe" sowie die (relative) Dauer der bestimmten „Höhenlinien" zugeordneten Töne. [27]

2.2 Tondistanz und Helligkeit

Übernimmt man Stumpfs ursprüngliche Auffassung der „eindimensionalen" Tonhöhe, so stellt sich alsbald die Frage nach den phänomenalen Merkmalen und Eigenschaften eben dieser Dimension. Stumpf gebraucht in diesem Kontext den Begriff der Tonfarbe, und zwar schon für einfache, d. h. obertonfreie Töne; er unterscheidet daher hiervon die den komplexen Tönen zukommende „Klangfarbe" als (nach der Lehre von Helmholtz) spektrale Eigenschaft. Für Stumpf bilden dann „die Tonfarben eine mit der Tonhöhe forschreitende Reihe von der dunkelsten zur hellsten" (1890 a: 526), wobei diese Parallelität durch direkte Beobachtung nahegelegt werde. Die sachliche Nähe zur Auffassung Brentanos hinsichtlich der mit der „Tonhöhe" linear ansteigenden „Helligkeit" ist unübersehbar; jedoch fehlt eben das zyklische Moment, das Stumpf im gleichen Band (S. 199 ff.) wegen der damit verbundenen „großen Umwälzung in der Theorie der Tonempfindungen ..." abgelehnt hatte. [28]

Der Begriff der Helligkeit ist erkennbar dem optischen bzw. visuellen Bereich entlehnt und bei Brentano teils im Wege der Analogie, teils als intermodale Qualität behandelt; es heißt, daß „jeder der beiden Sinne [Sehen und Hören] zwei extreme Qualitäten zeigt, von denen die eine das Extrem der Dunkelheit, die andere das der Helligkeit ist ..." (Brentano 1979: 102). Brentano hob indessen die spezifischen Unterschiede beider Sinnesgebiete hervor, während später insbesondere Hornbostel und dann Albersheim nicht nur weitgehende Analogien geltend machten, sondern Hornbostel darüber hinaus den intermodalen Charakter der Helligkeit betont und diese schließlich einheitlich für alle Sinnesgebiete postuliert hat. [29]

Von Stumpf selbst, dessen Schüler W. Köhler und anderen Forschern sind eine Reihe von Beziehungen zwischen der ‚Tonhöhe', der ‚Tonfarbe' und der ‚Vokalität' einfacher Töne hergeleitet worden, ebenso zwischen der ‚Tonfarbe' und der ‚Helligkeit'; noch ganz im Sinne der Auffassung Stumpfs (1883/1890 a) bilden die genannten Merkmale jeweils eindimensionale Kontinua, wobei jene nicht nur als parallel veränderlich, sondern schließlich als einander fest zugeordnet und mithin als zusammengehörige Erscheinungen eines einzigen Qualitätskontinuums begriffen wurden. [30] Unter dieser Voraussetzung, die differenzierbare Merkmale zu „functional wholes" (Koffka 1936: 22) zusammenschließt, korrespondieren also ‚Tonfarbe', ‚Tonhöhe', ‚Helligkeit' sowie ‚Vokalität' einander, kommt jedem auch hier „punktuell" gedachten (einfachen) Ton eine spezifische „Tonfarbe" resp. „Helligkeit" zu und wären Töne eben als verschiebliche Punkte auf dem im Ergebnis eindimensionalen Kontinuum vorzustellen. Die sukzessive Folge von Tönen entspricht insoweit einer Reihe von ‚Abständen'; v. Hornbostel identifizierte (1926) dieses zunächst bloß quantitative Moment (vor und außerhalb des qualitativ bestimmten Intervallsinns) als „Schrittweite" bzw. Distanz (s. o.).

Hinzu kamen nun gewisse evolutionstheoretische und „entwicklungsgeschichtliche" Hypothesen, wonach eben dieses quantitative Ausmessen von Tonabständen ursprünglicher, primitiver und „älter" als die Perzeption ihrer der Qualität nach ausgezeichneter Intervalle sei; die Ausbildung eines Tonsystems mit festen Stufen erfordert nach Stumpf eine sehr lange „geistige Entwickelung" (1886: 426), wobei diese faktisch wieder ein solches eindimensionales Kontinuum von den schlichtesten „Naturvölkern" bis zur voll ausgebildeten „Tonkunst" darstellt. [31] Unter der Annahme, daß die quantitativ-lineare Helligkeit wegen ihres intermodalen Auftretens „entwicklungsgeschichtlich" (d. h. phylogenetisch) älter als die Perzeption qualitativ empfundener Tonigkeiten (feste Töne, Tonstufen) sei, und unter der zusätzlichen Annahme einer Analogie zwischen Tondistanz und bloßer Helligkeitsdifferenz (dem ‚Abstand' zweier

Töne m, n entspreche perzeptorisch ein „Helligkeitsunterschied"), kam Hornbostel zu dem Schluß: „Primitive Musik ist wesentlich Distanzmusik und auf lange hinaus behält die Distanz die Vorherrschaft vor der Tonverwandtschaft oder Konsonanz".[32]

Die Idee der „Distanzmusik" gewann bis zur Gegenwart denkbar großen Einfluß trotz ihrer erkennbar hypothetischen Herleitung unter Zuhilfenahme von Suppositionen und Analogien schon bei Ellis und Stumpf; dabei ist vielfach übersehen worden, wie Stumpf seine ursprüngliche Konzeption des „eindimensionalen" Tongebiets gewonnen und begründet hat, diese Auffassung jedoch um 1912/14 preisgeben mußte, womit eine wesentliche Voraussetzung für die geometrisch als reiner ‚Abstand‘ gedachte Tondistanz wenn nicht völlig entfallen, so jedenfalls stark eingeschränkt war. Insonderheit wäre nämlich zu fragen, ob eine Tonhöhenorganisation, die dem Anschein nach nicht auf kleine ganzzahlige Tonverhältnisse gründet, in jedem Fall die Anwendung eines von Intervallvorstellungen freien „Distanzprinzips" bedeutet; vor allem aber wäre zu prüfen, ob die Ordnung von Abstandsbeziehungen tatsächlich more geometrico und so e i n d i m e n s i o n a l erfolgt, wie Stumpfs allerdings auf Sinustöne bezogene Lehre von 1883 dies nahelegen mochte. Hiergegen sprechen, worauf weiter unten einzugehen sein wird, sowohl akustische wie musikpsychologische und ethnologische Gründe.

2.3 Anmerkungen zu Theorie und Praxis tonometrischer Forschung

Die hier relevanten Messungen vor allem an außereuropäischen Instrumenten, dann auch an Aufnahmen (Phonogrammen und Magnettonaufzeichnungen) sind mit einer Reihe von technischen Hilfsmitteln durchgeführt worden; man bediente sich anfangs meist des Monochords (so etwa J. P. Land, aber auch noch J. Kunst) oder nahm Sätze von Stimmgabeln (z. B. Ellis & Hipkins 1884), die sich übrigens bei der Untersuchung afrikanischer Skalen bis heute gehalten haben (vgl. Aning 1982, van Zanten 1980). Die Berliner Vergleichende Musikwissenschaft hatte den sog. „Appunn'schen Tonmesser" (eine Reihe abgestimmter Zungen in der Oktave von 400 bis 800 Hz) und dann auch den sog. „Stern'schen Tonvariator" zur Verfügung, der eine kontinuierliche Veränderung der Tonhöhe gestattet und im Prinzip den später verwendeten Tongeneratoren (RC-Generatoren, Schwebungssummer) vergleichbar, in mancherlei Hinsicht sogar besonders leistungsfähig war (man konnte bis zu vier Tönen gleichzeitig einstellen).[33] Grundsätzlich erfolgt bei der Anwendung dieser tonometrischen Hilfsmittel ein subjektiver Abgleich zwischen der vom zu messenden Objekt gelieferten Tonhöhe und der des Apparats (Stimmgabel, Generator etc.), so daß also der Experimentator zwei Reize in Beziehung setzt und einen solange manipuliert, bis eine befriedigende Übereinstimmung erzielt ist, beide Tonhöheneindrücke als „gleich" empfunden werden. Das Meßinstrument ist demnach letztlich der Beobachter selbst, dessen Messung genau besehen auf einer Art „Tonhöhenanalogie" beruht (vgl. Reinecke 1972: 45 f.) und bei Hilfsmitteln ohne kontinuierlich regelbare „Tonhöhe" (z. B. Stimmgabeln, vgl. Aning 1982) häufig Schätzungen und Extrapolation einschließt. Dieses Verfahren erscheint ohne weiteres zulässig, sofern die zu messenden Instrumente und die von den Apparaturen gelieferten Vergleichsreize einigermaßen „ähnlich" sind, was mit Rücksicht auf einige Chordophone (z. B. Messung einer Langhalslaute unter Verwendung des Monochords) und Aerophone (etwa Messung einer Panpfeife mit Hilfe des Tonvariators oder Sinusgenerators) auch der Fall ist. Insonderheit bei Idiophonen und Membranophonen kann es hingegen zu erheblichen Verzerrungen schon dadurch kommen, daß die Schallstruktur von Xylophon- und Metallophonklängen ja viel komplexer als die einfacher Aerophone ist und beim Abgleich mit Stimmpfeifen und dergl. faktisch inkommensurable Größen verglichen, divergente Stimuli als „gleich" empfunden werden müßten (hierzu unten, S. 196 ff.).

Im übrigen gehen die meisten Messungen von Prämissen der Helmholtz'schen Hörtheorie aus, wonach die Tonhöhe auch eines komplexen Tons durch dessen Grundfrequenz, die „Klangfarbe" indessen durch das Spektrum definiert werde und die Phasenbeziehungen zwischen den Teiltönen für die Perzeption zu vernachlässigen seien. [34]

Folglich findet man zahlreiche Arbeiten, in denen die „Frequenzen" bestimmter Skalen und Tonsysteme mitgeteilt werden; dieser Ansatz impliziert zunächst die Anwendbarkeit der auf das Fourier-Theorem gegründeten Lehre von Helmholtz oder geht zumindest davon aus, daß Tonhöhenrelationen durch Frequenzwerte zureichend beschrieben werden können. Der gleiche Sachverhalt tritt bei den „objektiven" Meßverfahren zutage, die ganz überwiegend (vgl. Elschek 1971, Schneider 1986) darauf gerichtet sind, die Grundfrequenz harmonischer Spektren durch Filterung zu extrahieren und als Frequenzwert darzustellen. Bei fortlaufender Registrierung einer als „Tonhöhe" verstandenen Komponente gelingt so die als Transkriptionshilfe wertvolle Melographie, [35] die indessen sorgfältiger Kontrolle schon deshalb bedarf, weil die üblichen Tonhöhen-Schreiber (vgl. auch Reinecke 1972) in der Regel den jeweils stärksten Teilton eines Spektrums erfassen und abbilden, bei nicht wenigen Spektren von Chordophonen und Aerophonen hiermit aber gerade nicht die erwünschte „Grundfrequenz", sondern ein höherer Teilton registriert wird. Man muß jedenfalls in Rechnung stellen, daß die Verteilung spektraler Energie z. B. bei Tönen unterschiedlicher Anblasstärke (piano/forte) keineswegs konstant bleibt (vgl. Abb. 1: zwei Töne einer Nay) und bei gleicher Grundfrequenz Komponenten nicht nur verschieden stark ausgeprägt sein, sondern auch Verschiebungen innerhalb eines Spektrums auftreten können. Dies ist insbesondere dann zu erwarten, wenn die Töne bestimmten Modulationsvorgängen unterworfen werden (s. u.).

Abbildung 1: zwei Töne einer Nay (piano/forte)

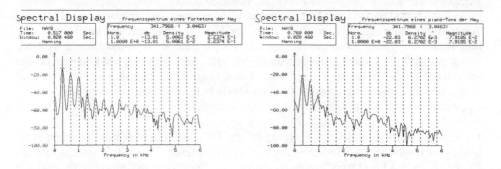

Eine fortlaufende Registrierung von „Tonhöhen" über die Zeit war zu Anfang der tonometrischen Forschung technisch kaum zu verwirklichen, im übrigen zielten die Untersuchungen größtenteils darauf ab, aus der Fülle erreichbarer Daten auf ein den be-
obachteten Stimmungen zugrundeliegendes Tonsystem zurückzuschließen. Dieses gilt
mithin als invariant gegenüber den konkreten Skalen resp. Tunings, die für die Tonometrie „das Beobachtungs-Material bilden, aus dem wir induktiv ein Gesetz der In-
tervallen-Folge gewinnen können, indem wir eine Anzahl ä h n l i c h e r Leitern unter
Vernachlässigung kleiner Differenzen zusammenfassen" (Abraham & v. Hornbostel
1902/03: 305). Hierbei spielt — wie Abraham und v. Hornbostel zu Recht feststellten
— sowohl die Frage der Fehler-Grenze wie die der Mittelwertsbildungen eine große
Rolle; jene bestimmt den Rahmen der überhaupt als „ähnlich" zu klassifizierenden
Phänomene, diese hat erheblichen Einfluß auf die Interpretation der Meßdaten.

Die „Vernachlässigung kleiner Differenzen" gelingt am einfachsten unter Anwendung
des arithmetischen Mittels; bekanntlich ist die Summe der Abweichungen aller Meßwerte x_1, x_2, x_3, ..., x_n vom arithmetischen Mittel 0, d. h. jene heben sich wechsel-
seitig auf.[36] Möglicherweise hat man gehofft, über die Mittelwertsbildung, die also
„störende" Abweichungen zu eliminieren geeignet ist, das jeweils „gemeinte" und gegenüber den Rohdaten invariante Tonsystem bzw. die Materialleiter etlicher Ge-
brauchsleitern zu ermitteln; die Anwendung von Variabilitätsmaßen begegnet jedenfalls sehr selten.[37]

Zu übersehen ist freilich ebensowenig, daß schon bei Ellis gewisse Vorstellungen über
die Konstruktion der meisten von ihm beschriebenen Skalen in die *Idée fixe* einmün-
den, jeweils gleichstufige Temperierungen (analog zur europäischen Klavierstim-
mung, jedoch mit abweichender Stufenzahl; vgl. Schneider 1976; 1986: 158 ff.) anzunehmen. Ungeachtet etlicher „suppositions" und z. T. stark abweichender Meßwerte
behauptete Ellis, Oktavteilungen in fünf und sieben gleiche Stufen entdeckt zu haben,
die zudem intendiert seien; Stumpf ist dieser Deutung alsbald gefolgt (1885 b), die
Ausgangspunkt seiner eigenen Überlegungen zum „siamesischen" Tonsystem sowie
konkreter Messungen an Instrumenten wurde (1901).

Hierbei waren nicht allein die oben (S. 184) genannten psychophysikalischen Gesichtspunkte, sondern auch organologische und akustische Fragen zu behandeln; Stumpf hatte insbesondere Xylophone und Metallophone zusammen mit Otto Abraham im Wege des Vergleichs (mit jenem Appunn'schen Tonmesser) gemessen und aus den Daten mehrerer Instrumente bzw. Oktaven Mittelwerte gebildet, die den theoretischen Schwingungszahlen ziemlich nahe kamen (vgl. Stumpf 1901: 82 f.). Allerdings gilt hier eben, daß durch ein solches Maß der zentralen Tendenz die tatsächliche Dispersion der Rohdaten eingeebnet wird; nimmt man jedoch Stumpfs auf Mittelwerten beruhende und also bereits „geglättete" Skala und betrachtet hier die Variabilität, so ergibt die Standardabweichung s_x der Mittelwerte folgender Skala immer noch 8,47 Cents (berechnet für die Stichprobe):

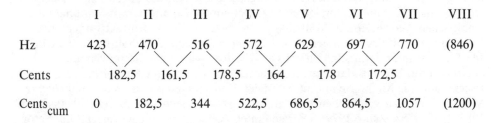

	I	II	III	IV	V	VI	VII	VIII
Hz	423	470	516	572	629	697	770	(846)
Cents		182,5	161,5	178,5	164	178	172,5	
Cents$_{cum}$	0	182,5	344	522,5	686,5	864,5	1057	(1200)

Die Variabilität ist also nicht unerheblich gering gegenüber den tatsächlichen Schrittgrößen, deren Dispersion in den Rohdaten naturgemäß weit besser erkennbar und in den Daten von Ellis noch viel ausgeprägter ist; angesichts der postulierten äquidistanten Heptatonik (7 × 171, 43 Cent) wertete Stumpf die tatsächliche Streuung der Intervallgrößen von 90 bis 219 Cents als „ein Zeichen, wie außerordentlich unrein das an bloß melodische Folgen gewöhnte Ohr selbst von Musikern einer königlichen Kapelle urtheilt" (Stumpf 1885 b: 517). Man mag hieran ersehen, wie groß die Suggestivkraft der von Ellis publizierten Spekulationen und der Wunsch gewesen sind, gleichstufige Temperaturen auch außerhalb Europas zu finden, womit — nicht ohne tiefgreifende Mißverständnisse und reichlich paradox (vgl. Schneider 1986: 158 ff.) — Ellis offenbar die Helmholtz'sche Hörtheorie widerlegen oder zumindest relativieren wollte. Der von Ellis im Zusammenhang mit der Deutung von Meßergebnissen gebrauchte Satz: „Instead of observed ... I propose tempered" (Ellis 1885: 513) könnte als Motto des gesamten Unterfangens betrachtet werden, gleichstufige Temperierungen als „natürlich" und umgekehrt einfache Intervallbeziehungen als Sonderfall auszuweisen, so als wäre die Einrichtung geometrisch distanzgleicher Stufen eine der alltäglichsten Übungen; es sei ausdrücklich auf die „Ableitung" des javanischen (heptatonischen) Pélog-Systems bei Hornbostel (1909: 148; vgl. A. Schneider 1976: 152 f.) verwiesen, die von der obwaltenden Spekulation einen plastischen Eindruck vermittelt. Solche führte schließlich zu jenem berühmten „Blasquintenzirkel" (vgl. Hornbostel 1927), einem feinsinnigen Konstrukt, das — wie die Untersuchungen von Bukofzer (1936) und Schlesinger (1939: 313—333) gezeigt haben — jedenfalls nicht auf tatsächlichen tonometrischen Messungen beruht, vielmehr mit solchen unverträglich ist, woran spätere Rettungsversuche selbst „unter Zuhilfenahme der tonpsychologischen

Annahme einer temperierenden Korrekturfunktion der Musikalität" (so H. Husmann 1961: 183; der Satz spricht für sich) nichts zu ändern vermochten. Vielmehr hat die Widerlegung vermeintlich auf akustische Messungen gegründeter Konstrukte durch tatsächliche Messungen das Vertrauen in die Vergleichende Musikwissenschaft im allgemeinen und die von ihr betriebenen tonometrischen Forschungen (an deren Befunde zudem häufig sehr weitreichende ethnologische und „kulturhistorische" Hypothesen geknüpft waren[38]) erschüttert.

Ungeachtet der insoweit erforderlichen Kritik an ausufernder Spekulation darf die Bedeutung tonometrischer Untersuchungen keinesfalls unterschätzt werden, zumal gerade hierdurch die Objektivierung schwer zu deutender oder kontroverser Sachverhalte gelingen kann; die Tonometrie fungiert also einerseits als Hilfsmittel bei der Deskription und Analyse von Daten bzw. Datenmengen, andererseits wird man diese empirischen Verfahren zur Kontrolle sowie wohl auch als Korrektiv theoretischer Überlegungen und Ableitungen berücksichtigen (vgl. hierzu schon Lachmann 1923: 143 f.). Es kommt naturgemäß jeweils auf die Wahl geeigneter Techniken und Methoden (vgl. Filip 1978), sodann auf die adäquate Interpretation der Befunde an, wobei zweckmäßig die Meßwerte mit intentionalen Konzepten aus den jeweils untersuchten Musikkulturen zu vergleichen bzw. zu konfrontieren sind (vgl. Knight 1984; Kubik 1983, 1985, 1988; Zemp 1979). Die genannten Aspekte sollen nachfolgend kurz erörtert und anhand einiger Beispiele erläutert werden; vor allem aus methodologischen Gründen werden dabei die gewählten Verfahren sowie akustische Fakten im Vordergrund stehen.

2.4 Tonometrie und Akustik

Die hier interessierenden Messungen sind hauptsächlich an Idiophonen, Chordophonen und Aerophonen durchgeführt worden, dann auch an der Singstimme bzw. an Vokalaufnahmen; soweit die sog. „objektiven" (s. o.) Methoden zum Einsatz kamen, zielen diese entweder auf die möglichst exakte Bestimmung von Einzeltönen oder auf die kontinuierliche Registrierung von Tonhöhenverläufen als Melodiekurven.[39] Eine fortlaufende Aufzeichnung spektraler Vorgänge und Veränderungen über mehrere Sekunden gelang dann mit dem Sonagraphen, der in der Vergleichenden Musikwissenschaft und Musikethnologie bei Klang- und bei Tonhöhenanalysen sowie auch bei der Untersuchung rhythmischer Probleme verwendet worden ist (vgl. Graf 1980; Födermayr 1971; Rouget 1970, 1976; Thran van Khe 1968). Eine kontinuierliche Aufzeichnung von Schallereignissen durch Oszillogramme (vgl. Jairazbhoy & Stone 1963), Tonhöhenschreiber bzw. Melograph (vgl. Rouget 1964, Owens 1974, Elschek 1978) oder Sonagraph (vgl. Graf 1977) ist insbesondere geeignet, die an sich banale Tatsache bewußt zu machen, daß Musik — die Zeitkunst par excellence (cf. Brelet 1949) — es überwiegend mit prozessual gegliederten Abläufen zu tun hat. Demgegenüber bedeuten theoretische Systeme und Skalenmodelle letztlich eine Eliminierung der Zeitdimension, insofern Tonorte durch mathematische Ableitung oder auch durch Messung möglichst „punktuell" (s. o.) fixiert und in einen „statischen" Zustand gebracht werden, der zugleich als Abstraktion und als Norm gelten soll. Beispielsweise wäre hier die exakt äquidistante Pentatonik (5 × 240 Cents) oder die genau äquidistante Heptatonik (7 × 171,43 Cents) zu nennen, von denen die tatsächlich gemessenen Tondistanzen bzw. Intervalle mehr oder minder abweichen. Meßinstrumente wie der Tonhöhenschreiber oder der Sonagraph bilden ja gerade die zeitliche Fluktuation ab, auch wenn aufgrund der Unschärferelation (das Produkt aus Zeit- und Frequenzgenauigkeit ist $\geqq$ 1) keine beliebige Genauigkeit hinsichtlich Zeit und Frequenz möglich ist und bei den hier verwendeten Filtertechniken Trägheit, Einschwingzeit und Verweildauer des zu analysierenden Signals im Filterbereich die überhaupt erreichbare Auflösung (vgl. Küpfmüller 1974) bestimmen. Diese reicht jedoch vollkommen aus, um solche Phänomene wie Vibrato, Portamento, Melismen und Tonschritte kleiner als Vierteltöne deutlich zu machen (vgl. Abb. 2: Libanon, Sängerin, regelmäßiges Melisma über ca. 3 Sekunden). Vor allem aber kommt die früher oft vernachlässigte klangliche Dimension der Musik schon beim Sonagraphen und zumal bei modernen digitalen Analyseverfahren zum Vorschein und werden Differenzierungen der Tongebung sowie Modulationserscheinungen (vgl. Beurmann & Schneider 1989) gut sichtbar. Es gelingt auf diese Weise, Verschiebungen der spektralen Energie sowie (quasi-) periodische Veränderungen des Spektrums über die Zeit aufzuzeigen und nachzuweisen, was insbesondere mit Rücksicht auf die wahrgenommenen Tonhöhen und die Frage der Tonsysteme und Leitern von Belang ist (s. u.).

Abbildung 2: Libanon/Sonagraphie

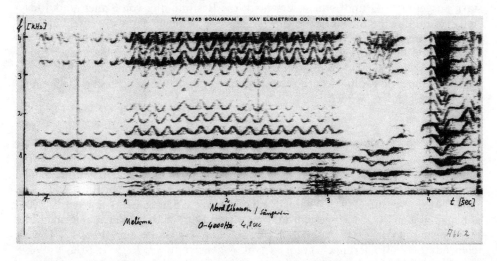

Abgesehen von den früheren Veröffentlichungen, in denen wie dargetan meist im Wege der „Tonhöhenanalogie" (vgl. S. 191) gemessen und hierbei Stimmgabeln und dergl. eingesetzt wurden, hat der stroboskopische Frequenzmesser sehr weite Verbreitung gefunden. Dieses Gerät, das ursprünglich als Hilfsmittel für die Kontrolle von

Klavier- und anderen Instrumentalstimmungen gedacht war (Young & Loomis 1938), benutzt das stroboskopische Prinzip zwecks Bestimmung einer unbekannten Frequenz in Relation zu einer durch das Meßgerät gelieferten Referenzfrequenz. Der Meßvorgang setzt im Grunde drei Bedingungen voraus: 1) das zu messende Signal muß quasi-stationär sein; 2) das Signal muß ein möglichst harmonisches Spektrum aufweisen; 3) die tiefste Komponente des Spektrums muß deutlich ausgeprägt und als „Grundton" erfaßbar sein. Aus den Bedingungen 1—3 ergibt sich zugleich, daß der Ton eine gewisse Dauer im quasi-stationären Zustand erreichen muß, wobei erfahrungsgemäß ein Minimum von etwa 0,5 Sekunden aufgrund ausgedehnter tonometrischer Messungen an Proben indischer Musik angegeben wurde.[40] Die genannten Bedingungen werden in der Regel von Tönen resp. Klängen (complex tones) erfüllt, die von angeschlagenen oder angezupften Chordophonen sowie von möglichst gleich mäßig angeblasenen Aerophonen stammen. Hierbei hat sich allerdings gezeigt, daß die Messung umso zuverlässiger gelingt, je weniger Komponenten das Spektrum enthält, weshalb die Messung z. B. indischer Proben letztlich nur unter Einsatz einer Tiefpaßfilterung (vgl. Levy 1982: 85 ff.) zufriedenstellend gelang. Strobotuner/Stroboconn empfehlen sich daher für die Vermessung solcher Instrumente, bei denen tatsächlich eine gewisse Näherung von „Tonhöhe" und „Frequenz" — die genannten Geräte sind Frequenzmesser! — zu beobachten ist, also z. B. Panpfeifen aus Museumsbeständen (vgl. Haeberli 1979) oder rezenten Traditionen (Zemp & Schwarz 1973).

Schon bei Instrumenten mit Aliquotsaiten und generell bei dichten Spektren ohne stark ausgeprägte Grundfrequenz erscheint die Bestimmung von Skalen und Tonsystemen mit Hilfe des Stroboconns schwierig und muß genau geprüft werden, auf welche Komponente das Gerät gerade „anspringt"; d. h. es bedarf hier schon einer gewissen Kenntnis dessen, was faktisch erst gemessen werden soll. Problematisch indessen dürfte vollends die Messung von Idiophonen unter Verwendung dieses Meßgeräts ausfallen, die gleichwohl wiederholt vorgenommen und zu Aussagen über Skalen und Tonsysteme genutzt worden ist.

2.4.1 Zur Akustik von Xylophonen und Metallophonen

Ein Großteil der Untersuchungen, die zur These äquidistanter Skalen geführt haben, sind an Xylophonen und Metallophonen durchgeführt worden (vgl. Ellis & Hipkins 1884; 1885, Stumpf 1901). Während zunächst mit Stimmgabeln und dergl. „Tonhöhenanalogien" (s. o.) eingestellt und registriert wurden, hat man später auch hier Messungen mit dem Stroboconn bzw. Strobotuner veranstaltet und daraus z. T. weitreichende Schlußfolgerungen gezogen (vgl. Wachsmann 1957, 1967; Rouget 1969). Soweit auf äquidistante Pentatonik bzw. Heptatonik afrikanischer Xylophone geschlossen wurde, setzt dies die Ermittlung gewisser „Frequenzen" voraus, zwischen denen dann jeweils die Intervalle bzw. Distanzen in Cents angegeben werden; im Grunde greift der Ansatz ohnehin nur bei harmonischen Spektren sowie Klangmaterial, das die oben (S. 195) genannten Bedingungen erfüllt und daher für die stroboskopische Frequenzmessung sinnvoll in Betracht kommt. Aufgrund akustischer Gesetzmäßigkeiten im Schwingungsverhalten der Idiophone dürfte eine stroboskopische „Frequenzmessung" an Metallophonen und Xylophonen kaum zu verwertbaren und reproduzierbaren Ergebnissen führen, eben weil hier die tatsächlich gemessenen Spektren durchweg inharmonisch bzw. unter günstigen Umständen teilharmonisch ausfallen und der Tonhöheneindruck resp. die „Tonhöhe" solcher Stimuli weder durch eine wie auch immer geartete „Grundfrequenz" bestimmt noch überhaupt eindeutig im Sinne etwa eines Sinustons oder dergl. zu sein pflegt. Kubik merkt aufgrund eigener Erfahrungen mit der Kiganda-Xylophone-Musik an, daß „the ,Sound' of each xylophone key extremely complex and rich in overtones", der Tonhöheneindruck indessen *mehrdeutig* und von der Aufmerksamkeit und dem analytischen Vermögen des Zuhörers abhängig war.[41]

Bei den wegen der festliegenden Stimmung bevorzugten Schlagstabspielen und Gongspielen (i. S. der Hornbostel/Sachs-Klassifikation) begegnen äußerst komplexe Schwingungsformen, die überwiegend als gedämpfte Eigenschwingungen der einmal erregten Systeme beschrieben werden können;[41 a] der Einschwingvorgang geht dabei unmittelbar in den Abklingvorgang über, so daß der gerade für die stroboskopische Messung (vgl. Levy 1982: 95 ff.) wichtige quasi-stationäre Abschnitt f e h l t . Die Abklingzeit der einmal durch Anschlag erregten Systeme hängt dabei insbesondere von der Dämpfung ab; diese ist bei beidseitig (z. B. Holmxylophon) aufliegenden Holz- und Metallplatten sehr groß, weshalb solche Töne entsprechend kurz bis sehr kurz ausfallen (meist nur Bruchteile einer Sekunde). Umgekehrt beobachtet man bei Glocken, die insoweit als symmetrische Drehschalen mit variabler Wandstärke und veränderlichem Durchmesser (beide ändern sich je nach Anschlag und Schwingungsform) definiert werden können, wegen der großen schwingenden Masse ein sehr langes Abklingen; d. h. die Systemdämpfung ist hier vergleichsweise gering, was etwa auch für große und frei aufgehängte Gongs gilt, die zudem regelmäßige Modulationsprozesse durchlaufen können (vgl. Rösing 1969; Beurmann & Schneider 1989).

Zu bestimmen bei den Idiophonen ist wegen des Schwingungsverhaltens vor allem die Veränderung der Spektren über die Zeit, weil dieser Vorgang nicht nur meßtechnisch zu objektivieren, sondern sehr oft von Einfluß auch auf die hier interessierende Tonhöhenwahrnehmung ist. Wir werden den Sachverhalt nachfolgend an einigen Klängen von Metallophonen aus Java und unseren Beobachtungen exemplifizieren, wobei daran erinnert sei, daß Aussagen über „exotische" Skalen und Tonsysteme bei Ellis, Stumpf, J. Kunst u. a. zum nicht geringen Teil von ebensolchen oder ähnlichen Instrumententypen ausgehen, heutige Messungen mithin zugleich einen „quellenkritischen" Beitrag leisten können (vgl. Graf 1980).

Aus Gründen der Anschaulichkeit sei zunächst das Spektrum einer Gendèr-Platte beschrieben (Abb. 3), wobei aus dem Klang mittels Fast Fourier-Transformation (FFT) ein Segment der Zeitfunktion $y = f (t)$ in eine spektrale und insoweit „statische" Darstellung überführt wird.

Abbildung 3

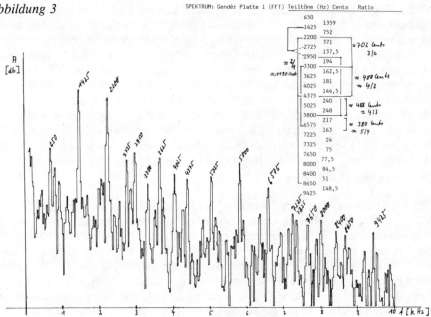

SPEKTRUM: Gendér Platte 1 (FFT) Teiltöne (Hz) Cents Ratio

Abbildung 4

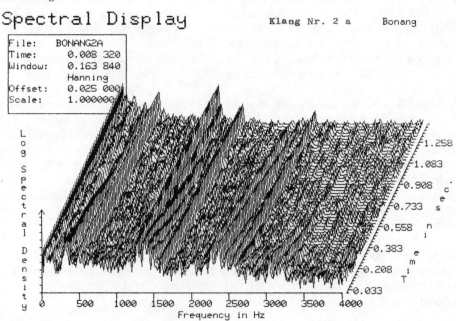

Spectral Display

Klang Nr. 2 a   Bonang

File:	BONANG2A
Time:	0.008 320
Window:	0.163 840
	Hanning
Offset:	0.025 000
Scale:	1.000000

Log Spectral Density

Frequency in Hz

198

Abbildung 5

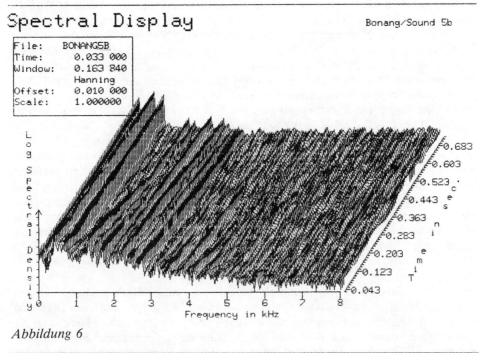

Spectral Display

Bonang/Sound 5b

File:	BONANG5B
Time:	0.033 000
Window:	0.163 840
	Hanning
Offset:	0.010 000
Scale:	1.000000

Log Spectral Density

Frequency in kHz

0.683
0.603
0.523
0.443
0.363
0.283
0.203
0.123
0.043

Abbildung 6

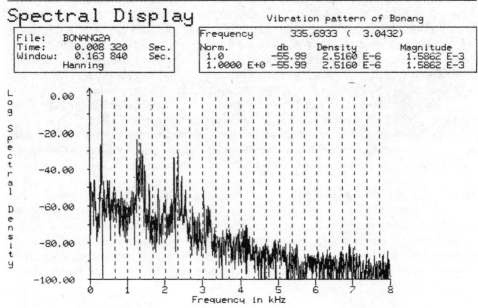

Spectral Display

Vibration pattern of Bonang

File:	BONANG2A	
Time:	0.008 320	Sec.
Window:	0.163 840	Sec.
	Hanning	

Frequency		335.6933 (3.0432)	
Norm.	db	Density	Magnitude
1.0	-55.99	2.5160 E-6	1.5862 E-3
1.0000 E+0	-55.99	2.5160 E-6	1.5862 E-3

Log Spectral Density

0.00
-20.00
-40.00
-60.00
-80.00
-100.00

Frequency in kHz

Abbildung und Meßwerte dürften genügen, um die relativ dichte Verteilung spektraler Energie sowie die Tatsache zu zeigen, daß die am stärksten ausgebildeten Komponenten keinesfalls als „Grundtöne" des komplexen Klanges anzusprechen und die zwischen den Komponenten liegenden Abstände nur teilweise kleinen ganzzahligen Verhältnissen anzunähern sind.[42] Der Tonhöheneindruck ist daher uneinheitlich bzw. ambivalent, ein Befund, der in gleicher Weise bei Klängen des balinesischen gènder wayang (cf. Deutsch & Födermayr 1986) und bei solchen des javanischen Metallplattenspiels *Saron* zu beobachten war; die akustische Vermessung dieses Instruments (saron demung) ergab Spektren mit sehr stark ausgeprägten Komponenten auch im höheren Bereich (vgl. Schneider 1988 a: 165/172 und 1989 a), die im Hörversuch zumindest teilweise erfaßt und als solche auch registriert werden. Gleiches gilt für Töne resp. Klänge des javanischen Gongspiels Bonang, dessen nahezu glockenförmige Buckelgongs komplexe Schwingungsformen und entsprechend komplizierte Spektren überwiegend inharmonischer Zusammensetzung zeigen; bei diesem Instrument ist dabei — mehr noch als bei den Xylophonen und Metallplattenspielen — eine merkliche Verschiebung spektraler Komponenten in Abhängigkeit von der Zeit bzw. Klangdauer zu beobachten (vgl. Abb. 4), so daß hier bei etlichen Proben ein regelrechter „pitch shift" und wiederum ein höchst ambivalenter Tonhöheneindruck die Folge sind.

Vorgenannte Befunde wurden durch Hörversuche mit musikalisch geschulten Hörern bestätigt, denen einmal die Beurteilung von Bonang-Tönen per Kopfhörer (binaural) sowie über Lautsprecher, zweitens die Aufgabe oblag, zu den sechs Tönen einer Saron-Tonleiter (saron demung im sléndro) die subjektiv „gleich hoch" erscheinenden Töne eines Generators (Sinus- und in einigen Proben Rechtecksignale) einzustellen. Hier war also die erwähnte „Tonhöhenanalogie" (Reinecke 1972) zu bilden, wobei das konkrete Verfahren sowohl die „Herstellungsmethode" wie den „Paarvergleich" beinhaltet. Der Versuch zielte dabei vor allem darauf, die Strategie der Versuchspersonen beim Tonhöhenabgleich zu ermitteln und die Eindrücke der Versuchspersonen nebst Kommentaren über die reinen Meßwerte hinaus festzuhalten; es wurden daher die auf dem Generator eingestellten Frequenzwerte zusammen mit dem Ablauf des Meßvorgangs und allen Bemerkungen protokolliert.[43] Da die Spektren aller Stimuli zuvor gemessen und die Frequenz- und Amplitudenwerte der für den Höreindruck wahrscheinlich relevanten, d. h. deutlich ausgeprägten Komponenten bekannt waren, können die am Generator eingestellten Werte mit denen der Spektren unter Berücksichtigung der Fehlergrenze von $\pm$ 1 Hz verglichen und die Streuung usw. berechnet werden.

Hinsichtlich der Vorgehensweise war auffällig, daß beinahe alle Teilnehmer des vornehmlich unter qualitativen und deskriptiven Aspekten angelegten Versuchs die Komplexität des Klangmaterials (Referenztöne/Saron) bemerkt, gleichwohl den Abgleich möglichst einer der ausgeprägten spektralen Komponenten mit dem Sinusgenerator versucht haben. Demnach wurden die Referenztöne in der Regel nicht als „einfache" Entitäten, sondern als zusammengesetzte Gebilde aufgefaßt und dann auch analytisch „zergliedert".

Zur Durchführung der Messungen ist zu sagen, daß es den Versuchspersonen (zunächst 10 Vpn) frei stand, den Referenzton (complex tone bzw. „Klang" der Saronplatte) so oft wie erforderlich und in gewünschter Lautstärke zu hören, gleichfalls konnte der Pegel des einzuregelnden Sinustons nach Wunsch verändert werden; dies führte meist dazu, daß die Vpn — sämtlich aktive Musiker(innen) und überwiegend gewohnt, Instrumente selbst zu stimmen[44] — den Sinuston zunächst leise dem Referenzton zugemischt und dann einen Abgleich durch Eliminierung der Schwebungen versucht haben. Wo dies nicht gelingen wollte, weil schon im Referenzsignal selbst Reibungen/Schwebungen auftreten, ist auch die Abweichung von der jeweils nächstliegenden spektralen Komponente größer und erreicht in Einzelfällen den Bereich eines Halbtons.

Nachfolgend sind tabellarisch die relevanten spektralen Komponenten (jeweils Werte für deren Frequenz und Amplitude) und die hierzu eingestellten Frequenzen des Generators übersichtshalber als „Ziehbereich" aufgelistet:

Saron-Platte Nr.	1	2	3	4	5	6
Meßwerte spektraler Komponenten						
Amplitude db	73,5	82,1	79,2	79,4	80,3	74,9
Frequenz Hz	347,5	402,5	452,5	520,0	602,5	699,5
dazu eingestellte Sinustöne (Hz)	348—355	399—409	460—469	520—540	549—612	695—700*)

*) Den letzten Ton stellte eine Vpn mit 599 Hz ein, d. h. um rund 267 Cents zu tief; dies war indessen der mit Abstand größte „Ausreißer" aller überhaupt vorliegenden Meßwerte.

Es fällt auf, daß der „Ziehbereich" bei den Tönen 1, 2, 3 und 6 (Oktaven zu 1) relativ eng ist (die Standardabweichung nimmt hier Werte zwischen 2,36 und 3,38 [Hz] an), bei den Tönen 4 und 5 hingegen viel größer (mit s_x = 10,266 und 23,132 [Hz]); es besteht augenscheinlich ein direkter Zusammenhang mit der Schwingungs- bzw. Klangstruktur dieser Töne, insofern Vpn an diesen Stimuli sowohl die — durch das Spektrum verursachte — Mehrdeutigkeit wie den über die Zeit betrachtet ablaufenden „pitch shift" bemerkt und als für den Abgleich mit einem fest einzustellenden Sinuston „störend" empfunden haben. So kommentierte beispielsweise eine Vpn den Ton 4 mit: „das sind für mich schon zwei Töne" und den Ton Nr. 5: „shifted im Ausklingen nach oben weg". Der gleiche Effekt wurde auch von anderen Vpn („Töne werden gegen Ende höher"; „metallener Anschlagston, dann geht es auseinander", usw.) berichtet, außerdem wurden eben in der Regel mindestens zwei Bestandteile des Saron-Tones unterschieden, von denen einer in etwa dem „Grundton" eines harmonischen Spektrums gleichgesetzt, der andere als Ensemble von „Obertönen" („helle Anteile", „höhere Teiltöne") angesprochen wurde. Dabei ist gelegentlich auch eine Relation zwischen diesen Komponenten benannt worden („höherer Klang klingt wie die Quinte des Grundtons") und haben einige Vpn spontan mittels Generator auch „Tonhöhenanalogien" zu diesen Komponenten einzustellen versucht; wegen der geringen Zahl der Messungen sind hierzu noch keine verläßlichen Aussagen möglich, doch fiel auf, daß insoweit z. T. Frequenzen auf dem Generator eingestellt wurden (z. B. 1818 und 1966 Hz), die im Spektrum des entspr. Referenztons keine deutlich ausgeprägten Äquivalente haben.

Die Bonang-Töne, die lediglich zwecks Deskription angeboten wurden, erhielten durchweg Prädikate wie „uneinheitlich", „instabil", dann auch „schräg", „scheppernd" (mit Bemerkungen verbunden wie: „Was ist das denn?"; „Der Ton geht ja weg" usw.); diese Aussagen erstaunen angesichts der tatsächlich ablaufenden „pitch shifts" (vgl. Abb. 4 und 5) einzelner spektraler Komponenten sowie des sehr dichten und inharmonischen Spektrums (Abb. 6) keineswegs, jedoch mag den „westlichen" Beobachter verwundern, daß diese Instrumente im Gamelan-Ensemble bisweilen die sog. „Kernmelodie" direkt mittragen oder diese jedenfalls paraphrasieren (vgl. J. Kunst ²1949, Bd. I: 153 ff., 157). Es ist daraus auf Klangvorstellungen und wohl auch auf ein Tonhöhenkonzept zu schließen, das sich von dem oben explizierten streng „eindimensionalen" Modell abhebt und näherhin durch die akustischen Eigenschaften vorgenannter Idiophone sowie die damit verbundenen Höreffekte zu erklären sein dürfte, die mitgeteilten Befunde legen ungeachtet ihres z. T. vorläufigen Charakters Überlegungen zur Dimensionalität der „Tonhöhe" (pitch) nahe, wobei mit Rücksicht auf außereuropäische Musik einschlägige Erhebungen und Daten recht selten sind. Das von den in Südostasien verbreiteten Metallophonen gelieferte Ton- bzw. Klangmaterial tendiert offenbar zumindest bei „westlichen" Hörern zur Mehrdeutigkeit (vgl. Deutsch & Födermayr 1986), wofür Anhaltspunkte in der Signalstruktur selbst zu finden sind. Es erscheint eher zweifelhaft, daß „östliche" Hörer über gänzlich andere Perzeptionsmechanismen verfügen sollten, wiewohl die kulturspezifische Rezeption außer Frage steht (vgl. auch Brandl 1985); im übrigen finden sich jedoch z. B. in Java und Bali intrakulturelle („emic") Vorstellungen und Begriffe etwa zu klanglichen Eigenschaften der Instrumente sowie zu erwünschten Schwebungswirkungen bei Metallplattenspielen und Gongs, die sich anhand akustischer Untersuchungen näher beschreiben und objektivieren lassen. So konnte beispielsweise die in balinesischer Musik erwünschte Schwebung (penjorog) zwischen den Tönen paarig gestimmter Metallplattenspiele meßtechnisch ermittelt und mit ca. 6,5 Hz angegeben werden (vgl. Hood & Harrell 1966).

2.5 Frequenz, Tonhöhe, Äquidistanz

Eine Reihe von Beobachtungen und Messungen haben gezeigt, daß die früher angenommene Äquivalenz von ‚Frequenz' und ‚Tonhöhe' nicht bzw. nur mit gewissen Einschränkungen gilt; aufgrund experimenteller Befunde sowie theoretischer Überlegungen hat insonderheit Shepard die These vertreten: „Pitch is multidimensional" (Shepard 1982: 384). Dem ist zumindest soweit beizustimmen, wie konkrete Klänge mehrere „tonhöhenbildende" Faktoren resp. Elemente erkennen lassen und eben eine ambivalente Tonhöhenwahrnehmung auslösen. In diesem Zusammenhang wäre vor allem auf die „Tonhöhe" solcher Idiophone wie Glocken, Klangplatten und -stäbe zu verweisen (vgl.Seewann & Terhardt 1980), sodann auf den sog. „Schlagton" der Glocken, der im Spektrum nicht nachzuweisen und wahrscheinlich ein Residualphänomen ist (Bruhn 1980). Das Phänomen des „Schlagtons" (das ist die Tonhöhe, die den durch Anschlag erregten Metallophonen [Glocken, Röhrenglocken etc.] von Vpn im musikalischen Sinne [etwa c^1, e^2] zugeordnet und deren Timbre gewöhnlich als „hell" und „metallisch" beschrieben wird) wurde indessen auch an einem chinesischen Gong (Grützmacher & Wesselhöft 1959) sowie bei Röhrenglocken (Hueber 1972) berichtet; die Kommentare einiger Vpn (s. S. 201) deuten auf eine analoge Perzeption sogar bei den Saron-Tönen sowie bei den Glocken nicht unähnlichen Bonangs hin. [45]

Die Theorie des sog. „akustischen Residuums" ist ursprünglich von J. F. Schouten für die Tonhöhenwahrnehmung solcher Klänge („complex tones") entwickelt wurden, denen die Grundfrequenz (etwa durch Filterung) entzogen wurde; der Tonhöheneindruck der „Rest"-Klänge entsprach dem der Frequenz des Grundtons; die Tonhöhe der Residualklänge wurde von Schouten „with the periodicity of the collective vibration form of the constituent harmonics" (1940: 290) gleichgesetzt und die Residualtheorie insbesondere zur Erklärung des Tonhöheneindrucks jenes „Schlagtons" herangezogen. Dieser wäre insoweit als Äquivalent des Grundtons eines harmonischen Spektrums anzusehen, jedoch bezog sich Schouten ausdrücklich auf „anharmonic sounds" und näherhin auf Glocken, die bekanntlich nur Ausschnitte harmonischer Reihen im Spektrum enthalten (vgl. auch Slaymaker & Meeker 1954 sowie Grützmacher et al. 1965/66; Bruhn 1980).

Freilich ist der Grad der Inharmonizität recht unterschiedlich und von der Kunst des Glockengießers, den Dimensionen der Glocke, den verwendeten Materialien sowie naturgemäß auch von dem gewünschten „Sound" abhängig. Es fällt dabei auf und ist meßtechnisch nachzuweisen, daß schon bei den ältesten erhaltenen Glockenspielen Chinas offenbar wegen der Funktion dieser Glocken innerhalb eines abgestimmten „Sets" Bestrebungen zur „Glättung" der Spektren, d. h. zur Vermeidung besonders störender Inharmonizitäten eine Rolle gespielt haben (vgl. Schneider & Stoltz 1989). Die insoweit wirksamen Abgleich- und Intonationsvorgänge indizieren allerdings bereits ein differenziertes Bewußtsein hinsichtlich Tonhöhe und Timbre, die als interdependent zu betrachten und bei der Herstellung gerade von Metallophonen gleichmäßig zu berücksichtigen sind. Daß jeweils eine spezifische Charakteristik angestrebt wird, dürfte auch aus dem Spektrum der oben (S. 197) beschriebenen Gendèr-Platte (Abb. 3) zu entnehmen sein, wo einige der Komponenten ungefähr im Abstand einer Oktave zueinander stehen (z. B. die Frequenzen 2220 : 4375 : 8650 bzw. 3300 : 6575 Hz) und aus den Komponenten mit gewisser Näherung Ausschnitte (teil-)harmonischer Reihen gebildet werden können.

Bei den Bonangs hingegen überwiegt die Inharmonizität, wobei zu prüfen bleibt, inwieweit der meßbare und hörbare „pitch shift" intendiert ist, so wie beim großen Gonggede eine bestimmte Anzahl von Schwebungen (vgl. Beurmann & Schneider

1989) und in der balinesischen Gamelan-Musik solche bei Instrumenten in pengisep- und pengumban-Stimmung erwünscht werden: das Ziel ist jeweils eine möglichst regelmäßige Amplitudenmodulation (vgl. Abb. 7: balinesisches Gamelan. Zusammenklang mehrerer Metallophone).

Abbildung 7

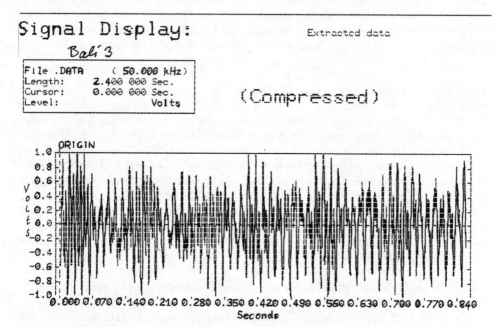

Es liegt beinahe auf der Hand, daß die ‚Tonhöhe' dieser Instrumente vergleichsweise komplex und jedenfalls nicht auf eine „Frequenz" zu reduzieren ist; zwar belegen die unterschiedlichen Skalen und modalen Praktiken in javanischer Musik ebenso wie Tonnamen ein Konzept, in dem distinkte ‚Tonorte' und ‚Stufen' wirksam werden (vgl. Hood 1954), gleichwohl dürften diese kaum als „Punkte" auf einer kontinuierlich-monotonen Dimension und die Abstände auch nicht als lineare Frequenzdistanzen vorgestellt werden, da eben die Organisation in patet lediglich die Differenzierung funktional verschiedener Tonreihen/Skalenausschnitte und keineswegs eine exakte „Äquidistanz" verlangt (vgl. auch McDermott & Sumarsam 1975). Es kann dabei offen bleiben, ob man etwa die sléndro-Skala aus der Quintengeneration analog zur anhemitonischen Pentatonik herleiten sollte (so bei Lentz 1965) und welches der beiden Tonsysteme das ältere ist.

Insoweit hat sich die von Ellis, Stumpf, J. Kunst und einigen anderen verfolgte Idee der Äquidistanz von sléndro und pélog wohl erledigt, da jedenfalls in Java die grundsätzlich „modale" Konzeption ebensowenig zu verkennen ist wie der Gebrauch gewis-

204

ser tuning patterns, die in sich konsistent, im Vergleich jedoch recht variabel sind. Die Vermessung von 76 vollständigen Gamelans[46] zeigt (a) merkliche Abweichungen von früheren Meßdaten der gleichen Instrumente, (b) eine zwar nicht immense, aber doch ausgeprägte Variabilität der gemessenen Werte.

Die Streuung wäre sinnvoll überall dort zu beachten, wo äquidistante Leitern vermutet oder behauptet werden, d. h. also auch mit Rücksicht auf einige afrikanische Skalen und solche aus Melanesien; die Berechnung von Dispersionsmaßen zeigt dann zumindest, ob gemessene Intervallgrößen eine solche Oktavteilung umsetzen und in welcher Genauigkeit dies geschieht.[47] Bei obertonarmen Instrumenten wie z. B. Panflöten kann dabei die tonhöhenbestimmende Grundfrequenz zusammen mit dem Spektrum gemessen und das Intervall hier in der Tat als „Frequenzdistanz" ermittelt und angegeben werden. Als Beispiel mögen hier Messungen an einem Panpfeifenstück von den Salomonen dienen; das von Hugo Zemp (1981 a) aufgezeichnete Stück wird von einem Spieler ausgeführt und basiert auf Simultanintervallen, insbesondere Oktaven, Quinten und Sekunden, die durch Anblasen benachbarter Rohre hervorgebracht werden. Wegen der hier vermuteten Äquiheptatonik (vgl. Zemp & Schwarz 1973) müßten die Sekunden dann etwa 171 Cents groß sein (bezogen auf die Grundfrequenzen, was bei diesen Tönen/Klängen zulässig erscheint); tatsächlich kommen jedoch auch erheblich abweichende Intervallgrößen vor (Zemp 1981 b: 386 ff.) und zeigt beispielsweise eine der lang ausgehaltenen Sekunden (Abb. 8) dann einen ‚Abstand' von 217 Cents.[48]

Inwieweit hier eine Gleichabständigkeit intendiert ist, kann den Meßwerten allein nicht entnommen, sondern muß durch Ermittlung intrakultureller Vorstellungen und — im allgemeinen Sinne — „musiktheoretischer" Konzepte (vgl. Zemp 1979) eruiert werden. So hat man beispielsweise auch für Skalen in Ost- und in Westafrika äquidistante Teilungen postuliert (vgl. Husmann 1961, Rouget 1969; Wachsmann 1967) und näherhin die Kiganda-Xylophonmusik aus dem früheren Königreich Buganda als annähernd äquidistante Pentatonik interpretiert (Kubik 1960, 1964, 1969). Diese Deutung geht einerseits von Meßwerten und dem Gehörseindruck, andererseits von der musikalischen Funktion der Töne einer solchen Skala aus, die alle *gleichwertig* seien und daher sämtlich auch „zum Ausgangspunkt von über alle fünf Stufen transponierbaren Melodien werden können" (Kubik 1988: 153). Demnach wäre die annähernde Gleichabständigkeit im wesentlichen Folge des Wunsches nach unbeschränkter Transposition, die bei gleich großen Stufen resp. Intervallbreiten praktisch auf eine Art „Parallelverschiebung" der Melodien/Patterns hinausläuft.

Abbildung 8

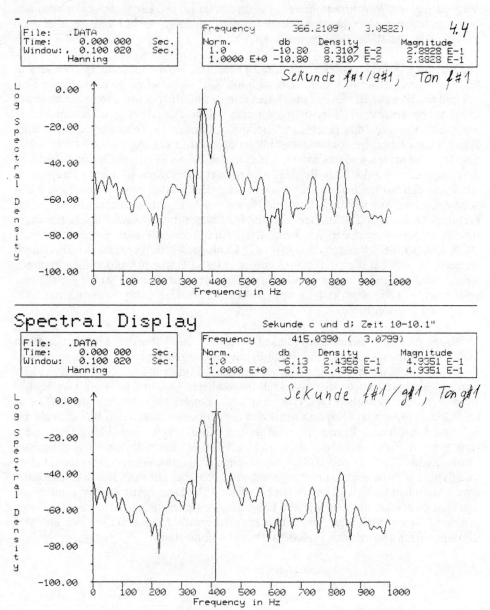

File: .DATA
Time: 0.000 000   Sec.
Window: , 0.100 020   Sec.
         Hanning

Frequency   366.2109 (3.0522)   *4.4*
Norm.   db   Density   Magnitude
1.0   -10.80   8.3107 E-2   2.8828 E-1
1.0000 E+0   -10.80   8.3107 E-2   2.8828 E-1

Sekunde f#1/g#1, Ton f#1

Spectral Display

Sekunde c und d; Zeit 10-10.1"

File: .DATA
Time: 0.000 000   Sec.
Window: 0.100 020   Sec.
         Hanning

Frequency   415.0390 (3.0799)
Norm.   db   Density   Magnitude
1.0   -6.13   2.4356 E-1   4.9351 E-1
1.0000 E+0   -6.13   2.4356 E-1   4.9351 E-1

Sekunde f#1/g#1, Ton g#1

Da indessen keine Zusammenklänge außer Oktavparallelen vorkommen, wäre eine ungleichmäßige Teilung der Oktave ebenso möglich und weichen die tatsächlich gemessenen Frequenzen (die meisten Messungen wurden auch hier mit dem Stroboconn ausgeführt) durchaus von den idealen Werten ab; Kubik hat demgegenüber jedoch geltend gemacht, daß in dieser Musikkultur das Transpositionssystem (miko) nicht nur als theoretische Norm fungiert, sondern für die konkrete Ausübung der amadinda-Musik (amadinda: Holmxylophon mit 12 Klangplatten) „gestaltbildend" wirksam ist (Kubik 1960: 12 ff., 15). Insoweit sei das miko-System zugleich Ausgangspunkt einer Kompositionspraxis, die nur drei Intervallgrößen unterscheide (Prime, „Kiganda-Sekunde" [≈ 240 Cents] und „Kiganda-Quarte" [≈ 480 Cents]) und die Intervalle innerhalb des Transpositionssystems alle als gleich groß ansehe (Kubik 1969: 29); hieraus wird dann die äquipentatonische Konstruktion der Skala gefolgert, was allerdings die Vorgängigkeit des Transpositionssystems gegenüber jener nahelegt und zugleich eine „modale" Auffassung des miko-Systems, wie sie von Anderson vertreten wurde, [49] praktisch ausschließt. Wo alle Töne gleichwertig und gleichabständig sind, hat das „modale" Prinzip, das auf die Differenzierung von Tonstufen und Intervallbeziehungen gründet, buchstäblich „ausgespielt".

Die Äquidistanz der Buganda-Musik wurde allerdings schon früher als Übertragung der Stimmung der achtseitigen ennanga-Harfe auf die der Xylophone verstanden, wobei Wachsmann (1950) eine nahezu äquidistante Harfenstimmung gemessen hat; gleichwohl wurde auch diese Stimmung über Quarten erzielt, die zudem in der melodischen Struktur des Liedguts eine prominente Rolle spielen. Tatsächlich zeigt eine bei Kubik (1983: 164) mitgeteilte ennanga-Stimmung Schrittweiten von 196 bis 270 Cents (bei einer Standardabweichung von nicht weniger als 24,35 Cents), was hinsichtlich der postulierten Äquidistanz nicht beweisend sein kann; zumindest wäre hier das gewünschte Ergebnis akustisch nicht erreicht worden. [50]

Bei Xylophonen dürfte ein solcher Abstimmvorgang noch viel schwieriger sein, da eben kein einfaches harmonisches Spektrum vorliegt und der Instrumentenbauer bzw. Musiker folglich einen Abgleich zwischen einzelnen Komponenten herstellen muß. Sofern wirklich eine Gleichabständigkeit funktional äquivalenter Töne bezweckt und intendiert wird, läuft der in Afrika gewöhnlich auf tuning patterns und sprachlich bzw. gesanglich vermittelte Tonhöhen (vgl. Cooke 1970) bezogene Abstimmvorgang im strikten Sinne auf eine „Temperierung" hinaus: freilich nicht auf eine Abmessung geometrisch exakter „Frequenzdistanzen", sondern auf den Abgleich komplexer ‚Tonhöhen', wobei offenbar Sukzessivintervalle bzw. Schrittgrößen ebenso erprobt werden wie Simultanklänge. Man kann diesen Vorgang des Ab- und Ausgleichens (lat. temperari = ausgleichen) vor allem in Afrika sehr gut beim Einstimmen der „Daumenklaviere" (vgl. Berliner 1978, Blacking 1961, van Oven 1973/74, Sievers 1987) beobachten, wobei diese Lamellophone wegen ihrer wiederum sehr kurzen und wenig harmonischen Klänge weder einfach zu stimmen noch etwa zuverlässig in ihrer „Frequenz" (vgl. Wachsmann 1967) zu messen sind; der tatsächlich erzeugte „Sound" beinhaltet oft merkliche Geräuschanteile und ist schon deshalb nicht auf eine „Frequenz" reduzibel. Vielmehr erkennt man beim Abstimmvorgang die zentrale Bedeutung des Timbre und dessen Einfluß auf die Tonhöhenwahrnehmung; bei den Lamellophonen wie auch bei anderen Instrumenten stellt dies mehr als nur einen „Farbwert" dar, insofern die Tonhöheninformation im wesentlichen dem spektralen Gehalt des jeweiligen Signals entnommen und (vgl. Terhardt 1979, 1982; Stoll 1982) verarbeitet werden muß. Damit hat zugleich die oben erwähnte Theorie des akustischen „Residuums" neue Bedeutung erlangt: denn während diese sich anfangs gerade auf die Periodizität bestimmter (in der Regel „grundtonfreier" und/oder inharmonischer) Signale bezog, wurde in den fünfziger und sechziger Jahren der Nachweis erbracht, daß die Tonhöhenwahrnehmung ganz erheblich von der Verteilung spektraler Energie abhängt, mithin das „Muster" spektraler Komponenten zu beachten ist.[51]

Unter Berücksichtigung dieses Sachverhalts sind Modellvorstellungen hinsichtlich der Bildung von „spectral pitch patterns" und geeignete Algorithmen zur Bestimmung sowohl der Spektraltonhöhe wie der sog. „Virtuellen Tonhöhe" (Terhardt 1979, 1982) entwickelt worden; beide spielen mit Bezug auf die hier erörterten Idiophone eine wichtige Rolle, da bei den oben genannten Metallophonen die relevanten Höreffekte deutlich nachzuweisen und zumindest grundsätzlich auch bei Xylophontönen bzw. -klängen zu erwarten sind. Es wird demnach durch geeignete Untersuchungen zu klären sein, welche klanglichen „Parameter" außereuropäische Instrumentenbauer bei der Abstimmung und Intonation von Metallophonen und Xylophonen im einzelnen berücksichtigen und wie diese auf die Perzeption wie die Konzeptualisierung der ‚Tonhöhe' einwirken; da diese bei Xylophonen schwerlich mit irgendwelchen singulären „Frequenzen" zu identifizieren ist, bedarf die Idee der Äquidistanz erneuter Prüfung und einer Formulierung, die dann die Gleichabständigkeit der Perzeption und Kognition komplexer Klänge anstatt „eindimensionaler" (s. S. 186) Frequenzdistanzen zu beschreiben hätte. Dem steht nicht entgegen, daß der afrikanische Instrumentenbauer/Musiker solche Klänge als „einheitlich" empfinden und bewerten mag; geht man davon aus, daß die Zusammenfassung klanglicher Stimuli insbesondere von den Kriterien (a) der Harmonizität/Inharmonizität des Spektrums, (b) der relativen Vertrautheit mit der spektralen Hüllkurve und (c) der gleichmäßigen Modulation aller spektralen Komponenten abhängt (McAdams 1982), so trifft die mehr oder minder ausgeprägte Inharmonizität der Spektren bei Lamellophonen, Xylophonen usw. auch den mit der spektralen Hüllkurve vertrauten Musiker einer afrikanischen oder asiatischen Kultur. Jene folgt aus der „Natur der Sache", diese mag eine Frage der — wie schon Helmholtz (1863) betont hat — „Gewöhnung und des Geschmacks" sein. Bei „Sounds" wie denen der javanischen Bonangs indessen gelingt „spectral fusion" nur mit Mühe, zumal hier Modulationseffekte auftreten und diese offenbar wohl erwünscht sind.

2.6 Zusammenfassung/Ausblick

Die in dieser Arbeit vorgetragenen Überlegungen und Befunde legen eine Intensivierung tonometrisch-akustischer Untersuchungen sowie sonstiger experimenteller Forschungen im Kontext der systematisch-vergleichenden Musikwissenschaft nahe;[52] es steht zu erwarten, daß hierdurch einerseits mittels empirischer Erhebungen und Messungen strittige Sachverhalte geklärt und insbesondere klangliche Phänomene wie etwa die geradezu „systematische" Ausbeutung der Teiltonreihe in manchen Musikkulturen (vgl. Walcott 1974, Graf 1975, Kubik 1988 b) veranschaulicht, andererseits theoretische Konzepte und Normen überprüft sowie ggf. auch korrigiert werden können. So wäre beispielsweise daran zu denken, die oben (s. 196 ff.) als inadäquat mit Rücksicht auf komplexe Klänge erkannte Frequenzdistanz „eindimensionaler" Verfassung durch Modelle zu ersetzen,[53] die der spektralen Charakteristik resp. der Schwingungsform Rechnung tragen; es wird zu prüfen sein, ob und ggf. inwieweit das für Metallophonklänge augenscheinlich relevante Konzept der „spectral-pitch-patterns" bzw. der sog. „Virtuellen Tonhöhe" auch bereits bei Xylophonsounds eingreift. Methodologische Reflexion und (psycho-)akustische Forschung erscheinen gleichermaßen gefordert, soweit es um die Grundlagen einer „cross-cultural" (vgl. Falck/Rice 1982; Nettl 1983; Powers 1980; Suppan 1984) und also vergleichend betriebenen Musikwissenschaft geht.

Anmerkungen

1 Von den hier einschlägigen Arbeiten vgl. A. Schneider 1986, 1988 a und 1989 a; Beurmann & Schneider 1989; Deutsch & Födermayr 1986 sowie etliche Beiträge von W. Graf (z. T. abgedruckt in Graf 1980).

2 Einige der relevanten Literatur ist bei Merriam 1977 zusammengestellt; eine Erörterung der sachlichen Probleme findet sich u. a. in Simon 1979 und 1985 sowie bei Nettl 1983 und Elschek 1984.

3 Entsprechende Belege finden sich in Schriften von Ch. Myers (Großbritannien) und B. I. Gilman (USA); vgl. A. Schneider 1989 a.

4 Vgl. den Bericht über das Symposium *Idee und Methode „vergleichender" Musikforschung*, in: Intern. Ges. für Musikwiss.; Bericht über den neunten intern. Kongr. Salzburg 1964, Bd. II, Kassel usw. 1966, 23 ff., 29 (Diskussionsbeitrag von Marius Schneider).

5 Dies zeigt der Literaturbericht von Walter Wiora (1975).

6 Theoretisch dargelegt in Lach (1924) und an breitem Material durchgeführt schon in Lach (1913); was bei Lachs Konzeption immer wieder zum Vorschein kommt, ist die Hegelsche *Idee von der Koinzidenz des Logischen und des Historischen* (vgl. A. Schneider 1984: 135 ff.), die allerdings in gleicher Ausprägung bei Lachs Wiener „Antipoden" Guido Adler begegnet (vgl. auch Kalisch 1988: 104 f.).

7 Die in diesem Abschnitt behandelten Probleme wurden z. T. schon in früheren Studien angesprochen, auf die zwecks Vermeidung von Wiederholungen verwiesen wird; vgl. Schneider 1986, 1988 a und 1989 a; Beurmann & Schneider 1989.

8 Vgl. Enzyklopädie Philosophie und Wissenschaftstheorie (Ed. J. Mittelstraß et al.), Bd. I, Mannheim/Wien/Zürich 1980, Art. *„Abstand'* und *„Distanz'* sowie die dort angegebene Literatur. Eine gute Einführung in die Thematik findet sich bei Lorenzen (1968).

9 Für ein angemessenes Verständnis der *Tonpsychologie* empfiehlt sich die eingehende Beschäftigung mit Stumpf (1873) und Brentano (1874) ebenso wie die Beschäftigung mit Schriften von Meinong und Husserl (hier insbesondere ,Erfahrung und Urteil. Zur Genealogie der Logik', Prag 1931, 4. Aufl. Hamburg 1972).

10 Die erwähnte Studie, ein Vortragsmanuskript, ist abgedruckt in Helmholtz 1971, 187 ff. In diesem Band finden sich auch einige andere Aufsätze und Vorträge von Helmholtz im Umkreis von „Zählen und Messen", die wissenschaftstheoretisch von Belang sind.

11 Der hier relevante Begründungszusammenhang findet sich vor allem in den §§ 6—8, 10, 11, 14, 23—25 der *„Tonpsychologie"*.

12 Auf Ungereimtheiten und Vorurteile bei Ellis hat früher schon LL. S. Lloyd (1946) aufmerksam gemacht; vgl. außerdem A. Schneider 1976, 1986 und 1988 a, wo dargelegt wird, daß Ellis mittels allerlei „Annahmen" aus heterogenem Datenmaterial immer wieder auf gleichstufig-temperierte Stimmungen bzw. Tonsysteme geschlossen hat, was in etlichen Fällen gewaltsam und mit Bezug auf die Varianz der Meßwerte beinahe willkürlich erscheint.

13 Zu verweisen ist hier einmal auf die Argumentation, die Stumpf in seiner Auseinandersetzung mit Wundt (1890) und dessen Schüler C. Lorenz (1890) verfolgt hat; zweitens auf die Bemerkungen, die Stumpf in *„Konsonanz und Dissonanz"* (1898: 68 ff.) zum Problem gibt und wo ob seiner „Verschmelzungstheorie" geradezu zwangsläufig I n t e r v a l l und A b s t a n d nicht nur unterschieden, sondern jenes Moment als phänomenal bevorzugt ausgewiesen wird.

14 Vgl. Stumpf 1901; die Aufnahmen bildeten den Grundstock des Berliner Phonogrammarchivs (vgl. auch v. Hornbostel 1920 mit Transkriptionen „siamesischer Orchestermusik").

15 Vgl. Stevens 1957, Wagenaar 1975 und Falmagne 1985; außerdem die Beiträge von Keidel und Plattig in Keidel 1975.

16 Nach experimentellen Befunden an Tieren (Katzen) bei McCleary & Moore (^{2}/1965: 5) und Keidel (1975); zur „Oktavengeneralisation" s. White 1960, Mauerhofer 1981, Shepard 1982.

17 Das wird bei Stevens & Volkmann (1940: 337) durchaus zugegeben und der Nullpunkt dann durch Extrapolation ca. 20 Hz = Tonhöhe 0 (bzw. pitch = 0 mel) festgelegt.

18 Auch nur halbwegs musikalisch vorgebildete Vpn stellen freilich im Bereich bis ca. 2 kHz kurzerhand die untere bzw. obere Oktave ein, also gerade k e i n e „Distanz", sondern ein Intervall; vgl. auch Zwicker 1982: 57 ff. Befunde i. S. der „mel-Skala" sind daher nur in extremer (Höhen-)Lage und um so eher zu erwarten, je mehr Versuchsanordnung und Aufgabenstellung von musikalischen Erfahrungen entfernt bleiben (vgl. auch Vogel 1975: 287).

19 Abraham & Hornbostel (1926: 246 f.) interpretierten die einem nicht akkordisch aufzufassenden Vielklang zugeordnete „Klangbreite" (s. hierzu v. Hornbostel 1926) „als Analogon der Distanz eines Tonschritts", was mit Rücksicht auf die Stumpf'sche Konzeption der Diztanz als Abstand z w i s c h e n zwei diskreten Punkten (ohne irgendwelche „Füllung") keineswegs zwingend ist.

20 Vgl. Stumpf 1898: 68 f., wo Stumpf zudem „relativen" (Intervall) und „absoluten" (Distanz) Abstand zweier Töne unterscheidet, im übrigen geltend macht, daß Intervalle gleicher Konsonanz resp. „Verschmelzung" unterschiedliche „Abstände" der beiden Töne aufweisen können. Gleichwohl ist die Divergenz zwischen Stumpfs Ausführungen in der *„Tonpsychologie"* und an dieser Stelle kaum zu übersehen; sie hängt kausal damit zusammen, daß dort eben das „eindimensionale" Tonreich von Frequenzdistanzen und hier die Konsonanz komplexer Töne bzw. Intervalle gegenständlich sind.

21 Hierzu sehr eingehend Révész 1935; s. außerdem Zemp 1973 und 1979 sowie G. Kubik 1960, 1983, 1985 und 1986.

22 Vgl. F. Brentano 1905 (repr. in Brentano ^{2}1979: 93 ff.). Helmholtz (wie Anm. 10, 200 f.) hatte das Reich der Farben als dreidimensional im Anschluß an die exp. Befunde von Th. Young und Maxwell definiert; bei Brentano steht die Frage der Dimensionalität aller Sinnesgebiete und der möglichen „Analogien" zwischen ihnen wiederholt zur Diskussion, weshalb seine Theorie der Tonhöhe z. T. von akustisch-psychologischen und z. T. von optisch-visuellen Sachverhalten ausgeht.

23 Weder in Versuchen, die Stumpf selbst angestellt hat, noch dann bei Abraham & Hornbostel (1926) oder Daenicke (1968).

24 Vgl. Laugwitz 1979. Auf einige frühere Arbeiten, die im Anschluß an informationstheoretische Ansätze eine Art „Schubladen"-Theorie der wiederum eindimensional vorgestellten Tonhöhe verfolgt haben, gehen wir hier nicht mehr ein; vgl. A. Schneider 1976: 172 ff.

25 Der Abschnitt bei Rouget (1970: 691 f.) ist *,Définition du son'* überschrieben, die Arbeit dann sonagraphisch, also als Analyse komplexer Klänge, angelegt, die selbst keineswegs „ponctuel" sind; dies zeigt das hier waltende Abstraktionsmoment, dessen Rationalisierung insbesondere bei Helmholtz und Stumpf geleistet wurde.

26 Der Begriff der Reduktion ist dabei nicht pejorativ, sondern i. S. der Wissenschaftstheorie (vgl. Nagel 1949) aufzufassen; er impliziert die Veranschaulichung komplexer Sachverhalte, allerdings um den Preis

210

dann notwendiger Vereinfachungen; vgl. für den hier angesprochenen Bereich auch Reinecke (1972).

27 Hierzu u. a. Wellek 1931; Albersheim 1939.

28 Dies ist ein weiterer Punkt der Unstimmigkeit in Stumpfs *„Tonpsychologie"* im Gefolge der Unverträglichkeit zwischen „eindimensionaler" Qualitätenreihe und Verschmelzungsphänomen.

29 Vgl. Hornbostel 1926 und 1931: 517 ff., wo die Helligkeit als eindimensional und als Eigenschaft aller Sinnesgebiete ausgegeben wird, so daß dann zwischen Tönen, Grauschattierungen und Gerüchen (v. Hornbostel war promovierter Chemiker) Äquivalenzen bestehen, bei den niederen Sinnen jedoch „Helligkeit" und Qualität zusammenfallen sollten. Vgl. zur möglichen Äquivalenz von visueller und auditiver Helligkeit auch Coren et. al. 1979: 144 ff.

30 So vor allem bei Albersheim 1939; obgleich dort „Tonfarbe" und „Tonhöhe" unterschieden werden, führt die Gleichsinnigkeit der Dimensionen (hell-dunkel/hoch-tief; vgl. Schulte 1967: 109 f.) zu einem letztlich wiederum eindimensionalen Parallelismus, der dann als „Tonraum" (zu diesem Konstrukt andernorts mehr) gedeutet wird.

31 Vgl. hierzu Stumpf 1911 mit einem triadischen Entwicklungsschema, Hornbostel 1928/73 und die Bemerkungen hierzu bei A. Schneider 1988 a: 154—161 und 1989 a.

32 Dieser Vortrag von Hornbostel, 1928 zu Rostock vor der Kant-Gesellschaft gehalten und erst 1973 publiziert (Hornbostel 1973), enthält in gedrängter Form „essentials" von Hornbostels Konzept.

33 Vgl. Abraham & Hornbostel 1902/03: 308 f. und W. Stern 1902/1909.

34 Vgl. Helmholtz 1863, [3]1870, bes. 181 ff. und hierzu die Bemerkungen bei Stumpf (1890 a: 26 ff., 522 f.; vgl. Schneider 1988 a: 148 ff.).

35 Vgl. hierzu Elschek 1971, 1978; Hood 1971; Owen 1974; zu speziellen Verfahren s. Filip 1978.

36 Vgl. J. M. Diehl/H. U. Kohr [5]1983: 70 ff.

37 In seinem Aufsatz *„Phonographierte tuensische Melodien"* hat Hornbostel (1906/07: 17) die schon von Fechner benutzte sog. „durchschnittliche Abweichung" der Einzelwerte vom arithm. Mittel als Variabilitäts-resp. Dispersionsmaß herangezogen (zu diesem heute ungebräuchlichen Maß vgl. Hofstätter/Wendt [2]1966: 37). Abraham & Hornbostel (1902/03: 310) betonen, „daß bei der Berechnung von Mittelwerten stets das G e w i c h t der einzelnen Faktoren, mit welchem sie in das Resultat eingehen, berücksichtigt wurde"; dies sei bei (Meßwert-)Reihen unerläßlich, „die zum Teil durch Ausfall einzelner Glieder unvollständig sind, oder Reihen, die selbst schon Mittelwerte enthalten" (beides kam vor; zum „gewogenen Mittel" s. Hofstätter/Wendt [2]1966: 29 f.).

38 Auf diese braucht hier nicht weiter eingegangen zu werden; vgl. Schneider 1976. Es leuchtet jedoch ein, daß mit der Widerlegung vor allem der „Blasquintentheorie" die daran geknüpften transkontinentalen „Kulturbeziehungen" im Gefolge der „Kulturkreislehre" kaum zu halten, diese selbst dann Gegenstand der Kritik und die Bedeutung der vergleichenden Musikwissenschaft gleichfalls tangiert war (vgl. Schneider 1988 b, 1989 b, Schneider & Beurmann 1990).

39 Auf das Verfahren der „Phonophotography", das sowohl bei der Analyse von „Folk Music" (Metfessel 1928) wie von Kunstmusik (C. Seashore et al. 1936) genutzt wurde, sei ausdrücklich verwiesen; vgl. im übrigen Elschek 1971, Hood 1971.

40 Vgl. Levy 1982: 85 ff., 89, der eine Reihe von Schwierigkeiten und Fehlerquellen bei der Messung konkret benennt und seinen Meßdaten (S. 94 ff.) nicht nur Mittelwerte, sondern auch die Standardabweichung zuordnet.

41 Kubik 1960: 7 f., der aber augenscheinlich von einem harmonischen Spektrum der Xylophontöne ausgeht, was ebensowenig zutrifft wie die Aussage bei Houtsma (1971: 156), daß die hier relevanten Instrumente so konstruiert seien „that these partials are quickly attenuated and only the fundamental remains". Messungen zeigen gerade im Gegenteil, daß die „Ambiguität" von Metallophon-Klängen durch „pitch-shifts" über die gesamte Klangdauer erhalten bleibt bzw. sogar gegen Ende zunimmt.

41a Vgl. Reallexikon der Akustik, hrsg. von M. Rieländer, Frankfurt/M. 1982, 78 f.

42 Die Messung wurde im Phonetischen Institut der Univ. Hamburg von Herrn Dipl.-Ing. H. Stoltz mit einem Spectrum Analyzer B & K 2033 durchgeführt; bei einem Analysebereich bis 10 kHz und 400 Linien ergibt sich eine Auflösung von 25 Hz. Die jeweils gesampelte Probe betrug 40 ms; es wurden mehrere Samples gemessen, Analysebereich und damit die Auflösung variiert, wobei die grundsätzliche In-

harmonizität erhalten blieb, bei feinerer Auflösung jedoch zu zeigen ist, daß einige der Komponenten nur wenig von (teil-)harmonischen Reihen abweichen und so den Tonhöheneindruck mitbestimmen, der von der „Quasi-Periodizität" des Signals und der spektralen Charakteristik abzuhängen scheint; vgl. de Boer 1976, Anm. 51!

43 Die Aufnahmen wurden mit einem Uher Report 4200 und dynamischen Mikrofonen (Sennheiser MD 421; Beyer X 1) im Hamburger Museum für Völkerkunde eingespielt und über eine Anlage mit folgenden Komponenten wiedergegeben: Tonbandgerät Revox B 77 (19 cm Halbspur), Mischpult Studiomaster 16/8/2, Verstärker Amcron Crown 200, Studiomonitore EV Sentry 500 bzw. Kopfhörer AKG. Die Tonhöhenschwankungen der beiden Tonbandgeräte sind vernachlässigbar klein gegenüber den hier interessierenden und meßtechnisch objektivierten (vgl. Abb. 4/5) Modulationseffekten (gemessen mit Synclavier II). Die auf dem Funktionsgenerator (NF 110 D; Frequenzgang 0 Hz—20 kHz) eingestellten Frequenzen wurden von einem digitalen Frequenzzähler (Venner Electronics TSA 3334) angezeigt und jeweils protokolliert, wobei in etlichen Fällen mehrere Einstellvorgänge durchlaufen wurden. — Die Hörversuche wurden im Laufe des WS 1988/89 begonnen und sind noch nicht abgeschlossen; aus methodischen Gründen (vgl. Bortz [2] 1985: 402 ff.) sind auch Meßwiederholungen mit den gleichen Vpn nach einer gewissen Zeit vorgesehen.

44 Als Instrumente wurden u. a. angegeben: Cembalo, Orgel, Geige, E-Bass (fretless), Klavier, Saxophon.

45 Vgl. schon Stumpf 1901. — Eine der Vpn beschrieb den gesamten Klangablauf (Saron, Ton Nr. 2) wie folgt: „Es macht metallisch „pling", daran orientiere ich mich aber nicht; dann schiebt sich von unten eine sinusförmige Komponente ein, am Schluß shifted der Klang weg".

46 Bei Surjodiningrat et al. 1972, die allerdings im Prinzip eine Frequenzmessung tiefpaßgefilterter Töne durchgeführt und ausdrücklich (S. 26) betont haben „that what we measured were fundamental frequencies". Diese Methode erscheint sowohl aus akustischen wie aus hörpsychologischen Gründen nicht unbedenklich, da der „pitch" von sarons und genders nicht mit einer extrahierten Komponente zusammenfällt und es angesichts der dichten spektralen Verteilung (vgl. Schneider 1988 a, Abb. 1) ohnehin fraglich ist, welche der Komponenten jeweils erfaßt und gemessen wurde.

47 Bei Zemp & Schwarz 1973: 92 werden vier als „äquiheptatonisch" gedeutete Panpfeifenskalen geboten, wobei das arithmetische Mittel über alle 52 Meßwerte mit 171,865 Cents eine hervorragende Annäherung an die theoretische Skala bietet; die Standardabweichungen sind dann jedoch recht unterschiedlich und betragen für die vier Skalen (1) 5,63 (2) 10,55 (3) 14,92 und (4) 24,24 Cents, d. h. zumindest die letzte Skala zeigt erhebliche Abweichungen.

48 Das fragliche Stück wurde vollständig, d. h. kontinuierlich gemessen; aus Platzgründen kann hier nur eines der Ergebnisse gezeigt werden.

49 Vgl. Anderson 1968; wie uns Gerhard Kubik (persönliche Mitteilungen Nov. 1988/März 1989) freundlicherweise erläutert hat, kommt nach seinen Beobachtungen in Uganda kein wie auch immer geartetes „modales" Konzept bei der Kiganda-Xylophonmusik oder der zugehörigen ennanga-Harfenmusik zum tragen; vgl. auch Schneider & Beurmann 1990.

50 Die bei Kubik (1983: 164) abgedruckten Meßwerte stammen von Messungen, die A. M. Jones seinerzeit mit dem Stroboconn durchgeführt hat; eine Untersuchung der gleichen Stimmung von uns 1987 kam zu abweichenden Ergebnissen, deren Diskussion zusammen mit der Frage der Äquidistanz in Afrika wir andernorts vorgelegt haben; vgl. Schneider & Beurmann 1990.

51 Eine Erörterung der meisten hier relevanten Probleme findet sich bei de Boer (1976), der auch auf den Zusammenhang zeitlicher und spektraler Tonhöheninformation bei Signalen mit inharmonischen bzw. teilharmonischen Spektren eingeht; daß die Zeitdimension von Belang ist, ergibt sich aus der Tatsache, daß bei einer Reihe entsprechend strukturierter Klänge Modulationseffekte wie z. B. Phasenverschiebungen auftreten und diese auch bemerkt werden.

52 An der University of California in Los Angeles (UCLA) wurde 1988 ein neues ‚Department of Ethnomusicology and Systematic Musicology' eingerichtet, wobei ein Gesichtspunkt war, die systematisch vordringlichen Probleme der Akustik usw. „from a world music perspective" angehen und umgekehrt musikethnologische Untersuchungen durch systematisch-experimentelle Forschung fundieren zu können; vgl. Ethnomusicology at UCLA Vol. 5, No. 1, 1988).

53 Shepard 1982: 356 ff. erörtert verschiedene Verfahren der multidimensionalen Skalierung, wo bekanntlich je nach gewählter Metrik erneut die Frage geometrischer (vgl. Kühn 1976) „Distanzen" begegnet;
vgl. hierzu auch die mit Bezug auf die „Klangfarbe" getroffenen Feststellungen bei H. Rösing, Die Bedeutung der Klangfarbe in traditioneller und elektronischer Musik, München 1972, bes. 13 ff.

Literatur

Abraham, O./v. Hornbostel, E. M., Studien über das Tonsystem und die Musik der Japaner, in: Sammel-
1902/03   bände der Intern. Musikges. 4, 302—360.

Abraham, O./v. Hornbostel, E. M., Zur Psychologie der Tondistanz, in: Zeitschr. für Psychol. 98,
1926   233—249.

Albersheim, G., Zur Psychologie der Ton- und Klangeigenschaften, Straßburg.
1939

Anderson, L. A., The Miko modal system of Kiganda xylophone music, 2 Bde, Ph. D.-Dissertation UCLA
1968   (Typoskript).

Aning, B. A., Tuning the Kora: a casse study of the norms of a Gambian musician, in: Journal of African
1982   Studies 9, 164—175.

Attneave, F./Olsen, R. K., Pitch as a medium: a new approach to psychophysical scaling, in: Am. Journal
1971   of Psychol. 84, 147—166.

Berliner, P. F., The Soul of Mbira. Berkeley.
1978

Beurmann, A. E./Schneider, A., Probleme und Aufgaben akustisch-tonometrischer Forschung in der Ver-
1989   gleichenden Musikwissenschaft, in: Acustica, Bd. 69, 156—162.

Blacking, J., Patterns of Nsenga Kalimba music, in: African Music, Vol. 2, No. 4, 26—39.
1961

Blacking, J., How musical is man? Seattle/London.
1973

Boer, E. de, On the „Residue" and auditory pitch perception, in: Keidel W. D./Neff W. D. (Eds.), Hand-
1976   book of Sensory Physiology, Vol. V, 3, Berlin/Heidelberg/New York, 479—583.

Bortz, J., Lehrbuch der Statistik. 2. Aufl. Heidelberg/Berlin/New York.
1985

Brandl, R. M., Probleme und Chancen der Vergleichenden Musikwissenschaft, in: Musicologica Austriaca
1984   5, 7—35.

Brandl, R. M., Musikkulturen im Vergleich, in: H. Bruhn/R. Oerter/H. Rösing (Eds.), Musikpsychologie,
1985   München/Wien/Baltimore, 359—371.

Brelet, G., Le Temps musical. T. 1/2, Paris.
1949

Brentano, F., Psychologie vom empirischen Standpunkt (1874); hrsg. in 3 Bänden von O. Kraus, Leipzig.
1924—1928

Brentano, F., Von der psychologischen Analyse der Tonqualitäten in ihre eigentlich ersten Elemente, in:
1905/1979 Atti del V congresso intern. di psicologia tenuto in Roma ... 1905
    (Roma 1906), 157—165; repr. in: F. Brentano, Untersuchungen zur Sinnespsychologie, ed.
    R. M. Chisholm/R. Fabian, 2. Aufl. Hamburg 1979, 93—103.

Bruhn, G., Über die Hörbarkeit von Glockenschlagtönen. Untersuchungen zum Residualproblem, Regens-
1980 burg.

Bukofzer, M., Präzisionsmessungen an primitiven Musikinstrumenten, in: Zeitschr. für Physik 99,
1936 643—665.

Cooke, P., Ganda xylophone music: another approach, in: African Music Vol. 4, 62—80.
1970

Coren, St./Porac, C./Ward, L. M., Sensation and Perception, New York/London.
1979

Daenicke, W., Bewertung von Intervallbeobachtungen anhand der Frequenzdistanz, in: Jahrbuch des
1968 Staatl. Inst. für Musikforschung (1968), 29—64.

Deutsch, W./Födermayr, F., Tonhöhe versus Frequenz: zur Frage der indonesichen Tonsysteme, in: Musi-
1986 col. Austriaca 6, 197—226.

Diehl, J. M./Kohr, H. U., Deskriptive Statistik, 5. Aufl. Frankfurt/M.
1983

Dowling, W., Jay, Musical Scales and psychophysical scales: their psychological reality, in: Falck/Rice
1982 (Eds.), 20—28.

Ellis, A. J./Hipkins, A. J., Tonometrical Observations on some existing non-harmonic scales, in: Proc. of
1884 the R. Soc. 37, 368—385.

Ellis, A. J., On the musical Scales of various nations, in: Journal of the Soc. of Arts 33, 485—527.
1885

Elschek, O., Musikethnologie und Elektroakustik, in: Handbuch des Volksliedes, Bd. II (ed. R. W. Bred-
1971 nich/L. Röhrich/W. Suppan), München, 623—645.

Elschek, O., Melographische Interpretationscharakteristika von Flötenmusik, in: Studia instr. mus. pop.
1978 6, 43—58.

Elschek, O., Hudobná veda súčastnosti, Bratislava.
1984

Falck, R./Rice, T. (Eds.), Cross-cultural perspectives on music (= Fs. M. Kolinski), Toronto.
1982

Falmagne, J. C.,Elements of psychophysical theory, Oxford/New York.
1985

Fechner, G. Th., Elemente der Psychophysik, Bd. 1/2, Leipzig 1860; 3. Aufl. hrsg. von W. Wundt Leipzig
1860/1907   1907.

Filip, M., Acoustic Measurements as auxiliary methods in ethnomusicology, in: Musicologica Slovaca 7,
1978   77—87.

Födermayr, F., Zur gesanglichen Stimmgebung in der außereuropäischen Musik, Bd. 1/2, Wien.
1971

Födermayr, F., Zum Konzept einer vergleichend-systematischen Musikwissenschaft, in: Musikethnologi-
1983   sche Sammelbände 6, 25—39.

Graf, W., Musikethnologie und Vergleichende Musikwissenschaft, in: Wiener völkerkundliche Mitteilun-
1957   gen 5, H. 1, 1—11; repr. in: Graf 1980.

Graf, W., Zum interdisziplinären Charakter der vergleichenden Musikwissenschaft, in: Mitteilungen der
1973   Anthropol. Ges. Wien, Bd. 102, 91—97.

Graf, W., Zur Rolle der Teiltonreihe in der Gestaltung klingend tradierter Musik, in: Festschrift für Kurt
1975   Blaukopf, Wien 48—66.

Graf, W., Drei Kriegsgesänge von der NO-Küste Neuguineas aus dem Jahre 1905, in: Neue ethnomusikolo-
1977   gische Forschungen. Fs. Felix Hoerburger, Laaber 1977, 221—235.

Graf, W., Vergleichende Musikwissenschaft. Ausgewählte Aufsätze, hrsg. von F. Födermayr, Wien.
1980

Grützmacher, M./Wesselhöft, E., Über den Klang eines chinesischen Gongs, in: Acustica 9, 221—223.
1959

Grützmacher, M./Kallenbach, W./Nellessen, E., Akustische Untersuchungen an Kirchenglocken, in: Acu-
1965/66   stica 16, 34—45.

Haeberli, J., Twelve Nasca Panpipes: a study, in: Ethnomusicology 23, 57—74.
1979

Helmholtz, H. v., Die Lehre von den Tonempfindungen ... Braunschweig (3. Aufl. 1870).
1863/1870

Helmholtz, H. v., Philosophische Vorträge und Aufsätze. Eingeleitet und mit erklärenden Anm. hrsg. von
1971   H. Hörz und S. Wollgast, Berlin (Ost).

Helmholtz, H. v., Zählen und Messen, erkenntnistheoretisch betrachtet, in: Philosophische Aufsätze, Ed.
1887   Zeller zu seinem 50jährigen Doktorjubiläum gewidmet, Leipzig, 17—52.

Hofstätter, P. R./Wendt, D., Quantitative Methoden der Psychologie. 2. Aufl. München.
1966

Hood, M., The Nuclear Theme as a determinant of patet in Javanese music, Groningen.
1954

Hood, M., Slendro and Pelog redefined/Note on laboratory method. by Max Harrell, in: Selected Reports
1966   in ethnomusicology I, 1, 28—48.

Hood, M., The Effect of medieval technology on musical style in the Orient, in: Selected Reports I, 3,
1970   148—170.

Hood, M., The Ethnomusicologist, New York/London usw.
1971

Hood, M., The Evolution of Javanese Gamelan, Vol. 1/2, Wilhelmshaven.
1980/1984

Hornbostel, E. M. v., Die Probleme der Vergleichenden Musikwissenschaft, in: Zeitschr. der Intern. Mu-
1905/06   sikges. 7, 85—97.

Hornbostel, E. M. v., Phonographierte tunesische Melodien, in: Sammelbände der Intern. Musikges. 8,
1906/07   1—43.

Hornbostel, E. M. v., Phonographierte Melodien aus Madagaskar und Indonesien, in: Forschungsreise
1909   S. M. S. „Planet" 1906/07, Bd. 5 (= A. Krämer, Anthropologie und Ethnologie), Berlin,
             139—152.

Hornbostel, E. M. v., Über vergleichende akustische und musikpsychologische Untersuchungen, in:
1910   Zeitschr. für angew. Psychol. 3, 465—487.

Hornbostel, E. M. v., Formanalysen an siamesischen Orchesterstücken, in: Archiv für Musikwiss. 2,
1920   306—333.

Hornbostel, E. M. v., Psychologie der Gehörserscheinungen, in: A. Bethe (Ed.), Handbuch der normalen
1926   und pathol. Physiol., Bd. XI, 1, Berlin 701—730.

Hornbostel, E. M. v., Musikalische Tonsysteme, in: H. Geiger/K. Scheel (Eds.), Handbuch der Physik, Bd.
1927   VIII, 425—449.

Hornbostel, E. M. v., Geburt und erste Kindheit der Musik (Vortrag 1928), posthum publ. in: Jahrbuch
1928/1973 für musikal. Volks- und Völkerkunde 7 (1973), 9—17.

Hornbostel, E. M. v., Über Geruchshelligkeit, in: Pflügers Archiv für die gesamte Physiologie ... 227,
1931   517—538.

Houtsma, A., What determines musical pitch? In: Journal of Music Theory 15, 138—157.
1971

Hueber, K. A., Nachbildung des Glockenklanges mit Hilfe von Röhrenglocken und Klavierklängen, in:
1972   Acustica 26, 334—343.

Husmann, H., Grundlagen der antiken und orientalischen Musikkultur, Berlin (West).
1961

216

Jairazbhoy, N./ Stone, A. W., Intonation in present-day North Indian classical music, in: Bulletin of the
1963   School of Oiental and African Studies 26, 119—132.

Kalisch, V., Entwurf einer Wissenschaft von der Musik: Guido Adler, Baden-Baden.
1988

Keidel, W. D. (Ed.), Physiologie des Gehörs. Akustische Informationsverarbeitung, Stuttgart 1975.
1975

Knight, R., The Style of Mandinka music: a Study in extracting theory from practice, in: Selected Reports
1984   V, 3—66.

Koffka, K., Principles of Gestalt-Psychology, London/New York.
1936

Kubik, G., The Structure of Kiganda Xylophone music, in: African Music Vol. II, No. 3, 6—30.
1960

Kubik, G., Xylophone playing in Southern Uganda, in: Journal of the R. Anthropol. Institute 94, 37—76.
1964

Kubik, G., Composition Techniques in Kiganda xylophone music, in: African Music IV, No. 3, 22—71.
1969

Kubik, G., Die Amadinda-Musik von Buganda, in: Musik als Gestalt und Erlebnis (Fs. W. Graf), Wien;
1970/1983   repr. mit Ergänzungen in: A. Simon (Ed.), Musik in Afrika, Berlin (West), 139—165.

Kubik, G., African Tone-systems: a reassessment, in: Yearbook of the ICTM 17, 31—63.
1985

Kubik, G., A structural Examination of homophonic multi-part singing in East and Central Africa, in:
1986   Anuario musical Vol. 39/40 (1984/85), 27—58.

Kubik, G. Zum Verstehen afrikanischer Musik (Ges. Aufsätze), Leipzig.
1988 a

Kubik, G., Nsenga/Shona harmonic Patterns and the San heritage in Southern Africa, in: Ethnomusicolo-
1988 b   gy 32, 39—76.

Kühn, W., Einführung in die multidimensionale Skalierung, München.
1976

Küpfmüller, K., Die Systemtheorie der elektrischen Nachrichtenübertragung, 4. Aufl. Stuttgart.
1974

Kunst, J., Music in Java, Vol. 1/2, 2nd ed. Den Haag.
1949

Lach, R., Zur Entwicklungsgeschichte der ornamentalen Melopöie, Leipzig.
1913

Lach, R., Die Vergleichende Musikwissenschaft, ihre Methoden und Probleme (= Sitzungsberichte der
1924 Wiener Akad. d. Wiss., Phil.-hist. Kl. Bd. 200, 5. Abhdl.).

Lachmann, R., Die Musik in den tunesischen Städten, in: Archiv für Musikwiss. 5, 136—171.
1923

Laugwitz, D., Zur Begründung der Geometrie, in: Konstruktionen versus Positionen. Beitr. zur Diskussion
1979 um die konstruktive Wissenschaftstheorie hrsg. von K. Lorenz, Bd. I, Berlin (West),
247—253.

Lentz, D. A., The Gamelan Music of Java and Bali, Lincoln, Neb.
1965

Levy, M., Intonation in North Indian music, New Delhi.
1982

Lloyd, Ll., The Myth of equal-stepped scales in primitive music, in: Music & Letters 27, 73—79.
1946

Lorenz, C., Untersuchungen über die Auffassung von Tondistanzen, in: (Wundt's) Philosophische Studien
1890 4, 26—103.

Lorenzen, P., Das Begründungsproblem der Geometrie als Wissenschaft der räumlichen Ordnung, in: Phi-
1961/1968 losophia naturalis 6, 415—431; repr. in ders., Methodisches Denken, Frankfurt/m. 1968,
120—141.

Mauerhofer, A., Zur Funktion der Oktavengeneralisation beim Erkennen von Melodien, in: Musikfor-
1981 schung 34, 301—309.

McAdams, St., Spectral Fusion and the creation of auditory images, in: M. Clynes (Ed.), Music, mind and
1982 brain, New York/London, 279—298.

McCleary, R. A./Moore, R. Y., Subcortical Mechanisms of Behavior, New York.
1965

McDermott, V./Sumarsam, Central Javanese music: the Patet of Laras Slendro and the Gendér Barung.
1975 in: Ethnomusicology 19, 233—244.

Merriam, A. P., Definitions of „Comparative Musicology" and „Ethnomusicology: an historical-theoreti-
1977 cal perspective", in: Ethnomusicology 21, 189—204.

Metfessel, M., Phonophotography in Folk Music, Chapel Hill, N. C.
1928

Monahan, C. B./Carterette, E. C., Pitch and Duration as determinants of musical space, in: Music Percep-
1985/86 tion 3, 1—32.

Nagel, E., The Meaning of reduction in the natural sciences, in: R. Stauffer (Ed.), Science and civilization,
1949 Madison, Wisc. 99—145.

Nettl, B., The Study of Ethnomusicology, Chicago/London.
1983

Oven, C. van, The Kondi of Sierra Leone, in: African Music V, No. 3, 77—85.
1973/74

Owens, Th., Applying the Melograph to „Parker's Mood", in: Selected Reports II, 1, 167—175.
1974

Powers, H. S., Language Models and musical analysis, in: Ethnomusicology 24, 1—60.
1980

Reinecke, H. P., Methodische Probleme der akustischen Forschung an Volksmusikinstrumenten, in: Studia
1972   instr. mus. pop. 2, 24—46.

Révész, G., Zur Grundlegung der Tonpsychologie, Leipzig.
1913

Révész, G., Zur Geschichte der Zweikomponententheorie in der Tonpsychologie, in: Zeitschr. für Psychol.
1926   99, 325—356.

Révész, G., „Tonsystem" jenseits des musikalischen Gebietes, musikalische ‚Mikrosysteme' und ihre Bezie-
1935   hung zur musikalischen Akustik, in: Zeitschr. für Psychol. 134, 25—61.

Rösing, H., Probleme und neue Wege der Analyse von Instrumenten- und Orchesterklängen, Phil. Diss.
1969   Wien.

Rouget, G., Tons de langue en gun (Dahomey) et tons du tambour, in: Revue de musicologie 50, 3—29.
1964

Rouget, G., Sur les xylophones équiheptatoniques des Malinké, in: Revue de musicologie 55, 47—77.
1969

Rouget, G. (avec J. Schwarz), Transcrire ou décrire? Chants soudanais et chant Fuégien, in: Échanges et
1970   communications. Mélanges offerts à Cl. Lévi-Strauss, Paris/La Haye, 677—706.

Rouget, G., Chant fuégien, consonance, mélodie de voyelles, in: Revue de musicologie 62, 5—24.
1976

Schlesinger, K., The Greek Aulos, London 1939.

Schneider, A., Musikwissenschaft und Kulturkreislehre. Zur Methodik und Geschichte der Vergleichenden
1976   Musikwissenschaft, Bonn.

Schneider, A., Tonsystem und Intonation, in: Hamburger Jahrbuch der Musikwissenschaft 9, 153—199.

Schneider, A.,Musikwissenschaftliche Theorienbildung, außereuropäische Musik und (psycho-)akustische
1988 a   Forschung, in: Colloquium (= Fs. Martin Vogel), Bad Honnef, 145—174.

Schneider, A., Hornbostel, E. M. v., Tonart und Ethos (Review article), in: Jahrbuch für Volksliedfor-
1988 b   schung 33, 90—95.

Schneider, A., Psychological Theory and comparative musicology, in: B. Nettl/Ph. Bohlman (Eds.), Com-
1990 a parative musicology and anthropology of music, Chicago/London.

Schneider, A., Early History of Ethnomusicology: Germany and Austria, in: H. B. Myers (Ed.), Hand-
1990 b book of Ethnomusicology, London.

Schneider, A./Stoltz, H., Notes on the acoustics of ancient Chinese bell chimes, in: E. Hickmann/D. Hug-
1989 hes (Eds.), The Archeology of early music cultures, Bonn, 265—274.

Schneider, A./Beurmann, A., Okutuusa amadinda: Zur Frage äquidistanter Tonsysteme und Stimmungen
1990 in Afrika, in: Musikkulturgeschichte, Fs. C. Floros, Wiesbaden 1990, 493—526.

Schouten, J. F., The Perception of pitch, in: Philips Techn. Rev. 5, 286—294.
1940

Schulte, G., Untersuchungen zum Phänomen des Tonhöheneindrucks bei verschiedenen Vokalfarben, Re-
1967 gensburg.

Seashore, C., The Objective Recording and analysis of musical performance, in: Univ. of Iowa Studies in
1935 the psychol. of music 4, 5—11.

Seashore, C., Psychology of music, New York (Repr. 1967).
1938/1967

Seewann, M./Terhardt, E., Messungen der wahrgenommenen Tonhöhe von Glocken, in: Fortschritte der
1980 Akustik (DAGA '80), München, 635—638.

Shepart, R. N., Circularity in judgments of relative pitch, in: Journal of the Acoust. Soc. of America 36,
1964 2346—2353.

Shepard, R. N., Structural Representations of musical pitch, in: D. Deutsch (Ed.), The Psychology of mu-
1982 sic, New York, 344—390.

Sievers, B., Musik in Sierra Leone, Magisterarbeit Univ. Hamburg.
1987

Simon, A., Probleme, Methoden und Ziele der Ethnomusikologie, in: Jahrbuch für musikalische Volks-
1979 und Völkerkunde 9, 8—52.

Simon, A., Musikethnologie, in: E. Kreft (Ed.), Lehrbuch der Musikwissenschaft, Düsseldorf, 533—620.
1965

Slaymaker, F./Meeker, W., Measurements of tonal characteristics of Carillon bells, in: J. Acoust, Soc. Am.
1954 26, 515—522.

Stern, W., Der Tonvariator, in: Zeitschr. für Psychol. 30, 422—432.
1902

Stevens, S. S., On the psychophysical law, in: Psychol. Rev. 64, 153—181.
1957

Stevens, S. S./Davis, H., Hearing. Its psychology and physiology, New York (3rd printing 1948).
1938

Stevens S. S./Volkmann, J., The Relation of pitch to frequency: a revised scale, in: Am. J. of Psychol. 53,
1940   329—353.

Stoll, G., Spectral-pitch pattern. A concept representing the tonal features of sound, in: M. Clynes (Ed.),
1982   Music, mind and brain, London/New York, 271—278.

Stumpf, C., Über den psychologischen Ursprung der Raumwahrnehmung, Stuttgart (repr. Amsterdam
1873/1965   1965).

Stumpf, C., Musikpsychologie in England, in: Vierteljahresschr. f. Musikwiss. 1, 261—349.
1885 a

Stumpf, C., Rezension von Ellis (1885), ebenda, 511—524.
1885 b

Stumpf, C., Lieder der Bellakula-Indianer, in: Vierteljahreschr. f. Musikwiss. 2, 405—426.
1886

Stumpf, C., Tonpsychologie Bd 1/2, Leipzig (Repr. Hilversum 1965).
1883/1890 a

Stumpf, C., Über Vergleichungen von Tondistanzen, in: Zeitschr. für Psychol. 1, 419—462.
1890 b

Stumpf, C., Konsonanz und Dissonanz, in: Beiträge zur Akustik und Musikwissenschaft H. 1, 1—108.
1898

Stumpf, C., Tonsystem und Musik der Siamesen, in: Beiträge zur Akustik und Musikwissenschaft H. 3,
1901   69—138.

Stumpf, C., Anfänge der Musik, Leipzig.
1911

Stumpf, C., Über neuere Untersuchungen zur Tonlehre, in: Bericht über den VI. Kgr. für exp. Psychol.
1914   Göttingen 1914, Leipzig, 305—348.

Stumpf, C./Hornbostel, E. M. v., Über die Bedeutung ethnologischer Untersuchungen für die Psychologie
1911   und Ästhetik der Tonkunst, in: Bericht über den IV. Kgr. f. exp. Psychol. Innsbruck 1910,
        Leipzig, 256—269.

Suppan, W., Der musizierende Mensch. Eine Anthropologie der Musik, Mainz.
1984

Surjodiningrat, W./P. J. Sudarjana/A. Susanto, Tone Measurements of outstanding Javanese Gamelans
1972   in Jogjakarta and Surakarta, Jogjakarta.

Terhardt, E., Calculating virtual pitch, in: Hearing Research 1, 155—182.
1979

221

Terhardt, E., Die psychoakustischen Grundlagen der musikalischen Akkordgrundtöne und deren algorith-
1982 mische Bestimmung, in: Tiefenstruktur der Musik (= Fs. F. Winckel), Berlin, 23—50.

Thran von Khê, L'Utilisation du sonographie dans l'étude du rythme, in: Revue de musicologie 54,
1968 222—234.

Vogel, M., Die Lehre von den Tonbeziehungen, Bonn.
1975

Wachsmann, K., An equal stepped Tuning in a Ganda harp, in: Nature 165, 40—41.
1950

Wachsmann, K., A Study of norms in the tribal music of Uganda, in: Ethnomusicology Newsletter No. 11,
1957 1957, 9—16.

Wachsmann, K., Pen-equidistance and accurate pitch: a problem from the source of the Nile, in: Festschr.
1967 W. Wiora, Kassel, 583—592.

Wagenaar, W., Stevens vs. Fechner: a plea for dismissal of the case, in: Acta psychol. 39, 225—235.
1975

Walcott, R., The Chöömij of Mongolia. A spectral analysis of overtone singing, in: Selected Reports II,
1974 1, 55—60.

Wellek, A., Die Entwicklung unserer Notenschrift aus der Synopsie, in: Farbe — Ton — Forschung, Bd. 3,
1931 Hamburg, 143—153.

Werner, H., Über Mikromelodik und Mikroharmonik, in: Zeitschr. f. Psychol. 98, 74—89.
1926

White, B. M., Recognition of distorted melodies, in: Am. Journal of Psychol. 73, 100—107.
1960

Wiora, W., Ergebnisse und Aufgaben vergleichender Musikforschung, Darmstadt.
1975

Wundt, W., Über Vergleichungen von Tondistanzen, in: (Wundts) Philosophische Studien 4, 605 ff.
1890

Young, R. W./Loomis, A., Theory of chromatic stroboscope, in: Journ. Acoust. Soc. Am. 10, 112—118.
1938

Zanten, W. van, The equidistant heptatonic scale of the Asena in Malawi, in: African Music VI, No. 1,
1980 107—125.

Zemp, H. (unter Mitarbeit von J. Schwarz), Échelles equiheptatoniques des flutes de Pan chez les 'Are 'Are
1973 (Malaita, Iles Salomon), in: Yearbook of the ICTM 5, 85—121.

Zemp, H., Aspects of 'Are 'Are musical theory, in: Ethnomusicology 23, 6—48.
1979

Zemp, H., Le jeu d'une flûte de Pan polyphonique, in: Ethnomusicologie et représentations de la musique,
1981 a   ed. G. Rouget (= Le Courrier du CNRS, No. 42), Paris, 8.

Zemp, H., Melanesian solo polyphonic panpipe music, in: Ethnomusicology 25, 383—418.
1981 b

Zwicker, E., Psychoakustik, Berlin/Heidelberg/New York.
1982

Der Aksak — ein rhythmisches Phänomen, neu definiert

JENS PETER REICHE

Die Definition (1): Der Aksak tritt in Erscheinung als ungeradzahliges, asymmetrisches Phänomen

a) in Form einer metrischen Einheit im $\dfrac{2\frac{1}{2}}{2}$-Takt

b) als ein aus zwei metrischen Einheiten zusammengesetztes rhythmisches Muster im $\dfrac{4\frac{1}{2}}{2}$-Takt

c) als ein (verkürztes) rhythmisches Muster im $\dfrac{3\frac{1}{2}}{2}$-Takt

Auch anders strukturierte ungeradzahlige und asymmetrische Gebilde in vergleichsweise $\frac{5}{4}$-, $\frac{7}{4}$-, $\frac{9}{4}$- Gliederungen gelten als Formen des Aksak, allerdings nicht der symmetrische Neuner in der Unterteilung $3+3+3$. Geradzahlige asymmetrische Metren und rhythmische Muster werden nicht als Aksak bezeichnet.[1]

Béla Bartók pflegte Volksmelodien in solche des *Parlando-Rhythmus* und solche des *Tempo giusto-Rhythmus* einzuteilen.

Dem Tempo giusto liegt per definitionem ein klarer Beat zugrunde. Ob allerdings Stücke im Parlando-Rhythmus, also Stücke ohne durchgehende Zählzeiteneinheit Aksak-Elemente, mithin ungeradzahlige und asymmetrische Gliederungen beinhalten können, ist eine Frage, der im weiteren nachgegangen werden soll.

Im Türkischen entsprechen den Stücken im Parlando-Rhythmus *uzun hava* genannte „lange" Melodien und denen im Tempo giusto-Rhythmus jene *kırık hava* genannten Stücke, das heißt „zerbrochene Melodie".[2]

Zum Typus der *uzun hava* schreibt Bartók sehr anschaulich:

„Der wichtigste (Aufschluß) ist die Entdeckung einer Melodienbildung ganz bestimmten Charakters, die in dem von uns durchforschten Gebiet ... immer wieder auftrat ... In ihrem Grundzug zeigt diese Melodie eine auffallende Ähnlichkeit mit der fallenden Melodiebildung gewisser altungarischer Lieder. Die Melodie sinkt von der höchsten Note abwärts und erreicht gegen Schluß des Liedes ihren tiefsten Ton, wobei der Unterschied zwischen ungarischem und türkischem Lied nur darin besteht, daß die ungarische Melodiebildung bei der Oktave, die türkische aber auf der Dezime beginnt ... Die türkischen Melodien sind reicher an Motiv-Verzierungen, die vielfach von der ungarischen abweichen." [3]

Und gleich noch ein Bartók-Zitat aus derselben Quelle:

„Die Musik war eigenartig, fast erschreckend. Einer der Musiker spielte ein Instrument, das sie Zurna nennen, eine Art Oboe, recht schrill im Ton. Der andere hatte eine große Trommel, eine Davul, um die Schulter gebunden, auf die er in grimmigem Ungestüm mit einem Holztrumm einschlug; jeden Augenblick erwartete ich, daß die Trommel oder mein Trommelfell platzen würde."

Wir haben drei Begriffspaare gewonnen, das erste warpra
P a r l a n d o   T e m p o   g i u s t o ,

das zweite
u z u n   h a v a (lange Melodie) und   k ı r ı k   h a v a (zerbrochene Melodie),

das dritte
O b o e (Zurna)   T r o m m e l (Davul).

Es kommt ein weiteres Paar hinzu: Ich habe der Zurna phallische Symbole zugeschrieben. Die Oboe ist also männlich, und das trifft auch für Parlando und auch für *uzun hava* zu, und andererseits hat die zweifellige Trommel, der Vorläufer unserer grande caisse, weiblichen Charakter wie das Tempo giusto und die kırık hava und symbolisiert Fruchtbarkeit:
m ä n n l i c h   w e i b l i c h

In Merriamschen Kategorien gedacht heißt das: „Uses" ist Tanz, „purpose" Hochzeit, „function" die Verschmelzung der genannten polaren Elemente. [4]

Hier gibt es also ein Element melodisch-rhythmischer Verschmelzung. Eine Hypothese läßt sich wie folgt formulieren: Wenn eine uzun hava im Parlando-Rhythmus von einer Oboe gespielt und mit primär männlichen Symbolwerten versehen von einer Trommel (weiblich) begleitet wird, so müßten gleichwohl Tempo guisto-Elemente in „zerbrochener" Form enthalten sein.

Die Definition (2): Der kırık hava, der „zerbrochenen" Melodie, im Tempo giusto, steht ein gleichsam gestörter, zerbrochener Fluß im Parlando-Rhythmus gegenüber.

So wechselt etwa innerhalb des Şirvanı-Schlagmusters die Zählzeit:

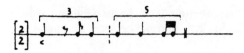

Die Schreibweise ist natürlich ganz europäisch, so denkt kein Orientale — in Triolen und Quintolen. Und überhaupt stellt sich an dieser Stelle grundsätzlich die Frage, wie genau denn eigentlich transkribiert werden soll. Aber diese Frage ist abhängig von der jeweiligen Zielsetzung.

Das folgende anatolische Davul-Zurna-Stück mit dem Titel „Aşık garıp" wurde von meinem hochverehrten Kollegen Christoph Hohlfeld übertragen — auf diese Weise:

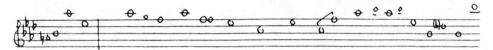

Es handelt sich um ein Melodiegerüst, um einen Nucleus ohne jede Ornamentierung. Es ist gleichsam die tonale Essenz des Stückes, die etwa so auch im Kopfe des Musikers hätte vorhanden gewesen sein können.

Dazu schreibt Hohlfeld:

„Zentralton ist ‚es', das auf dem Umweg über seine beiden affinitiven Ebenentöne ‚b' und ‚as' erreicht wird. Im Verlauf erhält ‚as' als hochgespannter Ton nahezu Zentraltonqualität. Es wird durch seine enge affinitive Ebene ‚f' gestützt. Dieses ‚f' tritt auch in Beziehung zu ‚es' als große Obersekunde, vor allem aber zu ‚c' — der primären Affinität zu ‚es' — mit dem es eine tetrachordische Einheit eingeht … Der Schlußton ist der oben ergänzte Proslambanomenos — er wird erst nach mehreren Wechselnotenandeutungen endlich stabilisiert. Das ‚des' hingegen läßt die Lösung zur Unterquarte ‚as' offen, wie ja auch das affinitive ‚ges' (zu ‚es') nicht vorkommt.

Im Bolero ist das System in jeder Hinsicht vollständig, dazu durch Großterzsteigerungen intensiviert, die der Anatole nicht kennt. Trotzdem halte ich die anatolische Weise substantiell für reicher, zumal die rhythmische Balance zwischen Asymmetrie und Symmetrie in der Metrik ein Moment ist, das im Bolero durch beibehaltene Starre mechanischer eingesetzt wird — meine ich."[5]

— Und dies ist dem Verfasser aus der Seele gesprochen, der das Stück in seiner hohen Qualität neben Strawinskys *Sacre du Printemps* oder Bartóks *4. Streichquartett* stellt.[6]

Wie genau also soll man notieren? In der Studienzeit, als die folgende Transkription entstand, von der wir die erste Seite wiedergeben, hieß unser großes Vorbild Bartók. Wir hatten damals keine Maschinen wie Melographen etc. sondern benutzten gelb beschichtete Tonbänder, auf denen man mit Bleistiftstrichen Abstände markieren konnte, die hinterher mit dem Lineal gemessen wurden. Wir versuchten perfekter als Bartók zu sein. Und da muß man sich fragen, ob einem das nicht den Blick verstellt.

Wenn Sie mit Maschinen arbeiten, ist es ja so: Je genauer die Maschine schreibt, desto schlechter ist die Lesbarkeit, und bei besserer Lesbarkeit wird da nicht doch auch manipuliert?

Entzückend ist übrigens die Geschichte über den Saxophonisten Coltrane. Es gab eine junge Pianistin, klassisch ausgebildet, aber der totale Coltrane-Fan. Sie hatte acht Chorusse von „Blue Train" transkribiert. Als sie den Saxophonisten persönlich einmal traf, bat sie ihn, seine Improvisationen von ihren Aufzeichnungen abzuspielen. „I can't; it's too difficult", war die Antwort.[7]

Da ist es wieder, dieses Element: Als ob uns diese Transkriptionen den Blick verstellten.

Dieselbe Befürchtung muß man bei der folgenden Übertragung haben, denn ich kam vor über zwanzig Jahren nicht darauf, was in dieser Transkription noch drinsteckt. Das Letzte, also das, worauf es eigentlich ankommt, und das nenne ich hier Mikrorhythmik, habe ich damals nicht erfaßt. Dabei springen sie einem doch geradezu ins Gesicht, diese dreieinhalb Achtel-, diese viereinhalb Sechzehntel- oder zweieinhalb Viertel-Distanzen, die wir nunmehr mit eiförmigen Kreisen umgeben haben. Es handelt sich hier offensichtlich um Formen eines bislang unbekannten Mikro-Aksak.

Die Definition (3): Sowohl Tempo-giusto-Stücke als auch Stücke im Parlando-Rhythmus können Aksakmetren enthalten. Aksakelemente treten dabei in Grund- und in Diminutionsformen auf. Im Trommelpart der Parlando-Rubato-Stücke erscheint der Aksak in Form von Mikrostrukturen und -distanzen.

Anders ausgedrückt: Auf der weiblichen Seite gibt es anhand klarer musikwissenschaftlicher Kategorien Anzeichen für einen klingenden männlichen Animus, und auf der männlichen Seite symbolisieren — wie könnte es anders sein — aksakartige Mikrorhythmen die lebenstiftende, lebenserhaltende Anima.

„Aşık garıb", gespielt von Mehmet Çol (Davul) und Dadah Sabuncular (Oboe)

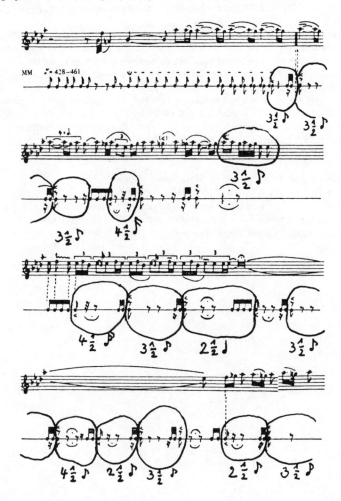

Anmerkungen

1 Eingeschränkt ist der Wert der Bezeichnung sowieso immer dann, wenn das Selbstverständnis der Informanten der Bezeichnung widerspricht. Wir haben eine große Scheu gewonnen in den letzten zwanzig Jahren in der Wissenschaft, etwas heranzutragen an Andere, wir bezeichnen eigentlich nur das Bezeichnete im Sinne des Informanten — sonst sagen wir „nein". Ich habe noch ein Muster nachzutragen (aus der „Kunstmusik"), das ist „Aksak semai", ein Zehner, also kein Ungeradtaktiger, der aber doch in sich in 2 × 5 gegliedert ist.
— Daß wir im Gegensatz zu einer früher geäußerten Auffassung das $\frac{3\frac{1}{2}}{2}$ -Muster unter die Aksak-Gebilde fassen, entspricht ganz frischer Anschauung; „denn wo ein bedeutendes Problem vorliegt, ist es

kein Wunder, wenn ein redlicher Forscher in seiner Meinung wechselt." (Goethe J. W. v., Sämtliche Werke, Italienische Reise, Tag- und Jahreshefte, Artemis-Gedenkausgabe hrsg. v. E. Beutler, Band II, Zürich 1949, S. 912)

2 „... die weitgeschwungene *uzun hava* gilt als die wahre, die echte und intakte Melodie. — In der *kırık hava* aber ist etwas vom Wesen einer solchen Weise zerstört worden. Man hat sie im Umfang beschnitten, hat ihr die Verzierungen genommen und hat sie in ein Metrum gepreßt, man hat sie ‚zerbrochen'," (Reinhard, Kurt und Ursula; *Musik der Türkei,* Band 2: Die Volksmusik; Wilhelmshaven, Locarno, Amsterdam 1984, S. 18.) — Der Terminus „Aksak" stammt aus dem Türkischen und bedeutet soviel wie „lahm" bzw. „hinkend". Vgl. hierzu: Brailoiu, Constantin; *Le Rhythme Aksak,* in: Revue de musicologie, décembre 1951 und Reiche, Jens Peter; *Stilelemente süd-türkischer Davul-Zurna-Stücke, ein Beitrag zur Untersuchung der mediterranen Spielpraxis von Trommel und Oboe,* in: Jahrbuch für musikalische Volks- und Völkerkunde, Bd. 5, Berlin 1970.

3 Bartók Béla; *Auf Volkslied-Forschungsfahrt in der Türkei,* in: Musik der Zeit, Heft 3, Bonn 1953, S. 24 ff.

4 Merriam, Alan P.; *The Anthropology of Music,* 1964, S. 209 ff.

5 Brief von Christoph Hohlfeld vom 8. VII. 1987 an den Verfasser.

6 Das Stück wurde unter dem Titel „Aşık garıp" auf einer Schallplatte veröffentlicht, die dem Jahrbuch für musikalische Volks- und Völkerkunde, Band 5, Berlin 1970, beigegeben ist.

7 Thomas, J. C.: Coltrane, *Chasin' the Trane,* New York, 1976, S. 88 ff.

Music from Machines:
Perceptual Fusion & Auditory Perspective
— for Ligeti —

JOHN M. CHOWNING

The Center for Computer Research in Music and Acoustics (CCRMA)
Stanford University, Stanford, California

Ligeti spent six months at Stanford from January to June, 1972. He came as a guest composer having no knowledge of the work in computer music that we had been pursuing over the previous eight years. At that time we were but a small part of the Artificial Intelligence Laboratory, with no support other than limited access to the computer, requiring that we work at nights and on weekends. Ligeti's first visit to the lab led to far ranging discussion of the capabilities offered by the computer in projecting sound in space, transformations of timbre, the fine control of pitch and time, and precisely constructed tuning systems. On his return to Europe he spoke to his colleagues of the work he had seen in computer music in California. Ligeti became an advocate for the medium. His understanding and vision were great indeed. They still are.

Loudspeakers controlled by computers form the most general sound producing medium that exists, but there are nonetheless enormous difficulties that must be overcome for the medium to become musically usefull. Music does not come easily from machines. This is true whether the machine is a musical instrument of the traditional sort or a computer programmed to produce musical sound. In the case of musical instruments, years of training are required of the performer and instrument builder and in the case of the computer, substantial knowledge about digital processing, acoustics, and psychoacoustics is required of the composer/musician. It is with this newest instrument, the computer, that we confront new problems whose solutions have led to insights that transcend the medium, increase our knowledge, and enrich our experience in the grandest sense.[1]

There are two issues that are addressed in this paper: 1) the auditory system's sensitivity to minute fluctuations, a significant characteristic that is little known but which has important implications, and 2) auditory perspective, with some insight regarding the multi-dimensionality of perceived loudness.

Much of what is discussed surrounds phenomena that are well-known to musicians and scientists, such as periodic waves, vibrato, loudness, etc. In the course of this discussion I question the common understanding of some of these phenomena. What is of interest pertains to subtleties of perception that require a more comprehensive understanding of these phenomena. For example, periodic is a term frequently used by scientists/engineers to describe a large class of natural tones whose component parts fall in the harmonic series, but in fact they are not strictly speaking periodic, „the ear" knows this to be so and that is the point!

Perceptual Fusion and Quasi-Periodicity

The Limits of Perfection. We may have thought that one of the purposes of both the performer and the instrument builder was to reach ever greater degrees of perfection, that the finest instrument and the finest performer could be superseded by some even finer yet. The great violins of the 17th and 18th centuries might be replaced by new superior instruments, having strings of ever greater constancy in mass, played by performers whose bow arms, through perhaps better training, could maintain ever more even pressure and velocity while in contact with the string. Curiously, there are degrees of perfection in acoustic signals beyound which the auditory system responds in quite surprising ways; it can become confused in regard to what instrument or source might have produced the sound, or in regard to assignment of the constituent parts or partials of a sound to their proper source in the case of simultaneously occurring sounds. Faced with such perfection the auditory/cognitive system can exercise a kind of *aesthetic rejection.* It is curious, and perhaps fortunate, that such degrees of perfection are well-beyond the capabilities of both acoustic instrument building and human performance, now and probably forever. This order of perfection exists only in sound generated electronically, especially by means of digital devices (computers, synthesizers, etc.).

Periodicity and Quasi-periodicity. A perfectly regular recurrent pattern of pressure change in time is periodic. A recurrent pattern of pressure change in time that has *small variations* in period and/or pressure is quasi-periodic as compared in Fig. 1. Acoustic waves that appear to the auditory system to be periodic, having undetectable variation, are little known in nature but can be produced by loudspeakers whose signals have been generated electronically. Quasi-periodic waves however are typical in nature. The auditory system is extraordinarily sensitive to quasi-periodicity as it is able to detect a variation in period of a small fraction of a percent. These small continuous variations are imposed by nature in the form of random pitch and in many cases an additional variation is consciously imposed by the performer in the form of vibrato and/or tremolo.

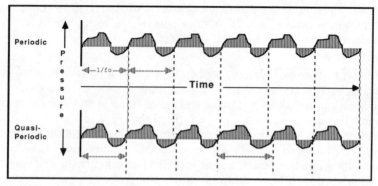

Figure 1

Random pitch variation occurs even when there is no vibrato imposed by performer. This variation is caused by small imperfections in both the performer and the instrument. In the case of a singer there are small variances in pressure of the air from the lungs as it is forced through the vocal folds, small changes in muscular tension of the vocal folds themselves, non-linearities resulting from turbulence at the vocal folds coupling with the acoustic wave in the vocal tract, etc. The set of harmonics composing the waveform are modulated by a common random variation pattern, also referred to as ‚jitter‘[2].

Vibrato is a more or less regular variation in pitch that results from a small modulation of string length, length of the air column, or tension of a vibrating reed or lips. Singers produce vibrato by a variation in tension of the vocal folds. *Tremolo* is a similar variation, but one of loudness, resulting from a variation of bow pressure and/or velocity in the case of strings and air pressure in the case of winds. Singers produce a tremolo by varying the breath pressure through the vocal folds. (Organ pipes and recorders are constrained to tremolo modulation alone because of their sound-producing mechanisms, whereas most other instruments, including the voice, are capable of both.) Both kinds of modulation, but especially vibrato, serve a variety of musical, acoustic, and perceptual functions.

Source Identification. It was hardly ten years ago that we performed experiments that for the first time revealed the special significance of such small amounts of variation in pitch[3]. The experiments were based on modeling the voice of a singer (the only musician who is the instrument, its maker, and its performer). A sung soprano tone lasting 15 seconds was synthesized in three stages, as seen in Fig. 2a:

1) A sinusoid at the frequency of the fundamental, $f_0 = 400$ Hz,
2) Harmonics are added appropriate to a sung vowel, $2f_0 \ldots nf_0$,
3) A mixture of random pitch variation and vibrato is added to the total signal.

Stages 2) and 3) evolve continuously from the previous stage. At stage 2, all of the spectral information is present that is required for the singing voice. However, not only is the charakter of ‚voice‘ unidentifiable during stage 2, but the added harmonics do not even ‚cohere‘ with the fundamental as an entity. Not until the small amount of random deviation and vibrato are added at stage 3 do the harmonics *fuse*, becoming a unitary percept and identifiable as a voice. Without the variation in pitch, the sound of the simulated singer (whose control over especially pitch *has* reached perfection) does not have a source ‚signature‘ or contain information that is essential to her *identification as a source*.

Perceptual fusion is dependent upon a wave or signal being in a condition of quasi-periodicity where component partials through common motion or variation in the pitch space, define themselves as „belonging together"[4]. The random frequency (and/or amplitude) variation seems to be present in all sources, while the particular pattern of variation differs according to the source class.

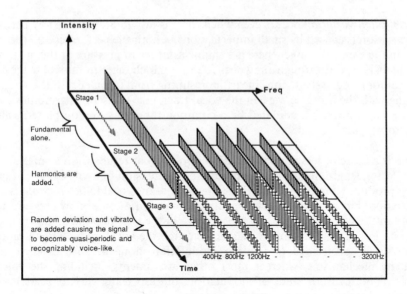

Figure 2a

Source Segregation. The fusion of the constituent partials of a sound is a requirement for the auditory system to *segregate sources* or perceive sources as being seperate from one another. If we were to listen to the experiment shown in Fig. 2a with the addition of two more sinusoids at 500Hz and 600Hz followed by their associated harmonics we would expect to hear a purely tuned triad having pitches at 400Hz, 500Hz, and 600Hz. At stage 2, the triad is not easily heard since the partials of all three groups form a harmonic series over a missing fundamental of 100Hz. At stage 3, however, the triad is clearly heard *and* as sung by three singers! The mix of periodic and random vibrato applied to each group of harmonics is slightly different causing them to cohere. This allows the auditory system to segregate the three different sources.

The Chorus Effect and Spectral Smearing. What would occur if in the previous experiment all three fundamentals were at the same frequency? Through stages 1 and 2, an increase in loudness would be the only perceived difference. At stage 3, however, the different pitch variation between each of the three groups is introduced, thus ,smearing' the spectrum because of the complex random beating occuring between all proximate harmonics. Source segregation occurs and the three voices appear to be singing in unison or as a chorus, see Fig. 2b.

234

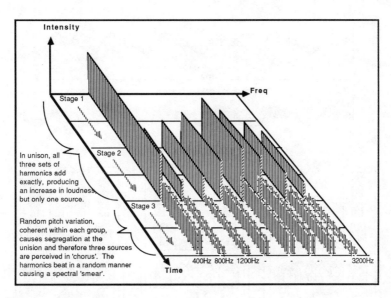

Figure 2b

In complex acoustic contexts where there are multiple sources, as in a chorus of singers, each source has its unique random pattern which in detail differs from every other to a degree detectable by the ear. Were there no imperfections in the source causing quasi-periodicity, perceptual fusion would not occur and a listener could neither identify its nature *(source identification),* nor hear parts *(source segregation),* nor recognize that there are more than one source per part *(chorus effect).* Thus, the auditory system is utterly dependent upon acoustic imperfections.

More About Vibrato. In addition to being an expressive device, vibrato serves a variety of acoustic, perceptual, and musical functions. Vibrato can complement the natural random pitch variation of critical importance to source identification and source segregation. The timbral richness (identity) of a source is much enhanced by even a small amount of vibrato as partials oscillate under resonant envelopes causing a complex asynchronous amplitude modulation. In solo/ensemble contexts instruments having a limited dynamic range such as the violin use vibrato help segregate their sound from that of the ensemble which would otherwise mask the solo instrument. This is analogous to the visual system's ability to segregate an object hidden in a background only when the object moves. And finally, vibrato frequency and depth are used expressively to support pitch and dynamics in the articulation of a musical line.

235

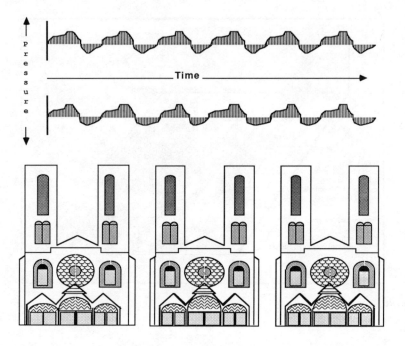

Figure 3

Periodicity and Symmetry. The auditory and visual systems seem to treat periodicity and symmetry in a similar manner, but differ in degree. While the eye does not detect imediately the quasi-periodicity in Fig. 3 without the aid of the lines indicating the periods, nor the one image of the three that is least symmetrical about the center axis, the ear can readily detect a fraction of a percent of devitation from periodicity, as noted above.

Both systems seem to become inattentive or ,turn off' when periodicity/symmetry is perceived over even a rather short time, failing to extract critical information (especially in the case of the auditory system).

The making of music using machines demands that attention be given to the requirements of the perceptual system. Unlike acoustic instruments, electronic ,instruments' do not have the inherent imperfections upon which the auditory system depends.

236

Auditory Perspective

The perception of sound in space remains a critical issue in music composed for loud-speakers, whether prerecorded or from real-time digital synthesizers. In the simplest case a listener localizes the emanating sound from points defined by the position of the loudspeakers. In all other acoustic settings the listener associates a sound source with horizontal and vertical direction and a distance. The auditory system seems to map its perceived information to the higher cognitive levels in ways analogous to the visual system. Acoustic images of great breadth reduce to a point source at great distances, as one would first experience listening to an orchestra at a distance of 20m and then at 300m, equivalent to converging lines and the vanishing point. Sounds lose intensity with distance just as objects diminish in size. Timbral definition diminishes with distance of a sound from a listener just as there is a color gradient over large distance in vision. Therefore perspective is as much a part of the auditory system as it is of the visual system. It is not surprising that the two systems should have evolved in a way that avoids conflict of sensory mode in comprehending the external world since many visually perceived objects can also be sound sources. These sources can be especially important to survival, for example the mother's voice or the growl of a lion at a distance or close at hand, or the approach of a fast moving automobile. While not perceived with great precision, the perceived position of sound in space, auditory perspective, is composed of important acoustic and psychoacoustic dimensions[5].

Loudness. Commonly thought to be the perceptual correlate of physical intensity[6], loudness is a more complicated percept involving more than one dimension. In order to reveal this we can imagine the following experiment:

A listener faces two singers, one at a distance of 1m and the other at a distance of 50m. The closer singer produces a *pp* tone followed by the distant singer who produces a *ff* tone. Otherwise the tones have the same pitch, the same timbre, and are of the same duration. The listener is asked which of the two tones is the louder (See Fig. 4)? Before speculating about the answer, we should consider the effect of distance on intensity.

Sound emanates from a source as a spherical pressure wave (we are ignoring small variances resulting from the fact that few sources are a point). As the pressure wave travels away from the source the surface area of the wave increases with the square of the distance (as the area of a sphere increases with the square of the radius). The intensity at any point, then, decreases according to the inverse square law: $1/d^2$, as seen in Fig. 5.

The distance in the experiment is 50m which will result in a decrease of intensity of $1/50^2$ or $1/2500$ the intensity of the same *ff* ton sung at a distance of 1m. The listener, however, is asked to judge the relative loudness where the closer tone is a *pp* rather than *ff.* Let us suppose that the intensity of the *pp* is $1/128$ that of the *ff.* The

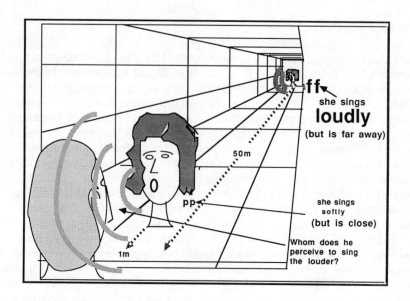

Figure 4

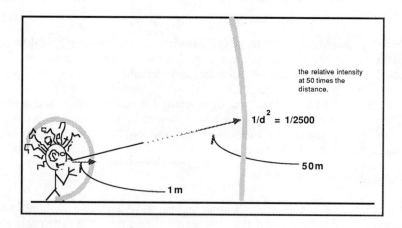

Figure 5

greater of the two intensities then is the closer pp and by a large amount. If loudness is indeed the perceptual correlate of intensity then the answer to the question is unambiguous. However, the listener's answer is that the second tone at 50m is the louder even though the intensity of the closer tone is about 20 times greater. How can this be so?

Spectral Cues. In the definition of the experiment it is stated that the timbre of the two tones is the same. The listener perceives the tones to be of the same timbral class: soprano tones that differ only in dynamic or vocal effort. In natural sources the spectral envelope shape can change significantly as pitch and energy applied to the source changes. In general, the number of partials in a spectrum decreases and the spectral envelope changes shape as pitch increases, that is the centroid of the spectrum shifts toward the fundamental. Similarly, the spectral envelope changes shape favoring the higher component frequencies as musical dynamic or effort increases, the centroid shifts away from the fundamental. Fig. 6 represents a gerneralization of harmonic component intensity and spectral envelope change as a function of pitch, dynamic (effort), and distance. Because of the high demensionality involved, a representation is presented where two dimensional spaces (instantaneous spectra) are *nested* in an enclosing three demensional space. The position of the origins of the two dimensional spaces are projected onto the ,walls' of the three dimensional space in order to see the relative values. Nesting spaces can allow visualization of dimensions greater in number than three, an otherwise unimaginable complexity[7]. Here we see the difference in overall intensity and spectral envelope between the tone that is soft and close and the tone that is loud but far.

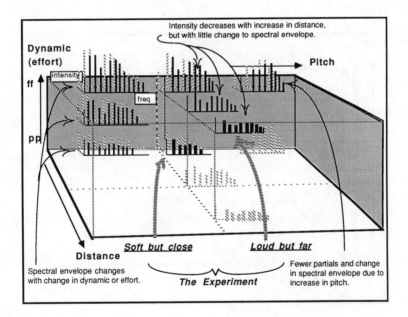

Figure 6

Now we can understand how the listener in the experiment was able to make a judgment regarding loudness that controverts the dominant effect of intensity on perceived loudness. Knowing the difference in timbral quality between a loudly or softly sung tone, reflecting vocal effort, the listener apparently chose spectral cue over intensity as primary. But what if the two tones in the experiment were poduced by loudspeakers instead of singers and there were no spectral difference as a result of difference in effort? Again, the answer is most probably the distant tone even though its intensity is the lesser of the two — *if* there is reverberation produced as well.

Distance Cue and Reverberation. The direct signal is that part of the spherical wave that arrives uninterrupted, via a line of sight path, from a sound source to the listener's position. Reverberation is a collection of echos, typically tens of thousands, reflecting from the various surfaces within a space arriving indirectly from the source to the listener's position. The intensity of the reverberant energy in relation to the intensity of the direct signal allows the listener to interpret a cue for distance. How does our listener in the experiment use reverberation to determine that the distant tone is the louder?

If, in a typical enclosed space, a source produces a sound at a constant dynamic or effort, but at increasing distances from a stationary listener, approximately the same amount of reverberant energy will arrive at the listener's position while the direct signal will decrease in intensity according to the inverse square law, see Fig. 7.

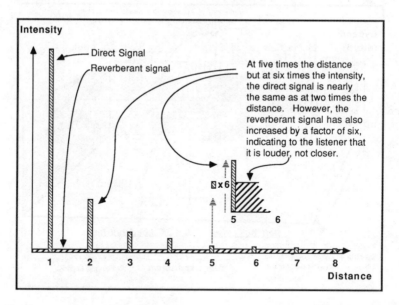

Figure 7

If at a distance of 5, the sound is produced having six times the intensity then the reverberant signal increases by the same factor. It is for this reason that the listener does not confuse the location of the source with a distance of 2 whose direct signal

240

intensity is approximately the same. The listener in the experiment determined that the reverberant energy associated with the distant loudspeaker was proportionally greater than was the reverberant energy from the softly sounding close loudspeaker leading him to infer that there was *greater intensity at the source.*

A sound having constant intensity at the source will be perceived by a stationary listener to have constant loudness as its distance increases from 1, 2, 3 ... etc. As seen in Fig. 7, it is the constant intensity of the reverberant energy which provides this effect of *loudness constancy* when there are no spectral cues. A similar phenomenon occurs in the visual system. *Size constancy* depends upon perspective and allows judgments to be made about size that do not necessarily correlate with size of the retinal image. In Fig. 8, we can see what is required to produce constant image size at the retina and constant intensity for the listener. The distant image *is* the same size as the closest.

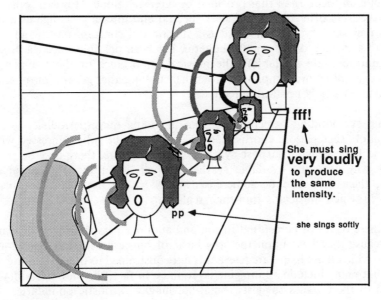

Figure 8

As the distant singer must sing very much louder to produce the equivalent intensity as the nearest singer, so must she also become bigger in order to produce the same size image at the retina of the listener. It must be noted that ‚loudness constancy‘ is complicated in a way that ‚size constancy‘ is not: few images in the visual world are expected to increase or decrease in actual size in short time, thus facilitating the perceptual task, whereas auditory sources are commonly expected to vary in loudness in very short times, especially in music where many different loudnesses can occur in quick sequence without confusing the listener.

„Auditory perspective", is not a metaphor in relation to visual perspective, but rather a phenomenon that seems to follow general laws of spatial perception. It is dependent upon loudness (subjective!) whose physical correlates we have seen to include spectral information and distance cue, in addition to intensity. Further, the perception of loudness can be affected by the ‚chorus effect' and vibrato depth and rate in a very subtle but significant manner.

The listener in the experiment, then, used all the information available, spectral and distance cues in addition to intensity, to make a determination of loudness *at the source.* When deprived of spectral cues then the distance cue sufficed. Were there no reverberation present in the latter case, then intensity alone would be the cue and the answer to the question would then be that the closer of the two is the louder[8].

Computers can be programmed with some care to extend the dimensions of loudness beyond intensity thereby providing the composer with a control of loudness vastly more subtle, *musical,* than that provided by intensity alone. However, only recently have synthesizers offered the composer spectral and intensity change as a function of effort (key velocity), and distance as a function of constant reverberant signal in relation to a varying direct signal (the latter has been possible since the first spring reverberators became available). The musical importance of these dimensions of loudness can not be over-emphasized, yet their use in either general purpose computers or synthesizers is not widespread.

The issues surrounding perceptual fusion, including quasi-periodicity and source identification, segregation, chorus effect, can still only be fully addressed with computers and large general purpose synthesizers. To be sure, there may be reasons of economy why generally available synthesizers can not provide such capabilities. However, there may also be some insensitivity to the importance of perceptual domains in which musicians find their reality.

Finally, these issues of perceptual fusion and auditory perspective are of general interest because they bear upon the very basis of music perception. The domain of sounds to which these issues are relevant is not constrained to those similar to natural sounds, but many include all imaginable sounds. In fact, the understanding and exploration of these issues suggests somewhat magical/acoustic boundaries that can not be a part of our normal acoustic experience yet which can find expression through machines in ways that are consonant with our perceptual/cognitive systems[9].

References

1 It is perhaps important to note that the precision required in constructing the sounds that led to the topics of this paper was not available before computers were first programmed to produce sound by Max V. Mathews at the Bell Telephone Laboratories in 1957.

2 McAdams, S. *Spectral Fusion, Spectral Parsing, and the Formation of Auditory Images,* Stanford University, Dept. of Music (CCRMA) Technical Report. STAN-M-22 (1984).

3 Chowning, J. M., „Computer Synthesis of the Singing Voice", in *Sound Generation in Winds, Strings, and Computers,* Johan Sundberg editor (Royal Swedish Academy of Music, Stockholm), 4-13 (1980). Chowning, J. M., „Frequency Modulation Synthesis of the Singing Voice", in *Current Directions in Computer Music Resarch,* Max V. Mathews and John R. Pierce editors, MIT Press, 57-63 (1989). (This is the 1980 article rewritten with a slightly different emphasis.) A compact disc containing sound examples described in the text is available from MIT Press.

4 Bregman, A. S. „Auditory Scene Analysis", Proc. IEEE Conf. on Pattern Recognition, July 1984, 168-175.

5 Chowning, J. M. „The Simulation of Moving Sound Sources", J. Aud. Eng. Soc. 199, 2-6, 1971. Moore, F. R. „A General Model for Spatial Processing of Sounds", Computer Music J. Fall, 6-15, 1983.

6 Zwicker, E. & Scharf, B. „A Model of Loudness Summation", Psychological Review, 72, 3-26, 1965.

7 One's ability to assemble the enormous collection of spectra resulting from a single instrument class along the loudness and pitch dimensions and designate it a continuum „soprano" or „violin" is a considerable accomplishment of the perceptual/cognitive systems and even more so were we to consider the additional dimensions of articulation. Timbral continuity, then, is first of all dependent upon perceptual fusion (signal coherence) and source identification, and secondly placing of a tone in the perceptual timbre space.

8 Gardner, M. „Distance Estimation of O^0 or Apparent O^0-Oriented Speech Signals in Anechoic Space," J. Acoustical Society of America, 45: 47- 1969.

9 Excellent reference books for the field which provide the means for implementation of that which is discussed in this paper. Dodge, C. & Jerse, T., *Computer Music,* Schirmer, 1985. Moore, F. R., *Elements of Computer Music,* Prentice Hall, 1990.

Computer, Synthesis, Perception, Paradoxes

JEAN-CLAUDE RISSET

This presentation is a tribute to György Ligeti.

Sound, computer synthesis, perception

Computer synthesis of sound was introduced by Max Mathews in 1957. The computer can in principle produce any sound from a description of this sound. So one can manufacture sounds according to many different recipes: one only has to specify them to the computer. This permits to „sculpt" different shapes of sound (fig. 1), and in fact, beyond composing with sound, *to compose the sound itself,* without being limited by any process of production — whereas instrumental sound is produced by the vibrations of highly idiosyncratic mechanical structures.

The computer is a great invention. It is not really a tool: rather, it can be thought of as a workshop which permits one to design his own tools. These tools can be physical — controlling machines, calculating sounds or images — as well as intellectual. Yet someone has objected that the thermos bottle is even a greater invention than the computer, because one does not have to tell it anything. You put cold water in it, it stays cold; you put hot water, it stays hot. To the computer, you must tell everything. When you ask the computer to manufacture a sound, you must specify every single feature you want. And details make all the difference: one must prescribe the finest details in the physical structure. Gerald Bennett reports a significant statement: „Good is in the details". This was not the world of a miniaturist, but of an architect, Mies Van der Rohe.

Now, music ist meant to be heard (at times), which makes things even more difficult. What one must specify to the computer is the *physical structure* of the desired sound. The powerful MUSIC programs designed by Mathews enables one to do so in efficient ways. However what counts is the *aural effect,* and it is sometimes very different from what one expects from the prescribed structure. Hence it is a real problem to specify physical structures which correspond to proper aural effects.

Although the initial incentive for using computers to produce sounds was not to imitate instruments, but rather to produce novel sound material, the initial results, rather disapointing, showed that it was necessary to develop better notions about „psychoacoustics", that is, about the relationship between the physical structure of the sound — what must be specified to the computer — and the perceived effect — what the result sounds like. Previous to computer synthesis, psychoacoustic knowledge concerned mostly very simple sounds — sine waves, square or triangular waves, bands of noise — too simple and dull for music. Very little was known on complex sounds; on what made sounds lively; on the cues responsible for their subjective

Fig. 1. Sound spectrograms of different sonic textures synthesized by computer. These show frequency content versus time for excerpts 2.4 s long (draw from py pieces *Songes, Dialogues, Little Boy)*

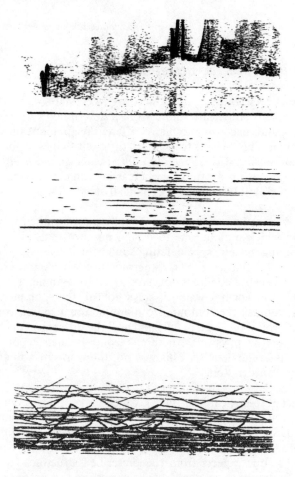

identity; on the behavior of sounds in context, rather than when presented separately in the quiet of the auditory booth of a laboratory — while the flow of music is rich and evolving. Much was learnt through attempts to imitate the sounds of acoustic instruments — and such imitations were much more difficult than initially expected. For instance one cannot produce convincing brassy tones with fixed spectra: the „signature" of a brassy tone is not a specific spectrum, but a property, a relation between loudness and spectrum. The louder a brassy tone, the more „briliant" it is: as the energy increases, the proportion of high frequencies present in the sound increases. This feature results in a characteristic „skewed" attack, with the higher order harmonics building up slower than the low order ones; simulated in a synthesis, it permits to synthesize sounds which sound brassy. Such a „cue" for brassy timbres is more robust than a specific spectrum, which could easily be altered between source and listener.

Sound and atoms

Our ear is exquisitely tuned to the minute vibrations described as sound, and very good at inferring a lot of information about what caused the sound and where. The computer gives us access to the sonic microstructure: a new sample value can be computed 40 000 times per second. Could one ever go down to some atomic level for sound?

Actually sound does not exist at the level of a single atom — unlike light, which has its elementary particle, the photon. One can *see* two photons, but one cannot *hear* two atoms: what it takes to produce a sound is a slight dissymetry in the movement of many atoms. Sound is a collective phenomenom — may be like sex, said to cause the cooperative firing of many neurons. If one could observe the fast movements of the air molecules, one would view them as random, and fail to notice the presence of sounds as faint dissymetries in the speeds of the individual particles. Yet sound exists at the atomic scale: one can hear motions of the ear drum that are ten times smaller than the size of the smallest atoms. If our ear were sensitive to much weaker sounds, we could not hear them anyway, because they would be masked by the background noise of the colliding air molecules.

Perception and sound paradoxes

Archbishop Berkeley asked: „if a tree falls in the desert, does it make noise?" Can't one rely on physical phenomena to predict what one will hear?

Of course one can to some extent. However one should not believe that perception provides us with an accurate copy of the external world. „Seeing is believing": yet visual perception can be deceptive, as shown by fig. 2 and 3.

I have implemented an auditory illusion that goes against our intuitive predictions: a sound, made up of pure tones, which seems to get lower in pitch when one doubles all frequencies — for instance by doubling the speed of the tape recorder on which it is reproduced (Cf. Risset, 1986). The frequencies are in „stretched octave" relation: each component is a little higher than one octave above the previous component. I played this to Benoît Mandelbrot in 1977, as an example of a sound with a quasi fractal structure (only the audible range is significant) and with strange scaling properties. This effect can be schematized on the piano by playing together C, C sharp one octave higher, D one octave higher, D sharp one octave higher, then playing the

Fig. 2. These curves seem to be spirals — they are called Fraser's spirals. Actually follow one of these „spirals" with a finger: they are more like circles!

Fig. 3. During a brief presentation of this figure, observers fail to notice the repetition of the „the" article.

CORN   RIGHT

ON   THE   ON   THE

THE   COB   THE   SPOT

previous chord one octave higher: one gets the feeling of a descent of one semi-tone. [1]

This pitch illusion may seem to be of academic interest. In fact it tampers with inner mechanisms of our musical perception, and it allows intriguing effects: but, most of all, it demonstrates that events in the physical world and their consequences in the perceptual world can diverge. Thus it is essential to take in account the perceptual transformations: if the composer intends certain relations between the pitches, he should not rely blindly on setting up relations between frequencies, since the result may not correspond to what is intended (in particular for sounds made up of frequency components in inharmonic relation, such as bell-like sounds): as my example shows, it can even go in the opposite direction — contresens, as we say in French. It is the responsibility of the composer to ensure that his intentions are conveyed through sound (insofar as one admits that music is meant to be heard).

I have built up a similar illusion dealing with rhythm, namely a pattern of beats which seems to slow down if one doubles the speed on the tape recorder. Taking advantage of the perceptual mechanism which underlie these illusions, I have implemented paradoxical effects which extend the endless rises or accelerations demonstrated by Roger Shepard and Kenneth Knowlton: sounds which go down in pitch, yet which reach a much higher pitch than where it started — the auditory counterpart of Escher's „Waterfall" (fig. 4); beats which seem to continuously slow down but which are much faster at the end. One could say that these sounds *locally* descend in pitch or slow down, while *globally* they do the opposite. These kinds of perceptual „hot fudge sundae", as Richard Moore described them, may remind of Gaston Bachelard's statement: „The genius of Newton was not to realize that the apple falls when everyone is aware that it falls, but to understand that the moon falls while everyone clearly sees that it does not fall."

Paradoxical sounds often have to be contrived in a certain way, within a rather restricted range: out of this range, the paradox does not work, or it looses its strength. Thus such sounds do not lend themselves so well to being used in musical compositions, except as conceptual or minimal art — otherwise they risk to appear as „objets trouvés". I did use a few auditory paradoxes I implemented, for instance endlessly descending glissandi in „The Fall" and in „Mutations". In „Moments new-toniens", gliding sounds conveying an impression of rotation slow down and get heard as falling sounds — an allusion to Newton's finding that orbiting planets and falling bodies could be ascribed to the same cause. I tried to mimic endlessly descending pitches with the voices of a chorus, in „Dérives", and with the instruments of the symphonic orchestra, gradually changing timbre, in „Phases". A neat example of endless descent had already been implemented by organ builders such as Dom Bedos and Callinet centuries ago, to fake the low range of the instrument whenever there was not enough money to afford the longest pipes — in the „mutation" stops, using pipes tuned at harmonic frequencies, organ builders were in effect using additive synthesis.

Fig. 4. Carl Escher's „Waterfall": the stream seems to flow down, yet it also seems to reach a higher point from which it falls.

Purkinje considered sensory illusions to be very revealing: „Deceptions of the senses, illusions are the truths of perception". Similarly, someone has stated the following principle: paradoxes evidence the logic difficulties stemming from the confrontation of our reasoning with the world (cf. fig. 5). Then the main paradox may be the presence of paradoxes, since we, hence our reasoning, are part of the world. Any way, Tristan Tzara advised that in principle, one should be against principles. As a rule, rules always suffer exceptions; does this rule? Strong statements do not always make sense, even when they are prescriptive. DO NOT READ THIS SENTENCE. Did you? (I meant the one in capital letters). Obviously the previous order could never be obeyed. But never say never. Although, in truth, I never knew how to create the music of the future. PERSONNE N'A ENTENDU MES SONS INOUIS. Sans quoi:

„Comme le fruit se fond en jouissances,
Comme en délices il change son absence
Dans une bouche où sa forme se meurt" ... (Paul Valéry)

Can you answer by yes or no to that question: „will the next word you say be no?" I guess not.

Fig. 5. Impossible objects. These can be drawn in two dimensions, and they seem to be representations of three dimensional objects, yet they are not, and the three dimensional objects thus represented cannot exist.

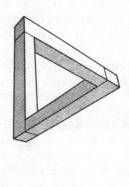

The following story, told by Pierre Doris, shows a logical contradiction that can only be settled through assumptions about the way logic is imbedded in a real world — which depends upon specifics of this world. The director of a shoes factory independently asked two specialists of marketing for the same investigation: is there a hope to sell shoes in that island of the Pacific? Soon he received two cables. The first one said: „There is absolutely no market here: no one wears shoes". The second one said: „There ist a fantastic market here: no one wears shoes".

It seems that in general logical difficulties can be settled — but only within an enlarged context where new difficulties, etc. An endless, recursive, fractal process.

Ecological perception

We sense the world through our perception: and perception has very specific features, of which we are rarely aware. Illusions and paradoxes, however, can reveal the idiosyncrasies of perception. In vision, each eye has a blind spot, corresponding to the area where the optical nerve joins the retina — however the blind spot is not a hole in our visual field: unless we specifically design a situation to evidence the blind spot, we cannot see what we cannot see there.

The intriguing features of auditory perception (many of which were revealed as a consequence of the explorations of computers sound synthesis) seem to be drawbacks if one considers hearing as meant to evaluate the physical parameters of sounds. In fact, the idiosyncrasies of hearing seem to make absolutely no sense. There is, however, an Ariadne clue to understand their raison d'être. Perception is a help to our being imbedded in a real world: it gives us information for survival. J. J. Gibson insisted that our senses are not measuring devices; rather, they are systems that have been engineered through evolution to make the best use of the sensory data to get useful information about the environment. Listening to music is a luxury: but, for our remote ancestors, what was at stakes was survival. Hearing processes the information present in the sound waves reaching the ear so as to help us makes guesses about what produced the sounds in the world surrounding us.

The phylogenesis of hearing has probably evolved so as to draw useful information on the environment from sound signals. This is a speculative and general statement, yet a sensible one: and it suggests interpretations which make sense for many characteristics of sound perception. For instance, sounds propagate far (unlike smells) and around obstacles (unlike light): hearing is well equipped to be on alert. Hearing is very sensitive to changes, and it tends to be turned off by — or to forget about — stable and steady sounds. Hearing cannot rely on the exact structure of a frequency spectrum to evaluate timbre and identify the source of the sound, since the spectrum is often severely distorted during the propagation. Hearing is remarkably insensitive to the phase relations between the components of a complex periodic sound, which is fortunate since these relations are smeared in a reverberant environment. On the contrary, hearing is very sensitive to frequency aspects, which are only rarely modified between the sound source and the listener. A notable exception is the Doppler effect, altering the frequency when the source moves with respect to the listener — but, from these frequency alterations, hearing then extracts information about the movements, as John Chowning has demonstrated. In fact hearing is very well equipped to detect the direction of a source of sound and to evaluate its distance. It also can deal with simultaneous sounds, sort them, assign different sounds to different sources and elect to concentrate its attention to one or the other: the spatial detection and the frequency analysis mechanisms of hearing makes this possible in a rather amazing way, and no artificial listening device can come close to the incredible performance of hearing dealing with complex auditory stimuli — Sherlock Holmes himself could not find as much about what is going on in the world, provided with cues as minute as those the ear deals with.

What are the musical implications of these environmental considerations? Music is a luxury: it calls for a gratuitous working of hearing and its functions of alarm detection and source recognition. If the complex mechanisms at play in these functions cannot exert themselves, something may be missing in the perception. For instance, hearing is always looking for „accidents", specific features, idiosyncrasies which help identify the source of sound: if it cannot find any when listening to simplistic and regular synthetic sounds, it may find them lacking realism, vividness and identity. Hearing is tuned to changes: fixity can instantly „turn off" the musical ear. When synthesizing sounds, to avoid a dull „electronic" quality (which Morton Feldman compared to beautiful bald women) one should prescribe changes in the physical parameters — from tone to tone as well as throughout tones. Many electronic or computer pieces, using too simple and steady sounds, achieve no real loudness contrast, even though there may be strong differences in physical intensity between sounds. The effect is very flat because there is no way the complex loudness detection mechanisms can come into play: these mechanisms rely on subtle features — not only intensity at the ear, but also spectral variations and cues for distance, so that whispered speech or loud trumpets are perceived as such regardless of distance and independently of the physical level reaching the ear. Many electronic or computer sounds have no rich polyphony or multi-source effects: the ear (and the mind), which is capable of detecting different instruments playing in unison, has no chance then to exert its stunning capability of analysis and choice. Yet computer synthesis permits to create musical sounds rich enough to feed the demanding ear and to afford it with various possibilities of interpretation. As John Chowning and Steve McAdams showed, one can help the ear fuse or instead discriminate several sound masses, by imposing them „common fate", synchronous modulations, or instead by making them incoherent (in the vibratory sense).

Space and illusion

In John Chowning's piece „Turenas", one can hear sound sources moving throughout space. Actually this is an illusory space, which can be much larger than the room where the piece is played: the sound sources are loudspeakers, which do not move at all. So what our hearing presents us here as physical space is in fact „cosa mentale", reconstructed by our senses, induced or hypothesized by our mental operations. Chowning took advantage of the precision of the computer to mimic in the synthetic sound subtle and specific features which would normally be caused by real movements of sound sources, and which the ear interprets as such. Here the music acts primarily upon perceptual operations to suggest sound sources in space. An imaginary world is represented: it sounds very vivid and real, yet it only *sounds* this way, because what is heard is not the audible trace of any existing physical vibrating object.

It is of interest to notice that a trend of contemporary physics, in particular through the work of Alain Connes and Daniel Kastler (following directions indicated by Gauss, Riemann and Einstein), attempts to replace „space" as a primary framework by an algebra of interactions. After all, space is known, deduced or induced — maybe hypothesized — from interactions. When you play tennis, your own „space" depends on your skill. Interactions are more fundamental than space; functions are more essential than structures; physiology is more significant than anatomy. In „Turenas", the music carves its own space. The issue is not to recreate a familiar environment for sound adventures (or new adventures), or to lush up tones with reverberation: it is to add depth — in the litteral, but also in the figured sense — to our perception. The fine spatial cues introduced by Chowning in his sounds guide the mind into reconstructing an inner representation of the world coherent with the aural data. Thus a good understanding of auditory cues enables us to construct artificial sound combinations capable of inducing the listener to perform such reconstructions. This should contribute to give to these sound structures presence and identity — not that of non-existing sound sources, but that of a deep anchoring into perception, through the fullfilling of elaborate perceptual operations.

Chaos

A fascinating development of contemporary science is the realization that many complex dynamic systems are „chaotic", such that destiny is altered drastically by minute changes: „petites causes, grands effets". This is so in turbulent fluid flows: portions of the fluid which are initially extremely close follow completely different trajectories. Edward Lorentz showed that meteorological systems are chaotic: the flapping wings of a butterfly anywhere will eventually change the course of the weather on the planet. The justification for „determinism" — implying the possibility, in principle, to predict the future of any mechanical system from the knowledge of the initial conditions (positions and speed of all material particles) — was based on the mathematical demonstration that the Lagrange equations of movement could in that case be solved in a unique way. One century ago, investigating the „three bodies problem", Poincaré became aware that this justification was more theoretical than practical, even for quite simple systems. The pendulum demonstrated „Für Ligeti" by Peter Richter makes this point quite strongly.

The titles of my pieces „Phases" and „Attracteurs étranges" evidence my own fascination for these issues. The music alludes to these notions metaphorically rather than litterally, although here and there actual „chaotic features" are used as structual models. For instance „Phases", written for large orchestra, stylises at some point the successive period doubling of systems en route to chaos. In one section, the orchestra performs endlessly descending scales — quasi-fractal in their harmonic structure — yielding repeats, cycles (corresponding to the „periodic attractors" of dynamic systems), or rather quasi-cycles. Poincaré justified mathematically the quasi-circularity of time, or rather the quasi-recurrence of states in very complex systems, approximately at the time when Nietzsche wrote about „l'éternel retour", „Attracteurs étranges", for clarinet and computer-generated tape, was written for Michel Portal — himself an extraordinary attractor. The tape uses synthesis and also material based on Portal playing the clarinet — including samples of his own techniques involving turbulent air flow: the recordings were processed — multiplicated, filtered, spatialized — both with a new version of the non-real time MUSIC V program developed in Marseille by Daniel Arfib for IBM-PC personal computers, and with the real-time SYTER audioprocessor, using software developed by Pierre Dutilleux. Apart from specific allusions to chaotic situations, both pieces attempt to suggest a circulation of the musical form that may appear somewhat informal or anarchic, yet not random: bifurcations should appear justified, determined, yet unpredictable.

Analysis-synthesis: sound atoms?

Computer synthesis of sounds affords the musician great flexibility in the manipulation of various sonic parameters. Natural sounds are varied and rich: however it is quite difficult — even with the computer — to perform intimate transformations upon them. For instance it is hard to speed up or slow down a speech or music fragment without altering in undesirable ways the frequency content. However it is possible to gain flexibility through analysis-synthesis processes: the natural sound can be analyzed in term of certain elements — one might say atoms, by analogy with chemistry — and then be resynthesized from those elements. Then one may alter the fine structure of the sound by tampering with the resynthesis and altering its parameters. The difference with chemistry is that unlike matter and its unique variety of atoms, classified by Mendelejeff, sound can be analyzed and resynthesized in terms of multiple kinds of elements.

In Marseille, our team works on the application to musical sound of the so-called wavelet transform. This transform was introduced in 1979 by Jean Morlet for seismic analysis; it derives from Gabor's idea (published in 1946) to analyse signals in terms of elementary functions limited both in frequency and in time (whereas the classical Fourier analysis is in terms of sine waves, which extends indefinitely in time). There is, however, a significant difference between the Gabor technique (sometimes called „granular" since the elementary functions can be considered as „grains" of sound) and the waveled transform: the former is a time-frequency analysis, as Fourier short term analysis, while the latter is a „time-scale" analysis, looking at what happens at different scales. As such it is well suited to the investigation of fractal phenomena, as shown by Martin Holschneider. The mathematical conditions for a legitimate wavelet transform have been specified by Alex Grossman; the mathematican Yves Meyer considers that it offers a clear and solid general foundation for the expansion of signals in terms of functions which do not extend to infinity. The applications already flourish, not only in acoustics, but also in quantum mechanics, image synthesis, biology, even economics.

A large number of wavelet transforms have been computed in our Marseille laboratory, using the SYTER audioprocessor (designed in Groupe de Recherches Musicales by Jean-François Allouis) to speed up computations. Richard Kronland, working with Grossman, has shown that the wavelet transform, using Morlet's wavelet, permits a perfect reconstruction. One can use different types of wavelet; the original Morlet wavelet, a sine wave limited in time by a Gaussian (exponential bell-like) envelope, is very useful since it yields a kind of frequency analysis with a constant $\Delta f/f$ interval. Using two wavelets in quadrature, one can display a module spectrum, looking like a sound spectrograph, and a phase spectrum, where periodicities and discontinuities appear. The parameters can be modified before resynthesis, thus permitting intimate sonic transformations. Kronland also used wavelets comprising two sine wave components with a certain frequency ratio, and modulated in amplitude by a bell-like envelope: when one analyses a musical passage in terms of this kind of wavelet, the module spectrum shows maxima when and where the musical interval corresponding to this frequency ratio is encountered. Daniel Arfib and Frédéric Boyer have implemented on IBM-PC compatible personal computers the wavelet transform as well as Gabor's analysis-synthesis process, in conjunction with the MUSIC V program. Using high resolution wavelet transforms, Boyer has performed intriguing sonic transformations, for instance pitch transpositions keeping an invariant spectral envelope (unlike sampling machines transpositions). Gabor grains had been used for „granular synthesis" by Curtis Roads and Barry Truax: but they did not actually perform reconstruction of existing sounds. Using Gabor grains, Arfib has been able to speed up or slow down to a considerable extent instrumental or vocal sounds without changing their frequency content. For instance he could slow down the rate of utterance of a spoken sentence by a factor larger than 100: time seems to freeze. „Stand still, you ever moving spheres of heaven. That time may cease and midnight never come", as Christopher Marlowe's Dr. Faustus implored, hoping to delay forever his damnation. And Lamartine, in his poem „Le lac", demanded: „O temps, suspends ton vol." (One may then ask: „Combien de temps?")

On a fascinating strange attractor

I have long admired and loved György Ligeti's music: it was through John Chowning that I heard of his interest in our computer music explorations. This was rewarding and encouraging, because of Ligeti's sharp understanding of the issues involved.

Much of Ligeti's carefully threaded instrumental music is about composing the sound itself, not merely composing with sounds; and his interest for complex and non-tempered tunings also points to specific computer possibilities, tackled by Manfred Stahnke. So Ligeti's look upon the field gave enlightened views from an inspiring and inspired composer.

Ligeti's works, so subtle and refined, attain balance and strenght through the respect of idiosyncrasies and the careful consideration of details (once again, „God is in the details"). They take in account the modalities of hearing, its basic „pre-attentive" constrains. Now perception is to a large extent built up cognitively: novel experiences reveal new virtualities and extend our „set", our heritage. Thus the experience of Ligeti's music also transgresses and enriches our perception.

Borges says that the genuine work of art conveys a feeling of the imminence of a revelation. Ligeti's music is not only novel and strong: it brings us to the frontier of a separate reality, free and fanciful, yet deeply anchored in the respect of the human being and his world. It suggests epiphanies which are not doomed with brutality and hate, but where humor, tenderness love and hope could blossom.

Notes

1. I have taken advantage of this alteration of the melodic movements in „Fractals", one of my „Eight sketches in duet for one pianist", realized in 1989 in M.I.T. — this is a piece implementing a novel type of live interaction: the pianist is accompanied by a computer which reacts to what the pianist plays and which activates the same acoustic piano. In fact, with such twisted fractal sounds, the equally tempered piano gives the impression at times to be tuned in non tempered ways, an effect Ligeti achieved in his piano Concerto.

References

J. Chowning (1971). The simulation of moving sound sources. Journal of the Acoustical Society of America 19, 21.

R. Kronland-Martinet (1988). The use of the wavelet transform for the analysis synthesis, and processing of speech and music sounds. Computer Music Journal 12 n° 4, 11 (with sound examples on a disk accompanying the next issue, 13 n° 4).

Inharmoniques n° 3 (1988). Musique et perception. IRCAM & Christian Bourgois, Paris.

M.V. Mathews (1969). The technology of computer music. M.I.T. Press, Cambridge; Mass.

J.C. Risset (1986). Pitch and rhythm paradoxes. Journal of the Acoustical Society of America 80, 961.

D. Wessel & J.C. Risset (1982). Exploration of timbre by analysis and synthesis. In D. Deutsch, editor, The psychology of music, Academic Press, 25.

Discography

John Chowning. Turenas, Sabelithe, Phoné, Stria. CD WERGO 2012-50.

Collection DIGITAL MUSIC DIGITAL: Computer Music, with the support of the Systems Development Foundation. 10 CD WERGO to be published.

György Ligeti. CD WERGO 60045-50, 60079-50, 60100-50, 60131-50, 60134-50, 60161-50, 60162-50, 60163-50.

Jean-Claude Risset. Songes, Passages, Little Boy, Sud. CD WERGO 2013-50.

Jean-Claude Risset. Sud, Dialogues, Inharmonique, Mutations. CD INA-GRM C 1003.

B. Truax. The blind man, Aerial, Wave edge, Solar ellipse, Riverrun. CD WERGO 2017-50.

Neue Skalen
Ein Essay über neue Denkweisen um György Ligeti in Hamburg und außerhalb

MANFRED STAHNKE

plus ça change, plus c'est la même chose

An verschiedenen Ecken der Welt hat seit ein paar Jahren ganz verhalten eine neue Art des Komponierens angefangen.

Aus den USA bekam ich eine Kassette von John Fonville, Flöte, mit seinen *Mong Songs*. Aus Japan brachte meine Kollegin Mari Takano das Stück *Fauna Grotesk* von Hitomi Shimizu. Beiden gemeinsam ist eine neue Tonhöhenbehandlung. Es gibt hier keine Skala, die als allgemeine Tonhöhengrundlage, gewissermaßen als starre Struktur einer Musikkultur, benutzt wird, ohne daß der Komponist einen Gedanken auf ihre Zusammensetzung verschwendet. Eher werden Skalen „komponiert" und gelten nur für ein Stück — oder bereits komponierte, aber ganz unausgeschöpfte, unverbrauchte Skalen werden adaptiert. So geht *Fauna Grotesk* aus von Denkweisen Harry Partchs (1901—1973), der in akustisch reinen Intervallen dachte. Darauf komme ich gleich. Die *Mong Songs* benutzen sehr verschiedenartige Skalen, oft arbiträr anmutend — und anmutig.

Diese neue Laune, Tonschrittgrößen nach Geschmack festzulegen, verknüpft sich bei Shimizu und Fonville (und auch bei einigen Komponisten in Hamburg um György Ligeti) mit einer Lust am „Neuen Puls". Rhythmus wird — beeinflußt von Jazz, Pop, exotischer Musik — wieder körperlich. In diesem kleinen Aufsatz kann ich mich jedoch nur mit den neuen Skalenwelten befassen. Nur soviel sei gesagt, daß ich mit „Puls" durchaus keinen durchgehenden „Beat", oder eine gleichbleibende kleinste Zählzeit oder einen übergeordneten „Takt" im klassischen Sinn meine. Die neue Pulsation kann oft schwankend sein, oder von Bruchstück zu Bruchstück wechseln, oder versickern. Jedoch gibt es eine Bewegtheit, die sich sehr absetzt von der klassischen Avantgarde und ihrer zu „Anonymität" neigenden Rhythmik.

Auf seltsame Weise sind Puls und neues Tonhöhendenken im Hamburger Kreis verknüpft. Der Puls ist nun immer anwesend, während „Mikrotöne" im eigentlichen Sinn durchaus nicht immer komponiert werden. Eher stellen wir uns die Tonhöhenwelt erweitert vor um alle möglichen Skalenfamilien. Hierzu gehören temperierte Systeme, auch unsere alte Zwölftontemperierung, ebenso wie asymmetrische (mit ungleichen Schrittgrößen), wobei wir uns als Intervallgrundlage vorstellen können sowohl reine als auch temperierte oder frei erdachte (erhörte!) Intervalle. Am freiesten denkt Mari Takano, indem sie einige Töne der temperierten Skala gewissermaßen „färbt", ganz ihrem Ohr vertrauend. Ähnlich geht jüngst auch Xiaoyong

Chen vor. Ich werde nach einem extrem knappen Partch-Vorspann zunächst John Fonville vorstellen und dann drei Beispiele aus Hamburg geben.

I

Lassen Sie mich also zunächst auf Harry Partch eingehen, auf dem Shimizus Werk aufbaut. Partch hatte mit seinen reingestimmten Intervallen auch einen nicht unerheblichen Einfluß auf jene Skalen, die ich nachher aus Hamburg vorstellen werde.

Gewiß baut Partchs Skala aus 43 Mikrotonschritten auf früheren Denkweisen auf. Ganz vergessen waren die minimalen Tonschritte seit den Griechen nie. Sie fanden sich im gregorianischen Gesang und wurden mit altgriechischen Tonzeichen notiert (siehe Joseph Gmelch: *Die Vierteltonstufen im Meßtonale von Montpellier,* Eichstätt 1911). Die Mikrotöne erlebten in der Renaissance eine kleine, zarte, neue Blüte. Berühmt wurde etwa Nicola Vicentino mit seinem Archicembalo (beschrieben 1555 und bis ins nächste Jahrhundert in Gebrauch). Vicentino wollte hiermit auch das mikrotonale enharmonische Tongeschlecht der Griechen wiederbeleben. In dieser Skala wird der Tetrachord in zwei Vierteltöne und eine Großterz unterteilt. Gesualdo wagte sich in dieser altgriechisch infiltrierten Zeit „nur" bis zu einer extremen Form von Chromatik in seinen Madrigalen.

Der main stream der Entwicklung ging aber über die Monodie (die ja ebenfalls vom altgriechischen Denken beeinflußt war) zur Oper Monteverdis, die keine Mikrotöne kennt — und zur großen kaum-chromatischen Chor- und später Orchestermusik. Enharmonik im altgriechischen Sinn ging wieder völlig verloren, und Chromatik wurde schnell eine Randerscheinung.

Es ist ein wunderbares Phänomen der Musikgeschichte, daß ältere Denkweisen selten ganz verloren gehen. Zeitweise gehen Hauptströme in bestimmte Richtungen. Aber wackere Köpfe bosseln weiter an den abseits fast versiegenden Gedanken, bis Unglaubliches aus zunächst unscheinbaren Gerinnseln entsteht. Jedenfalls ist das theoretische Wissen um Skalen nie verlorengegangen. Allerdings haben sich zeitweise eher Naturwissenschaftler der Skalentheorie angenommen, wie Bonsaquet oder Huygens. Hier ging es immer um neue temperierte Systeme. Bonsaquet erwog eine 53-Ton-Skala, Huygens die berühmte 31-Ton-Skala, die über die Bemühungen Fokkers in diesem Jahrhundert sogar zum Instrumentenbau führte. Als dann Komponisten vor einigen Jahrzehnten Werke für neuartige Skalen zu Papier brachten, war die Grundlage zunächst i m m e r ein jeweils erdachtes t e m p e r i e r t e s System. Wyschnegradsky wuchtete zwei Konzertflügel übereinander und erhielt durch gegenseitige Verstimmung 24 Töne pro Oktave, fein säuberlich in Vierteltonabständen.

Eine gewisse Ausnahme bildete schon früh Charles Ives. Mir ist es, als habe er in der Pionierzeit nicht-zwölftontemperierter Werke d a s eigentliche Werk geschrieben, als er zwei Klaviere um einen Viertelton gegeneinander verstimmte. Er baute kein System, um dann darin zu komponieren. Er nahm im Gegenteil die zwei Klaviere und probierte. Diese Unbekümmertheit hatte auch sein Landsmann Harry Partch, als er das gesamte Temperiert-Denken beiseite warf und über reine, also nicht-temperierte Intervalle sinnierte. Allerdings baute er dann eine sehr präzis durchdachte, sehr persönliche Skala. Und er schaute nach, ob nicht andere schon ähnliche Ideen hatten, in reinen Intervallen über die Quinte hinaus zu denken — und Partch fand seine fellow thinkers. Denn schon im alten Griechenland war Pythagoras mit seinen Quintenfolgen nur e i n e der Möglichkeiten gewesen. Andere, wie Archytas, hatten die Daseinsberechtigung der reinen 5/4-Terz gefordert. Der Engländer Walter Odington dann griff, Archytas und Ptolemäus fortsetzend, dieses Denken im Mittelalter wieder auf. Wir kennen das Renaissance-Ergebnis, die Mitteltontemperatur, die zwischen Quinten und reinen Terzen vermitteln wollte.

In unserem Jahrhundert war es gewiß Partch, der Feinstufigkeit befreite von der Last unseres Denkens in temperierten, also gleichgemachten Stufen. Er fand die konziseste Architektur jenseits temperierter Tonsysteme, indem er alle Töne durch die harmonische Reihe begründete. In Amerika greift dieses Denken immer stärker um sich. La-Monte Young oder Terry Riley — nur zwei der vielen Namen — spielen mit Intervallen, die auf Zahlenproportionen wie 1/2/3/4/5/6/7/8/9 ... beruhen. Das ist ja eben die harmonische, die „Naturton"-Reihe. Bevor ich jetzt die Naturtonreihe darstelle, sei kurz der Begriff und Wert „Cent" erklärt, mit dem ich hier öfter arbeiten muß: „Cent" nennt man den hundertsten Teil eines temperierten Halbtons auf einer logarithmischen Skala. Denken Sie sich die Oktave nicht in 12, sondern in 1200 Schritte unterteilt, dann macht ein Schritt einen „Cent" aus.

Die „Naturton"-Reihe

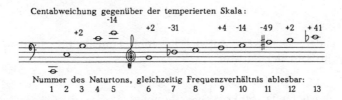

Hier gehe ich von einen Grundton C aus und multipliziere seine Schwingungszahl nacheinander mit 2 (das gibt die uns vertraute Oktave), dann mit 3 (das gibt die Duodezime, aber in „reiner", nicht temperierter Form), dann mit den weiteren geraden Zahlen. Ich erhalte Töne, die unser temperiertes Tonsystem teilweise sehr gut abbildet, wie in Perfektion die Oktave und in Fast-Perfektion die Quinte. Die reine Quinte ist um runde zwei Hundertstel eines temperierten Halbtons größer. Das scheint sehr wenig, ist aber die Ursache für das Kopfzerbrechen, das jedem Laien ein eventuell geplantes Klavierstimmen bereiten würde. Schauen wir uns auf dem Notenbeispiel oben an, wie stark die jeweiligen „Naturtöne", also jene, die auf der Naturtonskala liegen, von den zwölftontemperierten abweichen.

Auf entscheidende Abweichungen kommen wir bei dem 5. Ton, der Terz, und dem 7. Ton, der Septime, abgesehen von Ton 11 und 13, die das temperierte System praktisch gar nicht abzubilden vermag.

Harry Partch baute, ausgehend von (in seinen Augen) unverfälschten reinen Intervallen, harmonische „diamonds", von denen ein einfacher etwa so aussieht (wir müssen überall reine 5/4 und 6/5 Terzen denken!):

```
                      G
              E               B
      C       G               D
              Es              H
              G
```

Wir können hierin drei reine „Dur"-Akkorde erkennen und drei Moll-Akkorde, auch mit reinen Terzen. Wenn wir uns diesen Diamanten bis hin zu den 11. Naturtönen erweitert vorstellen, kommen wir zu dem 43-Tonsystem Partchs. Aus der Fülle der Töne mußte Partch eine Auswahl treffen, auf deren Hintergründe ich hier nicht eingehen kann. Ich darf auf Partchs Buch *Genesis of a Music* verweisen (New York 1979: Da Capo Press) und auf meinen Aufsatz *Gedanken zu Harry Partch* (*Neuland 2* — Bergisch Gladbach 1981/82), Adressen ganz unten.

In diesem 43-Tonsystem schrieb Hitomi Shimizu ihr *Fauna Grotesk,* wobei sie vor allem auch die Skurrilitäten der entstehenden Skala aus ungleichen minimalen Tonschritten ausnützte.

II

Eine völlig andere Denkweise entwickelte John Fonville in seinen *Mong Songs.* Schauen wir in Fonvilles Partitur:

Beispiel 1: John Fonville, *Mong Songs,* daraus „.5"

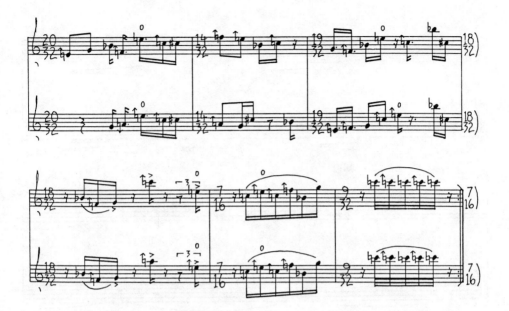

Hier gibt es keine Skala, die einer Logik der Tonschritte folgen könnte. Nicht die Tonschritte sind das Bett, sondern die Flöte mit ihren Mikrotonmöglichkeiten. Auf diese Weise entstehen erst gar nicht die Schwierigkeiten, die die Übertragung artfremder Tonsysteme auf die temperierte Flöte mit sich brächten. Die Flöte sagt: „Diese Töne kann ich. Gib sie mir zum Spielen." Sogar auf die Oktavidentität der Töne verzichtet Fonville.

In den *Mong Songs* gibt es sehr unterschiedliche Skalen. In dem Satz „F 19" verwendet Fonville die temperierte 19-Tonskala, in S. P. HYBRID eine oktavierende Skala von ganz heterogenen Tonschritten, in der Größe zwischen 16 und 224 Cent, 11 an der Zahl pro Oktave.

Beispiel 2: Mong Songs, daraus der Anfang von „S. P. HYBRID"

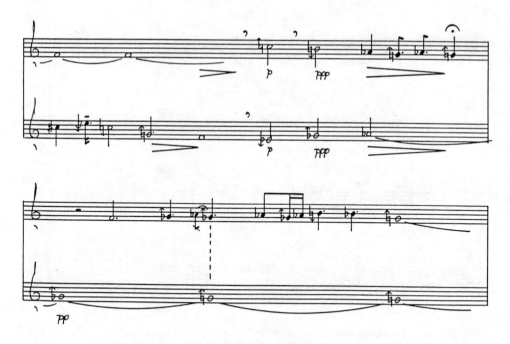

Schauen wir in die Harmonik von „S. P. HYBRID": Der erste Zusammenklang ist eine „falsche" Quinte f-c. f ist der Normalton. Das c weicht um 28 Cent nach abwärts ab (- 28 C). Es folgt f-cis (+ 3 C). cis ist also auf dem Wege zur reinen kleinen Sexte, die aber erst erreicht wäre bei + 14 C. Nach der oberen Oktave kommt das „zu hohe" g (+ 46 C); ein ganz obskures Intervall zum Bordun-f entsteht, weit jenseits vom Vertrauten. Um in uns geläufigen Vorstellungen zu sprechen, könnte ich den Hinweis auf ein Intervall genau zwischen Ganzton und kleiner Terz geben. In diesem Umfeld liegen die Slendro-Tonschritte aus jener fernöstlichen Musik, der unsere Theoretiker immer noch nicht auf die Schliche gekommen sind. Werden hier 8/7-Intervalle abgebildet, die dann in der Praxis verzerrt werden? Es mag sein, daß auch John Fonville an akustisch reine Intervalle denkt. Gleich die nächsten Töne von „S. P. Hybrid" nähern sich der reinen Septime 7/4 an (wem die Proportionszahlen nicht vertraut sind, mag gern auf das obige Beispiel der Naturtonreihe schauen; dort bilden sich, auch in Zahlen erfaßbar, die Schwingungsverhältnisse ab). Das erste, sehr tiefe es (- 40 C) unterschreitet die reine Septime 7/4 um 9 C, das zweite es (- 24 C) überschreitet sie um 7 C.

Können Sie mir einen Komponisten der Kunstmusikszene nennen, welcher auf ähnliche Weise ohne fixes System geschrieben hätte? Ich schätze, Fonville ist mindestens einer der ersten. Das sinnliche Resultat systemloser flötentechnischer-ohrenerfreuender Töne zählt allein. Höchstens ist das System ein Metasystem jenseits temperierter, akustisch reiner oder sonstig strukturierter Systeme (oder sie alle einschließend!), ein Metasystem, das die Klappentechnik der Flöte enthält ebenso wie die Affinitäten des

Ohres und dessen historische Präformationen. Denn natürlich vergleichen wir mit der einfachen reinen Quinte 3/2, wenn wir den Anfang von „S. P. Hybrid" hören (das wäre zugleich physiologische Affinität und musikhistorische Prägung).

Ich nehme an, daß wir uns auf ein vernetztes System Instrument/Spieler/Komponist/Hörer zubewegen (das noch viele weitere Komponenten miteinschließt bis hin zu saalakustischen Fragen). Jedenfalls werden wir wegkommen müssen von einem letztjahrhundertgeborenen Künstlerbild. Wie lange noch werden wir nach dem Genie verlangen, das autark-autistisch setzt? Wir lieben das Genie, weil wir es gern selbst hätten sein wollen, oder? Werden wir wegen dieser menschlichen Schwäche je ruhig mit „Kunst" umgehen können? Allein dieses Wort „Kunst" ist gefährlich. Aber werden wir Musik als „Wissenschaft" lieben können? Wenn ja, so würde diese Liebe keine äußeren Sensationen mehr verlangen. Die größeren Sensationen könnten sich in einem hellen Inneren abspielen. Die komponierenden Interpreten oder die interpretierenden Komponisten, heute mancherorts anzutreffen, könnten ein Hinweis auf das Wiederfinden einer alten Qualität sein. In dem 1988 um Ligeti gegründeten Kombi-Ensemble aus Interpreten und Komponisten „Hamburg Consort" versuchen wir ein neues „ganzes" Musikmachen. Doch „Wissenschaft" machen wir nicht. In unserm Kreis sind tätig Hubertus Dreyer und Hans Peter Reutter, deren neue Werke ich in einem Teilaspekt, dem mikrotonalen, gleich darstellen möchte, dann Mari Takano und Sid Corbett, deren Werke eindeutig einen neuen Aspekt der Zartheit enthalten. Mari schreibt, wie erwähnt, auch mit seltsamen neuen Skalen, während Sid von der herkömmlichen Temperierung ausgeht. Xiaoyong Chen kommt in den neuesten Werken zu nicht-temperierten Tonschritten. Wir suchen weitere Komponisten, die sich vielleicht mit dem Inhalt dieser Zeilen anfreunden könnten und einen ähnlichen Weg einschlagen.

Ich erwähnte vorhin das „Metasystem" John Fonvilles. Solch ein Wort scheint mir geboren in einer analytisch-intellektuellen Welt. Heute würde das Wort „Ganzheit" mehr sagen. Das Wort „System" suggeriert, daß da schon etwas verstanden sei. Das ist es nicht. Es geht auch heute weniger um ein vermeintliches „Verstehen" als eher um ein „Folgenwollen". Aus diesem Grund wird es auch nie eine Theorie für unsere Vorstellungen geben, die eindeutige Wege zeigen könnte. Gerade daß die Wege je gesucht werden, macht den Reichtum unserer Denkweise aus. So wird niemand von uns behaupten, daß er seine Skalen „verstehe". Sie werden eher fortwährend „entdeckt". Welchen Weg unser (so personenbezogenes) Form- und Rhythmusdenken nehmen wird, vermögen wir ebenso wenig zu sagen. Das wahrscheinlich neuartigste Denken in dieser Richtung hat vielleicht Hubertus in seinen *Tales for a Dime* gezeigt. Wenn ich es jetzt kurz beschreibe als „variierendes Übereinanderschichten verschiedener layers (in sich konsistenter Musikebenen)", so wäre das nur die technische Oberfläche, und diese auch nur detailhaft.

III

Aber lassen Sie mich heute allein auf den Aspekt der neuen Skalen eingehen. Ich werde nach der kurzen Vorstellung des John Fonville vorhin jetzt drei Komponisten behandeln: Hans Peter Reutter mit seinem Werk *Märchenbilder II* (nach Brentano) für Flöte und DX 7-II Yamaha Synthesizer; Hubertus Dreyer mit *All Star Marmalade for You, My Honey* für DX 7-II solo und eines meiner eigenen Werke: *Partch Harp* für Harfe und DX 7-II.

Zunächst stelle ich Ihnen Hans Peter Reutters Skala vor in einem Schaubild, das die Reutter-Töne als schwarze Punkte in einem Netzwerk aus reinen Terzen zeigt. Die temperierte Skala ist als Orientierungshilfe eingeblendet in waagrechten Strichen und unseren Notennamen ganz rechts (Beispiel 3).

Die Reuttersche Skala verschränkt auf verzwickte Weise 5/4 und 6/5 Terzen. Aus der Naturtonreihe und ihren ganzzahligen Verhältnissen wird ersichtlich, daß hiermit die untemperierte „große" Terz (5/4) resp. die „kleine" Terz (6/5) angesprochen werden. Betrachten wir die Abbildung der Reutterschen Skala. Auf drei schrägen Achsen habe ich die drei 6/5 Ketten aufgetragen. Wir können uns die Tonketten e-cis-b-g, dis-c-a-fis und d-h-gis-f als temperierte Näherungstöne heraussuchen.

Alle drei Ketten setzen sich nach oben und unten fort in exakten 6/5 Verhältnissen, also reinen „kleinen" Terzen. Die Verknüpfung der drei Tonketten besorgen exakte 5/4 Verhältnisse, siehe die Senkrechte. Auf diese Weise verknüpfen sich f mit a, a mit cis, und ebenso alle anderen senkrecht übereinander angeordneten Töne, etwa gis mit c, c mit e etc.

Diese Skala hat einige seltsame Aspekte. Dazu gehört zunächst ihr sehr einfach aussehender symmetrischer Aufbau aus zwei verschiedenen Kategorien von Tonschritten: Es gibt davon einen „großen" und einen „kleinen". An der links abgetragenen Summe der Reutterschen Skala können Sie sehen, daß jeweils drei Töne enger beieinander liegen als in der temperierten Skala, daß dann aber ein geweiteter Schritt folgt. Sind dies Halbtöne, sind dies Ganztöne?

Wie sind die Intervallverhältnisse in dieser Skala? Auf der Naturtonreihe können wir sehen, daß 5/4 um 14 Cent kleiner ist als temperiert c-e. Also weichen auf meinem Schaubild der Reutterschen Skala cis und f um diesen Betrag von den temperierten Großterzen f-a, a-cis ab: cis als 5/4 über a liegt etwas unter cis-temperiert, desgleichen f als 4/5 unter a etwas über f-temperiert, um den Betrag 14 Cent. Um den Normalton a bilden sich 6/5 Ketten. Die Naturtonreihe zeigt, daß 6/5 um 16 Cent größer ist als temperiert e-g. Also liegt fis als 5/6 unter a etwas unter fis-temperiert, desgleichen c als 6/5 über a etwas über c-temperiert, um den Betrag 16 Cent. Jetzt können wir den Wert der Skalenschritte errechnen: cis hatte ja - 14 C, c hatte + 16 C. Das ergibt als Schrittweite für c-cis: 100 C (= temperierter Halbton) minus 14 C (für das tiefere cis) und nochmals minus 16 C (für das höhere c), summa 70 C.

266

Beispiel 3: Hans Peter Reutter, *Märchenbilder II,* daraus die Skala für „Hinkel"

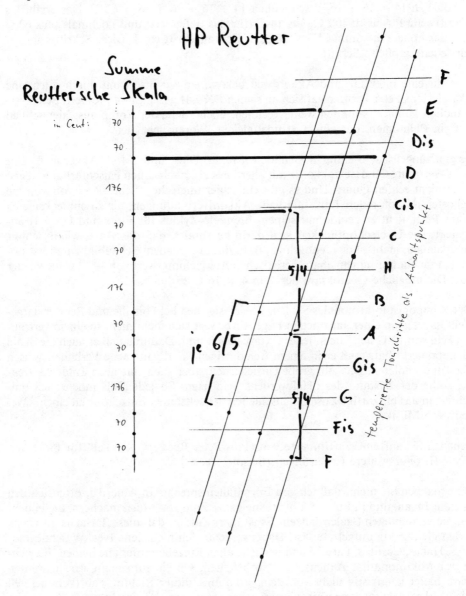

Per evidentiam wird dem Betrachter des Schaubildes klar sein, daß dieser Wert 70 Cent für alle „kleinen" Schritte der Skala gilt. Es bleibt noch zu errechnen der Wert für die „großen" Schritte. Lassen Sie uns hierfür das bewährte cis nehmen von - 14 C und mit dem weit „zu hohen" d vermessen:

Dieses d stammt aus der 6/5 Kette f-gis-h-d. f war ja 14 C höher. gis ist dann 14 + 16 C höher, h 14 + 16 + 16, d schließlich 14 + 16 + 16 + 16 = 62 C. Das ergibt als Schrittweite für cis-d: 100 C plus 14 C (für das tiefere cis) und nochmals plus 62 C (für das höhere d, summa 176 C für den Gesamtschritt cis-d. Diese Schrittweite gilt für jeden „großen" Schritt.

Was für eine Intervall- und Akkordwelt bekommen wir insgesamt durch solch eine Skala? Hans Peter Reutter hat sich an seinen DX 7-II gesetzt und probiert. Selbstverständlich könnte man auch weiter rechnen, doch stieße der Komponist hier schnell auf ein Phänomen, das einem Strudel gleicht. Woran liegt das?

Es gibt zunächst sehr einfache Gebilde wie reine „Dur-" und „Moll"-Akkorde. Es gibt quasi-vertraute Quartsextakkorde mit allerdings einer seltsamen Falschfärbung wegen einer nicht echten Quart. Und es gibt ein schier unerschöpfliches Reservoir von nie gehörten mikrotonalen Ton-, Intervall-, Akkordverbindungen, die zu entdecken sich Hans Peter Reutter gerade mit seinem Brentano-Zyklus für Flöte und DX 7-II anschickt. Die Unerschöpflichkeit liegt darin begründet, daß die Skala, wie unschwer zu erkennen, nicht oktavidentisch ist, d. h. das auf meinem Schaubild zuunterst notierte f taucht mit seinem charakteristischen Abweichungswert von + 14 C nie wieder auf. Die mögliche Oberoktave liegt um 4 × 16 C zu hoch.

Der Komponist mikrotonaler Skalen, wie ich sie eben bei Fonville und Reutter dargestellt habe, ist in einer ganz neuen Lage: Er bewegt sich nicht mehr in einem vertrauten Feld von 12 Tönen, die in jeder Oktave gleich sind. Dadurch daß er auch die Skala „komponiert" hat, muß er in einem fremdartigen Land ganz neue Verhaltensweisen der Töne studieren. Das gibt große Unsicherheit, aber auch eine neue Entdeckerfreude, sollte der Zustand des „Hellwerdens" eintreten. So jedenfalls möchte ich umschreiben das blitzartige Zusammenschießen der seltsamen Einzeltöne zu einem „Wesen" von Musik.

Schauen Sie auf eine Partiturseite von Hans Peter Reutters „Hinkel" für Flöte und DX 7-II, ohne weitere Erklärungen (Beispiel 4).

Bitte glauben Sie nicht, daß ich von Einzelfällen spreche. In Amerika, offensichtlich auch in Japan, und in Europa gibt es eine ganze Zahl von Musikmachern, die in neuen, nie verwendeten Skalen tanzen. Es ist merkwürdig, daß diese Tatsache an vielen Orten gleichzeitig aufgetreten ist. Dabei verkenne ich nicht jene Ives, Wyschnegradskys, Hábas, Carillos, Partchs und wie jene alten Einzelkämpfer alle heißen. Bis heute war Mikrotonalität Außenseitern vorbehalten. Ob sie zum main stream werden wird, hängt langfristig nicht von dem promoting dieser Richtung ab (kommerziell wird Mikrotonalität lange nicht werden), sondern von der Qualität der Köpfe, die hierin denken werden — und von der Bereitschaft der Musiker oder der Bereitstellung geeigneter Instrumente. Mit dem Yamaha DX 7-II Digitalsynthesizer haben wir ein annehmbares Spielzeug. Leider höre ich, daß Yamaha diesen DX nicht mehr bauen wird. Das HAMBURG CONSORT hat vielleicht dank der Herren Ligeti und Neuschäfer (Yamaha Europa PR-Abteilung) die letzten vier DX zur Verfügung gestellt bekommen bzw. sich günstig käuflich erwerben können (Hans Peter war der erste von uns, der sich selbst einen DX 7-II erstand).

Beispiel 4: Hans Peter Reutter, *Märchenbilder II,* daraus „Hinkel"

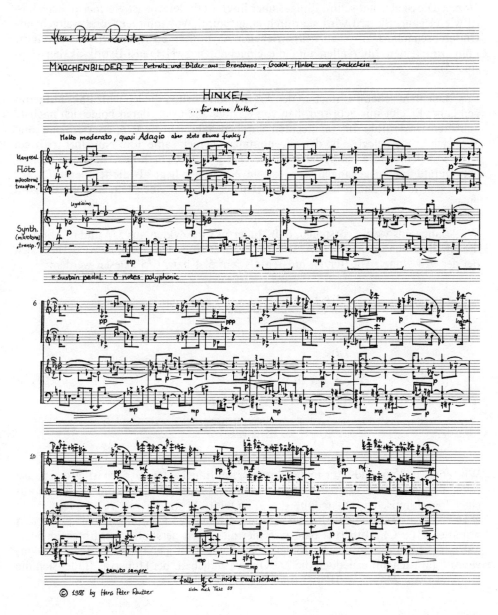

IV

Abschließend möchte ich Ihnen an zwei Beispielen zeigen, wie unterschiedlich die neuen Skalen sein können. Da ist zunächst jener Synthesizer-solo-Zyklus, den Hubertus Dreyer plant. Fertig ist (oder war zumindest) *All Star Marmalade for You, My Honey*. Die Skala sagt schon Einiges über ihren Erfinder: Sie ist gleichermaßen skurril wie elegant. Skurril wird sie durch eingebaute „Wolfsquinten" und weitgehende Undurchschaubarkeit wegen weitgetriebener Asymmetrie. Elegant wird sie durch die Fülle von reinen Intervallen und die eingebauten zwei Quasi-Exotik-Skalen (Beispiel 5).

Das Skalenbild scheint einfach in der Art der Tonschritte, die ich ganz links aufgetragen habe: Es gibt nur Schrittgrößen von 82 oder 152 Cent, deren Folge sich nach 12 Schritten wiederholt. In waagrechten Strichen habe ich die temperierte Skala zum Vergleich drübergelegt, c ist der angenommene gemeinsame Ton: Nur dort trifft ein Dreyer-Skalenton die temperierte Skala. Das g ist 2 Cent höher, weil von der reinen Quinte 3/2 ausgegangen wird (die ja 2 C höher liegt als die temperierte). 3/2 wird exakt in 5/4 und 6/5 geteilt, Hubertus erhält also einen reinen „Dur"-Akkord über c.

Wir können uns weiter vorstellen, daß Hubertus drei Zyklen aus 5/4 und 6/5 bildete, die jeweils durch einen 234 C-Abstand verknüpft sind. Jeder Zyklus wiederholt sich bei der 9/4 None. Alle Terzen müssen als rein 5/4 bzw. 6/5 gelesen werden:

Wir sehen, daß nirgends eine reine Oktave 2/1 auftaucht. Das System ist also genauso wenig oktavidentisch wie jenes von Hans Peter Reutter; d und f sind gewonnen aus einer logarithmischen Dreiteilung des 3/2 Quintschritts c-g von 702 C. Das ergibt eben 234 C als magischen Abstand der drei Zyklen. 234 C ist angenähert 8/7 (exakt wären es 231.2 C). Hubertus baut sich hiermit seinen persönlich gefärbten Slendro. „Slendro" heißt die javanische Tonleiter aus 5 ungefähr gleichen Schritten pro Oktave. Auf Java scheint es jedoch die 2/1 Oktave zu geben, bei Hubertus findet sich die Unoktave von $234 \times 5 = 1170$ C (rein 2/1 ergibt 1200 C).

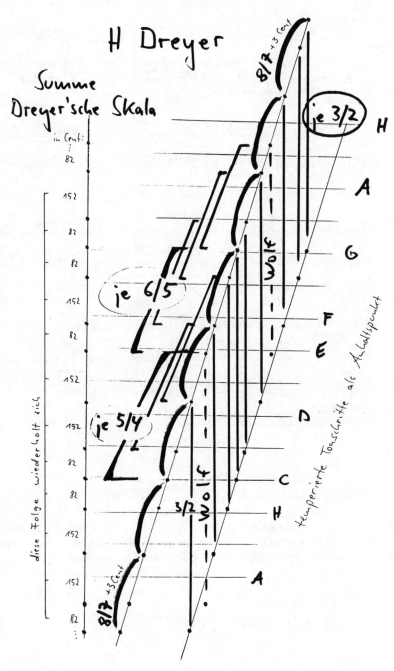

Beispiel 6: Dreyer, *All Star Marmelade for You, My Honey*

Das Aparte an dieser Skala ist deren Projektion auf die DX 7-II-Tastatur: Wenn ich einen verminderten Dreiklang (etwa c-dis-fis) greife, erhalte ich bis auf die zwei Wolfsstellen reines „Dur" (etwa c-e-g) oder reines „Moll". Ich notiere Ihnen Griff und Klang. Bei der Klangnotation deute ich die auffälligen Centverschiebungen mit Pfeilen an den Akzidenzien an (d ist 34 C höher als das temperierte).

Griff auf dem DX 7 II

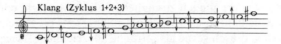

Klang (Zyklus 1+2+3)

Schier unerschöpflich ist das System an neuen, exotisch anmutenden Modi, ähnlich wie bei Hans Peter Reutter. Der 234 C Slendro wird von c aus in „Ganztönen" gegriffen: c d e fis gis ais c. Das Gegenstück von cis aus (cis dis f g a h cis) hat nichts mit Slendro zu tun. Die Schrittgrößen können Sie leicht nachrechnen: 304, 234, 164, 234, 304, 164. 304 C ist fast wie die temperierte kleine Terz, 164 C hingegen liegt nahe der „Mitte" von Halb- und Ganzton.

Wie wenig uns am Rechnen als Solchem liegt oder gar an einem Naturton-Fetischismus, können Sie daran ersehen, daß z. B. Hubertus, kaum hat er die Skala erfunden, die Werte auch schon veränderte: Alle 3/2 Quinten hat er um ein Winziges zu groß gemacht und damit natürlich auch alle vormals reinen 5/4 und 6/5 Terzen. Wer am Synthesizer sitzt mit dessen extremer Genauigkeit und auch Kälte, bedarf sehr schnell einer künstlichen sekundären „Verschmutzung", sei es bei der Erfindung neuer Klangfarben oder jetzt bei der Erfindung neuer Skalen.

Ich habe für ein kleines Stück von mir namens *Der Kongreß tanzt* (anläßlich des Ligeti-Kongresses erdacht) Hubertus' Skala modifiziert, um die beiden Wölfe auszuschalten: Wenn c als 1. Stufe angenommen wird, so habe ich die Stufe 2, 8 und 10 um 70 C erhöht. Das ergibt ab c regelmäßige Schrittwechsel von 152 und 82 C. Ich erhalte dann regelmäßige „Dur"-„Moll"-Wechsel und zwei 234 C Slendros, um 152 C verschoben. Sie sehen: Alles ist im Fluß. Das ist typisch für das Spiel, das wir treiben.

V

Zuletzt möchte ich Ihnen noch in Umrissen die Tonhöhenwelt meines Duos für Harfe und DX 7-II vorstellen.

Ausgangspunkt war eine spezielle Harfenstimmung, die ich 1979 für meine Kammeroper *Der Untergang des Hauses Usher* entwickelte:

his wie temperiert-c

-14 -31 -14 -27 -45 -27 -41 -59
Centabweichungen

his-e, e-gis, gis-c sind 5/4 Terzen, his-ais, e-d, gis-fis 7/4 Septen. Das System ist oktavidentisch und erhält seine Farbigkeit durch die Umstimmöglichkeiten der Harfe (Pe-

273

daltechnik). Zum ersten erhalte ich zusätzliche halbtonversetzte reine Intervalle oder Akkorde (aus his-e-ais kann h-es-a werden), andererseits eine Vielzahl von Intervallen/Akkorden/Skalen, die ich gerne als „strange" bezeichne (als Gegenbegriff zu dem Partch'schen „just"). Es gibt z. B. Nester kleinster Schritte — oder Quasi-Slendros — oder Quasi-Pelogs (7 Töne fremdartig auf die Oktave verteilt) — oder Akkorde bis hin zum 11. Naturton (mit kleinen Centabweichungen) — oder Untertonakkorde aus 1/4 : 1/5 : 1/7 etc.

Dieser fast verwirrende Reichtum wird in *Partch Harp* konfrontiert mit einem nichtoktavidentischen Derivat aus dieser Harfenstimmung.

Ich hatte empirisch gefunden, daß die obige 5/4- bzw. 7/4-Folge sich normalisieren ließe. Ich könnte nämlich diese Intervalle derart übereinander projizieren, daß sich eine einheitliche Skala aus gleichen Tonschritten ergäbe. Ich ordnete die Harfentöne zunächst skalenartig:

Auffällig war mir die allmähliche Zunahme der negativen Abweichung, je höher die Skala heraufgeht: Um 14, 27, 31, 41, 45, 59 Cent liegen die reingestimmten Harfentöne tiefer gegenüber der normalen Temperierung. Dies brachte mich auf die Idee, eine sich gegen die Oktave verengende Skala zu finden, die günstigstenfalls sowohl angenäherte 5/4-Folgen als auch 7/4-Folgen enthielte:

Ich brauchte nur 7/4 leicht nach unten zu temperieren, 5/4 leicht nach oben. Dann konnte ich beide Folgen übereinanderbauen, so daß gis aus $(7/4)^2$ sich mit gis aus $(5/4)^5$ träfe. Das Ergebnis war eine Temperierung der 7/4 Sept um 0.89 C abwärts, der 5/4 Terz um denselben Betrag aufwärts. Diese Abweichung ist vom Ohr nur wahrzunehmen, wenn amplitudenstabile Töne von mathematisch exaktem harmonischen Obertonaufbau einige Sekunden lang zusammen erklingen. Dann schweben meine minimal „falschen" 5/4 bzw. 7/4 sehr langsam gegeneinander. Für meine Skala gefiele mir das Attribut „faulxjust".

Der DX 7-II bildet den 0.89 C Fehler ungenau ab wegen der internen Auflösungsschärfe von ca. 0.59 C. Mit meiner analogen, frequenzstabilen Mikrotonorgel von

274

Hans Werner Stert, mit digitalem Herz (IC 8038), konnte ich die 0.89 C Abweichung hörbar machen.

Als endgültige Synthesizer-Skala für *Partch Harp* wählte ich Töne gemäß $^{12}\sqrt{1.9560685}$. Das bedeutet, der Unoktavwert 1 : 1.9560685 wird in 12 logarithmisch gleiche Tonschritte geteilt. 4 Schritte ergeben 5/4 (je + 0.89 C), 10 Schritte 7/4 (je - 0.89 C). Das gilt selbstverständlich für jeden Ton nach aufwärts wie abwärts. Ich erhalte also genauso „Obertonakkorde" wie „Untertonakkorde" (beide aber ohne reine Oktaven und Quinten, jedoch bis hin zu sehr nahen 11. und 13. Tönen, dies ist ein Zusatzeffekt meiner Temperierung).

Sehr haben mich nicht nur die Unoktaven, Unquinten, Unquarten interessiert — sondern auch die Wiederquinten und gar Wiederoktaven bei großen Abständen, etwa gegriffen c^1-gis^3 (gehört als c^1-g^3, unser Ohr wird ungenau bei großen Abständen!). Tatsächlich hören wir etwa den Abstand von gegriffen C-cis^2 als Dreifachoktave C-c^2. In dem unteren Schaubild zeige ich das Driften des Synthesizers gegen die normale Zwölftontemperierung. Dies ist zunächst noch ein regelmäßiger Vorgang. Völlig unregelmäßig wird das Skalenbild, wenn die asymmetrisch gestimmte Harfe zum Synthsizer kommt. Hier wird der Tonraum gewissermaßen „flüssig". Aber das ist ein anderer Aufsatz.

Tondrift der Stimmung $^{12}\sqrt{1.9560685}$ gegen $^{12}\sqrt{2}$ (oben in 10-Cent-Schritten als Maßstab aufgetragen):

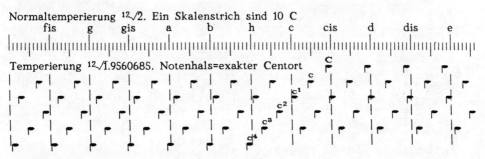

Normaltemperierung $^{12}\sqrt{2}$. Ein Skalenstrich sind 10 C

Temperierung $^{12}\sqrt{1.9560685}$. Notenhals=exakter Centort

Neuland-Jahrbuch, Band 2 ist erhältlich bei
Herbert Henck
Am Meiler 2
5060 Bergisch Gladbach 3
West Germany

Harry Partch: Genesis of a Music
Da Capo Press, Inc.
227 West 17th Street
New York, N.Y. 10011
U.S.A.

Beispiel 7: Stahnke, PARTCH HARP

Die Ars subtilior

URSULA GÜNTHER

Für den Geist einer Epoche ist nicht nur das neu Geschaffene sondern auch das neu Rezipierte ausschlaggebend. Das Interesse der Komponisten unseres Jahrhunderts für alte Musik kann durch viele Beispiele belegt werden, hängt aber offensichtlich eng mit den Fortschritten der musikwissenschaftlichen Forschung zusammen. Anton von Webern etwa promovierte 1906 über Heinrich Isaac und edierte 1909 dessen Choralis constantinus II. Der alte Igor Strawinsky antwortete in einem Fernsehinterview auf die Frage nach seinem Lieblingskomponisten mit dem Namen „Guillaume de Machaut". Dessen Liedsätze und Motetten waren in der vorbildlichen Ausgabe Friedrich Ludwigs erst seit 1926-29 verfügbar, Machauts Messe und Lais sogar erst ab 1954 und das gesamte Oeuvre in der Ausgabe Leo Schrades erschien dann 1956.

György Ligeti, anfangs vom Stil Ockeghems beeinflußt, ist schon seit einigen Jahren neugierig auf die eigenartige Wissenslücke zwischen der Ars nova Vitrys und Machauts und der so ganz andersartigen Kunst Guillaume Dufays, eine Lücke, die Musikwissenschaftler erst zwischen 1950 und 1972 durch eine Reihe von Editionen schließen konnten[1]. In Israel hatte man Ligeti, wie er mir erzählte, über die Existenz einer *Ars subtilior* aufgeklärt und, immer noch fasziniert von den rhythmischen und klanglichen Raffinessen dieser Musik, von der Dichte und Unabhängigkeit ihrer überraschend bizarren Kontrapunkte, ist er nach wie vor begierig, mehr darüber zu erfahren.

Seit 1963[2] versteht man unter *Ars subtilior* die rhythmisch und folglich auch notationstechnisch äußerst komplizierte Musik der Nachfolger Machauts und der Komponistengeneration vor Dufay, jener Musiker also, deren theoretisch verbürgtes Ziel es war, den Stil ihrer Vorgänger durch *majores subtilitates* zu reformieren[3]. Ihr Schaffen fällt in die turbulente Zeit des großen kirchlichen Schismas, als zwei und später sogar drei Päpste sich mehr um weltliche Macht als um geistliche Belange kümmerten.

Der erste Gegenpapst, Clemens VII., 1378 in Italien gewählt, verlegte seinen Sitz schon 1379 wieder in die französische Residenz seiner sieben Vorgänger. Dadurch blieb Avignon weiterhin Treffpunkt der europäischen Intelligenz. Jedenfalls wurde das intellektuelle und kulturelle Leben in Westeuropa nach wie vor von dem üppigen Lebensstil der höfischen Gesellschaft Frankreichs geprägt, obwohl dieses Land, geschwächt durch den immer wieder aufflackernden 100jährigen Krieg gegen England, seit 1380 in Karl VI. einen schwachen König hatte, anfangs zu jung, um selbst zu regieren, später zeitweilig geisteskrank. Dies jedoch gab den Prinzen von Geblüt, den Herzögen von Anjou, Berry, Burgund und Orléans, viele Gelegenheiten, selbst nach Einfluß und Macht zu streben. Sie rivalisierten aber auch als Mäzene von Wissenschaft, Kunst und Musik mit den avignonesischen Päpsten und mit den kunstverständigen, einflußreichen Herrschern des Südens, wie Gaston Fébus von Foix und Béarn, dem aragonesischen König Johann I. und dem Mailänder Herrscher Bernabò Visconti, der sich ebenfalls eine französische Devise, *Souffrir m'estuet,* gewählt hatte[4].

Das Manuskript Chantilly, Musée Condé 564, mit etwa 100 Werken — Balladen, Rondeaux, Virelais und isorhythmischen Motetten — eine Hauptquelle jener Zeit, einst im Besitz der Florentiner Familie Alberti[5], vermittelt durch eine stattliche Reihe von Widmungskompositionen für geistliche und weltliche Herrscher einen vortrefflichen Einblick in die aristokratisch-höfische Atmosphäre der musikalischen Avantgarde des späten 14. Jahrhunderts und in den weiten, von Paris bis Barcelona und Mailand reichenden Geltungsbereich der *Ars subtilior.* Eine Motette für König Karl V. steht neben einer auf den letzten vorschismatischen Papst Gregor XI.[6] und zwei Balladen auf Papst Clemens VII., eine komponiert vom päpstlichen Sänger Matheus de Sancto Johanne[7], die andere geschrieben von Phylipoctus de Caserta[8]. Dieser Phylipoctus schuf auch eine Ballade auf Bernabò Visconti, *En atendant souffrir m'estuet,* und eine auf Louis d'Anjous Rettungsaktion von 1381 für die Königin von Neapel[9]. Gaston Fébus von Foix wird in einer Motette und vermutlich vier Balladen verherrlicht[10], sein Neffe und Nachfolger, Mathieu de Castelbon, in einer Ballade von Trebor[11]. Trebor hinterließ auch zwei Balladen auf Johann I. von Aragon und eine auf dessen Gemahlin, Yolanda de Bar[12]. 1382 beklagte Jacob de Senleches den Tod der Königin Eleonore von Kastilien mit dem Hinweis darauf, daß er nun *„en Aragon, en France ou en Bretaingne"* fliehen müsse[13]. Komponisten waren offenbar gewohnt, von Hof zu Hof zu ziehen. Senleches ist schon im folgenden Jahr, 1383, als Harfenist beim Kardinal von Aragon nachweisbar[14], jenem Pedro de Luna, der 1394 als Benedict XIII. avignonesischer Papst wurde und durch seine hartnäckige Rücktrittsweigerung nach dem Konstanzer Konzil (1417) für eine nochmalige Verlängerung des Schismas gesorgt hat[15]. Solage schließlich, der bisher noch nirgends nachweisbare Hauptmeister des Codex Chantilly, schrieb eine Ballade auf den Herzog von Berry und vermutlich zwei 1386 für die Hochzeit von dessen Sohn mit der französischen Königstochter, Catherine de France[16].

S'aincy estoit, Solages Widmungsballade für den Herzog von Berry, die Sie vor Beginn meines Vortrages hörten und auch in einem eindrucksvollen Facsimile bewundern können[17], ist ein Loblied auf eine hochbegabte Persönlichkeit und wohl daher von den jungen Musikern um Ligeti ausgewählt worden, um den in dieser Woche gefeierten Komponisten zu ehren, lautet der Beginn der zweiten Strophe doch zum Beispiel:

> *Nature l'a par sa grant soubtilesse*
> *De ses dons richement enchiery.*

Der Anfang der dritten Strophe,

> *Considerer doit chascun la sagesse*
> *De ce seignour courageux et hardi,*

278

ist auf Ligeti ebenso übertragbar wie der Refrain aller drei Strophen:

Car c'est celi, qui est la flour du monde.

Der *„bon Jhean duc gentilz de Berry"*, wie er in der zweiten Zeile der ersten Strophe heißt, war nicht nur einer der mächtigsten Fürsten Frankreichs sondern auch ein Kunstmäzen allerhöchsten Ranges, noch heute berühmt als Auftraggeber vieler Stundenbücher[18]. In seinen *Tres Belles Heures* sieht man ihn, umgeben von seinen Schutzheiligen in betender Haltung vor Maria mit dem Kinde, dargestellt vermutlich von André Beauneveu, der 1384 in des Herzogs Dienst getreten war[19]. Die üppigen, fließenden Gewänder lassen den „weichen Stil" erkennen, der um 1400 in Buch- und Freskenmalerei wie bei Plastiken in allen Kulturzentren Europas vorherrschte. Louis Courajod folgend wird dieser Stil vor allem in Frankreich und in Nordamerika „Internationaler Stil" genannt, nicht nur wegen seiner weiten Verbreitung, sondern vor allem, weil er in Paris von Malern sehr unterschiedlicher Herkunft geprägt wurde, von Flamen und Niederländern, Franzosen und Italienern, Böhmen und Deutschen[20].

Auf einem Kongreß, der ein breites, nicht auf das Spätmittelalter spezialisiertes Publikum versammelt und darüberhinaus unter dem Motto „Bilder einer Musik" steht, mag es gestattet sein, zur Verdeutlichung der Stilentwicklung in der Musik neben akustischen auch optische Eindrücke zu vermitteln, ja sogar einen Vergleich mit Stiltendenzen in den bildenden Künsten zu wagen, insbesondere anhand der so gut erhaltenen Miniaturmalerei. Erwin Panofsky und Willi Apel hatten bereits 1950 auf die Analogie zwischen Musik und Malerei im späten 14. und frühen 15. Jahrhundert hingewiesen[21]. Auch die jüngst von Reinhard Strohm unternommene Kritik an diesem Vergleich kommt zu dem Schluß, daß sich „gemeinsame oder analoge Einzeltendenzen in Musik und Malerei um 1400 beobachten" lassen[22].

In den *Tres Riches Heures,* von den Gebrüdern Limbourg im Auftrag des Herzogs von Berry gemalt, um die Verwandten und die Schlösser des Fürsten zur Geltung zu bringen, ist auf der April-Seite des Kalenders vor dem Schloß Dourdan eine Verlobungsszene dargestellt, vermutlich jene von Charles d'Orléans mit Bonne d'Armagnac, einer Enkelin des Herzogs von Berry[23]. Die üppigen Gewänder der Dargestellten zeigen in Faltenwurf und Verzierungen eine unübertreffliche Raffinesse und die verfeinerte Eleganz einer höfischen Kunst, in der italienische und flämische Elemente mit Stileigenheiten der Pariser Werkstätten vereint wurden. Vergleicht man sie mit der enganliegenden höfischen Kleidung von 1355, wie sie vom Maître des Remède de Fortune in mehreren Miniaturen des Machaut-Manuskripts 1586 der Pariser Bibliothèque Nationale meisterhaft dargestellt wurde[24], so wird ein Geschmackswandel von eleganter Schlichtheit zu äußerster Verspieltheit und Raffinesse deutlich, der sich zwischen etwa 1360 und 1400 in ständig steigendem Maße durchgesetzt haben muß.

Ein vergleichbarer Geschmacks- und Stilwandel vom Einfachen zum Komplizierten läßt sich auch in der Musikentwicklung dieser Zeit feststellen. Guillaume de Machaut, der noch bis etwa 1370 komponierte, hielt stets an der Minima als kleinstem Notenwert fest. Benutzte er verschiedene Taktarten gleichzeitig, was nur selten der Fall war, so traten doch nie Konfliktrhythmen unter den kleinsten Notenwerten auf, wie dies etwa in Solages Ballade *S'aincy estoit* vorkommt, der wir uns jetzt zuwenden wollen[25].

Wie bei den meisten Balladen der *Ars subtilior* folgt der Aufbau des Stückes bei acht-zeiligem Text jeder der drei Strophen ganz dem bei Machaut üblichen dreiteiligen Schema mit Wiederholung des Teiles A (A_1 A_2 B C) und übereinstimmenden Schlüssen von A2 und C, dem Refrain. Stilistisch Vergleichbares aber läßt sich bei Machaut nicht finden, denn die Gesangsstimme bewegt sich bei Solage, vor allem in den Teilen A und C, in einer Rhythmik, die ständig von Taktwechseln und Synkopen Gebrauch macht. Dadurch ergeben sich im Zusammenklang mit den Begleitstimmen manchmal die Konfliktrhythmen 3:2 und 4:3. Zur Notierung wurden, wie auf dem Facsimile[26] bei Apel zu sehen ist, einige gegenüber Machaut neue Notenformen be-nutzt, nämlich ♦ und ♦ , aber auch Proportionen, denn die Singstimme der Teile A und C sowie der Tenor des Teiles B sind in Notenwerten geschrieben, die gegenüber den übrigen verdoppelt wurden. Der Tenor verwendet außerdem Mensuren, die stets von denen der Oberstimmen abweichen[27]. Apels Edition läßt dies besser erkennen als Greenes, da sie sich konsequenter an die Vorschriften der Originalnotation hält. Insgesamt wirken die melodischen Linien fließender, weicher als bei Machaut, dessen rhythmisch kompliziertestes Werk zum Vergleich herangezogen werden soll:

Quant ma dame, Machauts Rondeau 19, ist isorhythmisch angelegt, allerdings nicht streng. Seine drei Stimmen benutzen — trotz einheitlicher Minima — stets drei ver-schiedene Mensuren zur gleichen Zeit. Alle bisherigen Editionen des Stückes, darun-ter auch meine von 1963[28], setzen 6/8-Takte in der Singstimme gegen 3/4-Takte in beiden Unterstimmen. Der Tenor ist aber unzweideutig in einem 2/4-Rhythmus no-tiert, wie Details der Notation, Ligaturen und vor allem die auftaktig nachschlagen-den Schlußwendungen beider Abschnitte eindeutig belegen. Eine Neuedition des Werkes wird im Rahmen meines Artikels über „Polymetric Rondeaux from Machaut to Dufay: Some Style-Analytical Observations" als Ex. 3 in der LaRue-Festschrift er-scheinen.

Einige Stücke des späten 14. Jahrhunderts kommen noch mit den Notenwerten Ma-chauts aus, wirken aber trotzdem herausfordernd und ungewöhnlich, nämlich durch ihre Harmonik. Das exzentrischste Stück dieser Art ist *Fumeux fume par fumee* von Solage[29], ein Rondeau, das sich ganz entlegenen Hexachorden zuwendet, die außer-halb des mittelalterlichen Tonsystems liegen. Der A-Teil schließt auf dem sonst nie er-reichten tiefen Es, einen Ton tiefer als der Ganzschluß auf F. Die traditionelle Anord-nung, die den Halbschluß einen Ton über dem Ganzschluß erwarten läßt, wird also geradezu auf den Kopf gestellt. Sonst fast nie benutzte Töne, wie as, des und sogar ges, führen zu „schrägen" Klängen oder Fortschreitungen. Die Dichte und Komplexi-tät des Satzes wird darüberhinaus noch durch einen Hoquetus gesteigert, der in allen drei Stimmen sechsmal hintereinander den gleichen Rhythmus verwendet, jeweils um ein Viertel versetzt. Hier wird — wie in manchen Miniaturen dieser Epoche — eine Vorliebe für die Übertreibung des Seltsamen, für bewußte Grenzüberschreitung sichtbar, die gut zu dem bizarren Text des Werkes paßt. Er wurde nicht etwa für Raucher geschrieben, sondern für den von Jean Fumeux gegründeten Literatenzirkel der *Fumeux*, ebenso wie *Puis que ie sui fumeux*[30], eine Ballade von Hasprois mit äußerst subtiler Rhythmik, deren Proportionen sogar durch einen Canon erklärt werden mußten. Die Verrücktheit, das aus dem Rahmen Fallende beider Stücke entpricht ganz der 1368 von Eustache Deschamps formulierten *Charte des fumeux*[31]. Deren oberste Ordensregeln lauten:

Ilz parlent variablement;
Ilz se demainent sotement.

An einer anderen Stelle der Lebensregeln dieses Pariser Exzentrikerklubs heißt es:

Pour ce que dame Oultrecuidance
Maine chascun d'eulx a sa dance;
Folie par la main les tient,
Orgueil les gouverne et soutient
Et les vest de riches joyaulx,
Et Jeunesse, qui est si beaux,
Leur prie, ammoneste et ennorte
Que chascuns folement se porte.

Willi Apel[32] und jüngst wieder Reinhard Strohm[33] haben auf eine weitere Parallele zwischen Malerei und Musik des 14. Jahrhunderts hingewiesen: auf das wachsende Interesse für Naturschilderungen. Das frühe Machaut-Manuskript, das die vorhin gezeigte Tanzszene enthält, bringt als Illustration zum *Dit du Lion* „eines der ältesten selbständigen Landschaftsbilder", wie es François Avril formulierte[34]. Auf einer blumenübersäten Wiese sieht man, ganz Machauts Beschreibung entsprechend, Kaninchen und Vögel, am Saum des Waldes Hirsch, Wolf, Fuchs, Bär und Löwe und in den Wipfeln der Bäume wiederum eine Reihe von Vögeln. Vogelstimmen werden in sechs „realistischen Virelais" aus der zweiten Hälfte des 14. Jahrhunderts nachgeahmt, so z.B. in einem Werk von Borlet, das sogar in zwei mehrtextigen Fassungen bekannt ist[35], sowie in *Par maintes fois* von Johannes Vaillant[36]. Dieses berühmte, oft kopierte Stück ist übrigens seit kurzer Zeit auch in seiner ursprünglichen, vierstimmigen Fassung mit zwei textierten Stimmen bekannt[37]. Es ist zweifellos der *Ars subtilior* zuzuordnen, denn unter den kleinsten Notenwerten kommt es zu Konfliktrhythmen 4:3. Außerdem ist durch Kollegnotizen eines hebräischen Studenten des 14. Jahrhunderts beweisbar, daß Vaillant in Paris sogar noch kompliziertere Werke im Unterricht behandelt hat[38].

Enge Beziehungen zwischen dem Sinn des Textes und seiner Vertonung[39] gibt es auch noch bei einer anderen Werkgruppe des Codex Chantilly, bei Stücken mit Texten, die den komplizierten Stil oder sogar die Form der Musik betreffen. Vaillant ist hier vertreten mit einem isorhythmischen Rondeau, wohl ein Schulstück für Synkopierungen, denn der Refrain lautet:

> *Pour ce que je ne say gaire*
> *Suis je venus pour aprendre*[40].

Besonders aufschlußreich sind zwei Werke eines Guido, möglicherweise identisch mit Guido de Lange, der 1373—74 der avignonesischen Kapelle angehörte[41]. Guido notierte beide Stücke mit ganz ungewöhnlichen Notenformen, an deren beidseitigen Hälsen noch Fähnchen oder Schleifen hängen, nur oben oder sogar an beiden Enden. Der Text beider Stücke ironisiert den damals offenbar noch neuen und schwierigen Stil, der jeden unvorbereiteten Sänger erschreckt haben dürfte. Guidos Rondeau beginnt mit den Worten: *Dieux gart qui bien le chantera*[42], Gott möge den behüten, der dies gut singen wird.

Der Text von Guidos Ballade, *Or voit tout en aventure,* (Nun geht alles auf gut Glück) hat bei der Entwicklung des Terminus *Ars subtilior* eine entscheidende Rolle gespielt[43]. Hier enden alle drei Strophen mit dem Refrain: *Certes, se n'est pas bien fait.* (Gewiß, dies ist nicht gutgemacht.) Die übrigen Verse der Ballade machen unmißverständlich klar, daß sich der ironisch gemeinte Tadel des Refrains auf den völlig neuartigen Stil des Stückes bezieht: Er muß allen mißfallen, da er von der guten, perfekten Kunst abweicht, sich gegen die Natur wendet und Philipe [de Vitry] verläßt, um der Kunst *sans mesure* (ohne Maß) eines Marquet[tus de Padua] zu folgen.

Dies läßt auf italienische Einflüsse schließen. In der Musik des Trecento findet man Taktwechsel innerhalb eines Stückes in der Tat sehr viel früher als bei den Franzosen. Geschaffen wurden Guidos Werke wohl Mitte der 1370er Jahre, d.h. zu Beginn der *Ars subtilior.* Das lassen nicht nur die Formulierungen der Texte vermuten, sondern auch der musikalische Stil beider Stücke[44]. Er ist nämlich wesentlich einfacher, als angesichts der Notation zu erwarten, denn die kleinsten Notenwerte haben stets die Länge einer halben Minima und führen daher in keinem Fall zu Konfliktrhythmen, allenfalls zu unterschiedlichen Gruppierungen. Durch rote Noten entstehen zwar Mensurwechsel oder kurze Synkopierungen, aber Guido war noch weit von jenen Komplikationen entfernt, die spätere Werke der *Ars subtilior* aufweisen.

Das wird deutlich, wenn wir ein anderes Werk betrachten, *Je me merveil — J'ay pluseurs fois*[45], eine zweitextige Ballade von Jacob de Senleches, jenem Harfenisten des Kardinals Pedro de Luna, von dem bereits die Rede war. Jacob de Senleches behandelt in dieser Ballade den Ärger des schaffenden Künstlers, der sich von allzu vielen Nachahmern umgeben sieht. Er möchte von nun an lieber schweigen, Hammer und Amboß seiner Schmiede zerstören, *Puisque chascuns se melle de forgier* (Weil sich jeder ums Schmieden kümmert). Dieser gleichlautende Refrain beider Texte ist als Oberstimmenkanon im Abstand einer Mensur über freiem Tenor komponiert, trotzdem aber völlig unterschiedlich notiert worden, wohl um einen Imitator zu charakte-

282

risieren, dessen Melodie wie das Vorbild klingt, obwohl er sich Mühe gab, alles ganz anders zu schreiben.

Hier lohnt es wirklich, während des Anhörens einen Blick auf das unglaublich komplex aussehende Notenbild des Originals zu werfen, das Apel als Facsimile veröffentlicht und kommentiert hat[46]. Vergleicht man den Schluß der dritten mit der letzten Notenzeile, so erkennt man dieselbe melodische Linie in völlig anderer Aufzeichnung: Oben sind die schwarzen Noten im ¾-, unten im ⁶⁄₈-Metrum zu lesen; die jeweils komplementäre Mensur ist oben rot, unten hohl geschrieben worden. An anderen Stellen des Stückes, z.B. zu Beginn der 1., 3. und vorletzten Zeile, sieht man Notenköpfe, die je zur Hälfte schwarz und weiß oder schwarz und rot notiert wurden. Ihre Längen von 10, 5 und 2½ Minimae ergeben sich durch Addition der halben Werte normaler Noten[47]. Auf diese Weise gelang es Senleches, bisher unmögliche Synkopierungen zu erfinden und aufzuzeichnen, nämlich Notenketten aus eben jenen kombinierten Werten. Dies ist eine intellektuelle Glanzleistung, die er allenfalls noch bei *La harpe de melodie* übertroffen hat.

Diese Komposition erscheint im Codex Chantilly in normaler Notation, in einem Theoriemanuskript aus Italien aber als harfenförmige Aufzeichnung[48]. Dabei bilden die Saiten der Harfe Notenlinien, die aber nicht den üblichen Terz-, sondern Sekundabstand haben. In dieser dekorativen Form war das Virelay ein Geschenk, das gehört, gespielt und gesehen werden sollte, wie der Text präzisiert. Dies betonte Reinhard Strohm in einem lesenswerten Artikel über „Das Kunstwerk als Akt der Zueignung", den er kürzlich in der *Festschrift Carl Dahlhaus*[49] veröffentlichte.

Strohm verwies auch auf einen parallelen Fall, das herzförmig notierte Rondeau von Baude Cordier, das den Codex Chantilly eröffnet, ein Neujahrsgeschenk für eine Dame[50]. Aber auch das nachfolgende, kreisförmig aufgezeichnete *Tout par compas suis composé* war als Geschenk gedacht — *pour en offre* —, diesmal für Seigneurs, die im rechten oberen Widmungstext angeredet werden[51]. Beide Kompositionen Cordiers[52] lassen durch instrumentale Vor- und Zwischenspiele oder Imitationen, auftaktige Motive, syllabischen Textvortrag und gelegentliche Dreiklagsmotivik bereits den wohlklingenderen Stil des 15. Jahrhunderts erahnen. Auch notationstechnisch sind diese beiden nachträglich vorangestellten Werke durch das *alla breve*-Zeichen beim *tempus perfectum diminutum* — hier ein wagerechter, später schräger oder senkrechter Strich durch einen Kreis — moderner als das alte Corpus[53]. Die schwierige Notation der kanonisch zu führenden Oberstimme des äußeren Kreises, die auftaktig bei *Tout par compas* beginnt[54], hat eine korrekte Edition allerdings lange verzögert. Erst 1972 haben Raymond Meylan[55] und John Bergsagel[56] unabhängig voneinander die richtige Lösung für die Proportion *sesquitertia* (4:3) vorgeschlagen. Dadurch wurden Quintenparallelen sowie Dissonanzen beseitigt und ein Durchlauf des Zirkelkanons erhielt die Länge von genau 33 Mensuren. Meylan betonte die Korrespondenz von Kreisform der Niederschrift und symbolischer Bedeutung der Zahl 3. Hinzuzufügen wäre, daß die Zahl 33 nach Ernst Robert Curtius[57] „durch die Lebensjahre Christi geheiligt" war und sich in vielen bedeutenden Werken des Mittelalters nachweisen läßt, die in 33 Kapitel oder 33 Abschnitte gegliedert sind. Curtius verwies unter anderem auch auf den „kunstvollen Zahlenbau der Göttlichen Komödie" Dantes: „1 + 33 + 33 + 33 = 100 Gesänge führen den Leser durch 3 Reiche."

Die kürzlich von Gordon Greene[58] und von Alexander Blachly[59] veröffentlichten Transkriptionen zerstören die Symbolik des Werkes allerdings dadurch, daß dem Stück der ganze dreizehnzeilige Text unterlegt wird, der in der linken oberen Ecke des Blattes steht. Das gelingt natürlich nur durch Anwendung des Rondeau-Schemas ABaAabAB auf den Zirkelkanon und führt zweimal zu dessen Unterbrechung, nämlich beim Aufeinandertreffen von aAa. Die Freiheiten gegenüber der originalen Aufzeichnung scheinen mir bei diesen Lösungen zu groß[60], zumal die ständig wechselnden Mensuren alle zu $\frac{9}{8}$-Takten vereinheitlicht werden. Überzeugender wirkt der von Virginia Ervin Newes in ihrer Dissertation von 1987 verwirklichte Zirkelkanon, bei dem die auftaktigen Einsätze der kanonischen Stimmen zwar im $\frac{9}{8}$-Takt erfolgen, beide jedoch — Notation und Motivbildung entsprechend — im $\frac{6}{8}$-Takt weiterlaufen, so daß die Schwerpunkte der Mensuren beider Oberstimmen, die den Taktstrichen der Übertragung entsprechen, nicht zusammenfallen[61].

Zum Abschluß möchte ich — wie zu Beginn — eine Widmungskomposition behandeln, *Sus une fontayne*[62], geschrieben von Johannes Ciconia für einen Komponisten, von dem der Dichter sagt, sein süßer Gesang, dem er bewundernd lauschte, habe ihm so sehr Herz, Leib und Gedanken ergriffen, daß er von dem schmerzlichen Wunsche durchdrungen sei, die edle Blume zu sehen, die so süß sänge, daß er Furcht, Zittern und Angst empfände, so sehr wünsche er sich, sie zu sehen. Diese Formulierungen sprechen gegen ein Lehrer-Schüler-Verhältnis beider Komponisten[63]. Das Stück ist Phylipoctus de Caserta gewidmet, auf dessen Werke drei Reimzitate verweisen[64]. Sie entsprechen Text und Musik der Anfänge seiner drei Balladen *En remirant, De ma dolour* und *En atendant souffrir m'estuet,* der bereits erwähnten Ballade auf Bernabò Visconti, die im Codex Chantilly irrtümlich Trebor zugeschrieben wurde[65]. Alle drei werden musikalisch präzise im dreistimmigen Satz zitiert, wenn auch in Details der Notation verändert[66].

Dieses Virelay, eines der kompliziertesten der *Ars subtilior*, überliefert in Manuskripten aus Modena und Oxford, ist nach meiner Ansicht noch nicht so ediert worden, wie es erklingen sollte. Bei allen bisherigen Transkriptionen des Stückes bildet das Zitat von *En attendant*, das auf einem Eingklang g — noch dazu mit einer kurzen Note — endet, den Abschluß der Komposition, während der andere Teil des Stückes mit einem Quint-Oktav-Klang auf d schließt. Gleichlautende Schlußtakte beider Teile — sozusagen musikalische Reime — waren jedoch bei Virlais wie bei Balladen schon seit Machauts Spätstil üblich. Daß Ciconia dies wußte, beweist sein einziges anderes Virelay, *Aler m'en veus*[67], bei dem der musikalische Reim sieben Takte lang ist und in einem Teil sogar zweimal hintereinander erklingt, allerdings mit vertauschten Stimmen. Bei *Sus une fontayne* ergibt sich die Möglichkeit, beim definitiven Schluß des Stückes einen musikalischen Reim von fünf Takten dadurch herbeizuführen, daß man über das Zitat *En attendant* hinaus noch vier Silben und damit mehrere Takte der ursprünglichen Fortsetzung weitersingt, denn dort hat Ciconia — sicherlich nicht ohne Absicht — den einzigen Binnenreim des Textes *(pris / merchi)* so mit der Wiederholung der fünf kadenzierenden Takte verknüpft, daß sich ein sinnvoller Abschluß ergibt bei den Worten:

> *Remanent pris*
> *En atendant d'avoir merchi.*

Derart aufgeführt hören Sie nun das ganze Werk, zuvor aber die drei Anfänge der zitierten Stücke von Phylipoctus de Caserta in einer Darbietung, die Lucy Cross (Laute), Judith Hubbell (Viola) und Mary Ann Ballard (Sopran) 1973 in New York für mich einstudiert und aufgenommen haben.

Durch die nur leichte Veränderung der Virelay-Form erreicht Ciconia in *Sus une fontayne* trotz der drei Zitate tonale Geschlossenheit und den traditionellen musikalischen Reim. Diese Widmungskomposition eines Komponisten für sein verehrtes Vorbild — die erste in einer langen Reihe, die über Werke Josquins und Gomberts bis zu Anton Bruckner und Alban Berg reicht — bietet wie die wenigen anderen Werke der *Ars subtilior*, die ich nur kurz streifen konnte, eine einmalige, sehr individuelle Lösung eines speziellen kompositorischen Problems. Diese hochintellektuelle Kunst kompliziertester Machart, geschaffen für die dünne Schicht der elitären Gesellschaft des späten Mittelalters, konnte keine Breitenwirkung erreichen und geriet schon nach wenigen Jahrzehnten völlig in Vergessenheit. Es ist durchaus verständlich, daß diese erst in unserem Jahrhundert wiederentdeckte Musik höchsten Niveaus die heutigen Komponisten fasziniert, schaffen doch auch sie rhythmisch kühne, kontrapunktisch dicht gewebte Werke sehr unterschiedlichen, individuellen Stils, zu deren wirklichem Verständnis vorzudringen nur einer geistigen Elite gelingen kann.

Anmerkungen

1 Willi Apel, *French Secular Music of the Fourteenth Century*, Cambridge, Mass. 1950 (im Folgenden zitiert als FSM) bringt nur eine Auswahl weltlicher Werke und einige Facsimilia, die beim Vortrag herangezogen wurden. Apels vollständige Edition, *French Secular Compositions of the Late Fourteenth Century*, erschien 1970-72 in den drei Bänden CMM 53, I-III. Gordon Greene edierte das gleiche Repertoire in den Bänden 18-21 der *Reihe Polyphonic Music of the Fourteenth Century* (zitiert als PMFC) zwischen 1981 und 1987. Ab 1955 konnte Gilbert Reaney bisher 7 Bände der *Early Fifteenth-Century Music* (CMM 11) herausgeben. Ein ebenfalls sehr kompliziertes, aber völlig isoliert dastehendes Repertoire, *The Cypriot-French Repertory of the Manuscript Torino, Biblioteca Nazionale J.II.9*, edierte Richard H. Hoppin 1960-63 in CMM 21, I-IV. Die weniger umfangreiche *Fourteenth-Century Mass Music in France* wurde 1962 als CMM 29 von Hanna Stäblein-Harder veröffentlicht. Motetten des 14. Jahrhunderts erschienen in meiner Edition von 1965 (CMM 39) und in Frank Harrisons von 1968 (PMFC 5).
2 Vgl. Ursula Günther, *Das Ende der Ars Nova*, in: Mf 16, 1963, S. 105 ff.
3 Vgl. ebendort S. 112 meine ausführlichen Bemerkungen zur Begründung der neuen Stil- und Epochenbezeichnung.

4 Vgl. Geneviève Thibault, *Emblèmes et devises des Visconti dans les oeuvres musicales du Trecento*, in: *L'Ars nova italiana del Trecento III:* Secondo Convegno Internzionale luglio 1969. Certaldo 1970, S. 131-160, insbes. S. 152ff. Gian-Galeazzo Visconti benutzte seit seiner Vermählung mit Isabelle de France die Devise *a bon droit*, die in Ciconias Proportionskanon zitiert wird. Vgl. *ibidem* S. 140.

5 Daß das Manuskript vermutlich für den nach Paris emigrierten Altobianco degli Alberti kopiert wurde, ergibt sich aus einigen Fakten. Vgl. meinen Artikel *Unusual Phenomena in the Transmission of Late 14th Century Polyphonic Music*, in: Musica Disciplina 38, 1984, S. 87-118.

6 Vgl. CMM 39, Nr. 5 und Nr. 9 oder PMFC 5, Nr. 26 und Nr. 24.

7 Daß sich unter den Komponisten der Handschrift Chantilly mehrere Sänger der avignonesischen Kapelle befanden, konnte ich nachweisen in *Zur Biographie einiger Komponisten der Ars subtilior*, in: AfMw 21, 1964, S. 172-199. Zur gleichen Thematik siehe auch Andrew Tomasello, *Music and Ritual at Papal Avignon 1309-1403*, UMI Research Press Ann Arbor 1983 (Studies in Musicology, No. 75).

8 Vgl. Ursula Günther, *Zehn datierbare Kompositionen der ars nova*, Schriftenreihe des Musikwissenschaftlichen Instituts der Universität Hamburg, hrsg. von Heinrich Husmann, Heft II, 1959, Nr. 9 und 10 oder CMM 53, III, Nr. 296 und I, Nr. 82 sowie PMFC 19, Nr. 62 und 71.

9 Vgl. PMFC 18, Nr. 45 und 19, Nr. 54 sowie CMM 53 I, Nr. 28 und 82. *En atendant souffrir m'estuet* wurde im Manuskript Chantilly irrtümlich Galiot zugeschrieben, dem Komponisten eines anderen *En attendant* (Nr. 59), und von Apel auch unter diesem Namen veröffentlicht (auch in FSM Nr. 56).

10 Vgl. CMM 39, Nr. 15 oder PMFC 5, Nr. 29 sowie CMM 53, I, Nr. 27, II, Nr. 159, I, Nr. 17 und 113, die den Nummern 18, 22, 55 und 66 aus PMFC 18/19 entsprechen.

11 Vgl. Ursula Günther, *Eine Ballade auf Mathieu de Foix*, in: Musica Disciplina 19, 1965, S. 69-8l, sowie Howard Mayer Brown, *A Ballade for Mathieu de Foix: Style and Structure in a Composition by Trebor*, in: Musica Disciplina 41, 1987, S. 75-107.

12 Vgl. CMM 53, I, Nr. 108, 111 und 110 bzw. FSM Nr. 44, 43 und 41 sowie PMFC 18, Nr. 20, 40 und 19; zur Begründung siehe MaCarmen Gómez, *La musique à la maison royale de Navarre à la fin du moyen-âge et le chantre Johan Robert*, in: Musica Disciplina 41, 1987, S. 109-151, insbes. S. 138ff.

13 Vgl. den Text von CMM 53, I, Nr. 89 bzw. FSM Nr. 47 oder PMFC 18, Nr. 11.

14 Vgl. meinen in Fußnote 7 zitierten Artikel von 1964 auf S. 195.

15 Nach seinem Tode (1423) wurde in Peñiscola sogar noch ein Nachfolger gewählt.

16 Vgl. CMM 53, I, Nr. 100, 94 und 95 bzw. FSM Nr. 34, 33 und 32 oder PMFC 18/19, Nr. 50, 80 und 24. Vgl. zu den Werken von 1386 meinen Artikel über *Die Musiker des Herzogs von Berry*, in: Musica Disciplina 17, 1963, S. 79-91.

17 Gezeigt wurde das Facsimile aus FSM, Tafel IV.

18 Vgl. Marcel Thomas, *Buchmalerei aus der Zeit des Jean de Berry*, Prestel-Verlag München 1979.

19 *Ibidem*, Abbildung 13, S. 64.

20 Vgl. Erwin Panofsky, *Early Netherlandish Painting*, Harvard University Press 1953, reprint Icon Editions, New York 1971.

21 Vgl. S. 18/19 in Willi Apels Vorwort zur FSM von 1950, wo er bereits aus der noch ungedruckten Arbeit Panofskys zitieren konnte und auf die Parallele zu seinem „manneristic style" hinwies.

22 Vgl. Reinhard Strohm, *Vom internationalen Stil zur Ars Nova? Probleme einer Analogie*, in: Musica Disciplina 41, 1987, S. 5-13, insbes. S. 8/9.

23 Gezeigt wurde die Abbildung 26, S. 90 aus dem oben zitierten Werk von M. Thomas.

24 Vgl. François Avril, *Buchmalerei am Hofe Frankreichs 1310-1380,* Prestel-Verlag München 1978, Abbildungen 23, 24 und 25 bzw. die entsprechenden Seiten des französischen Originals *L'enluminure à la Cour de France au XIVe siècle*, New York, Paris 1978. Gezeigt wurde die Abbildung 24, die Tanzszene im Freien, die auch auf der Schallplattenhülle der Machaut-Platte C 063-30106 aus der Serie REFLEXE erscheint.

25 Vgl. FSM, Nr. 34, CMM 53, I, Nr. 100 oder PMFC 18, Nr. 50.

26 Vgl. FSM, Tafel IV.

27 9/8 gegen 6/8, 2/4 gegen 3/4 und 6/8 gegen 9/8.

28 Vgl. Friedrich Ludwig, *Guillaume de Machaut Musikalische Werke,* Bd. 1, Leipzig 1926, 1954², S. 67

und 68; Leo Schrade, *The Works of Guillaume de Machaut*, PMFC 3, Monaco 1956, S. 162; meine Edition, die vor allem die Isorhythmie des Werkes augenfällig machen sollte, erschien im Aufsatz *Die Mensuralnotation der Ars nova in Theorie und Praxis*, in: AfMw 19/20, 1962-63, S. 18-20.

29 Vgl. FSM, Nr. 40 sowie das Facsimile auf Tafel V; CMM 53, I, Nr. 103 und PMFC 19, Nr. 98.

30 Vgl. CMM 11, II, S. 26, CMM 53, I, Nr. 42 sowie PMFC 18, Nr. 47; ein Facsimile gab Friedrich Gennrich im *Abriß der Mensuralnotation des XIV. Jahrhunderts und der ersten Hälfte des XV. Jahrhunderts*, Nieder-Modau 1948, Tafel XIV.

31 Vgl. *Oeuvres complètes de Eustache Deschamps,* hrsg. von Gaston Raynaud, Bd. VII, Paris 1891, Nr. 105, S. 313; zitiert werden die Verse 41/42 und 95ff.

32 FSM, S. 20.

33 Vgl. Fußnote 22.

34 Vgl. die in der Fußnote 24 genannten Werke; gezeigt wurde Abbildung 26, Kommentar S. 90.

35 Apel stellte beide Fassungen nebeneinander in FSM, Nr. 67 und 68 sowie in CMM 53, I, Nr. 12a und b; vgl. auch PMFC 19, Nr. 89.

36 Vgl. FSM, Nr. 69, CMM 53, I, Nr. 115 und PMFC, Nr. 100.

37 Vgl. Fernand Leclercq, *Questions à propos d'un fragment récemment découvert d'une chanson du XIVe siècle: une autre version de „Par maintes fois ai owi" de Johannes Vaillant, in: Musik und Text in der Mehrstimmigkeit des 14. und 15. Jahrhunderts,* Kassel 1984, Göttinger musikwissenschaftliche Arbeiten, Bd. 10, S. 197ff. insb. 222-227.

38 Z.B. Galiots *Le sault perilleux* mit der Proportion 9:8. Vgl. hierzu Israel Adler, Hebrew Writings Concerning Music, RSM B IX2, München 1975, S. 55-67, sowie Ursula Günther, *Problems of Dating in Ars nova and Ars subtilior*, in: *L'Ars nova italiana del Trecento* IV, Certaldo 1978, S. 289-301, insbes. S. 296.

39 Vgl. hierzu Ursula Günther, *Sinnbezüge zwischen Text und Musik in Ars nova und Ars subtilior*, in: *Musik und Text in der Mehrstimmigkeit des 14. und 15. Jahrhunderts,* Kassel 1984, Göttinger musikwissenschaftliche Arbeiten, Bd. 10, S. 229-268.

40 Vgl. CMM 53, I, Nr. 117 und PMFC 18, Nr. 30 sowie meine Edition in *Johannes Vaillant*, in: *Speculum musicae artis. Festgabe für Heinrich Husmann,* hrsg. von Heinz Becker und Reinhard Gerlach, München 1970, S. 171-185, insbes. S. 180-181.

41 Vgl. Ursula Günther, *Zur Biographie einiger Komponisten der Ars subtilior*, in: AfMw 21, 1964, S. 177, sowie Andrew Tomasello, *Music and Ritual at Papal Avignon 1309-1403, S. 227.*

42 *Vgl. diplomatischen Abdruck und Transkription bei Johannes Wolf, Geschichte der Mensural-Notation von 1250-1460,* Leipzig 1904 , Bd. II und III, Nr. 64; CMM 53, I, Nr. 40 sowie PMFC 18, Nr. 27.

43 Mein in Fußnote 2 zitierter Artikel enthält Facsimile und Übertragung des Stückes; vgl. auch CMM 53, I, Nr. 39 sowie PMFC 18, Nr. 28.

44 Gespielt wurden Beispiele aus den Schallplatten *Ce diabolic chant,* DSDL 704, und *Codex Chantilly,* HMC 1252.

45 Vgl. FSM, Nr. 48, CMM 53, I, Nr. 90 sowie PMFC 19, Nr. 69.

46 Vgl. FSM, Tafel VI und Apels Kommentar S. 9.; Gespielt wurde ein Ausschnitt von der Schallplatte *Ce diabolic chant* DSDL 704.

47 $6+4=10$, $3+2=5$ und $1\frac{1}{2}+1=2\frac{1}{2}$.

48 Das Facsimile ist dadurch sehr bekannt geworden, daß Richard H. Hoppin es auf den Schutzumschlag beider Bände seiner *Medieval Music,* New York 1978, hat setzen lassen. Mit seiner Transkription (Bd. 2, Nr. 69) gab Hoppin zugleich Korrekturen zu den fehlerhaften Übertragungen von Apel (CMM 53, I, Nr. 92) und Nors Josephson (*Vier Beispiele der Ars subtilior*, in: AfMw 17, 1970, S. 54-55).

49 Laaber 1988, S. 305-316.

50 *Ibidem,* S. 312; diese Seite wurde oft als Facsimile veröffentlicht, jedoch zeigen nur die einfarbigen Reproduktionen in MGG II, Tafel 55 und in Musica Disciplina 38, 1984, S. 110 die beiden *fleurs de lis,* die die Dame im Wappen geführt haben muß.

51 Dieser Text fehlt in PMFC 18, S. 146, wo die vielen bisher veröffentlichten Facsimilia angegeben wer-

den; gedruckt wurde der Text nur von Aubry, *Les plus anciens monuments de la musique française,* Paris 1905, im Zusammenhang mit der Planche XXII und der völlig verfehlten Transkription Riemanns, die Friedrich Ludwig noch im gleichen Jahr sah und auf dem Blatt seiner völlig korrekten Lösung von 1903 bissig kommentierte (vgl. Ludwig-Nachlaß der Niedersächsischen Staats- und Universitätsbibliothek Göttingen).

52 Vgl. die Editionen von Reaney (CMM ll, I, S. 9-12) und Greene (PMFC 18, Nr. 1 und 2).

53 Vgl. hierzu meine Bemerkungen in *Der Gebrauch des tempus perfectum diminutum in der Handschrift Chantilly 1047,* in: AfMw 17, 1960, S. 277-297.

54 *Ibidem,* S. 281, sowie Ursula Günther, *Fourteenth-century music with texts revealing performance practice,* in: *Studies in the performance of late mediaeval music,* ed. by Stanley Boorman, Cambridge University Press 1983, S. 253-266.

55 Vgl. *Réparation de la roue de Cordier,* in: Musica Disciplina 26, 1972, S. 69-71.

56 Vgl. *Cordier's circular canon,* in: *The Musical Times* 113, 1962, S. 1175-7.

57 *Europäische Literatur und lateinisches Mittelalter,* Bern 1948, 10. Aufl. 1984, S. 495 und 498.

58 PMFC 18, Nr. 2, commentary S. 145-146.

59 Sie bildet einen Appendix zu meinem Artikel in Boormans Buch (vgl. Fußnote 54), S. 267-270.

60 Vgl. die ausführlichere Diskussion ibidem S. 262-263.

61 Virginia Ervin Newes, *Fuga and related contrapunctal procedures in European polyphony ca. 1350 — ca. 1420,* Ph.D. Brandeis University, Ann Arbor 1987, S. 432-434.

62 Vgl. FSM, Nr. 66; Suzanne Clercx, *Johannes Ciconia: Un musicien liégeois et son temps,* Bruxelles 1960, I, S. 82, und II, S. 78-84; CMM 53, I, Nr. 14; *Medieval Music,* ed. by W. Thomas Marrocco and Nicholas Sandon, The Oxford Anthology of Music, Oxford 1977, Nr. 73; *The Works fo Johannes Ciconia,* ed. by Margaret Bent and Anne Hallmark, PMFC 24, 1985, Nr. 45.

63 Dieses direkte Verhältnis wird ohne Begründung vermutet von Reinhard Strohm in *Filippotto da Caserta, ovvero i francesi in Lombardia,* in: *In cantu et in sermone for Nino Pirrotta on his 80th birthday,* Firenze 1988, S. 73.

64 Sie wurden von Richard Hoppin entdeckt. Vgl. seine Besprechung der Ciconia-Edition von Suzanne Clercx in MQ 47, 196l, S. 417.

65 Vgl. Fußnote 9. Die drei zitierten Werke veröffentlichte Apel in FSM als Nr. 59, 60 und 56, in CMM 53, als Nr. 79, 78 und 28 und Greene in PMFC 18/19 als Nr. 57, 42 und 45.

66 Vgl. meine ausführlichere Darstellung in *Zitate in französischen Liedsätzen der Ars nova und Ars subtilior,* in: Musica Disciplina 26, 1972, S. 62.

67 Vgl. PMFC 24, Nr. 44.

Bartók — Lutosławski — Ligeti
Einige Bemerkungen zu ihrer Kompositionstechnik unter dem Aspekt der Tonhöhe

PETER PETERSEN

Als Ligeti 1923 geboren wurde, war Lutosławski 10 und Bartók 42 Jahre alt. Als Bartók 1945 mit 64 Jahren starb, war Lutosławski 32 und Ligeti 22 Jahre alt. So gesehen gehören die drei hier zueinander gestellten Komponisten verschiedenen Generationen an. Doch die Lebensalter werden manchmal durch die Zeitläufe relativiert.

Die Jahre 1933, 1938, 1939 und 1945 kerbten sich in jede Biographie gleichermaßen verheerend ein, war diese nun auf dem Stand der Kindheit, des Studiums oder der reifen Künstlerschaft. Zum Zeitpunkt der Zerschlagung des deutschen Faschismus waren die Menschen in Europa gewissermaßen alle gleich alt — eine Folge der „Stunde Null" —, doch dieses ideelle, zeitgeschichtliche Alter stand in Diskrepanz zu dem tatsächlichen, lebensgeschichtlichen Alter. Im Bereich der Musikgeschichte führte diese Diskrepanz zu einem oftmals tragischen Nebeneinander von wirklich jungen Avantgardisten, die die neuen Kunstzentren im Sturm besetzten (Pierre Boulez, Karlheinz Stockhausen, Hans Werner Henze), und den schuldlos retardierten, weil von den Nazis verbotenen und vertriebenen Modernen, die an der Peripherie gehalten wurden, statt ihnen Führungspositionen auf den ersten Stellen der musikalischen Kunstszene anzubieten (Karl Amadeus Hartmann, Ernst Krenek, Bernd Alois Zimmermann, Stefan Wolpe).

Ähnliche Qualitäten wie das Jahr 1945 schien auch das Jahr 1956 zu verheißen, als der Stalinismus ins Wanken geriet. Dieses Jahr ist dazu angetan, den Altersunterschied zwischen Lutosławski und Ligeti vergessen zu machen. In Polen setzte eine tatsächliche Liberalisierung ein—zumindest im kulturellen Leben, in Ungarn wurden allerdings nach der blutigen Niederschlagung des Aufstands im Herbst 1956 die alten Verhältnisse noch einmal zementiert. Dennoch: im Effekt wurden Lutosławski und Ligeti durch das Jahr 1956 zu Gleichaltrigen. Ligeti floh in den Westen und konnte endlich hören, was über die Neue Musik schon vom Hören-Sagen nach Budapest gedrungen war, und Lutosławski konnte als künstlerischer Beirat des Festivals „Warschauer Herbst" dafür sorgen, daß nach und nach alle bedeutende Musik der westlichen Avantgarde in einem Land der Warschauer Paktstaaten zur Aufführung gelangte.

Die von übermächtigen Zeitereignissen teilweise verwischten Generationsunterschiede werden aber auch unter einem noch wieder anderen Aspekt relativiert. Es ist eine bekannte Tatsache, daß die Musikgeschichte (und die Kunstgeschichte allgemein) nicht in einem einzigen Strang sich entwickelt, sondern in verschiedenen Strängen nebeneinander und in zeitlicher Versetzung fortschreitet. Die Musik Debussys schien ad acta gelegt zu sein, als zu Beginn der 20er Jahre die dodekaphonische Kompositionsmethode formuliert und mit dem Anspruch verkündet wurde, der „deutschen Musik" die „Vorherrschaft" für die nächsten 50 oder 100 Jahre gesichert zu haben. [1] Wenn nun Bartók, Lutosławski und Ligeti sich emphatisch auf den großen Neuerer Debussy berufen (und zwar mit Blick auf dessen ureigenste Klangerfindungen und nicht aus der Perspektive des orthodoxen Fortschritts, den Eimert in seiner Analyse von *Jeux* zu vertreten scheint, [2]) so dokumentiert sich darin das Fortwirken an einem Strang der Musikgeschichte, dessen innovatives Potential zeitweilig aus dem Blickwinkel geraten war, keineswegs darf die Berufung auf Debussy dagegen als eine Regression hinter die Linien der vermeintlich einzigen Avantgarde verkannt werden.

Wiederum läßt sich sagen, daß Generationsunterschiede zwischen Komponisten unter Umständen irrelevant sein können. Auf der musikgeschichtlichen Brücke zwischen Osteuropa und Frankreich erscheinen die komponierenden Figuren Bartók, Lutosławski und Ligeti wie Gleichaltrige. Ideelle Gleichaltrigkeit ist aber nicht mit substanzieller Gleichartigkeit zu verwechseln. Jeder weiß, daß die stilistischen Unterschiede zwischen der Musik dieser drei Komponisten immens sind. Sieht man aber einmal von den kompositions-stilistischen Merkmalen (und erst recht von ästhetischen und weltanschaulichen Positionen) ab und konzentriert sich auf die kompositions-technischen Verfahren bei Bartók, Lutosławski und Ligeti, dann kann man schon einmal deren Generationenzugehörigkeit vernachlässigen und ihr Komponieren ganz direkt miteinander vergleichen.

Hierzu möchte ich im folgenden einige Beobachtungen mitteilen. Sie beziehen sich ausschließlich auf die Tonhöhenorganisation und auch hier nur auf zwei mir besonders ergiebig erscheinende Teilaspekte:
● das Phänomen einer latenten oder besser gesagt inhärenten Diatonik im Rahmen zwölftöniger Felder;
● die Einbeziehung von Mikrotönen in chromatische oder diatonische Systeme.

Inhärente Diatonik

In Analogie zu dem neuerdings in Umlauf kommenden Ausdruck „inhärente Rhythmik"[3] möchte ich von „inhärenter Diatonik" in den Fällen sprechen, wo in voll- oder teilchromatischen (und gegebenenfalls auch mikrotönigen) Zusammenhängen gleichwohl diatonische Gewebeteile zum Vorschein kommen.

Unter „diatonisch" seien in erster Linie jene Tonleitern gemeint, die sich aus der Intervallfolge ableiten lassen, die in den weißen Tasten des Klaviers manifest ist. Dieses siebenstufige diatonische Tonsystem erlaubt die Bildung von sieben Modi durch Festlegung von wechselnden Grundtönen. Da das Merkmal des diatonisch-heptatonischen Systems die Konstellation aus fünf großen und zwei kleinen Sekundschritten ist, gibt es außer der uns geläufigen Intervallfolge noch zwei weitere diatonisch-heptatonische Systeme, bei denen die kleinen Sekundschritte schneller aufeinander folgen. Auch das zweite und dritte diatonisch-heptatonische System erlauben je sieben Darstellungsweisen (Modi) durch Bildung von Grund-, Basis- oder

Finaltönen. Eng verwandt mit dem ersten diatonisch-heptatonischen System ist das ebenfalls aus der Volksmusik geläufige pentatonische System, das nur kleine Terzen und große Sekunden kennt. Es kann — da es fünfstufig ist — in fünf Modi erscheinen. Auch diesem anhemitonischen Fünftonsystem steht ein zweites Tonsystem zur Seite, das dieselben Intervallklassen in anderer Ordnung aufweist. Beide Pentatonsysteme lassen sich auch als reduzierte Heptatonsysteme lesen (2 2 3 2 3 → 2 2 2 1 2 2 1 und 2 2 2 3 3 → 2 2 2 2 1 2 1), wobei das erste pentatonische und das erste heptatonische System eine zusätzliche gemeinsame Qualität haben, die sie zu natürlichen Verwandten werden läßt: es sind die einzigen unter den bisher erwähnten Tonsystemen, die ihre Töne in lückenloser Folge auf dem Quinten- oder Quartenzirkel versammeln können (E A D G C → e g a c d und H E A D G C F → h c d e f g a).

Tonsysteme und Modi haben durch die Intervallklassen und die Stellung der Intervalle ganz bestimmte Eigenschaften, die sich selbstverständlich auch in den Melodien oder Klängen, die von ihnen abgeleitet werden, wiederfinden. Diese spezifischen Eigenschaften sind dafür verantwortlich, daß wir ein bestimmtes Tonsystem oder einen Modus bereits assoziieren, bevor alle Töne der Skala vollzählig erklungen sind. Es sind stereotype und charakteristische Wendungen, die auch als einzelne für das Ganze stehen können. Die fallende Tonfolge a-g-e ist als pentatonische Floskel bekannt, obgleich sie aus nur drei Tönen besteht. Desgleichen würden wir die absteigende Tonfolge g-f-es-des-c ohne weiteres als phrygisches Pentachord erkennen und bestimmen, ohne den 6. und 7. Ton überhaupt gehört zu haben.

Diese etwas umständliche Einführung in Struktur und Charakter von Tonsystemen war unumgänglich, um das Phänomen der partiellen, latenten oder eben inhärenten Diatonik in der Musik Bartóks, Lutosławskis und Ligetis beschreiben zu können. Es ist nämlich ein Merkmal von deren Kompositionstechnik, daß zwar Diatonismen angespielt, kaum aber je ganze diatonische Systeme eingeführt werden. Dies gilt selbstredend nicht für die reinen Bauernliedbearbeitungen, die es von allen drei Komponisten in nicht geringer Zahl gibt. Ich will hier aber von den großen, bedeutenden weil innovativen Kompositionen reden, die keine unmittelbare pädagogische oder sonstwie vermittelnde Funktion haben, sondern vor allem ästhetisch rezipiert werden wollen.

Bei diesen Werken ist zunächst von dem Regelfall auszugehen, daß die zwölf Töne unseres gleichmäßig temperierten Systems die Grundlage der Tonhöhenorganisation bilden. Des weiteren kann man auch schon bei Bartók von der Tendenz sprechen, alle zwölf Töne möglichst häufig präsent sein zu lassen, weil nur so dem inzwischen in unserem Jahrhundert herangereiften Bedürfnis nach Komplexität auch im Tonhöhenbereich nachgekommen werden kann. Allerdings hat keiner unserer drei Komponisten die von Arnold Schönberg entwickelte Technik der Komposition in Zwölftonreihen je übernommen. Vielmehr zeichnet sich ihre Musik durch planvolle Unschärfe hinsichtlich der systematischen Verteilung der zwölf Tonstufen über die Komposition aus. Immerhin hat Bartók im Jahre 1920 in dem berühmten Aufsatz über „Das Problem der neuen Musik"[4] mit Emphase begrüßt, daß die zwölf Töne, die schon früher durch Teilung der Oktave in Äquidistanzen gewonnen worden seien, nun auch endlich eine „gleiche Behandlung" erführen, wodurch „unermeßliche neue Möglichkeiten"[5] für den Komponisten bereitstünden.

In Zusammenhang mit Bartóks Bekenntnis zur Atonalität in diesem Aufsatz von 1920[6] findet sich aber auch der folgende Gedankengang, der direkt an unser Thema heranführt:

„[Mir scheint] eine wohlerwogene (nicht allzu häufige) Anwendung von Akkorden älterer, tonaler Phraseologie innerhalb atonaler Musik nicht stilwidrig zu sein. Ein vereinzelter Dreiklang der diatonischen Skala, eine Terz, eine reine Quinte oder Oktave inmitten atonaler Mehrklänge — allerdings nur an ganz besonderen, dazu geeigneten Stellen — erwecken noch keine Empfindung der Tonalität; ferner erhalten diese durch langen Gebrauch und Mißbrauch bereits welk gewordenen Mittel in solcher gänzlich neuen Umgebung eine frische, besondere Wirkungskraft, die eben durch den Gegensatz entsteht."[7]

Dieser Äußerung Bartóks lassen sich entsprechende Zitate von Lutosławski und Ligeti an die Seite stellen. Was Lutosławski 1973 über die Tonhöhenverteilung in seiner *Fuge für 13 Solostreicher* sagt, erscheint wie eine Paraphrasierung des Bartókschen Passus[8] von 1920:

„[Ich habe] im Zwischenspiel der Fuge freizügig vertikale und horizontale (mitunter beides) Sequenzen eingesetzt, die aus reinen Quinten, Quarten und großen Sekunden bestehen, was eine klare, heitere Atmosphäre erzeugt. Bildhaft könnte ich auch von einer ‚konsonanten‘ Stimmung sprechen — natürlich nicht im traditionellen Sinne des Wortes, als Gegensatz zu ‚dissonant‘. Diese Zwischenspiele werden durch einige Themen der Fuge kontrastiert, welche auf Tritoni und kleinen Sekunden basieren, und beschwören eine gegensätzliche Atmosphäre."[9]

Auch Ligeti kennt diesen diatonisch-chromatischen Gegensatz und arbeitet mit ihm. Mit Bezug auf *Lontano,* in welchem Werk die pentatonische Floskel aus großer Sekunde und kleiner Terz eine bedeutende Rolle spiele,[10] beschreibt Ligeti folgenden Vorgang:

„Inmitten dieser neutralen Fläche zeigen sich nun Spuren von einer später deutlich erscheinenden neuen Tonhöhenkonstellation. Die neue Konstellation ist zunächst kaum hörbar da. Aber allmählich versammeln sich die verschiedenen Stimmen auf den einzelnen Intervallen, die später dann in klarem Licht dastehen werden. Das heißt, es gibt eine harmonische Transformation, ähnlich wie es früher in meinen Stücken eine Klangfarbentransformation gegeben hat. So meine ich, daß das keine Rückkehr zur traditionellen invallischen und harmonischen Arbeit ist, sondern Harmonik und Intervallik werden behandelt, als ob sie Klangfarben wären."[11]

Ich komme jetzt zu drei Bespielen für den Umschlag von chromatischen in diatonische bzw. pentatonische Intervallkonstellationen.

Im 4. Satz der *Musik für Saiteninstrumente, Schlagzeug und Celesta* von Béla Bartók ist der Höhepunkt des Satzes und zugleich des ganzen Werkes mit Hilfe eines chromatisch-diatonischen Farbwechsels gestaltet. Nach einer strettaähnlichen Passage, in deren Verlauf vollchromatische komplementäre Hexachorde in einer aufgeregten Spielweise (Presto strepitoso, T. 184 ff.) gegeneinander gestellt werden, erscheint — wie ein Phoenix aus der Asche aufsteigend — das diatonisierte Thema des 1. Satzes, das dort eine chromatische Fassung gehabt hatte. Hier, im Finale der *Musik* (T. 204 ff.), bewegt sich die im doppelten Oktavunisono geführte und hymnisch überhöhte Melodie jetzt im lydisch-mixolydischen Modus, der ja dem zweiten diatonisch-heptatonischen System angehört (vgl. Diagramm I).

Diagramm I: Bartók: *Musik für Saiteninstrumente*, 4. Satz

T. 184 ff., chromatische Tonhöhenstruktur

gis a ais h his cis / g fis f e es d
h c cis d dis e / b a as g ges f
cis d dis e eis fis / c h b a as g
...

T. 204 ff., diatonische Tonhöhenstruktur

c d e fis g a b c (lydisch-mixolydisch)

Wesentlich verhaltener, aber mit einem ähnlichen emotionalen Appell ausgestattet, stellt sich in Witold Lutosławskis *Streichquartett* der Übergang von der Appassionato- zur „Choral"-Sektion[12] dar. Im Appassionato (Zi. 42) finden gleichzeitig Auf- und Abbauprozesse statt. Der Aufbauprozeß ist an der dynamischen Steigerung, an der Ambituserweiterung, an den Artikulationsweisen und an dem zunehmenden Tempo zu beobachten. Der Abbauvorgang zeigt sich an der Tendenz, von einer Überchromatik mit vielfacher Vertretung der Töne in verschiedenen Oktavlagen über reine Zwölftonstrukturen (ohne Oktavverdoppelungen) zu einem chromatischen Viertonklang fortzuschreiten, der am Schluß in riskanter Zerbrechlichkeit zurückbleibt. Diese Viertongruppe wird schließlich noch auf einen einzigen Ton reduziert — das gis^4 —, bevor der „Choral" einsetzt. Der erste Klang des neuen Abschnitts gehört aber dem pentatonischen Typ an und kontrastiert so mit der chromatischen Sektion vorher (Diagramm II).

Diagramm II: Lutosławski: *Streichquartett*

Zi. 42, chromatische Tonhöhenstruktur

Anfang   D — a^3 (überzählige Zwölftonfelder)

Mitte   Gis d a c^1 es^1 fis^1 b^1 des^2 e^2 g^2 g^2 f^3

Ende   b^2 a^3 h^3 gis^4
       a^3 h^3 gis^4
       h^3 gis^4
       gis^4

Zi. 43, diatonische Tonhöhenstruktur

1. Akk.   Cis es ges^1 gis^4 (= cis dis fis gis)

2. Akk.   es e^1 ges^1 gis^4 (= dis e fis gis)

3. Akk.   e^1 ges^1 g^1 gis^4 (= e fis g gis)

Noch stiller, ja fast unmerklich vollzieht sich in György Ligetis Chorwerk *Lux aeterna* der Übergang von einem chromatischen Stimmengeflecht zu einem pentatonischen Trichord. Die Anfangszeile der Communio aus der Totenmesse: Lux aeterna luceat

293

eis, Domine (Das ewige Licht leuchte ihnen, o Herr) wird zerlegt, indem die Anrufung Gottes mit einem tonsystematischen Farbwechsel verbunden wird. Acht Frauenstimmen und am Ende auch vier Tenöre singen den weit gestreckten und in einzelne Silben zerlegten Text auf wenigen Tonhöhen, die aber zusammengenommen im Halbtonverhältnis zueinander stehen. Das Wort „domine" ist dagegen den Bässen vorbehalten, die im Falsett und im ppp die Töne fis^1 a^1 h^1 simultan aushalten. Dieser Klang aus kleiner Terz und großer Sekunde erscheint wie eine archaische Konsonanz, die aber keinen tonalen Zusammenhang begründet. In semantischer Hinsicht bedeutet wohl die tonsystematische Aufhellung mit dem Wort „domine", daß der Herr selbst das Licht ist, das den Toten ewig leuchten möge (Diagramm III).

Diagramm III: Ligeti: *Lux aeterna,* Anfang

Lux aeterna luceat eis (überwiegend chromatisch)

```
f
e f fis g
es f fis g as
des es f ges g as
des es f ges as a b c
des es f ges as b c
es f ges g as a b c
es fes f g as b c
es fes f g as a b
es f g a b
f g a b
g a
a
```

Domine (pentatonisches Trichord)

```
fis a h
```

Diesen drei Beispielen war gemeinsam, daß der chromatisch-diatonische Gegensatz im zeitlichen Nacheinander vorgeführt wurde: die zarte Lichtvision („domine") folgte einem eher undurchschaubaren Stimmengeflecht, der einfache Choralklang *(Streichquartett)* löste eine leidenschaftliche, sturmartige Klangszene ab; das apotheotische Zitat des Werkanfangs *(Musik)* erschien an eine fetzige, wie elektrisierte agitatorische Überleitung angefügt.

Die besagten dia- oder pentatonischen Figuren und Klänge können aber auch inmitten von chromatischen Klangflächen erscheinen. In diesem Fall werden die Bereiche durch Instrumentalfarben und/oder rhythmisch-melodische Kontrastmittel von einander abgehoben. Eine diesbezüglich sehr instruktive Stelle findet sich in Bartóks *Sonate für zwei Klaviere und Schlagzeug* von 1937. Im Mittelteil des 2. Satzes (T. 48 ff.) stehen sich hoch-chromatische Melodik und Harmonik sowie eine schlicht-pentatonische Fundamentstimme simultan gegenüber. Die chromatische Ebene ist durch zwei kanonisch geführte Melodien mit Halbtonfortschreitung bestimmt. Da jedem Melodieton eine Akkordtraube von zehn bzw. fünf Tönen mixturartig anhängt, kommt es zu weit überzähliger Zwölftönigkeit. Die Fundamentstimme dagegen (die übrigens in der späteren Orchesterfassung von Bläsern unterstützt wird) beschränkt sich auf die fünf Töne des la-pentatonischen Modus über gis (Diagramm IV).

Diagramm IV: Bartók: *Sonate für zwei Klaviere und Schlagzeug,* 2. Satz

T. 48 ff. (chromatische Tonhöhenstruktur)

gis^3	g^3	fis^3	eis^3		fis^3	g^3	
3	3	3	3		3	3	
2	2	2	2		2	2	
3	3	3	3		3	3	
3	3	3	3		3	3	
7	7	7	7		7	7	
3	3	3	3		3	3	
3	3	3	3		3	3	
2	2	2	2		2	2	
3	3	3	3		3	3	
					gis^1	g^1	fis^1
					3	3	3
					2	2	2
					3	3	3
					3	3	3

T. 48 ff. (pentatonische Melodie in ganzen Noten)
   $_1$Gis Dis Gis dis h fis gis cis Gis

Das große Orchester bietet durch seinen differenzierten Bestand an Instrumentalfarben optimale Möglichkeiten der Beleuchtung diatonischer Bestandteile in zwölftönigen Satzstrukturen. In Lutosławskis *Zweiter Sinfonie* von 1967 wird die Farbdifferenz von Streichern und Bläsern in dieser Hinsicht genutzt. Gegen Anfang des 2. Satzes treten nach einigen Minuten reiner Streichermusik die Bläser ins Geschehen ein (Zi. 107), und zwar zunächst mit nur wenigen ausgewählten Tonhöhen. Da die Streicher aber weiterhin den Zwölftonvorrat realisieren (hier sogar durch Vierteltöne und Glissandi noch erweitert), erscheinen die Bläsertöne wie Lichtpunkte auf den an sich bereits erklingenden Stufen. Die Auswahl der Lichtpunkte erfolgt nun in Anlehnung an diatonische Systeme: a-d-e-fis, dann g-a-d-e-fis-h usw. Nach ca. 39 Sekunden ist allerdings auch der Bläsertonbestand auf 12 Töne ausgeweitet. Selbst hier noch sind Spuren der diatonischen Skalen zu hören, weil die Oktavlagen es ermöglichen, in höheren, mittleren oder tieferen Registern noch die pentatonischen oder heptatonischen Modusausschnitte wahrzunehmen. (Im Diagramm V sind aus dem fiktiven chromatischen Total über mehrere Oktaven die klingenden Streichertöne durch Unterstreichung und die Bläsertöne durch Fettdruck hervorgehoben.)

Diagramm V: Lutosławski: *Zweite Sinfonie*, 2. Satz

106	107	108	109	110	111	112	113
ais	ais	ais	ais	ais	ais	**ais**	<u>ais</u>
a	a	a	a	a	a	a	a
gis	gis	gis	gis	gis	**gis**	**gis**	<u>gis</u>
g	g	g	g	g	g	g	g
fis	fis	fis	fis	fis	fis	fis	fis
f	f	f	f	f	f	f	f
e	e	e	e	e	e	e	e
dis	dis	dis	dis	**dis**	**dis**	**dis**	<u>dis</u>
d	d	d	d	d	d	d	d
cis	cis	cis	**cis**	**cis**	**cis**	**cis**	<u>cis</u>
c	c	c	c	c	c	c	c
h	h	**h**	<u>h</u>	**h**	**h**	**h**	<u>h</u>
b	b	b	b	b	b	b	b
a	a	a	a	a	a	a	a
as	as	as	as	as	as	as	as
g	g	g	g	g	g	g	g
fis	**fis**	**fis**	**fis**	**fis**	**fis**	**fis**	<u>fis</u>
f	f	f	f	f	f	f	f
e	**e**	**e**	**e**	**e**	**e**	**e**	e
es	es	es	es	es	es	es	es
d	**d**	**d**	**d**	**d**	**d**	**d**	d
<u>des</u>	<u>des</u>	<u>des</u>	des	des	des	des	des
c	<u>c</u>	<u>c</u>	<u>c</u>	c	c	c	c
<u>h</u>	<u>h</u>	h	h	h	h	h	h
<u>b</u>	<u>b</u>	<u>b</u>	<u>b</u>	<u>b</u>	<u>b</u>	b	b
a	**a**	**a**	**a**	**a**	**a**	**a**	<u>a</u>
<u>as</u>	as	<u>as</u>	<u>as</u>	as	as	as	as
g	g	**g**	**g**	**g**	**g**	**g**	g
<u>fis</u>	fis	fis	fis	fis	fis	fis	fis
f	f	f	f	<u>f</u>	<u>f</u>	f	f
<u>e</u>	e	e	e	e	e	e	e
es	es	es	es	es	es	es	es
<u>d</u>	d	d	d	d	d	d	d
cis	cis	cis	cis	cis	cis	cis	cis
<u>c</u>	c	c	c	**c**	**c**	**c**	<u>c</u>
h	h	h	h	h	h	h	h
b	b	b	b	b	b	b	b
<u>a</u>	a	a	a	a	a	a	a
as	as	as	as	as	as	as	as
g	g	g	g	g	g	g	g
fis	fis	fis	fis	fis	fis	fis	fis
f	f	f	f	f	f	**f**	<u>f</u>

Auch Ligeti benutzte schon früh solche Verfahren der koloristischen, registralen, dynamischen oder figuralen Selektion von Tonhöhen, um die Idee einer inhärenten Diatonik Gestalt gewinnen zu lassen. In seinem berühmten Orchesterwerk *Atmosphères* von 1961 läßt sich beobachten, wie aus einem riesigen Cluster, der durch totales Divisi der Streicher realisiert wird, diatonische bzw. pentatonische Klänge gleichsam hervorgeblendet werden. Bald nach dem Anfang des Stücks setzt bei Buchstabe B ein Clusterklang ein, der alle chromatischen Stufen zwischen As und e^4 (zuzüglich den Pedalton ₁Es) enthält. Durch Crescendobewegung ausgewählter Stimmen werden nun zunächst die sieben Töne der diatonischen Skala und gleich danach die komplementären fünf Töne der pentatonischen Skala hervorgehoben. Dabei gibt es weitere Unterteilungen nach Instrumentalfarben: Die Oboen spielen e-g-a-h in der 2. Oktave, die Trompeten a-c-d-f in der 1. und 2. Oktave, die Posaunen h-d-f-g in der 1. Oktave und die Fagotte a-c-e leicht unterhalb der 1. Oktave. Während diese Vier- und Dreitonklänge je für sich pentatonische Floskeln abbilden, ergeben sie zusammengenommen alle sieben Stufen der weißen Tasten der Klaviatur. Der Übergang auf die Töne der schwarzen Tasten erfolgt gleich danach, indem jetzt andere Stimmen crescendieren und so — diesmal in den weicheren Bläserfarben Flöte, Klarinette und Horn — einen pentatonischen Cluster zwischen ges und des^3 aufscheinen lassen[13] (Diagramm VI).

Auf äußerst subtile Weise ist die Idee einer inhärenten Diatonik am Schluß von Lutosławskis *Zweiter Sinfonie* verwirklicht. Da hier zugleich einige Vierteltöne in das diatonisch-chromatische Total einbezogen sind, kann ich mit der Beschreibung dieser epilogisierenden Takte zu dem zweiten Aspekt dieser vergleichenden Betrachtungen überleiten.

Der Schluß von Lutosławskis *Zweiter* fällt eigentlich mit dem Höhepunkt des Werkes zusammen. In einer gewaltigen Steigerungswelle, die am Beginn des 2. Satzes „Direct" ihren Ansatz hat (Zi. 101), mündet das Geschehen schließlich in eine „tutta forza"-Sektion (Zi. 158/159), von der — im plötzlichen Umschlag vom fff zum ppp — eine Art klingender Schatten zurückbleibt. (Daß dieser Epilog nichts als der formale Nachhall der Höhepunktstelle ist, wird auch daran deutlich, daß Lutosławski die Bezifferung der Partitur hier nicht fortsetzt, sondern die letzte erreichte Ziffer durch Buchstaben untergliedert [Zi. 159, 159 a, 159 b, 159 c usw.]. Die Zi. 160 wird nur noch eingeführt, um das Abschlagzeichen zur Beendigung der Sinfonie geben zu können.)

Der Tonbestand dieses seltsamen Epilogs umfaßt 14 Tonigkeiten: die zwölf chromatischen Stufen sowie zwei Vierteltöne. Durch die Aufteilung des Tonsatzes in Vordergrund (‚Duettino') und Hintergrund (‚Klangfeld') zerfällt der Tonbestand in 8 plus 6 Töne. Die 6 Töne des zweistimmigen Kontrabaßduetts basieren zur Hauptsache auf der großen Sekunde F-Es, die stets gebunden vorgetragen wird und — bei aller Kargheit — ein melodisch-kantables Element verkörpert. Der großen Sekunde jeweils vorgelagert sind freie Sechzehntelfiguren über die Töne G und Ges sowie die darunter liegenden Vierteltöne. Das Klangfeld im Hintergrund wird von vier Celli und vier Kontrabässen realisiert. Jedes Instrument wiederholt eine einzige Tonstufe, diese allerdings in verschiedenen Oktavlagen. Die (relativ) höchste Oktave wird nur von fünf

14	15	16	17	18	19	20
des	des	des	des	des	**des**	**des**
c	c	c	c	c	c	c
h	h	h	**h**	**h**	h	h
b	b	b	b	b	**b**	**b**
a	a	a	**a**	**a**	a	a
as	as	as	as	as	**as**	**as**
g	g	g	**g**	**g**	g	g
ges	ges	ges	ges	ges	**ges**	**ges**
f	f	f	**f**	**f**	f	f
e	e	e	**e**	**e**	e	e
es	es	es	es	es	**es**	**es**
d	d	d	**d**	**d**	d	d
des	des	des	des	des	**des**	**des**
c	c	c	**c**	**c**	c	c
h	h	h	h	h	**b**	**b**
b	b	b	b	b	a	a
a	a	a	**a**	**a**	**as**	**as**
as	as	as	as	as	g	g
g	g	g	**g**	**g**	**ges**	**ges**
ges	ges	ges	ges	ges	f	f
f	f	f	**f**	**f**	e	e
e	e	e	**e**	**e**	**es**	**es**
es	es	es	es	es	d	d
d	d	d	**d**	**d**	**des**	**des**
des	des	des	des	des	c	c
c	c	c	**c**	**c**	**h**	h
h	h	h	**h**	**h**	**b**	**b**
b	b	b	b	b	a	a
a	a	a	a	a	**as**	**as**
as	as	as	as	as	g	g
g	g	g	g	g	**ges**	**ges**
ges	ges	ges	ges	ges		

Diagramm: VII: Lutosławski: *2. Sinfonie,* Epilog

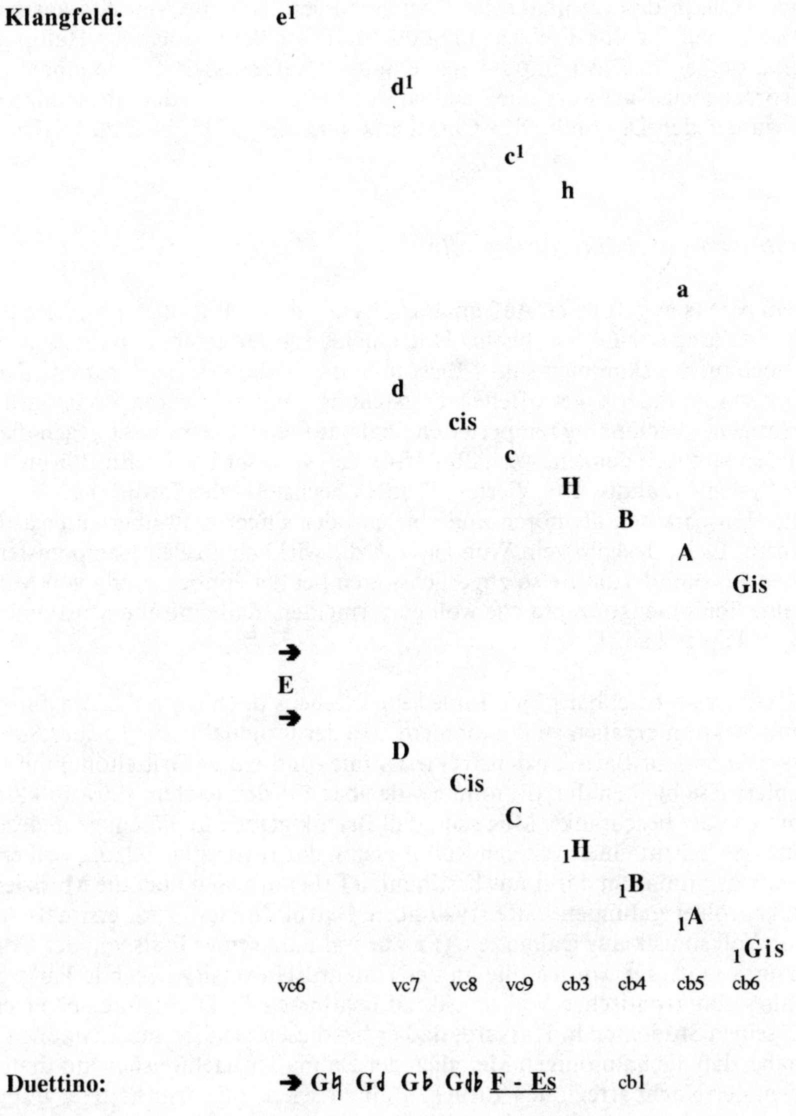

Klangfeld: e^1

                                    d^1

                                         c^1
                                           h

                                              a

                         d
                           cis
                             c
                              H
                               B
                                A
                                  Gis

→
E
→
                         D
                           Cis
                             C
                              $_1$H
                               $_1$B
                                $_1$A
                                  $_1$Gis

vc6   vc7   vc8   vc9   cb3   cb4   cb5   cb6

Duettino: → G♮ G♩ G♭ G♩♭ <u>F - Es</u>   cb1

                 → <u>F - Es</u> G♮ G♩ G♭ G♩♭   cb2

Instrumenten angespielt. Die dadurch gegebene Registerselektion bringt ein diatoni-
sches Pentachord — quasi die A-Moll-Skala — zum Vorschein. Die mittlere und tiefste Oktave enthalten dagegen das Material der chromatischen Skala (7 kleine Sekun-

den und 1 große Sekunde). In der mittleren Oktave verzahnt sich schließlich der Vorder- mit dem Hintergrund, indem sich die melodischen Töne des Duettinos als fehlende Töne in das chromatische Total einpassen. Nur die Vierteltöne sind ‚überher'. Der Grund für ihre Einbeziehung dürfte in der kontemplativen Haltung dieser Schlußpartie liegen. Das komponierende Subjekt vergewissert sich in einem vor sich hin gesprochenen Nachwort noch einmal des Materials, aus dem diese Sinfonie geformt wurde: der Diatonik, der Chromatik und der Mikrointervallik (Diagramm VII).

Mikrotöne bzw. Mikrointervalle

In jenem bereits angeführten Aufsatz Bartóks aus dem Jahre 1920 prophezeite dieser die Weiterteilung der Oktave bis ins Unendliche, schränkte aber ein, daß er die Zeit dafür noch nicht gekommen sah.[14] Liest man die Gedanken im Zusammenhang mit der vorher von Bartók getroffenen Feststellung, daß schon die Konstruktion der zwölfstufigen, gleichmäßig temperierten Skala auf einem Gewaltakt gegen die Natur beruhte, so läßt sich denken, weshalb Bartók zur Vorsicht bei der Einführung mikrotöniger Systeme mahnte. Der Viertel-, Drittel-, Sechstel- oder Zwölftelton läßt sich ja schneller hinschreiben als hören und spielen oder singen und überhaupt ästhetisch motivieren. Es ist deshalb kein Wunder, daß die wirklich großen Komponisten unserer ersten Jahrhunderthälfte so zögerlich waren bei der Einbeziehung von Mikrostufen in ihre Tonhöhenkonzepte. Sie wollten vermeiden, daß eine alte Musik mit neuen Tönen zu Papier kam.[15]

Bartók selbst sah offenbar gegen Ende seines Lebens doch noch die Zeit für gekommen, mit Mikrointervallen zu komponieren. In der Originalfassung seiner *Sonate für Violine solo* bezieht Bartók extensiv Vierteltöne (und einige Dritteltöne) mit ein. Interessanterweise bleiben die Mikrointervalle aber auf den letzten, stark folkloristisch bestimmten Satz beschränkt. Mag sein, daß Bartók gerade in diesem genrebezogenen Tanzsatz den Schritt einer weiteren Kompression der Intervalle vollzog, weil er inzwischen eine Legitimation dafür aus bestimmten Erkenntnissen über die Musizierpraxis der Balkanvölker gefunden hatte. 1940 hörte Bartók in New York erstmals Aufnahmen von Volksmusik aus Dalmatien. (Er war während seines Exils von der Columbia University beauftragt worden, die an der Harvard University liegende Parry-Sammlung mit serbo-kroatischer Volksmusik zu bearbeiten.[16]) Drei Jahre später erzählte Bartók seinen Studenten in Harvard, daß er bei diesen Studien mit Erstaunen festgestellt habe, daß die halbtönigen Melodien der Dalmatier nachweislich auf diatonische Melodien der Nachbarregionen zurückzuführen seien.[17] Zudem hatte er festgestellt, daß die eng beieinanderliegenden Töne noch leichte (mikrotönige) Abweichungen zeigten, was von ihm sorgfältig (durch nach oben oder unten gerichtete Pfeile) in den Übertragungen notiert wurde.[18] Es würde mit Bartóks Denken übereinstimmen, wenn man annähme, daß er in diesem ethnologischen Befund endlich die Legitimation gefunden zu haben glaubte, das Prinzip der „Compression of range" bis auf die Viertel- und Dritteltonebene auszudehnen. Andererseits hätte es dieser Legitimation nicht wirklich bedurft, da die von Bartók oft angewandte Technik der tonsystematischen Transformation eine Logik aus sich heraus hatte. Denn man kann die Mikrointervalle im letzten Satz der *Sonate für Violine solo* sehr wohl aus der Gesamtkonzeption des Satzes heraus, also strukturell erklären.[19]

Der von Bartók betretene aber wegen seines zu frühen Todes nicht wirklich beschrittene Weg wurde von Lutosławski weiter verfolgt. Ligeti schlug dagegen eine andere Richtung ein, wie noch zu zeigen sein wird.

Lutosławski hat insbesondere Bartóks Technik der „Extension" bzw. „Compression of Range"[20] übernommen. In Lutosławskis *Cellokonzert* von 1970 gibt es hierfür ein einfaches Beispiel. Der 1. Satz — eine Introduktion — wird ja über seine gesamte Dauer von vier Minuten vom Solo-Cello allein realisiert. Eine der melodischen Figuren des Solo-Cellos wird später im Übergang vom 2. und 3. Satz zitiert. Während die Figur am Anfang im Vierteltonsystem gespielt wird, erscheint sie später im Halbtonsystem (Notenbeispiel 1).

Notenbeispiel 1: Lutosławski: *Cellokonzert,* Anfang und vor Zi. 64

Vierteltönige Figur

Halbtönige Variante

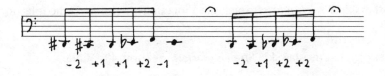

In Lutosławskis *Fuge für 13 Solostreicher* von 1972 erscheint zunächst die chromatische, dann die vierteltönige Fassung einer Melodie. Dabei handelt es sich um den Kopf des ersten Fugenthemas, das in der Exposition allein, in der großen Engführung dann zusammen mit den sieben Fugenthemen dargeboten wird[21] (Notenbeispiel 2).

Notenbeispiel 2: Lutosławski: *Fuge für 13 Solostreicher,* Anfang und Engführung

Halbtöniger Themenkopf

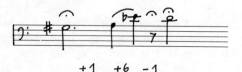

Vierteltönige Variante

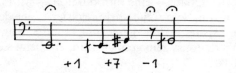

In Lutosławskis *Streichquartett* von 1964 stehen sogar zwei ganze Sektionen (Nr. 8 und 9) im Halbton-Vierteltonverhältnis. Auch hierfür hat Bartók im Mikrokosmos das Modell geliefert, indem er im Stück Nr. 64 der diatonischen Urfassung (a) sogleich die chromatische Variante (b) folgen ließ. Im *Streichquartett* von Lutosławski findet sich auch einmal ein vollständiges 24töniges Feld (Sektion 35). Dieser Umstand erlaubt den Schluß, daß Lutosławski tatsächlich in äquidistanten Vierteltönen denkt.

Dies soll nicht heißen, daß bei Lutosławski die Mikrotonschritte immer eigenständig im tonsystematischen Sinn sind. Vielmehr lassen sich Fälle anführen, bei denen die Mikrotöne nur Modifikationen von bereits bekannten chromatischen oder gar diatonischen Figuren wie Wechselnoten, Trillern und Verzierungen und auch Glissandobewegungen sind.

In Lutosławskis *Streichquartett s*pielt die Viola in der Sektion 40 die folgende Tonbewegung:

Notenbeispiel 3: Lutosławski: *Streichquartett,* Sektion 40, Viola

Vierteltönig geschärftes Subsemitonium (Viola)

In diesem Fall haben wir es offensichtlich mit einem intonatorisch geschärften Subsemitonium zu tun, das durchaus auch in der freien Spielpraxis von Streichern begegnen kann, ohne daß es vorgeschrieben sein muß. Gleiches gilt für Vierteltontriller und Mordentfiguren in mikrotöniger Fassung, bei denen per definitionem die einzelnen Umspielungstöne in Abhängigkeit von der jeweiligen Hauptnote stehen, ihre Mikrointervallik also eher als hyperchromatisch denn als tonsystematisch eigenständig zu begreifen wäre.

Sehr häufig begegnen bei Lutosławski schließlich auskomponierte Glissandogänge, deren einzelne mikrotönige Stufen sich nicht tonsystematisch legitimieren, sondern klanggestisch. Zwar klingen solche schnell gegriffenen mikrotönigen Tri-, Tetra- oder Pentachorde nicht genau so wie ein Glissando. Dennoch ist es offenkundig, daß in diesen Fällen die Vorstellung einer wischartigen Klangbewegung den Ausgangspunkt bildet und die Vierteltöne nur als Steuerinstrumente für das mehr oder weniger rhythmisierte Glissando fungieren (Notenbeispiel 4).

Notenbeispiel 4: Lutosławski: *Livre pour orchestre,* Anfang

Welches sind nun Ligetis Intentionen für die Einbeziehung bzw. die Tolerierung von Mikrointervallen in seiner Musik? Der Ansatz Ligetis ist grundverschieden von dem Bartóks und Lutosławskis. Dies zeigt sich am offenkundigsten daran, daß Ligeti keine ‚wohltemperierten' Viertel- oder X-teltöne vorschreibt. Die Teilung der Oktave in 18, 24, 36 oder 72 gleiche Intervalle erscheint ihm deshalb uninteressant, weil auf diese Weise der Zugang zur Welt der Kleinstintervalle nicht wirklich geöffnet wird. Ein solches neues, in sich geschlossenes Tonsystem würde den Effekt einer Tür machen, die man öffnet, in deren Rahmen aber wieder ein Gitter stünde — diesesmal eines mit engeren Maschen.

Ligetis Kompositionen zeigen, daß er im Tonhöhenbereich (wie auch auf allen anderen Ebenen der Komposition und der Ausdrucksgestaltung) zu wirklichen Entgrenzungen gelangen will. Zu diesem Zweck sucht er die Grenzen erst einmal auf, um sie dann bei sich, beim Spieler und beim Hörer in Frage zu stellen.

Nehmen wir Ligetis *Zweites Streichquartett* von 1968 als Beispiel. Dessen 1. Satz ist am Anfang ganz vom Flageolettklang bestimmt. Es werden sowohl künstliche als auch natürliche Flageoletts verlangt. Bei den künstlichen, die hier einheitlich als Quartflageoletts vorgeschrieben sind, wird die gewünschte Tonhöhe gegriffen und durch leichten Aufsatz des 2. Fingers um zwei Oktaven in die Höhe übergeschlagen.

Die natürlichen Flageoletts hingegen nutzen die Teiltöne der Saiten aus, das heißt sie werden nur mit leicht aufgesetztem Finger erzeugt und ermöglichen es, bequem bis zur fünften Oktave über der leeren Saite — das ist der 16. Teilton — zu gelangen. Indem der Komponist nun vorschreibt, wann ein hoher Ton durch künstliches und wann er durch natürliches Flageolett erzeugt werden soll, hat er es in der Hand, die Diskrepanz zwischen sauber gegriffenen und natürlich ‚unsauberen‘ Tönen vor Ohren zu führen. In T. 12/13 kommt es zum Eklat (Notenbeispiel 5): Der zweite Geiger greift ein g^4 durch Quartflageolett, und der Bratscher produziert das g^4 als 7. Oberton auf der A-Saite. Das g^4 des 7. Teiltons ist aber von Natur aus wesentlich tiefer als sich der zweite Geiger die gegriffene Septime über A vorstellen kann. Die beiden g^4 können also gar nicht identisch sein. Auf diese Weise hat der Komponist Spieler und Hörer in einen Grenzbereich geführt, der von unauflöslichen Widersprüchen gekennzeichnet ist. Oder sind dies gar keine Widersprüche? Handelt es sich nicht vielmehr um reale Gegebenheiten der Klangwelt, die wahrzunehmen wir nur verlernt haben, weil pedantische Tonsystematiker oder auf Reinlichkeit bedachte Instrumentallehrer mit dem Finger auf diese ‚schmutzigen Sachen‘ gezeigt haben?

Noch viel drastischer zeigt sich Ligetis Hang zum Mehrdeutigen und Zwielichtigen in dem Streicherstück *Ramifications* von 1969. Im Vorwort der Partitur wird über die Stimmung der beiden Streichergruppen gehandelt. Dabei gelingt es Ligeti, mit präzisen Angaben die Ausführenden auf ein unpräzises Spiel festzulegen. Die Abweichung des Stimmtones a^1 wird in Hertz angegeben: 440:453 Hz, was „ein wenig höher als ein Viertelton" ist. Die übrigen Saiten sollen aber „rein" gestimmt werden, wofür sogar ein Sinuston-Generator hinzugezogen werden kann. Die somit ‚wohltemperierten‘ Verhältnisse werden aber sogleich wieder aufgehoben, indem der Komponist empfiehlt, „daß Gruppe I immer ein wenig höher und Gruppe II immer ein wenig tiefer als vorgesehen spielt". Ligeti präpariert hier eine Klangsituation, die nicht bis in alle Einzelheiten vorhersehbar ist, von der aber mit Sicherheit gesagt werden kann, daß sie den Musikern und Hörern unbekannte und unerprobte Verhaltensweisen abverlangen wird.

Ligetis Mikrointervallik ist eine Komponente seines mikrokosmischen Komponierens. Dieses wird von der Feinheit seiner Sinne und der daraus resultierenden Differenziertheit seiner Klangimaginationen diktiert. Musik von Ligeti erscheint uns wie ein Energiesystem, das unmittelbar an die Nervenenden unseres Sinnesapparats angeschlossen ist. Von hier aus werden aber alle menschlichen Aktivitäten gesteuert, seien diese nun somatischer, psychischer oder geistiger Natur. Wenn in dem soeben angeführten Streichorchesterstück Ramifications bei Buchstabe F ein pentatonisches Trichord in visionärer Beleuchtung und mikrotöniger Verwerfung erscheint — dem gut vierteltönig erhöhten e^3 des ersten Orchesters gesellen sich die regulär gestimmten Töne cis^3 und fis^3 hinzu —, dann sind wir als Hörer und/oder Spieler zu vielfältigen Reaktionen veranlaßt: Der quasi verstimmte Klang wird ein Kräuseln unserer Haut verursachen, die hohe Lage des Klangs und seine tremolierende ppp-Darbietung werden Assoziationen an helles flimmerndes Licht hervorrufen, und die intervallische Substanz des Klangs, bestehend aus kleiner Terz und großer Sekunde, wird unser Wissen um die Kulturverwandschaft der drei Komponisten Bartók, Lutosławski und Ligeti bestätigen (Notenbeispiel 5).

Notenbeispiel 5: Ligeti: *Ramifications* (Abdruck mit Genehmigung des Schott-Verlages)

Anmerkungen

1 Vgl. Alban Berg: *Warum ist Schönbergs Musik so schwer verständlich?* In: Alban Berg: *Glaube, Hoffnung und Liebe. Schriften zur Musik.* Hg. v. F. Schneider. Leipzig: Reclam 1981, S. 205—220, hier S. 220; siehe auch Arnold Schönberg nach Josef Rufer: *Das Werk Arnold Schönbergs.* [2. Aufl. mit 16 Seiten Ergänzungen u. Korrekturen.] Kassel/Basel etc.: Bärenreiter [1974], S. 26. Zum Begriff der „deutschen Musik" neuerdings auch Constantin Floros: *Die Wiener Schule und das Problem der „deutschen Musik"*. In: *Die Wiener Schule und das Hakenkreuz.* (= Stud. z. Wertungsforschung 23.) Wien/Graz: UE (Druck in Vorbereitung).

2 Vgl. Herbert Eimert: Debussys „Jeux". In: *Die Reihe. Informationen über serielle Musik* H. 5, Wien 1959, S. 5—22.

3 Dieser Ausdruck wurde von Gerhard Kubik: *Composition techniques in Kiganda xylophone music with an introduction into some Kiganda musical concepts.* In: African Music 3, 1969, N. 3, S. 22—72, geprägt und von Ligeti in seinen Kommentaren zum *Klavierkonzert* und zu den *Klavieretüden* aufgegriffen.

4 Melos 1, 1920, S. 107—110, neu in Melos 25, 1958, S. 232—235. Mehrere Frühfassungen und Varianten des Textes sind bei Laslo Somfai: *Vierzehn Bartók-Schriften aus den Jahren 1920/21. Aufsätze über die zeitgenössische Musik und Konzertberichte aus Budapest.* In: Documenta Bartókiana 5, Neue Folge, Mainz: Schott 1977, S. 15—141, zusammengestellt.

5 Melos 1, 1920, S. 170.

6 Bartók hat seine Auffassung Mitte der 20er Jahre geändert. Siehe dazu Peter Petersen: *Die Tonalität im Instrumentalschaffen von Béla Bartók,* Hamburg 1971.

7 Melos 1, 1920, S. 168.

8 Über die Bedeutung Bartóks für Lutosławski im allgemeinen siehe Peter Petersen: *Über die Wirkung Bartóks auf das Schaffen Lutosławskis.* In: Musik-Konzepte 22, Béla Bartók, München 1981, S. 84—117.

9 Witold Lutosławski in: Tadeusz-Kaczynski: *Gespräche mit Witold Lutoslawski.* Mit einem Anhang: Bálint Varga. — *Neun Stunden bei Lutoslawski.* Hg. v. F. Hennenberg, übersetzt v. L. Fahlbusch u. C. Rüger. Leipzig: Reclam 1976, S. 191.

10 György Ligeti in Ove Nordwall: *György Ligeti. Eine Monographie.* Mainz: Schott 1971, S. 133.

11 Ebenda. S. 131/132.

12 Lutosławski: *Gespräche* S. 31.

13 Vgl. Jonathan W. Bernard: *Inaudible Structures, Audible Music: Ligeti's Problem, and his Solution.* In: Music Analysis 6, 1987, S. 207—236. Bernard stößt bei seiner Analyse von *Atmosphères* (wie auch bei *Lux eterna)* auf die gleichen Befunde; sie interessieren ihn aber nur unter dem Aspekt der vertikalsymmetrischen Tonhöhenstruktur (S. 217—220 und S. 225—227). Daß auch diese Seite der Ligetischen Kompositionstechnik sich auf Bartók zurückführen läßt, erwähnt Bernard am Anfang seines Artikels zurecht. Ergänzend ist zu bemerken, daß auch Lutosławski eine Vorliebe für vertikalsymmetrische Klangschichtungen hegt. Vgl dazu Peter Petersen: *Über die Wirkung Bartóks,* a. a. . O.

14 Melos 1, 1920, S. 170.

15 Vgl. dazu auch Bartóks Kritik an Alois Hába in den Harvard Lectures. In: *Béla Bartók Essays.* Selected and edited by B. Suchoff, London: Faber 1976, S. 354—392, hier S. 355.

16 Siehe die posthum veröffentlichte Untersuchung: *Serbo-Croatian Folk Songs. Texts and Transcriptions of seventy-five Folke Songs from the Milman Parry Collection an a Morphology of Serbo-Croatian Fork Melodies* by Béla Bartók and Albert B. Lord with a Foreword by George Herzog. New York: Columbia Univ. Press. 1951, hier S. XVI.

17 Bartók: *Harvard-Lectures* S. 382.

18 Bartók: *Serbo-Croatian Folksongs* z. B. S. 170.

19 Siehe dazu meinen Beitrag: *Bartóks Sonata für Violine solo. Ein Appell an die Hüter der Autographen.* In: Musik-Konzepte 22, Béla Bartók. München 1981, S. 55—68.

20 Siehe die Beschreibung dieser Verfahren bei Bartók: *Harvard-Lectures* S. 381.

21 Vgl. hierzu ausführlich Peter Petersen: *Witold Lutosławski: Präludien und Fuge (1972)*. In: Hamburger Jahrbuch für Musikwissenschaft Bd. 1. Hg. v. C. Floros, H. J. Marx u. P. Petersen. Hamburg: Wagner 1975, S. 147—180. (Jetzt Laaber-Verlag)

Literatur

Bartók Béla Bartók: *Das Problem der neuen Musik*. In: Melos 1, 1920, S. 107—110. (Neu gedruckt in
1920 Melos 25, 1958, S. 232—235.)

Bartók Béla Bartók: *Harvard Lectures*. In: *Béla Bartók Essays*. Selected and edited by B. Suchoff.
1943 London: Faber 1976, S. 354—392.

Bartók *Serbo-Croatian Folk Songs. Texts and Transcriptions of seventy-five Folk Songs from the Mil-*
1943 a *man Parry Collection an a Morphology of Serbo Croatian Fork Melodies* by Béla Bartók and
Albert B. Lord with a Foreword by George Herzog. New York: Columbia Univ. Press 1951.

Berg Alban Berg: *Warum ist Schönbergs Musik so schwer verständlich?* In: Alban Berg: *Glaube,*
1924 *Hoffnung und Liebe. Schriften zur Musik.* Hg. v. F. Schneider. Leipzig: Reclam 1981,
S. 205—220.

Bernard Jonathan W. Bernard: *Inaudible Structures, Audible Music: Ligeti's Problem, and his Solution.*
1987 In: Music Analysis 6, 1987, S. 207—236.

Eimert Herbert Eimert: *Debussys „Jeux".* In: Die Reihe. Informationen über serielle Musik H. 5, Wien
1959 1959, S. 5—22.

Floros Constantin Floros: *Die Wiener Schule und das Problem der „deutschen Musik".* In: *Die Wiener*
1988 *Schule und das Hakenkreuz.* (= Stud. z. Wertungsforschung 23.) Wien/Graz: UE (Druck in
Vorbereitung).

Kubik Gerhard Kubik: *Composition techniques in Kiganda xylophone music with an introduction*
1969 *into some Kiganda musical concepts.* In: African Music 3. 1969, N. 3, S. 22—72.

Lutosławski
1976 Tadeusz Kaczynski: *Gespräche mit Witold Lutosławski.* Mit einem Anhang: Bálint András Varga — *Neun Stunden bei Lutosławski.* Hg. v. F. Hennenberg, übersetzt v. L. Fahlbusch u. C.
Rüger. Leipzig: Reclam 1976.

Nordwall Ove Nordwall: *György Ligeti. Eine Monographie.* Mainz: Schott 1971.
1971

Petersen Peter Petersen: *Die Tonalität im Instrumentalschaffen von Béla Bartók.* (= Hamburger Beiträ-
1971 ge zur Musikwissenschaft Bd. 6.) Hamburg: Wagner 1971.

Petersen Peter Petersen: *Witold Lutosławski: Präludien und Fuge (1972).* In: Hamburger Jahrbuch für
1974 Musikwissenschaft Bd. 1. Hg. v. C. Floros, H. J. Marx u. P. Petersen. Hamburg: Wagner 1975,
S. 147—180. (Jetzt Laaber-Verlag)

Petersen Peter Petersen: *Über die Wirkung Bartóks auf das Schaffen Lutosławskis.* In: Musik-Konzepte
1981 a   22, Béla Bartók, München 1981, S. 84—117.

Petersen Peter Petersen: *Bartóks Sonata für Violine solo. Ein Appell an die Hüter der Autographen.* In:
1981 b   Musik-Konzepte 22, Béla Bartók. München 1981, S. 55—68.

Rufer   Josef Rufer: *Das Werk Arnold Schönbergs.* (2. Aufl. mit 16 Seiten Ergänzungen u. Korrektu-
1974   ren.) Kassel/Basel etc.: Bärenreiter (1974).

Somfai László Somfai: *Vierzehn Bartók-Schriften aus den Jahren 1920/21. Aufsätze über die zeitgenös-
1977   sische Musik und Konzertberichte aus Budapest.* In: Documenta Bartókiana 5, Neue Folge,
       Mainz: Schott 1977, S. 15—141.

Struktur, Klang, Dynamik
Akustische Untersuchungen an Ligetis *Atmosphères*

ANDREAS E. BEURMANN & ALBRECHT SCHNEIDER

"La musique a le son pour objet;
et le plaisir de l'oreille est sa fin"*)

1. Anmerkungen zu Kontext und Rezeption

Als György Ligetis *Atmosphères* am 22. Oktober 1961 im Rahmen der Donaueschinger Musiktage für zeitgenössische Tonkunst uraufgeführt wurden, fand das Werk bei den Zuhörern begeisterte Aufnahme; es wurde da capo gespielt und — wie Wolf-Eberhard von Lewinski in seinem Bericht notiert hat — „zum größten Erfolg der Tage".[1] So sehr indessen *Atmosphères* vom Publikum und wohl von der Mehrzahl der Kritiker begrüßt wurde, so sehr scheint es andere verunsichert zu haben, gerade weil hier die in den fünfziger Jahren dominante Richtung des „Serialismus" beinahe ostentativ verlassen und ein alternatives Konzept schöpferischer Arbeit vorgestellt wurde. Ernst Thomas bemerkte nicht ohne Reserve, Ligeti habe den Versuch unternommen, „das ‚strukturelle' kompositorische Denken, das die ganze Nachkriegsmusik beherrscht", zu überwinden; ihm wurde im Grunde als Nachteil angekreidet, „daß hier neue Musik mit einem Male leicht faßlich erschien, daß dem Hörer eine Zeitspanne zum Mitvollziehen von Musik oder jedenfalls von klanglichen Emanationen gewährt war wie lange nicht mehr. Sagen wir es schlicht: der einfachste Kanon verlangt mehr Initiative, vermutlich nicht nur von dem Hörer, sondern auch von dem Spieler".[2]

Das Zitat zeigt mit einiger Drastik Vorbehalte und Fehleinschätzung in der Sache; was man augenscheinlich befürchtet hat, war, daß hier „Klang gegen Struktur" gekehrt werde, wobei letztere als Inbegriff ‚Neuer Musik' und als deren „fundamentales Ordnungsprinzip"[3] genommen wurde. Dabei hat man wohl übersehen, daß einmal der Strukturbegriff dem gesamten Denken der europäischen Neuzeit zentral (vgl. schon Cassirer 1910) und der Kompositionspraxis nicht nur der letzten Jahrzehnte eigen, zweitens — wie bei Schönberg mehrfach angesprochen — der „Klang" keineswegs diffus und unbestimmt, vielmehr selbst gegliedert und Mittel der Strukturierung sein kann. Die Opposition von „Klang" und „Struktur" ist also keineswegs einleuchtend oder so selbstverständlich, wie es die oft geübte Gegenüberstellung von „flächiger" Homophonie und „linearen" Satztechniken nahelegen mag;[4] vielmehr dürfte das oben angesprochene „strukturelle Denken" als extreme Zuspitzung und Sonderfall grundsätzlich seit geraumer Zeit geübter Verfahren zu betrachten sein, ohne daß jedoch bruchlos ‚Kontinuität' herzustellen wäre.[5]

Versucht man, einem in den Kunstwissenschaften schwerlich abweisbaren Bemühen nach Klassifikation und Gliederung folgend, durchgängige „Züge" (Merkmale, Tendenzen, Prinzipien) in Kompositionspraktiken und Musikanschauungen dieses Jahrhunderts zu finden,[6] so wird die Zunahme theoretischer und konstruktiver Überlegungen, die Durchdringung von Kunst mit Wissenschaft, die von Lévi-Strauss als „bricolage" umschriebene Tätigkeit ebenso zu nennen sein wie die Einbeziehung von Technik in die Produktion und Reproduktion von Musik. Damit einher gingen tiefgreifende Veränderungen bei der Werkschöpfung und der Rezeption von Musik, wobei die tradierte Musiktheorie weitgehend verlassen und der herkömmliche Werkbegriff z. T. aufgelöst, z. T. in einen mehr „allegorischen" (vgl. Finkbeiner 1982) überführt worden ist. Gleichwohl trifft der Begriff des ‚Artefakts' in einem nachdrücklichen Sinn auf nicht wenige Gebilde zu, die in diesem Jahrhundert als musikalische Setzung wie als „Objekt" (vgl. Schaeffer 1966; Clifton 1976) geschaffen wurden.

Herstellung und Präsentation der Werke (Opera, aber auch Artefakte, Gebilde sowie die zumal in den späten sechziger und frühen siebziger Jahren beliebten „Aktionen") sind vielfach durch theoretische Schriften, Programme und Erläuterungen begleitet worden; daß der Komponist sich schriftstellerisch betätigt, ein literarisches Oeuvre das musikalische ergänzt und/oder bereichert (man denke nur an Schumann, Wagner oder Debussy), ist insoweit keineswegs „neu". Jedoch scheint dieses Schrifttum an Intensität und Umfang die Notwendigkeit der Explikation verschiedenartiger und zudem rasch wechselnder Ansätze zu spiegeln; es substituiert zu einem gewissen Grad vormalige Musiktheorie, die als obsolet und normativ empfunden, dann allerdings durch wiederum strikt normative Systeme ersetzt worden ist.

In manchen Bereichen — wie am Beispiel der elektronischen und der Computermusik besonders augenfällig — haben Theorie und Technik konstitutive Bedeutung erlangt. Der Theorie eignet nicht selten Entwurfscharakter, insoweit etwa differenziertere Tonsysteme und Skalen, Akkord- und Harmoniebildungen (unter Einschluß leistungsfähiger Instrumente) gerade deshalb propagiert wurden, um auf diese Weise „neue Musik" zu ermöglichen (vgl. u. a. Yasser 1932, Partch 1949; Fokker 1966; S. Schneider 1975). Solche verdankt sich in diesem Jahrhundert einer Vielzahl von Überlegungen und Experimenten, weshalb der Kollektivsingular ‚Neue Musik', der gewöhnlich nur auf relativ wenige Ansätze bezogen bleibt und Ausschnitte nicht selten für das Gesamt nimmt (vgl. Thrun 1988), nicht unproblematisch erscheint.

Zur ‚Neuen Musik' gehört zunehmende „Theoretisierung" als genuiner Bestandteil; noch wo Schönberg als Theoretiker der tonalen Harmonik agiert (vgl. Rexroth 1971), skizziert er — in der *Harmonielehre* — Akkordgruppen, die nicht bloß auf die Einbeziehung der als „entfernterliegende Obertöne" gedeuteten Dissonanzen, sondern auf eine Verselbständigung klanglicher Gestaltungsmittel (wie in op. 16 Nr. 3 von 1909) hinauslaufen. Freilich bleibt hier ein Konnex zu früheren wie zu parallelen Werken und Ansätzen erhalten, während andere den berührten Aspekt theoretischer Analyse und Konstruktion bald intensiviert (vgl. Yasser 1932) und strenge Systembildungen angestrebt haben (vgl. etwa Schillinger 1940 und 1948).

Der Beginn des „Serialismus", der von Eimert auf Webern und — durch eine aus apologetischen Gründen einleuchtende, aus sachlichen zu verwerfende Analogie — auf Husserl zurückgeführt wurde (vgl. Eimert 1960 und hierzu Eggebrecht 1974) und das Aufkommen der elektronischen Musik in den Jahren um 1950 setzten den Trend zur Rationalisierung einerseits, der Nutzung technischer Errungenschaften andererseits (vgl. Eimert 1972) fort. Die Attitüde des „Zählens und Messens" (ein Topos der Wissenschaftstheorie bei Helmholtz) gewann programmatischen Charakter, und im Anschluß an Schillinger wurde so mancher „Parameter" kalkuliert und die musikalische Arbeit einem „szientifischen" Gestus unterworfen. Dieser hat Faszination nicht allein auf die unmittelbar Beteiligten, sondern auch auf die Chronisten und Kritiker ausgeübt. Etliche Jahre nach dem Ende des „Serialismus" wurden an Stockhausen „sein gleichsam wissenschaftlich rationales Denken" (Schmidt 1977: 67), an der (nach Voraussetzungen und Methode anders gelagerten) Technik von Xenakis dessen Idee, „die Musik nach dem Muster der Mathematik zu axiomatisieren" (Krellmann 1972: 324), als sowohl spezifisch wie zeitgemäß hervorgehoben: Ideal des ‚homo faber'!

Allerdings hielt nicht alles, was aus Begeisterung für Zahl und Maß, Naturwissenschaften und Technik postuliert und verlautbart wurde, einer Nachprüfung stand; die Kritik traf schon Schillinger selbst (vgl. Backus 1960) und dann auch die phantasievollen Exkurse, die Karlheinz Stockhausen z. B. über sog. „Phasendauern" und die nicht minder aparten „Zeitformanten" verfaßt hat. Die von der naturwissenschaftlichen Begriffsbildung durchaus abweichende und inkonzise Terminologie spiegelt das Bemühen, individuelle Versuche durch Anleihen an der Begrifflichkeit damals gerade aktueller Lehrstücke aus dem Bereich der Informations- und Nachrichtentechnik zu legitimieren und als besonders „modern" auszuweisen;[7] die Lektüre mit einigem Abstand macht insbesondere deutlich, „... wie die Zeit vergeht".

In Donaueschingen hat 1961 Hans Heinz Stuckenschmidt den vermeintlich streng „wissenschaftlichen" Serialismus öffentlicher Kritik unterzogen und unter deutlichem Hinweis auf Darmstadt und Köln ein Schaffensklima beklagt, „in dem die Phantasie sich wahren Flagellantenkuren unterwarf", wobei schließlich die zur Obsession getriebene „Reihendiktatur" ein Umschlagen des total Determinierten ins völlig Willkürliche provoziert habe.[8] Stuckenschmidt, den niemand als Gegner fortschrittlicher Tendenzen verdächtigen wird, präsentierte eine Bilanz d e r ‚Neuen Musik' dieses Jahrhunderts, bei der die seriellen und elektronischen Verfahren kein günstiges Urteil erhielten; am „Serialismus" rügte er insonderheit das Auseinanderfallen der kalkulierten Ordnung und der musikalischen Phänomene, wobei „diese paradoxe Lage einer Kunst mit sinnlich nicht wahrnehmbaren Strukturen nur als eine Art religiöser Fixierung zu erklären ist" (Stuckenschmidt 1976: 198).

Demnach wird hier der „Serialismus" als eine Art hermetischer Lehre apostrophiert, die nur wenigen „Eingeweihten" zugänglich und für die musikalische Praxis von geringem Wert sei. Die gleichfalls angesprochenen Hörprobleme hinsichtlich der bloß berechneten und auditiv nicht wahrnehmbaren „Strukturen" sind schon relativ früh bemerkt (vgl. u. a. Stephan 1962; Rohwer 1964; Winckel 1964 sowie dessen

Arbeit zur elektronischen Musik 1958) und beispielsweise anhand des *Kreuzspiels* im einzelnen nachgewiesen worden (vgl. Keller 1972). Auch hier sei ausdrücklich angemerkt, daß Kritik am „seriellen Denken" keineswegs nur von Gegnern moderner Musik vorgetragen, im übrigen auch der „stochastische" Ansatz als verfehlt angegriffen wurde. Bemerkenswert erscheint dabei, daß selbst die Verteidigung und Explikation des vermeintlich oder tatsächlich „Undurchhörbaren" — wie sie engagiert z. B. von Theodor Warner (1969) unternommen wurde — unter Rekurs auf den Begriff und Sachverhalt der ‚Gestalt' erfolgt sind; diese fungiert gleichermaßen als Ordnungsbegriff wie als Wahrnehmungstatsache,[9] wobei nicht allein Diskrepanzen zwischen der abstrakt hergestellten und der gehörten „Struktur" auftreten, vielmehr Bedingungen hinsichtlich Beschaffenheit und Dichte der Information vorliegen können, die eine Perzeption sehr erschweren oder sogar grundsätzlich ausschließen (vgl. Winckel 1958; 1964; Keller 1972). Folglich kann eine zu große „Informationsflut" auch bei geübten Hörern in völligen Informationsverlust umschlagen, wenn die Ereignisdichte und die Zahl der „Parameter" bzw. Dimensionen eine angemessene Perzeption nicht mehr zuläßt.[10] Es ist nun auch zu Ligetis *Atmosphères* festgestellt worden, daß hier in einigen Passagen innerhalb einer Sekunde ca. 200 verschiedene Tonfolgen begegnen und somit ein Informationsfluß von etwa 719 Bit/Sek. erreicht wird, der dann „fast viermal größer als die Geschwindigkeit ist, bei der der Hörer noch zu perzipieren vermag" (Kasem-Bek 1978: 72). Dies würde freilich voraussetzen, daß der Hörer exakt alle einzelnen Stimmen und Tonkombinationen als solche erfassen soll, was der Intention des Werkes resp. des Komponisten (vgl. Ligeti 1961) indessen zuwiderläuft. Gleichwohl ist *Atmosphères* ausdrücklich als *musikalisches* Werk für den *Hörer* konzipiert und — wie oben ausgeführt — durch die konkrete Darbietung akustisch realisiert und reproduziert, vom Publikum gerade wegen seiner „auditiven" Präsenz begeistert angenommen worden. Die Rezensionen heben durchweg die klanglichen Wirkungen des Werkes hervor; diese reichten nach Claude Rostand „von Fabrikgeräuschen bis zur Musik tibetischer Mönche (1961: 407).

2. Von Tonmusik zu Klangmusik

Es ist wiederholt auf die zunehmende Bedeutung des Klanges als Strukturelement in der Musik zumindest seit Berlioz und vor allem bei Debussy (vgl. Danckert 1950; Faltin 1966) hingewiesen worden. Näherhin hat dann Jens Rohwer in einer tour d'horizon zur Musik des 20. Jahrhunderts den Übergang „Von Tonmusik zur Klangmusik" skizziert und letztere insbesondere als Musik ohne distinkte Tonhöhen und -dauern definiert (vgl. Rohwer 1972: 28 ff.). „Klangmusik" in diesem Verstande umfaßt allerdings eine Reihe unterschiedlicher Techniken und Materialien (vom Cluster bis zum Geräusch), dennoch sind offenbar in den hier relevanten Kompositionsstilen Gemeinsamkeiten zu entdecken, so vor allem die Akzentuierung der im „Serialismus" der fünfziger Jahre „unter die Quarantäne stärksten Ideologieverdachts gestellten ‚Humanzüge' der Ein- und Unterordnung von Elementen unter Gestaltzusammenhänge" (Rohwer 1972: 34).

Demnach eignet „Klangmusik" — auch der komplexen — grundsätzlich Verstehbarkeit; rechnet man Ligetis *Atmosphères* zu diesem Genre,[11] so wird der eingangs erwähnte Vorbehalt gegen die doch von Schönberg und Webern als höchstes Ziel der Musik postulierte ‚Faßlichkeit' (vgl. Stroh 1973; Riethmüller 1980) und ein Werk, das man nicht ohne weiteres zur Musik, eher zu den „klanglichen Emanationen" (Thomas 1961: 524) rechnen wollte, durchaus begreiflich.

„Klangmusik" verdankt sich jedoch selbst durchgreifender Strukturierung; das ist in einer der ersten Analysen zu *Atmosphères* (vgl. Kaufmann 1964) bereits nachgewiesen worden und im übrigen der Partitur ebenso zu entnehmen wie durch nachdrückliches („emphatisches") Hören erfahrbar. Der Höreindruck führt schließlich auch zu einer von der Partitur abweichenden Gliederung der Form: während jene nämlich 22 Abschnitte markiert,[12] erscheint nach Gehör wohl „eine siebenteilige Großgliederung mit Überleitungen zwischen einzelnen Teilen" (S. Schneider 1975 b: 508) plausibel, wenn und soweit der Hörer die durch deutliche Einschnitte getrennten Teile zu größeren Gruppen zusammenschließt.

Es ist hier nicht Absicht, bereits vorliegenden Analysen zur formalen Anlage und zur Faktur des Werkes (vgl. Kaufmann 1964; Salmenhaara 1969; S. Schneider 1975 b; Bernard 1987) eine weitere beizugesellen; vielmehr soll von diesen und den Bemerkungen Ligetis[13] zu den akustischen Implikationen des Werkes ausgegangen und die Umsetzung klanglicher Dimensionen meßtechnisch objektiviert werden.

Da die „Klangfarbe" keine musikpsychologische „Elementareigenschaft", sondern ein vergleichsweise komplexes Phänomen sein dürfte,[14] ergeben sich gewisse Schwierigkeiten bei der Beschreibung und Bewertung klanglicher Eindrücke (vgl. Rösing 1972; Thies 1982). Dies gilt insbesondere mit Bezug auf ungewohnte sowie solche Klangstrukturen, die einer (mehr oder minder periodischen) Modulation unterliegen (s. auch Schneider & Beurmann in diesem Band).

Für die Darstellung und Analyse komplexer Instrumental- und Orchesterklänge hat sich daher die meßtechnische Objektivierung als hilfreich erwiesen, wobei verschiedene Verfahren gewählt und auch Werke der letzten Jahrzehnte berücksichtigt wurden (vgl. Rösing 1969; Erickson 1975; Cogan 1984), darunter solche von György Ligeti.[15]

Ausgangspunkt der hier mitgeteilten Befunde war eine sonagraphische Messung größerer Teile der *Atmosphères*;[16] dieses Verfahren ließ zwar bereits recht gut die wechselnde Verteilung spektraler Komponenten und der spektralen Dichte in Abhängigkeit von der Zeit erkennen, gestattet jedoch keine Auflösung, wie sie mit rein digitalen Analyseverfahren möglich ist.

Für die nachfolgend durchgeführten digitalen Analysen wurde daher ein Gerät ausgewählt, das für solche Zwecke das gegenwärtig wohl geeignetste ist (Synclavier, New England Digital Corporation). Es wurde hierbei eine zeitliche Auflösung gewählt, die qualitativ deutlich besser als die einer CD ist, um Qualitätsverluste auszuschließen, da von der CD der *Atmosphéres* in der Wiedergabe durch das Sinfonie-Orchester des Südwestfunks unter Leitung von Ernest Bour ausgegangen wurde.[17] So beträgt die sample-Frequenz der nachfolgenden Beispiele 50 kHz, was nichts anderes bedeutet, als daß in Zeitabständen von jeweils 0,00002 Sekunden die analogen Werte des abgespielten Werkes fortlaufend erfaßt und in digitale Daten umgewandelt werden. Auf einer Festplatte gespeichert, stehen sie im schnellen Zugriff für die Bildschirm-Ausgabe, für Analysezwecke, für Manipulationen oder auch für den unmittelbaren Abruf als zurückgewandelte analoge Klänge zur Verfügung.

Zur Darstellung der spektralen Komponenten, um die es hier hauptsächlich geht, werden die einzelnen 50-Tausendstel-Sekunden-Zeitabschnitte fortlaufenden Fourier-Analysen unterworfen, wobei innerhalb des gesamten Frequenzbereichs von 1 Hz bis 24 kHz das relativ feine Raster von jeweils 6,1035 Hz-Schritten zugrunde gelegt wird. Darstellbar sind neben den Amplituden-Diagrammen und beliebig frei programmierbaren Frequenz-Spektren u. a. auch Spektren-Verläufe innerhalb eines frei wählbaren Zeitbereichs in quasi dreidimensionalen Diagrammen oder auch Durchschnittsberechnungen aus den Werten einer festzusetzenden Anzahl von Fourier-Analysen. Alle Parameter, wie Frequenzbereich, Pegel, Amplituden-Größe, aber auch die graphische Darstellungsweise, ob linear, logarithmisch oder gar mit der Quadratwurzel der spektralen Dichte (engl. magnitude), sind frei programmierbar.[18]

Die Grundlage für Analysen dieser Art ist im Gegensatz zu den üblichen Werk-Analysen naturgemäß nicht primär die Partitur, sondern die klanggewordene Gestalt der Komposition. Der Ausgangspunkt ist also nicht das Abbild dessen, was der Analytiker „liest", sondern das Abbild dessen, was den Rezeptanten, den Hörer erreicht. Einwände gegen eine gegebenenfalls nicht hinreichende Objektivität dürften sich insbesondere dann kaum erheben lassen, wenn sowohl die Interpretation, wie auch die klangliche Überwachung der Balance und der technischen Realisation durch den Komponisten selbst erfolgt und damit der größtmögliche Grad von Authentizität gegeben ist.

Es ist nur allzubekannt, wie ungeeignet eine Partitur ist, um die Komplexität des kompositorischen Einfalls mit all seinen Parametern in Form von Zeichen, Symbolen und Erklärungen auf das Papier zu bannen. Viele Feinheiten, wie Agogik, Dynamik, Klangbalance, Tonhöhenabweichungen, exakte Pausenlängen und ganz generell der Stimmungsgehalt, der eigentliche Charakter des gesamten Werkes dürften daher anhand einer authentischen Klang-Aufzeichnung (in Verbindung mit der Partitur) zu umfassenderen Erkenntnissen führen, als das Studium nur der schriftlichen Fixierung der Komposition (vgl. hierzu Ingarden 1962; Nachtsheim 1981).

Kaum auszudenken, um wieviel reicher die Musikwissenschaft und die Allgemeinheit wäre, besäßen wir ursprüngliche klangliche Dokumente etwa eines Werks des Notre-Dame-Repertoires, einer Monteverdi-Oper, einiger Bach-Kantaten oder gar nur einiger Takte eines Klavierkonzerts von Mozart, von ihm selbst geleitet und gespielt: Wir wüßten wahrscheinlich mehr über musikalische Stile, über die Aufführungspraxis, über Tempi, Temperaturen, Tonhöhen, Effekte und Affekte, als es uns die historische Literatur, Sekundär-Literatur und Forschung bislang übermitteln konnten.

Versuchen wir, von der Hörerseite ausgehend, zunächst einmal die Gesamtform der *Atmosphères* in Gestalt eines Amplituden-Diagramms zu erfassen. Der Verlauf des gesamten Werkes wird daran (Abb. 1) bereits recht deutlich, ein zartes Einschwingen, ein Kommen aus dem Nichts, fünf Bereiche eines äußerst langsamen dynamischen An- und Abschwellens und das Verschwinden im Nichts, Symbol des Titels dieser Musik, Atmosphären, Lufthüllen. Die ausgedruckten Sekundenzahlen unter der Amplituden-Hüllkurve lassen erkennen, wie unendlich langsam die nahezu statischen Abschnitte des Werks verlaufen, wie unendlich langsam aber auch die dynamischen Schwellungen sich auf- und abbauen. [19]

Ligeti hat zur Orientierung in die Partitur Kennbuchstaben von A bis T eingetragen — sie sind im Diagramm umrandet an die korrespondierenden Stellen gesetzt — und ebenfalls hat er die zeitlichen Längen für jeden der hierdurch geschaffenen 22 Abschnitte in Sekunden angegeben: 48, 29, 55, 37, 6, 23, 33, 14, 21, 18, 5, 8, 10, 26, 43, 16, 9, 12, 4, 7, 71, 19. Diese 22 Teile bilden die Grundlage der schon zuvor genannten Analysen von Kaufmann und Salmenhaara. Kaufmann bezeichnet die Teile als „Klangfarbenabschnitte" (S. 396) und Salmenhaara als „Klangfelder" (S. 85) (was ihn auch veranlaßt, den Begriff „Feldtechnik" als Kompositionsprinzip einzuführen). Die spätere Analyse von Sigrun Schneider (1975 b), primär vom Höreindruck ausgehend, kommt zu einer Gliederung mit mehreren zusammengefaßten, längeren Abschnitten. Sie unterteilt das Klanggeschehen in 7 Bereiche und 3 Überleitungen, dennoch ergeben sich keine neupositionierten Trennlinien. Zur leichteren Auffindbarkeit im Diagramm ist Salmenhaaras Numerierung in arabischen Ziffern und diejenige von Sigrun Schneider in römischen Ziffern eingetragen.

Es zeigt sich — folgt man S. Schneider —, daß es insbesondere längere im piano verharrende und ausklingende Sektoren sind, die für eine Form-Erkennung und eine Ortung der Bogenabschlüsse nach dem Höreindruck relevant sind (ÜI, II, ÜII, III, IV, VI, VII).

Abbildung 1: Amplituden-Diagramm des gesamten Werkes, Dauer 8'34" = 514".
Umrandete Lettern = Ligetis Kennbuchstaben, Arabische Ziffern = Salmenhaara,
Römische Ziffern = Sigrun Schneider.

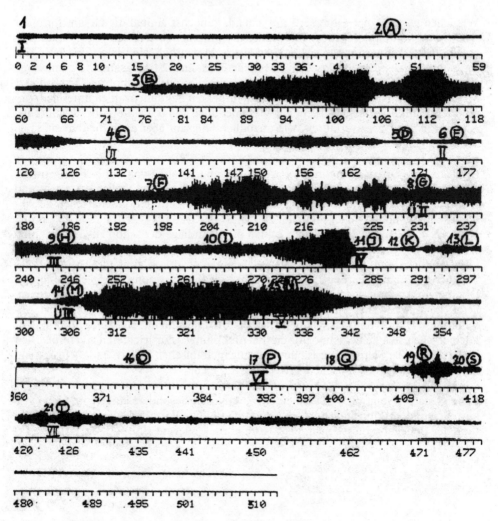

Die Partitur schreibt am Anfang des Werkes ein langwährendes und stetiges diminuendo und morendo vor, dies ausgehend von einer pianissimo-Grundlautstärke zu
Beginn. Der Klangverlauf dieses ersten Abschnitts, es sind die ersten 48 Sekunden,
von Salmenhaara als Feld 1 bezeichnet, ist in der Analyse Abb. 2 dargestellt. Deutlich
ist das großflächig angelegte diminuendo sichtbar. Ebenso tritt auch das von Ligeti
gewünschte „Fluktuieren und Flimmern" im graphischen Abbild in Form der unaus-
gesetzt gezackten Ränder der Hüllkurve in Erscheinung.

318

Im Kleinen, gleichsam in der Monade, wird hier die Konzeption des ganzen Werkes bereits erkennbar, das vom Komponisten in seinen „Bemerkungen zur Einstudierung" mit den Worten umschrieben wird: „Die Gesamtform des Stückes ist wie ein einziger weit gespannter Bogen zu realisieren, die einzelnen Abschnitte schmelzen zusammen und werden dem großen Bogen untergeordnet".

Abbildung 2: Das langwährende diminuendo und morendo der Takte 1—48

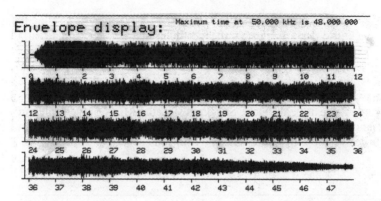

Zur Ausbildung irgendwelcher tonaler Fixbereiche kommt es in dieser Anfangsphase nicht, vielmehr ist das Oszillieren und Irisieren der Klangwolke erkennbar, „ein den ganzen musikalischen Raum ausfüllendes feinfaseriges Gewebe" (Ligeti, über *Atmosphéres,* 1961, S. 1):

Abbildung 3: Der Klangverlauf während der ersten 48 Sekunden

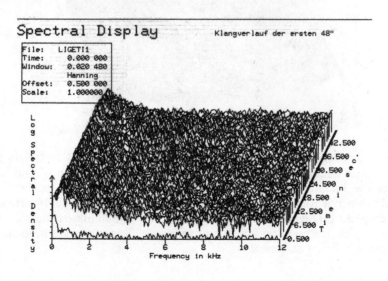

Dargestellt ist also ein Cluster, dessen Intensität ständig abnehmende Tendenz zeigt. Man mag beim Betrachten des Bildes entfernt an die Abbildung eines „weißen Rauschens" denken, jenes Begriffes der Musikelektronik, der eine theoretische Vielzahl einzelner, dicht nebeneinanderliegender Frequenzen kennzeichnet, sodaß ein nur noch statistisch zu beschreibendes Frequenzspektrum vorliegt in Analogie zum optischen Eindruck des „weißen" Lichts, das alle Wellenlängen der Spektralfarben enthält.

Salmenhaara kommt zu dem Schluß (S. 80), daß das „Tonfeld" — eine differenzierte Weiterentwicklung des Clusters — die Grundeinheit sei, die „im Idealfall alle Frequenzen des Hörgebiets umfaßt".

In Abb. 4 ist die erste Sekunde aus Takt 3 dargestellt. Das über 56 Streicherstimmen, 12 Holzbläser und 6 Hörner aufgeteilte Cluster läßt demnach tonale Fixpunkte kaum gewahr werden; die auf zahlreiche Stimmen verteilte Mikropolyphonie und die damit einhergehende Fluktuation durch Zeitversatz führen zu einer beständigen Bewegung innerhalb der vermeintlich „statischen" Klangflächen bzw. Tonfelder[20]:

Abbildung 4: Der Zeitabschnitt der ersten Sekunde aus Takt 3

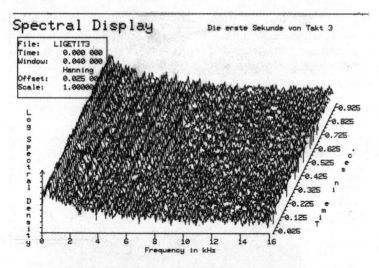

Es handelt sich folglich auch nicht um die übliche Clustertechnik (vgl. Salmenhaara 1969), wie man anhand einer rein spektralen Betrachtung vermuten könnte; das über 39 gemessene Spektren gemittelte Spektrum von Takt 3 zeigt zwar eine fast logarithmisch abnehmende Kurve vom Baß bis zum Diskant (ca. 100 Hz bis 16 kHz mit ausgeprägten peaks im Signal bis etwa 9 kHz; vgl. Abb. 5), eliminiert indessen die hier konstitutive Zeitdimension und die damit verbunde „Textur" der bis in kleinste Zeitwerte ausgearbeiteten Stimmen:

Abbildung 5: Das „Durchschnitts"-Spektrum aus den Werten von 39 Spektra aus dem Zeitabschnitt einer Sekunde

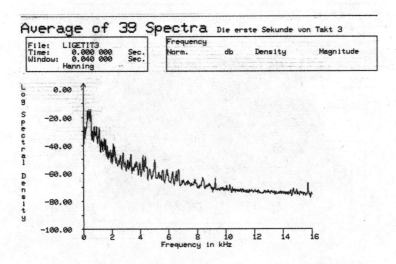

In Abb. 6 findet sich die fragliche Partiturstelle mit elektronischen Mitteln (durch Synthese) simuliert; im Ergebnis sind die Tonhöhen nun — und zwar entgegen den Absichten des Komponisten — direkt aus dem Analysebild ablesbar. Der Vergleich von Abb. 4 mit Abb. 6 macht deutlich, wie ein zunächst als Cluster vorstellbarer Vielklang durch Mittel der Kontrapunktik und Stimmführung zeitliche Gliederung erfährt; beide Aspekte sind von Ligeti selbst freilich immer zusammen gesehen worden, der gleichwohl *Atmosphères* überwiegend unter Begriffen wie „Zustände", „Statik" und dann auch solchen der „Klangfarbe" beschrieben hat. Da der Komponist insoweit auf die durch Stimmenhäufung und Teiltonüberlagerung hervorgerufene spektrale Dichte (vgl. Ligeti 1961) hingewiesen hat, dürfte Abb. 6 besonders geeignet sein, die intendierte „Sonorität" (ein von Ligeti gewählter Terminus zur Bezeichnung chromatisch ausgefüllter und daher sehr komplexer Klänge) vor Augen zu führen.

Die Mikropolyphonie und erst recht die Streicher-„divisi" bis hinein in jedes einzelne Instrument <14, 14, 10, 10, 8> (vgl. etwa Takte 23 ff. der Partitur) bezwecken insonderheit „eine Erhöhung des Differenzierungsgrades der klanglichen Komplexe" (Ligeti 1961); de facto resultiert aus dem so geschaffenen Stimmengeflecht auch das vom Komponisten gewollte *Irisieren* (vgl. Ligeti in Nordwall 1971; 114 ff.) durch Interferenz der Klänge bzw. Teiltonschichten. Dieser Effekt beruht auf Zeitversatz innerhalb der einzelnen Stimmen und ist im Ergebnis dem durch Zeitachsenmanipulation hervorgerufenen „Phasing" nicht unähnlich, wenngleich hier vor allem durch die Instrumentation und die motivisch-melodische Bewegung verursacht, die zudem zwischen den einzelnen Instrumentengruppen gegenläufig angelegt ist (vgl. Holzbläser und Streicher in den Takten 23—29). György Ligeti war sich bewußt, daß die durch diese Gestaltung der Stimmen konstituierte Ereignisdichte die Grenze des Auflösungsver-

Abbildung 6: Spektren der Klangsynthese der gleichen Partiturstelle

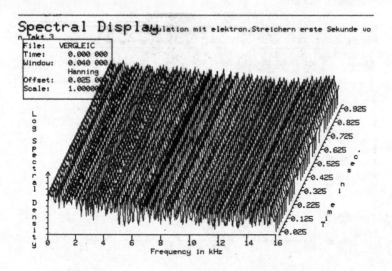

mögens für sukzessive Ereignisse übersteigt und die Vielzahl der im Grunde simultanen, jedoch gegeneinander verschobenen Stimmen zu einer dynamisch veränderlichen „Bewegungs-Farbe" (Ligeti 1961) verschmelzen (s. auch unten S. 328).

Ungeachtet der weithin kontinuierlichen Abläufe (auch die durch formale Gliederung des Werkes abgrenzbaren „Zustände" unterliegen intern durchweg Veränderungen) ist die angestrebte Stetigkeit der Übergänge aus akustischen Gründen nicht ganz einfach zu realisieren: Der Bläser-Einsatz im Auftakt zu Takt 14 (= Beginn von Feld B; Abb. 7) soll nach den Worten des Komponisten im piano-pianissimo „unmerklich einsetzen". Dies kann nur schwer gelingen, wie es das Spektrum-Diagramm mit dem abgebildeten Zeitverlauf von einer Sekunde erkennen läßt. Auch bilden sich, der Natur der Instrumente entsprechend, zum ersten Mal erkennbar stärker ausgeprägte tonale Bereiche aus (siehe die parallel verlaufenden „Bergkämme" in der Zeitebene).

Durch das Crescendo der Takte 17 ff. bei den Holzbläsern und nachfolgend in den Hörnern wird dynamisch ein als solcher wahrnehmbarer Fixpunkt erreicht (vgl. Abb. 8); zugleich treten aus dem wiederum sehr dichten Gesamtspektrum bestimmte Frequenzen hervor, die durchaus im Sinne einer intervallischen Struktur aufgefaßt werden können und sich von dem zuvor registrierten Irisieren merklich abheben.

Abbildung 7: Der Bläser-Einsatz im Takt .14 (Beginn des Feldes B)

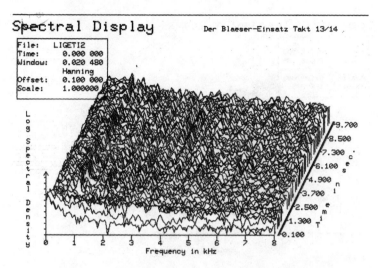

Abbildung 8: Das Bläser-Crescendo der Takte 18—20 im Amplituden-Diagramm

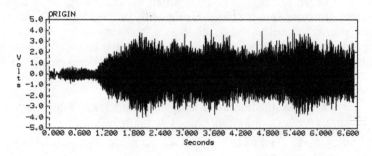

Abbildung 9: Das Bläser-Crescendo in spektraler und räumlicher Darstellung

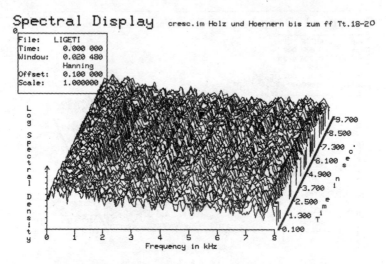

Zu Takt 77 bemerkt Ligeti: „Der Eindruck eines Neubeginns soll erst mit dem Klaviereinsatz, Takt 77, beginnen". Die Klaviersaiten werden jedoch nicht über die Klaviatur, sondern mit einer Bürste erregt. Ligeti: „Mit Bürsten im mittleren und hohen Register (ca. vom d' hinauf —)" ... „die Saiten leicht streichen". Ab Mitte Takt 78 bis Anfang Takt 79 ist das tonliche „Hinaufgleiten" akustisch deutlich wahrnehmbar, ebenso deutlich läßt es sich im Analysebild erkennen (die „Bergkämme" driften nach rechts):

Abbildung 10: Das Hinaufgleiten der Bürste, ab Mitte Takt 78 bis Anfang Takt 79

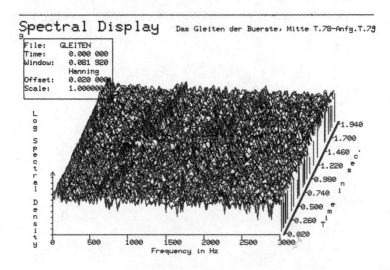

Der „Bürsten-Klang" stellt gewissermaßen also eine Fortsetzung der Clustertechnik mit anderen Mitteln dar. Die Spektralanalyse dieser gleichen Stelle zeigt einen starken Anteil aller Frequenzen bis 20 kHz:

Abbildung 11: Die breitbandige Frequenzkurve der Bürste auf den Klaviersaiten

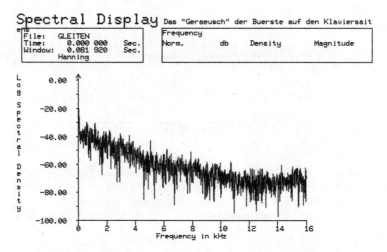

„Einzelstimmen dürfen gar nicht als solche wahrnehmbar sein, alle sollen zu einer zarten Klangwolke verschmelzen." Die Momentaufnahme einer solchen Klangwolke ist im Bild 12 gezeigt. Es ist unvermeidbar, daß sich im Orchester-Tutti gewisse tonale Bereiche, insbesondere in den tieferen Lagen herausbilden, zumal es für ein Orchester der geforderten Größenordnung ungewöhnlich schwierig ist, im piano-piano-pianissimo den Notentext zu realisieren:

Abbildung 12: Ungewollte Bildung tonaler Bereiche in den tieferen Lagen (Takte 88—89)

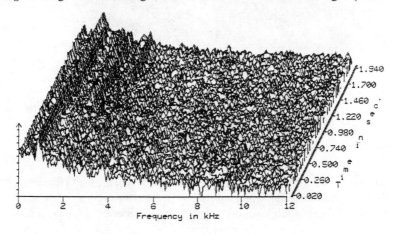

325

Auch legt sich nun eine gewisse Amplituden-Modulation über die „Klangwolke":

Abbildung 13: Amplitudenmodulation (gleiche Takte im piano-Tutti, Takte 88—89)

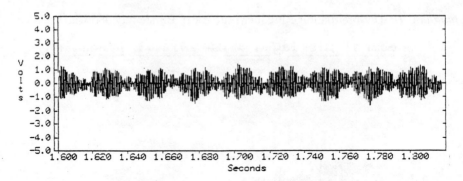

Abschließend seien die letzten 90 Sekunden der Partitur dargestellt (Takte 88—110). Sie umfassen den großen, ausklingenden Bogen des Werkes, das in seinen letzten Takten mit dem verhauchenden Solo der Klavier-Bürsten endet. Es ist der Bogen vom Orchester-Tutti in der piano-Lautstärke bis „zum Verschwinden gleichsam ins Nichts".

Abbildung 14: Feld T bis Ende (Takte 88—110), dargestellte Zeit: 90 Sekunden

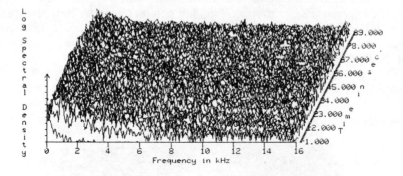

3. „Klangfarbe" und Dynamik

Dem oben erwähnten Übergang „Von Tonmusik zu Klangmusik" (Rohwer 1972) korrespondiert die theoretische wie praktische Beschäftigung mit den als „Timbre", „sound quality" oder auch „sound color" umschriebenen Eigenschaften musikalisch und kompositorisch relevanter Klänge (vgl. u. a. Cogan & Escot 1976; Wessel 1979; Slawson 1985). Nachdem deutlich wurde, daß es sich bei der „Klangfarbe" um ein akustisch wie perzeptorisch vielschichtiges Gebilde handelt, nahmen einerseits die Bemühungen zu, die Dimensionalität klanglicher Phänomene zu bestimmen, andererseits gab und gibt es Überlegungen, Klänge möglichst eigenständig als kompositorisches Material quasi unabhängig von den sogenannten „Elementareigenschaften"[21] der Tonhöhe, Intensität und Dauer zu nutzen. Insoweit ergeben sich allerdings Probleme, gerade weil Klänge als solche transponiert, invertiert oder sonst unter Erhaltung ihrer charakteristischen Merkmale manipuliert bzw. variiert werden sollen und eine dynamische Differenzierung der (in Anlehnung an phonologische Kategorien bestimmten) „sound colors" angestrebt wird (vgl. Slawson 1981, 1985, 1987 und hierzu Dubiel 1989).

Komplexe Klänge widersetzen sich einer genauen Beschreibung und Klassifikation nicht zuletzt deshalb, weil die Verteilung spektraler Energie über die Zeit variiert und die Hüllkurve mithin keineswegs als konstant zu betrachten ist; konventionelle Modelle der „Klangfarbe" versuchen bekanntlich Timbre-Eigenschaften auf die Anzahl und relative Stärke spektraler Komponenten zurückzuführen, wobei indessen eine gewisse Idealisierung (vgl. Dickreiter 1977) betrieben und die für die klangliche Realität maßgebliche Zeitdimension ausgeschaltet wird. Demgegenüber erscheinen Klänge um so lebendiger und perzeptorisch distinkt, je mehr Transienten und zeitliche Fluktuationen zur Geltung gelangen (zu erwähnen wären beispielsweise das sogen. „Spucken" der Orgelpfeifen, die z. T. inharmonischen Schwingungen beim Anschlagen bzw. Anzupfen von Saiteninstrumenten, die Amplitudenmodulationen bei Aerophonen wie der slowakischen Fujara oder der im mittleren Osten verbreiteten Nay usw.). Bei synthetisch hergestellten „Sounds" (etwa gesungenen Vokalen) hat sich daher sowohl der Einbau einer Modulation (gewöhnlich der Grundfrequenz) als auch die Nutzung diverser attack patterns als sinnvoll erwiesen (vgl. etwa Bennett 1981). Die Simulation realistischer Instrumentalklänge gelang befriedigend mittels Frequenzmodulationsverfahren, weil es so möglich war, Spektren zu erzeugen, deren Bandbreite und Amplitudenverhältnisse sich dynamisch in Abhängigkeit von der Zeit ändern (Chowning 1973).

Betrachtet man die Entwicklung im Bereich der elektronischen und auch der „synthetischen" Musik, so war der Gebrauch von Filtern zur Veränderung der „Klangfarbe" von Anfang an üblich, während etwa Ringmodulatoren und später die Hüllkurvengeneratoren und LFO-Einheiten zumal bei Synthesizern den „Sound" dynamisch zu formen halfen. Spätestens in den siebziger Jahren entstand eine mehr oder minder populäre „Klang(farben)musik", die häufig mit flächigen Akkorden, ostinaten patterns, im übrigen mit LFO-gesteuerten Filtern und dergl. operiert, d. h. mit Klangmaterial, dessen spektrale Eigenschaften, Phasenbeziehungen und dergl. zeitlicher Veränderung unterliegen.[22] Insoweit wird auch hier eine erhebliche „Dynamisierung" klanglicher „Parameter" erzielt, die zu quasi-kontinuierlichen Übergängen (bei oft recht schlichten homophonen Satztechniken) führt; das „Typische" solcher Synthesizer-Sounds liegt offenbar gerade in einer gleichmäßigen und perzeptiv wie klassifikatorisch relevanten Veränderung (häufig einer Kombination aus sich öffnenden und schließenden Filtern sowie Zeitachsenmanipulation durch Flanger, Chorus etc.). Die so beschaffenen, kontinuierlich (oder auch periodisch, seltener abrupt) sich ändernden „Sounds" sind zwar beschreibbar, wegen der klanglichen Fluktuation jedoch kaum auf eine spektrale Hüllkurve reduzibel; mithin kommt der *Zeitdimension* für alle dynamisch differenzierten Klanggebilde konstitutive Bedeutung zu und wären andernfalls Überlegungen zur quasi-kontinuierlichen Veränderung von Timbre-Sequenzen (vgl. B. Slawson 1985 und 1987) als Mittel der Komposition schwerlich zu realisieren (kritisch hierzu Dubiel 1989).

Es ist wohl nicht zu verkennen, daß György Ligeti in den *Atmosphères* mit wechselnden Verteilungen der spektralen Energie wie auch mit einer deutlich registrierbaren Dynamisierung der Klänge gearbeitet hat; gleichwohl wäre es eine unzulässige Verkürzung, wollte man das Werk allein auf den Nenner der „Klangfarbe" bringen. Im Unterschied zu etlichen Gebilden elektronisch-synthetischer Faktur beruht das eigentümliche Irisieren auf der mikrorhythmischen Überlagerung der vielen je für sich ausgeschriebenen Einzelstimmen, der Verschmelzungseffekt sowohl auf der Ereignisdichte, die zu einem Informationsfluß weit oberhalb der zeitlichen Auflösungsfähigkeit für Einzeltöne führt (vgl. Kasem-Bek 1978: 72), wie vor allem auf einer subtilen Balance zwischen den Instrumenten bzw. Instrumentengruppen. Durch die „dolcissimo" auszuführenden Einsätze, die Gegenläufigkeit simultan ablaufender Crescendi und Decrescendi, die zu- und abnehmende Ereignisdichte innerhalb der Stimmen bzw. Instrumentengruppen und nicht zuletzt durch das Weglassen eines „fühlbaren" Metrums entsteht der Eindruck in sich langsam, jedoch stetig bewegter Klangfelder von wechselnder „Breite",[23] Zusammensetzung und Intensität. Daß die so geschaffene „Sonorität" keineswegs statisch, vielmehr selbst Resultat der zeitlich differenzierten Textur vieler Stimmen ist, macht die besondere Qualität des Werkes aus.

Anmerkungen

* Denis Diderot, Mémoires sur différents sujets de Mathématique. Premier Mémoire: Principes généraux d'acoustique, in: Oeuvres compl., ed. J. Assézat, T. IX, Paris 1875, 86.
1 *Jubiläum eines Musikfestivals,* in: Musica 15, 1961, 675.
2 E. Thomas, *Klang gegen Struktur? Problematische Aspekte auf den Musiktagen 1961,* in: Neue Zeitschrift für Musik 122, 1961, 524/525.
3 So bei Ernst Thomas, der schließlich forderte, „Klang durch, nicht gegen die Struktur" zu schaffen; gerade das ist bei den *Atmosphères* allerdings geschehen, die somit augenscheinlich mißdeutet wurden. — Wenig freundlich ist auch die Bemerkung in der Rezension von Claude Rostand („Donaueschingen ist immer noch eine Reise wert", in: Melos 28, 1961. 405 ff., 407), der die da capo-Uraufführung mit der Länge des Werkes („seine bescheidene Länge machte es möglich") in Verbindung bringt.
4 Zum Übergang von Klangformen in Strukturelemente s. schon Faltin 1966.
5 Die Kontinuitätsvorstellung spielt aus Gründen der historischen Legitimation bei Schönberg selbst und dann bei Webern eine zentrale Rolle (vgl. Stroh 1973); sie wurde dann vor allem von E. Krenek und H. Eimert aus gleichen Motiven akzentuiert, was jedoch sachlich untriftig erscheint; vgl. auch Eggebrecht 1974.

6 Aus der Fülle der Literatur zum Thema s. u. a. Dibelius 1966/84; Borris 1961; Piersig 1977; Wolff 1977; Schmidt 1977.

7 Zur Kritik s. die Beiträge von Fokker 1962 und Backus 1962/63 (beide Physiker); wenn H. de la Motte ausgerechnet im Band *Systematische Musikwissenschaft* (Neues Handbuch der Musikwissenschaft, hrsg. von C. Dahlhaus, Bd. X, Laaber 1984, S. 215) behauptet, Stockhausen habe „kongenial noch einmal das Fechnersche Gesetz" gefunden, so verdankt sich dieser Euphemismus wohl dem Umstand, daß die Rolle, die Werner Meyer-Eppler als wisssenschaftliches Haupt der Kölner Kreise gespielt hat, nicht berücksichtigt worden ist.

8 Vgl. H. H. Stuckenschmidt, *Die Ordnung der Freiheit,* Vortrag in Donaueschingen 1961, gedruckt in: Neue Zürcher Zeitung vom 19. 11. 1961; repr. in Stuckenschmidt 1976, 187 ff. (die Zitate finden sich 197 ff.).

9 Zum Ordnungsbegriff ‚Gestalt' vgl. Grelling & Oppenheim 1937/38 und aus musikwissenschaftlicher Sicht Kluge 1964; Suppan 1973. Zu den Wahrnehmungssachverhalten s. Beiträge von D. Deutsch, J. W. Dowling u. a. in Deutsch 1982; Hubbard & Stoeckig 1988.

10 Grundsätzlich ist von einer Segmentierung auch quasi-kontinuierlicher „auditory streams" und einer faktisch „spontan-aktiven" Gestaltbildung bis zu einem oberen Grenzwert auszugehen; vgl. hierzu u. a. Massaro 1972 und 1976 sowie Bregman 1978.

11 Rohwer (1972: 35 f.) erwähnt namentlich das Cellokonzert von 1966 und insbesondere dessen 1. Satz, den er als „Klangband-Linearität" auffassen will.

12 Vgl. die Partitur (*Atmosphères,* Universal Edition Wien 1963) und die ausführliche Analyse in Salmenhaara 1969.

13 Ligeti 1961, 1967, 1971 und in Nordwall 1971 (dort auch das erste der beiden Interviews mit Josef Häusler).

14 Hierzu schon Stumpf (1926); v. Hornbostel (1926); Albersheim (1939); sodann Rahlfs (1966), Rösing (1972), Thies (1981).

15 Erickson (1975: 184 f.) geht kurz auf *Atmosphères* ein, Cogan (1984: 39 ff.) befaßt sich mit *Lux aeterna.*

16 Durchgeführt im Phonetischen Institut der Universität Hamburg; Herrn Ing. H. Stoltz danken wir für freundliche Unterstützung.

17 Aufnahme Mai 1966 (Baden-Baden); CD Wergo WER 60162-50 (1988).

18 Grundlagen der hier relevanten Meßtechnik finden sich in Chamberlin (1980) und Marple (1987).

19 Insoweit gibt es Parallelen der *Atmosphères* zu Teilen der zuvor (1960) aufgeführten *Apparitions* (Einleitung); vgl. Ligeti 1967.

20 Aufgrund der gewählten Kompositionstechnik resp. „Textur" der Stimmen ist mit erheblichen Phasenverschiebungen auch innerhalb der Klangfelder zu rechnen; Phaseneffekte sind unter wesentlich einfacheren Bedingungen bzw. schon bei Sinustönen (vgl. Mathes & Miller 1947) deutlich hörbar, so daß eine strikt „statische" Klangbildung nicht einmal bei Clustern aus parallel liegenden Tönen zu erwarten wäre.

21 Es ist fraglich, ob es solche streng genommen im Bereich der musikalische Wahrnehmung gibt; schon die „Tonhöhe" wird zumindest bei komplexen Tönen als mehrdimensionale Größe aufgefaßt (vgl. Schneider & Beurmann in diesem Band und Literatur dort).

22 Als Beispiel für viele sei verwiesen auf Software, Electronic Universe (Computer-Sound-Scapes), Innovative Communication (1985); auf die den elektronischen Ansätzen gemeinsame „Ideologie" des unreflektierten Technizismus verweist W. Stroh (1975).

23 Ligeti (1961 und 1967 sowie in den Interviews) hat sich weitgehend die Terminologie musikpsychologisch-akustischer Forschung zu eigen gemacht, wie sie etwa bei Stumpf, Hornbostel, Wellek und Albersheim entwickelt wurde; das Phänomen der „Klangbreite" etwa findet sich bei Stumpf (1883/90) schon erörtert, auf die „Dichte" und das „Volumen" von Klängen hat u. a. v. Hornbostel (1926) hingewiesen.

Literatur

Albersheim, G., *Zur Psychologie der Ton- und Klangeigenschaften,* Strassburg.
1939

Backus, J., *Pseudo-Science in music,* in: Journal of Music Theory 4, 221—232.
1960

Backus, J., *Die Reihe — a scientific evaluation;* in: Perspectives of New Music 1, 160—171.
1962/63

Bennett, G., *Singing synthesis in electronic music,* in: Research Aspects on singing, ed. R. Swedish Acad.
1981   of Music (=Publikcation No. 33), 34—50.

Bernard, J. W., *Inaudible structures, audible music: Ligeti's problem, and his solution,* in: Music Analysis
1987   Vol. 6, 207—236.

Borris, S., *Historische Entwicklungslinien der Neuen Musik,* in: Stilkriterien der Neuen Musik, Berlin
1961   (West), 9—33.

Bregman, A. S., *The Information of auditory streams,* in: J. Requin (Ed.), Attention and performance,
1978   Vol. VII, Hillsdale, N. J.

Cassirer, E., *Substanzbegriff und Funktionsbegriff,* Berlin.
1910

Chamberlin, H., *Musical Applications of microprocessors.* Rochelle Park, N. J.
1980

Chowning, J., *The Systhesis of complex audio spectra by means of frequency modulation,* in: Journal of
1973/1977   the Audio Eng. Soc. 21, 526—534 (rep. in: Computer Music Journal 1, 46—54).

Clifton, Th., *Music as constituted object,* in: F. J. Smith (Ed.), In Search of musical method, New
1976   York/London, 73—98.

Cogan, R., *New Images of musical sound,* Cambridge, Mass./London.
1976

Cogan, R./Escot, P., *Sonic design: the nature of sound and music,* Englewood Cliffs, N. J.
1976

Danckert, W., *Claude Debussy,* Berlin (West).
1950

Deutsch, D. (Ed.), *The Psychology of music,* New York/London.
1982

Dibelius, U., *Moderne Musik I: 1945—1965,* München (Neuausgabe 1984).
1966/1984

Dickreiter, M., *Der Klang der Musikinstrumente,* München.
1977

Dubiel, J., *Review article zu Slawson (1985),* in: Music Perception 6, 329—356.
1989

Eggebrecht, H. H., *Punktuelle Musik,* in: ders. (Ed.), Zur Terminologie der Musik des 20. Jahrhunderts,
1974   Stuttgart, 162—180.

Eimert, H., *Die zweite Entwicklungsphase der Neuen Musik,* in: Melos 27, 365—369.
1960

Eimert, H., *So begann die elektronische Musik,* in: Melos 39, 42—45.
1972

Erickson, R., *Sound Structure in music,* Berkeley/Los Angeles/London.
1975

Faltin, P., *Funkcia zvuku v hudobnej štruktúre,* Bratislava.
1966

Finkbeiner, Chr., *Aspekte des Allegorischen in der Neuen Musik. Überlegungen zum musikal. Werkbe-*
1982   *griff,* Phil. Diss. Frankfurt/M.

Fokker, A. D., *Neue Musik mit 31 Tönen,* Düsseldorf.
1966

Grelling, K./Oppenheim P., *Der Gestaltbegriff im Lichte der neuen Logik,* in: Erkenntnis 7, 211—225.
1937/38

Hornbostel, E. M. v., *Psychologie der Gehörserscheinungen,* in: Hb. der norm. und pathol. Physiol., ed.
1926   A. Bethe, Bd. XI, 1, Berlin, 701—730.

Hubbard, T. L./Stoeckig K., *Musical Imagery: generation of tones and chords,* in: Journal of exp. Psycho-
1988   logy: Learning, memory and cognition 14, 656—667.

Ingarden, R., *Untersuchungen zur Ontologie der Kunst,* Tübingen.
1962

Kasem-Bek, J., *Informationstheorie und Analyse musikalischer Werke,* in: Archiv für Musikwiss. 35,
1978   62—75.

Kaufmann, H., *Strukturen im Strukturlosen,* in: Melos 31, 391—398.
1964

Keller, M. E., *Gehörte und komponierte Struktur in Stockhausens „Kreuzspiel",* in: Melos 39, 10—18.
1972

Kluge, R., *Definition der Begriffe Gestalt und Intonation. Als Beitrag zur Mathematisierung der Musik-*
1964   wissenschaft, in: Beiträge zur Musikwiss. 6, 85—100.

331

Krellmann, H., *Der Mathematiker unter den modernen Komponisten: Iannis Xenakis,* Melos 39,
1972   322—325.

Ligeti, G., *Über Atmosphères,* Typoskript (1961, Bl. 1—5).
1961

Ligeti, G. *Zustände, Ereignisse, Wandlungen,* in: Melos 34, 165—169.
1967

Ligeti, G., *Fragen und Antworten von mir selbst,* in: Melos 38, 509—516.
1971

Marple, S. L., *Digital spectral analysis,* Englewood Cliffs, N. J.
1987

Massaro, D. W., *Perceptual images, processing time, and perceptual units in auditory perception,* in: Psy-
1972   chol. Rev. 79, 124—145.

Massaro, D. W., *Auditory information processing,* in: W. K. Estes (Ed.), Handbook of learning and cogni-
1978   tive processes, Vol. 4, Hillsdale, N. J., 275—320.

Mathes, R. C./Miller R. L., *Phase effects of monaural perception,* in: Journal of the Acoustical Soc. of
1947   America 19, 780—797.

Nachtsheim, St., *Die musikalische Reproduktion,* Bonn.
1981

Nordwall, O., *György Ligeti. Eine Monographie,* Mainz.
1971

Partch, H., *Genesis of a music,* Madison, Wisc.
1949

Piersig, J., *Das Forschrittsproblem in der Musik um die Jahrhundertwende,* Regensburg.
1977

Rahlfs, V., *Psychometrische Untersuchungen zur Wahrnehmung musikalischer Klänge,* Phil. Diss. Ham-
1966   burg.

Rexroth, D., *Arnold Schönberg als Theoretiker der tonalen Harmonik,* Phil. Diss. Bonn.
1971

Riethmüller, A. *Hermetik, Schock, Faßlichkeit. Zum Verhältnis von Musikwerk und Publikum in der er-
1980   sten Hälfte des 20. Jahrhunderts,* in: Archiv für Musikwiss. 37, 32—60.

Rösing, H., *Probleme und neue Wege der Analyse von Instrumenten- und Orchesterklängen,* Wien.
1969

332

Rösing, H., *Die Bedeutung der Klangfarbe in traditioneller und elektronischer Musik*, München.
1972

Rohwer, J., *Anmerkungen zum „seriellen Denken"*, in: Die Musikforschung 17, 245—265.
1964

Rohwer, J., *Von Tonmusik zu Klangmusik*, in: Zeitschrift für Musiktheorie 3, 28—40.
1972

Salmenhaara, E., *Das musikalische Material und seine Behandlung in den Werken Apparitions, Atmo-*
1969   *sphères, Aventures und Requiem von György Ligeti*, Regensburg.

Schaeffer, P., *Traité des objets musicaux*, Paris.
1966

Schillinger, J. M., *Kaleidophone. New Resources of melody and harmony.* New York.
1940

Schillinger, J. M., *The mathematical Basis of art*, New York.
1948

Schmidt, Chr. M., *Brennpunkte der Neuen Musik*, Köln.
1977

Schneider, S., *Mikrotöne in der Musik des 20. Jahrhunderts*, Bonn.
1975 a

Schneider, S., *Zwischen Statik und Dynamik. Zur formalen Analyse von Ligetis „Atmosphères"*, in: Musik
1975 b   und Bildung 7, 506—510.

Slawson, W., *The Color of sound: a theoretical study in musical timbre*, in: Music Theory Spectrum 3,
1981   132—141.

Slawson, W., *Sound Color*, Berkeley/Los Angeles/London.
1985

Slawson, W., *Sound-color dynamics*, in: Perspectives of New Music 25, 156—181.
1987

Stephan, R., *Hörprobleme serieller Musik*, in: Der Wandel des musikalischen Hörens, Berlin (West),
1962   30—40.

Stroh, W. M., *Anton Webern. Historische Legitimation als kompositorisches Problem*, Göppingen.
1973

Stroh, W. M., *Zur Soziologie der elektronischen Musik*, Zürich.
1975

Stuckenschmidt, H. H., *Die Ordnung der Freiheit* (Vortrag Donaueschingen 1961), repr. in: *ders.*, Die Mu-
1961/1976   sik eines halben Jahrhunderts 1925—1975, München, 187—201.

Stumpf, C., *Die Sprachlaute,* Berlin.
1926

Suppan, W., *Zur Verwendung der Begriffe Gestalt, Struktur, Modell und Typus in der Musikethnologie,*
1973   in: Analyse und Klassifikation von Volksliedweisen, ed. D. Stockmann/J. Steszewski,
         Kraków, 41—52.

Thies, W., *Grundlagen einer Typologie der Klänge,* Phil. Diss. Hamburg.
1981

Thrun, M., *Die ursprüngliche Konzeption des Begriffs der Neuen Musik,* in: Colloquim. Fs. M. Vogel, Bad
1988   Honnef, 213—226.

Warner, Th., *Das Undurchhörbare. Beiträge zur Hörpsychologie und Didaktik der Moderne,* Baden-Baden.
1969

Wessel, D., *Timbre space as a musical control structure,* in: Computer Music Journal 3, 45—52.
1979

Winckel, F., *Die Grenzen der musikalischen Perzeption unter besonderer Berücksichtigung der elektroni-*
1958   *schen Musik,* in: Archiv für Musikwiss. 15, 307—324.

Winckel, F., *Die informationstheoretische Analyse musikalischer Strukturen,* in: Die Musikforschung 17,
1964   1—14.

Wolff, H. Chr., *Ordnung und Gestalt. Die Musik von 1900 bis 1950,* Bonn.
1977

Yasser, J., *A Theory of evolving tonality,* New York.
1932

Versuch über Ligetis jüngste Werke

CONSTANTIN FLOROS

I. Einleitung

Konkrete Aussagen über die jüngste Entwicklung und die Ziele eines zeitgenössischen Komponisten zu machen, dürfte nicht immer leicht sein. Im Falle György Ligetis ist dies möglich nicht zuletzt deshalb, weil der Komponist selbst uns manche Hinweise gegeben hat. In mehreren Kommentaren ließ er durchblicken, daß seit dem Anfang der achziger Jahre sein Komponieren und sein Denken über Musik in eine neue Phase eingetreten seien. Diese Entwicklung wurde durch mehrere Faktoren vorbereitet und begünstigt: Die Impulse aus dem Gebiet der Computermusik, die er 1972 während eines längeren Aufenthaltes an der Stanford University erhalten hatte, begannen — nach einer langen Inkubationszeit — Früchte zu tragen. Einen nachhaltigen Eindruck empfing er 1980/1981 von der Musik für mechanische Klaviere des amerikanischen Komponisten Conlon Nancarrow. An ihr faszinierte ihn nicht zuletzt der Ablauf in mehreren Geschwindigkeitsschichten — eine kompositorische Möglichkeit, die ihn schon vorher beschäftigt hatte. Im Jahre 1982 lernte er die zentralafrikanische (subsaharische) Musik kennen und schätzen. Ihre vertrackte Polyphonie und Polymetrik beeindruckten ihn so, daß er nicht müde wurde, sie zu studieren. Wesentliche Anregungen erhielt seine Imagination schließlich von Abbildungen fraktaler Gebilde, die er 1983 erstmals erblickte. Ihre Schönheit und Phantastik (1986 kam das Buch *The Beauty of Fractals* von Heinz-Otto Peitgen und Peter H. Richter heraus) inspirierten ihn. Er, der sich seit jeher in der Musik der alten Niederländer gut auskannte, interessiert sich neuerdings zunehmend für die spätmittelalterliche *Ars nova* und *Ars subtilior*, für die Kunst Philippe de Vitrys, Guillaume Machauts und Ciconias.

Die Fülle dieser Eindrücke verarbeitete Ligeti in seinen sechs *Klavieretüden* und vor allem in seinem fünfsätzigen *Klavierkonzert*, das er in zwei Arbeitsgängen komponierte: Die ersten drei Sätze entstanden 1985/86, die zwei letzten dagegen im Jahre 1987. In seinem Aufsatz *Computer und Komposition*[1] sprach er anschaulich von einem Zündeffekt, den die Wechselwirkung der rhythmischen Welten von Nancarrow und der Musik des subsaharischen Afrika, der Stanforder Computer-Impulse und der fraktalen Bilder von Mandelbrot-Menge und von Julia-Mengen für sein jüngstes Schaffen hatte.

Worin unterscheiden sich die sechs *Klavieretüden* und das *Klavierkonzert* kompositionstechnisch und stilistisch von den vorangehenden Werken? Welche sind ihre Charakteristika und welche übergeordneten Prinzipien lassen sie erkennen? Was ist an ihnen prinzipiell neu? Zeichnen sich in Ligetis jüngster Entwicklung bestimmte Tendenzen ab? Diesen Fragen gilt es nachzugehen. Im folgenden konzentriere ich mich auf einige Aspekte, die mir besonders relevant erscheinen.

II. Illusionäre Harmonik: das Prinzip der Quasi-Äquidistantialität

Mit seinen jüngsten Werken legte Ligeti Bekenntnisse zu einem Nonplusultra an Komplexität ab. Sein *Klavierkonzert* bezeichnete er als seine komplexeste und am schwersten durchhörbare Partitur. In der Tat: der Reichtum an Beziehungen in diesem Werk erschließt sich erst nach mehrmaligem Hören. Seine enorme Komplexität manifestiert sich in allen Dimensionen der Technik: in der verwickelten Polyphonie, in der raffinierten Instrumentation, vor allem in der Harmonik, der Metrik und der Rhythmik.

Sein Bestreben sei es gewesen — so bekundete Ligeti —, von der Chromatik und der gleichschwebenden Temperatur wegzukommen, sowohl die Tonalität als auch die Atonalität hinter sich zu lassen. Er, der mit der Mikrotonalität sympathisiert und mit ihr experimentierte, hat bisher keine streng konstruierten mikrotonalen Werke geschrieben. Auch das *Klavierkonzert* ist kein solches Werk. Er konnte sich nicht dazu entschließen, das Klavier umzustimmen. Dafür fand er nach einigem Experimentieren einen neuen, originellen Weg zwischen Mikrotonalität und gleichschwebender Temperatur. Sein erklärtes Ideal ist die Quasi-Äquidistantialität: Die Musik soll die Illusion einer Äquidistantialität suggerieren[2]. Sie entsteht innerhalb der gleichschwebenden Temperatur, und doch gehört sie klanglich nicht zu ihr.

Ein Vorbild für seine Idee der Quasi-Äquidistantialität fand Ligeti in der javanischen, der melanesischen und der afrikanischen Musik — in Musikkulturen also, zu denen er sich seit langem hingezogen fühlt. Bekanntlich ist das javanische Sléndro eine fünfstufig temperierte, annähernd äquidistante Leiter (Intervalle je um 240 Cents). Die Instrumente des Gamelan-Orchesters sind jedoch nicht reingestimmt. Und das Pélog ist ein siebenstufiges Tonsystem mit nicht-äquidistanten Intervallen.

Im *Klavierkozert* ist die Idee der Quasi-Äquidistantialität auf verschiedene Weise realisiert: durch die Einführung neuer, nicht-äquidistanter intervallischer Modi, durch die simultane Koppelung von Diatonik und Pentatonik, durch die Kombination zweier Ganztonskalen und durch andere Mittel. Einige Erläuterungen dazu:

Die Melodik des zweiten Satzes *(Lento e deserto)* basiert auf einem streng gehandhabten intervallischen Modus, der sich aus dem Alternieren von zwei kleinen Sekunden und einer großen Sekunde ergibt. Innerhalb der Oktave kommen also neun Töne vor. Dieser Modus wird auf verschiedene Stufen transponiert und bestimmt außer der Melodik weitgehend auch die Harmonik des Satzes.

In drei Sätzen des *Klavierkonzerts* (im ersten, zweiten und im fünften) — desgleichen in *Désordre*, der ersten der 1985 entstandenen sechs *Klavieretüden* — ist der Tonvorrat des Klavierparts ganz oder stellenweise aus der Kombination der Diatonik mit der anhemitonischen Pentatonik gewonnen. Bildhaft gesprochen: Die eine Hand des Pianisten spielt auf den weißen Tasten und die andere auf den schwarzen. Der Hörer nimmt diese Kombination als eine Aufhebung der Temperatur wahr.

Das „Tonsystem", auf dem der Klavierpart im ersten Abschnitt des fünften Satzes (T. 3-22) des *Klavierkonzerts* basiert, kombiniert die beiden Ganztonskalen. Gleichfalls bildlich gesprochen: Die rechte Hand spielt die eine Skala (c - d - e - ges - as - b), die linke Hand die andere (des - es - f - g - a - h). Sowohl die Chromatik als auch die Ganztönigkeit scheinen aufgehoben zu sein.

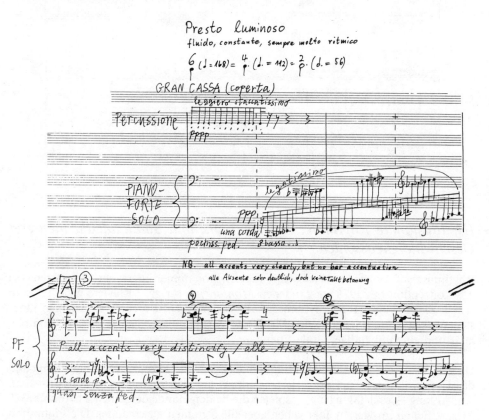

Fast noch interessanter als die besprochenen Fälle ist für unsere Fragestellung die Stelle nach dem Sirenenglissando im zweiten Satz (T. 60-69). Faszinierend sind hier die Mixturen im Klavierpart. Die Gänge in parallelen Quinten, die die rechte Hand des Pianisten hier im höchsten Register und auf den weißen Tasten spielt, werden durch Mixturen der linken Hand auf den schwarzen Tasten gestützt. Dabei erklingen mitunter dieselben Klänge nur zwei Oktaven tiefer und um einen Halbton verschoben. Unerhört sind die Tonqualitäten, die dadurch entstehen.

III. Illusionäre Rhythmik: Polyrhythmik und Simultaneität mehrerer Geschwindigkeitsschichten

Rhythmische Probleme haben György Ligeti schon immer interessiert. Spätestens bei der Konzeption des 1976 entstandenen *Monuments* für zwei Klaviere gehörte es zu seinen Zielen, beim Hörer rhythmische Illusionen wachzurufen. Erst in seinen jüngsten Werken gewann jedoch seine Musik durch rhythmische Kräfte extreme Komplexität und eine unbändige, vitale Energie.

Die erste der sechs *Klavieretüden* trägt die Überschrift *Désordre*. Die Unordnung und das Chaos, das der Titel suggeriert, resultiert aus den rhythmischen Verhältnissen. Am Anfang — drei Takte lang — spielen die beiden Hände denselben Rhythmus: 3/8 + 5/8. Schon im vierten Takt gehen aber die Stimmen auseinander. Die Figuration der rechten Hand zählt 7, die der linken Hand dagegen 8 Achtel. Dadurch ergibt sich ein rhythmischer Kanon zwischen den Stimmen. Er erfolgt zuerst im Abstand von einem Achtel, dann von zwei Achteln und später von drei Achteln.

338

Désordre läßt sich — wie andere Klavieretüden auch — als ein Prolegomenon, als eine Vorstudie zum *Klavierkonzert* ansprechen. Zu Beginn des vierten Abschnitts des Kopfsatzes (T. 97 ff.) des *Klavierkonzerts* finden wir ein instruktives Parallelbeispiel für das beschriebene Verfahren des rhythmischen Kanons:

Die polyrhythmische Technik des Klavierstücks ist im Konzert jedoch nicht nur verfeinert, sondern bis an die Grenzen des Möglichen gesteigert. Der Reiz der Musik im

339

ersten Satz (*Vivace molto ritmico e preciso*) liegt zuvörderst an den polyrhythmischen Verwicklungen, die den Hörer ebenso affizieren wie irritieren.

Um diese Implikationen zu erläutern, verwies Ligeti auf den *Talea*-Begriff der spätmittelalterlichen Musik. Sowohl der Klavierpart als auch der Streicherpart am Anfang des Konzerts basieren — so äußerte er — auf festgefügten wiederkehrenden rhythmischen Perioden, die asymmetrisch gegliedert sind. Die Periode des Klavierparts (im 12/8-Takt notiert) umspannt 2 1/2 Takte und besteht aus 30 Pulsen, die sich in Gruppen zu 11, 13 und 6 Einheiten gliedern. Die Periode der pizzikierenden Streicher (im 4/4-Takt aufzeichnet) umfaßt dagegen 3 Takte und zählt 24 Pulse, die sich zu Einheiten von 13 und 11 Pulsen gruppieren. Durch die Simultaneität der ungleich langen Perioden und der ungleichartigen rhythmischen Muster ergibt sich eine vertrackte Polyrhythmik:

Analysiert man den Satz genauer, so kann man finden, daß er sich deutlich in vier Abschnitte gliedert, die 30, 30, 36 und 33 Takte zählen. Dabei ist der erste Abschnitt streng nach den beiden beschriebenen *talea*-ähnlichen Perioden strukturiert: die erste kehrt insgesamt zwölfmal wieder, die zweite zehnmal. Andere rhythmische Muster liegen den drei anderen Abschnitten des Satzes zugrunde.

IV. Die Idee der Pulsation

Der Puls — physiologisches Phänomen und Sinnbild des Lebens in einem — ist bekanntlich ein musikalischer Grundbegriff. Alban Berg schrieb für das *Lied der Lulu* das Tempo des Pulsschlages, also ♩ = ca. 80, vor. Trotzdem muß man konzedieren, daß die Idee des gleichmäßigen Pulsierens — einer Musik, die aus einem solchen Pulsieren entsteht — viel seltener in der europäischen als in der außereuropäischen Musik realisiert ist. Zumal die javanische und die zentralafrikanische Musik scheinen von ihr zu leben. Bezeichnenderweise sind manche Stücke Claude Debussys, wie zum Beispiel das Klavierstück *Pagodes,* und manche Stellen in seiner Musik, die gleichmäßig pulsieren, allem Anschein nach von exotischer Musik beeinflußt worden.

Die Musik György Ligetis hatte — sofern sie primär von Rhythmischen bestimmt war — schon immer eine Affinität zur Pulsation gehabt, und zwar allem Anschein nach schon zu einer Zeit, als er sich mit exotischer Musik noch nicht näher beschäftigt hatte. Doch läßt sich wohl nicht bestreiten, daß die Idee der Pulsation in seinen jüngsten Werken nach dieser Beschäftigung stärker zum Tragen kommt. Sie liegt der ersten *Klavieretüde,* dem Kopfsatz des *Klavierkonzerts* und längeren Strecken im dritten und im letzten Satz zugrunde, wobei die Pulsation meistens unregelmäßig ist, anders ausgedrückt: die Akzente asymmetrisch verteilt werden.

Am offenkundigsten manifestiert sich die Affinität des dritten Satzes *(Vivace cantabile)* des *Klavierkonzerts* zur exotischen Musik in der Vorliebe für Pulsation und in der Art, wie die Bongos und das Xylophon behandelt werden. Der Klavierpart, der in diesem Satz eindeutig dominiert, gleicht einem *perpetuum mobile* und stellenweise einem Perlenkettenmuster: eine gleichmäßige Figuration in Sechzehnteln gibt ihm das charakteristische Gepräge. Durch asymmetrische Verteilung der Akzente und durch die Intonation individuell rhythmisierter melodischer Stimmen entsteht eine vertrackte polyrhythmische Struktur. Ligeti, der ein Faible für das Illusionäre hat, nannte den Satz „das bis jetzt maßgebendste Beispiel für Illusionsrhythmik und Illusionsmelodik". Nicht minder auffällig an diesem *Vivace cantabile* ist jedoch die eigentümliche Vereinigung von Behendigkeit und Kantabilität. Seine melodische Substanz entlehnt der Satz großenteils dem *Lento e deserto.*

V. Quasi-Konsonanz und Dissonanz

Bekanntlich wurde in der Neuen Musik die herkömmliche Unterscheidung zwischen Konsonanz und Dissonanz spätestens seit Arnold Schönbergs radikalem Schritt zur *„Emanzipation der Dissonanz"* außer Kraft gesetzt[3]. Schönberg hob insofern den Gegensatz auf, als in seinen atonalen und streng dodekaphonisch konstruierten Werken die verpönten Konsonanzen gemieden werden. Auch in der Musik des sogenannten Impressionismus erscheint der Gegensatz aufgehoben. Bei Debussy und bei Ravel begegnen überaus häufig Klänge, die nach der traditionellen Musiktheorie als Dissonanzen zu klassifizieren wären, die aber vom Hörer nicht als solche wahrgenommen werden. An diesem Beispiel zeigt sich, daß der Gegensatz zwischen Konsonanz und Dissonanz eine Erscheinung ist, die vom musikalischen Kontext und von bestimmten, noch wenig erforschten hörpsychologischen Bedingungen abhängt. Auf sie zielte Ernst Kurths[4] wohl etwas übertrieben formuliertes Aperçu, daß „wir in der ganzen Harmonik mit dem Willen, in letzter Linie erst mit dem Ohr hören".

Angesichts der jüngsten Werke Ligetis ist man versucht, die Begriffe Konsonanz und Dissonanz wieder zu verwenden, wenn auch in einem neuen, übertragenen Sinne. Es kommen im *Klavierkonzert* Partien vor, die scheinbar konsonant klingen, und andere wiederum, die von schneidenden Dissonanzen gezeichnet sind. Lehrreiche Beispiele für letzteren Fall bietet der zweite Satz *(Lento e deserto),* ein Satz, der zur Lebhaftigkeit des ersten den denkbar größten Kontrast bildet. Der Verlauf der Spannungskurve des Satzes ließe sich verbal folgendermaßen umschreiben: Ein 28 Takte lang angehaltener Orgelpunkt auf dem Ton f in den Kontrabässen suggeriert Einsamkeit. Über diesem Fundament ertönen in den Bläsern expressive „Seufzerbildungen", die den Eindruck von Klagelauten erwecken (T. 1-31)[5]. Maßgeblich tragen dazu verfremdete Klangfarben, selten verwendete Instrumente und auch die Spielweise bei: Die Piccoloflöte spielt in extrem tiefer, das Fagott dagegen in extrem hoher Lage; Lotosflöte und Altokarina treten hinzu; vielfach ist *portamento* vorgeschrieben. Nach diesem vorbereiteten Abschnitt intoniert T. 32-40 das Klavier in Mixturen ein Thema, das im weiteren Verlauf des Satzes eine bedeutende Rolle spielen wird. Die eigentümliche Klangwirkung dieser Stelle resultiert aus der Koppelung der extremen Klangregister[6]:

Gleich danach (T. 42-59) wird das „Thema" von der Piccoloflöte, der Oboe und der Klarinette aufgegriffen, *fortissimo* vorgetragen und kanonisch nach dem Verfahren der „Mikropolyphonie" behandelt. Aus dieser eigenwilligen imitatorischen Behandlung ergeben sich schreiende Dissonanzen. Die Bezeichnung *stridente* in der Partitur ist nicht übertrieben:

342

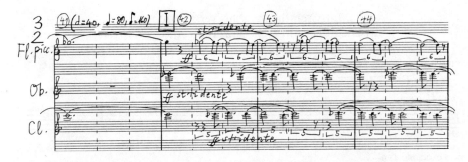

Nach dem Sirenenglissando wird T. 60 auf dem Tritonus (e—b) der dynamische, klangliche und emotionelle Höhepunkt des *Lento* erreicht. Das Klavier setzt mit der bereits besprochenen Kombination von Diatonik (weiße Tasten) und anhemitonischer Pentatonik (schwarze Tasten) ein. Die angestaute Spannung hält lange an (T. 60—79). Der Ausklang des Satzes mit den Chromonika-Klängen (T. 79—81) ist melancholisch-nostalgisch.

Von dem Finale des *Klavierkonzerts (Presto luminoso)* meinte Ligeti, daß es im Zeichen einer dauernden „Konsonanz" stehe, obwohl alle zwölf Töne anwesend seien. Dieser Eindruck resultiert nicht zuletzt aus der Verwendung der Ganztonleiter, die im ersten Abschnitt (T. 3—22) dominiert. Im zweiten Abschnitt (T. 23—46) wird die Ganztonskala zugunsten der — vom ersten Satz her bekannten — Kombination von Diatonik und Pentatonik aufgegeben. Der unverwechselbare Charakter des Luminosen in diesem Satz ist jedoch nicht nur in den zugrunde liegenden Tonsystemen, sondern vor allem in der Instrumentation mit ihren hellen Klangfarben begründet. Vorübergehend (T. 41—46) ertönen in den Holzbläsern auch schrille Klänge, und kurz vor dem Schluß (T. 76—78) setzt Ligeti einen gleichsam dramatischen Akzent: die Blechbläser haben *minaccioso, brutale, ma „jazzy"* zu spielen. Diese Schatten trüben jedoch kaum den insgesamt hellen Klangeindruck, den das Presto hinterläßt.

VI. Die Idee der Rekursivität

Gustav Mahler verglich das Komponieren mit einem Spielen mit Bausteinen, „wobei aus denselben Steinen immer ein neues Gebäude entsteht"[7]. Diese wichtige Aussage scheint für mehrere Komponisten Gültigkeit zu haben. Treffend charakterisiert sie die Arbeitsweise Arnold Schönbergs, der — wie Johannes Brahms und Gustav Mahler — eine besondere Vorliebe für die *„entwickelnde Variation"* hatte. Spielen mit Bausteinen und das Verfahren der *„entwickelnden Variation"* sind kompositorische Vorgänge, die irgendwie mit der Idee der Rekursivität zusammenhängen.

Je mehr man sich in Ligetis *Klavierkonzert* vertieft, desto deutlicher wird es, daß es auch der Idee der Rekursivität verpflichtet ist. Zwischen den drei mittleren Sätzen des

Motivisch-thematische Verknüpfungen
zwischen den mittleren Sätzen des *Klavierkonzerts*

Lento e deserto T. 32—34

Vivace cantabile T. 6—9

Allegro risoluto T. 7/8

Allegro risoluto T. 21—23

Lento e deserto T. 34—36

ebenda T. 37—39

Vivace cantabile T. 9—12

Allegro risoluto T. 9/10

Werkes bestehen jedenfalls höchst signifikante motivisch-thematische Verknüpfungen. Die motivischen Gestalten des *Lento* werden in den beiden folgenden Sätzen aufgegriffen und weiterentwickelt. Eher beiläufig sprach Ligeti von der rekursiven Struktur des vierten Satzes und auch davon, daß all die motivischen Gebilde früheren motivischen Gestalten ähnlich seien, „ohne daß sich je ein Gebilde genau wiederholen würde".

Im Gegensatz zum dritten Satz, der beim Hörer den Eindruck ungestörter Kontinuität hinterläßt, zeichnet sich der vierte Satz *(Allegro risoluto)* in besonderem Maße durch Diskontinuität aus. Die wenigen motivischen Elemente (Ligeti sprach von Kaleidoskopsteinchen), aus denen er entwickelt wird, werden zunächst gleichsam ohne Beziehung zueinander exponiert. Entlehnt sind sie teilweise den beiden vorangehenden Sätzen. Als besonders wichtig stellt sich allerdings ein neues signal- oder fanfarenartiges Motiv heraus, das viele Metamorphosen erfahren wird.

Das emotionelle Klima des Satzes verbreitet eine Atmosphäre des Schreckens, man fühlt sich an Schönbergs Kantate *Ein Überlebender aus Warschau* op. 46 erinnert. Vereinzelte Schläge der kleinen Trommel, der baskischen Trommel, der großen Trommel, der Peitsche und der schrille Klang einer Trillerpfeife (T. 85) schockieren den Hörer. Charakteristisch für den Verlauf des Satzes ist, daß die Elemente zu rotieren anfangen: die Struktur verdichtet sich immer mehr. Zur Veranschaulichung der Vorgänge gebrauchte Ligeti das Bild eines Strudels, und er bekannte auch, gerade bei der Konzeption dieses Satzes von Abbildungen fraktaler Gebilde angeregt worden zu sein. Ein langes Crescendo des Klaviers (die suggestive Vortragsanweisung lautet: *sempre crescendo — tutta la forza con parossismo estremo — ancora più feroce)* führt T. 141 ff. zum Höhepunkt: die große Trommel setzt mit Schlägen ein, deren Lautstärke stufenweise vom *fff* bis zum *pppp* abnimmt.

VII. Ligetis ästhetisches Credo: „Zum Raum wird hier die Zeit"

Im ersten Aufzug von Richard Wagners *Parsifal* geleitet Gurnemanz den jungen Toren zur Gralsburg. Auf die Frage Parsifals, wer der Gral sei, antwortet Gurnemanz, das sage sich nicht. Parsifals Statement *„Ich schreite kaum, doch wähn ich mich schon weit"* kommentiert Gurnemanz mit dem berühmt gewordenen Satz *„Du siehst, mein Sohn, zum Raum wird hier die Zeit"*[8]. Der tiefere Sinn dieses Ausspruches, der Aufschluß über Wagners Raum-Zeit-Philosophie zu geben scheint, konnte bisher nicht schlüssig gedeutet werden[9].

345

Das Verhältnis der Zeit zum Raum gehört zu den Grundlagen der Musikphilosophie und ist zugleich ein Problem, das viele zeitgenössische Komponisten intensiv beschäftigt. Die Irreversibilität der Zeit ist ein Moment, das viele zum Nachdenken zwingt. Ernst Křenek[10] erblickte in der Idee der Rückläufigkeit, die ja in der Neuen Musik eine bedeutende Rolle spielt, den „Widerspruch gegen den Zeitablauf" und zugleich ein „charakteristisches inhaltliches Moment" der Neuen Musik: „ihre Beziehung zur Unendlichkeit, ihre eschatologische Farbe, ihre pathetische Dialektik, die aus dem einsamen Kampf des Individuums gegen das rettungslose Vergehen im Nichts der forteilenden Zeit resultiert".

Im Mittelpunkt des Musikdenkens von Bernd Alois Zimmermann standen bekanntlich zwei zusammenhängende Ideen: die Idee einer „pluralistischen Kompositionsart" und die Idee einer „Kugelgestalt der Zeit". Zimmermann faßte die Gegenwart als Schwelle zwischen Vergangenheit und Zukunft auf. Er glaubte fest daran, daß es keine Vergangenheit ohne Zukunft gebe, wie es auch keine Zukunft ohne Vergangenheit gebe[11]. Seine eigenartige musikalische Zeitphilosophie empfing entscheidende Anregungen von Augustinus, von Ezra Pound und von James Joyce.

Im Juli 1987 hatte György Ligeti Vladimir Karbusicky, Louise Duchesneau, ihren Mann und mich zu einem Essen im italienischen Restaurant Fra Diavolo eingeladen. Wir sprachen über vieles, auch über die zeitliche Dimension der Musik. Ich lenkte das Gespräch auf Zimmermanns Musikphilosophie und seine Theorie von der „Kugelgestalt der Zeit". Ligeti akzeptierte diese Theorie nicht. Seiner Auffassung nach — so sagte er — entfaltet sich die Musik im Raum. In seiner musikalischen Imagination gebe es Haupträume, Nebenräume, Labyrinthe etc.

Ligeti bekannte mehrfach, daß er sich beim Komponieren von räumlichen Vorstellungen leiten läßt, und er sprach im Zusammenhang mit seiner Musik oft von einer *imaginären Perspektive*. Wie wirkt sich sein räumliches Vorstellungsvermögen in seiner Musik aus?

In etlichen seiner Werke (so zum Beispiel in den *Melodien)* unterscheidet er konsequent zwischen Stimmen *„im Vordergrund";* in einer mittleren Ebene und *„im Hintergrund".* Diese ausdrückliche Unterscheidung trifft er nicht im *Klavierkonzert.* Gleichwohl wird beim Studium der Partitur und vor allem beim mehrmaligen Anhören der Musik deutlich, daß das Denken in verschiedenen räumlichen Ebenen die Struktur auch dieses Werkes entscheidend bestimmt. Einige Hinweise zur Erläuterung:

Die ersten beiden Abschnitte des Klavierparts (sie sind gleich lang und zählen je 30 Takte) gleichen zwei Klangzügen, die sich in gegensätzlicher Richtung bewegen. Der erste Klangzug beginnt in mittlerer Lage und erobert nach und nach den oberen Tonbereich bis zur extremen Höhe hin. Der Klang wird zunehmend dünner, heller und ätherischer. Auch der zweite Klangzug beginnt in der mittleren Lage; er entwickelt sich jedoch zur Tiefe hin. Dabei wird der Klang massiver, voluminöser und dröhnender. Die beiden Klangzüge demonstrieren auf besonders anschauliche Weise, wie sich die Zeit im Raum entfalten kann, anders formuliert: wie die Zeit zum Raum wird.

In diesem Zusammenhang eine andere Beobachtung: Im ersten Satz des *Klavierkonzerts* steht der Klavierpart vielfach im Vordergrund des musikalischen Raumes, jedoch keineswegs immer. Oft rückt er — im Verlaufe des Satzes — in die mittlere Ebene, ja, in den Hintergrund. In allen vier Abschnitten des Satzes treten zur Klangebene des Klaviers sehr expressive melodische Linien vereinzelter Bläser (so des Horns oder der Posaune) und der Streicher hinzu. Der Hörer nimmt diese Linien bald als Stimmen im Vordergrund und bald als Stimmen im Hintergrund wahr. Außerdem tritt im dritten (T. 71—80) und später auch im vierten Abschnitt ein sehr profiliertes *leggiero*-Thema der Piccoloflöte hervor:

Die Musik György Ligetis suggeriert Nähe und Ferne, Tiefe und Höhe, Weite und Enge. Folgerichtig erfordert sie ein räumliches, ein gleichsam *„perspektivisches Hören“*.

Seinem Nachruf auf Wieland Wagner gab Pierre Boulez im Jahre 1966 den Titel *„Der Raum wird hier zur Zeit“*[12]. Damit kehrte er den berühmten Satz Richard Wagners um. Er tat es, um zu verdeutlichen, daß Wieland Wagner — der namhafte Regisseur — die Musik „in genaue Übereinstimmung mit dem szenischen Erscheinungsbild“ zu setzen vermochte. Möglicherweise wollte Boulez aber mit dieser Umkehrung auch andeuten, daß in seiner Vorstellung die Musik sich vor allem auf die Zeit, die musikalische Zeit, reduzieren läßt. György Ligeti bekundete dagegen, daß es ihm darum gehe, die Zeit zu bannen, sie zum Stillstand zu bringen. *„Zum Raum wird hier die Zeit":* dieser Satz Richard Wagners scheint für Ligetis gesamtes Schaffen und insbesondere für seine jüngsten Werke Gültigkeit zu haben.

Anmerkungen

1 György Ligeti: *Computer und Komposition. Subjektive Betrachtungen.* In: *Tiefenstruktur. Musik. Baukunst. Festschrift Fritz Winckel zum 80. Geburtstag am 20. Juni 1987,* Berlin 1987, S. 22—30, hier S. 27.

2 György Ligeti: *Zu meinem Klavierkonzert.* Kommentar verfaßt am 20. Februar 1988 anläßlich der Wiener Aufführung des Werkes.

3 Arnold Schönberg: *Komposition mit zwölf Tönen.* In: *Stil und Gedanke. Aufsätze zur Musik,* hrsg. von Ivan Vojtěch (Gesammelte Schriften 1), S. Fischer 1976, S. 72—96, hier S. 73 f.

4 Ernst Kurth: *Romantische Harmonik und ihre Krise in Wagners „Tristan"* 2. Aufl. Berlin 1923, S. 14.

5 Ähnlich beginnt das *Lacrimosa* aus dem 1965 vollendeten *Requiem.*

6 Ligeti erprobte diesen Klangeffekt allem Anschein nach zuerst in *Automne à Varsovie,* der sechsten der Klavieretüden. (Siehe S. 32/33 der Faksimileausgabe.)

7 Herbert Killian (Hrsg.): *Gustav Mahler in den Erinnerungen von Natalie Bauer-Lechner,* Hamburg 1984, S. 138.

8 Richard Wagner: *Die Musikdramen* (Deutscher Taschenbuch Verlag 6095), München 1978, S. 833 f.

9 Ernst Bloch: *Zur Philosophie der Musik,* Frankfurt am Main 1974, S. 239: „Die eigene Bedeutung des Satzes liegt darin, daß räumlich Ruhendes, vorab als Gelungenes, über den zeitlichen Schritt gesetzt wird, ja ihn beschleunigen will, indem sie ihn findend verlangsamt."

10 Ernst Křenek: *Über neue Musik. Sechs Vorlesungen zur Einführung in die theoretischen Grundlagen,* Wien 1937, Nachdruck Darmstadt 1977, S. 88.

11 Ursula Stürzbecher: *Werkstattgespräche mit Komponisten* (Deutscher Taschenbuch Verlag 910), München 1973, S. 180.

12 Pierre Boulez: *Anhaltspunkte. Essays,* deutsche Übersetzung von Josef Häusler, Kassel etc. 1979, S. 384—390.

György Ligeti über eigene Werke
Ein Gespräch mit Detlef Gojowy aus dem Jahre 1988

L Woran mir sehr liegt, ist APPARITIONS, mein erstes Orchesterstück im eigenen Stil. Es gibt davon keine Platte. Die WDR-Aufnahme war leider total mißglückt, weil Partitur und Orchestermaterial nicht übereinstimmten. Die alte Mono-Aufnahme von der Uraufführung in Köln 1960 mit Bour ist noch immer die beste. Dieses Stück wurde vergessen, es wurde von ATMOSPHÈRES getötet. ATMOSPHÈRES wird immer gespielt und APPARITIONS nicht.

G Vielleicht könnten Sie zunächst ein paar Worte zu APPARITIONS sagen.

L Ich habe APPARITIONS noch in Budapest begonnen. Bevor ich im Dezember 1956, also nach dem Aufstand, aus Ungarn geflohen war, hatte ich die erste Version des Stücks geschrieben, und zwar in meinem neuen Stil, noch ohne Einfluß des Kölner Kreises. Im Sommer 1956 entstand in Budapest ein Stück mit dem Titel VÍZIÓK (VISIONEN). Dieses Stück wurde dann später der erste Satz von APPARITIONS. Es gibt die VISIONEN auch in Partitur, ich weiß allerdings nicht, wo die Partitur ist. Diese Originalform ist bisher nie gespielt worden. Aber sie verwirklicht schon meine Vorstellung von ganz statischen Gebilden (ich mag nicht den Ausdruck, den man dafür benutzt: Klangflächen, denn ich assoziiere nie Flächen damit, sondern Räume, also statische Blöcke, die sich ablösen). Die synästhetische Verknüpfung von Raum und Musik, auch von Konsistenz und Licht, hat mich schon damals sehr viel beschäftigt — ich fasse die Musik in meiner Vorstellung sozusagen mit den Händen an. Aus der gleichen Zeit gibt es noch ein Stück, das aber nicht fertig geworden ist. Es heißt SÖTÉT ÉS VILÁGOS, was DUNKEL UND HELL bedeutet. Diese zwei Stücke zusammen, also VISIONEN, die ich fertig komponiert hatte, und DUNKEL UND HELL, die Fragment geblieben waren, ergaben dann die später in Köln und Wien vollendeten APPARITIONS.

Seit Februar 1957 war ich in Köln, wo ich — rein technisch — sehr vieles gelernt habe, viel von Stockhausen, noch mehr vielleicht von Koenig, der damals der wichtigste Mitarbeiter im Studio für elektronische Musik war. Es ging indessen nicht nur um elektronische Musik oder um die Techniken der seriellen Musik, sondern um viele andere Einsichten. Ebenfalls im Frühjahr 1957 schrieb ich die Analyse von Boulez' STRUCTURES I a. Mit all diesem Wissen und diesen neuen Erfahrungen komponierte ich 1957 APPARITIONS neu, also eine zweite Fassung für Streichorchester, Harfe, Klavier und Schlagzeug (ganz ähnlich in der Besetzung übrigens wie Bartóks MUSIK FÜR SAITENINSTRUMENTE, SCHLAGZEUG UND CELESTA), und zwar in einer dreisätzigen Form. Aber damit war ich dann auch nicht zufrieden, denn durch die Begegnung mit Stockhausen, Boulez, Maderna, Pousseur und Koenig (und Kagel kam im Herbst 1957 dazu) war ich in technischer und allgemeiner Hinsicht auf ein Niveau gelangt, das Rückwirkungen auf meine ursprünglichen Vorstellungen hatte. Die letzte Fassung von APPARITIONS wurde erst 1959 fertig.

G Aber die ursprünglichen Vorstellungen hatten Sie aus Ungarn mitgebracht. Wie waren diese Vorstellungen entstanden, läßt sich darüber etwas Konkretes sagen?

L Ja. Aufgewachsen bin ich sozusagen in der Bartók-Nachfolge, und auch von Kodály war ich etwas beeinflußt, das war ganz selbstverständlich in Ungarn. Aber in der ersten Hälfte der fünfziger Jahre kam bei mir ein starker innerer Widerstand auf. Ich verehre Bartók, bis heute verehre ich ihn, aber ich wollte etwas anderes machen. Ich mußte mich abnabeln von dem großen Vorbild Bartók. Bartók bedeutete für mich damals die moderne Musik. Ich kannte ein wenig von Strawinsky, allerdings nur FEUERVOGEL und PETRUSCHKA, aber alles andere kannte ich nicht, also auch nichts von Schönberg, von Berg, von Webern.

G Es gab den eisernen Vorhang, auch in ästhetischer Hinsicht.

L Die ästhetische Abkapselung bestand übrigens nicht vor 1948. In den unmittelbaren Nachkriegsjahren wäre es möglich gewesen, die wirklich moderne Musik aufzuführen, aber sie wurde einfach nicht gespielt, stattdessen konnte man Hindemith, Milhaud, Schostakowitsch und Bartók hören. Erst 1948 kam die Schdanowsche ...

G Eiszeit.

L Ja, die Eiszeit. Bartók wurde verboten, das heißt sein Name als Nationalkomponist blieb, es wurden aber ausschließlich die Volksliedbearbeitungen gespielt, Bartóks eigentliche Stücke waren verboten. Im Laufe dieser sehr dunklen Jahre, der letzten Stalin-Jahre, führte ich eine Art Doppelleben. Einmal unternahm ich von Ostberlin aus einen mißlungenen Fluchtversuch, andererseits baute ich eine Fassade auf, indem ich Volksliedbearbeitungen im Kodály-Stil verfertigte. In Wirklichkeit komponierte ich aber immer mehr für die Schublade. Zu diesen Stücken gehören das ERSTE STREICHQUARTETT, die MUSICA RICERCATA und die Chöre NACHT und MORGEN. Diese Stücke standen aber mehr oder weniger noch in der Bartók-Tradition. Daneben entwickelte ich seit 1950 ganz neue Vorstellungen. Ich wollte mit all dem brechen und etwas total Eigenständiges machen: eine Musik ohne Rhythmus, ohne Melodie, ohne Harmonie. Allerdings nicht Geräuschmusik. Ich hatte etwas über Varèse gehört, und ich wußte, daß im Westen elektronische Musik existierte, aber ich habe nie etwas konkret gehört. Auch waren mir Nachrichten bekannt, daß es die von Cowell entwickelten Cluster gab. Immerhin trugen diese Informationen dazu bei, daß ich eine Musik aufbauen wollte, die nichts mehr mit der Tradition zu tun hatte, die ich kannte, also der Liszt-, Beethoven- und Bartók-Tradition. Ich stellte mir einen Orchesterklang vor, der eine totale Neutralisierung der Harmonik durch Zwölftoncluster erbringen würde, eben jene Vorstellung von statischen Blöcken. Ich weiß noch genau, daß mit diese Vorstellungen erstmals 1950 bei einem nächtlichen Spaziergang kamen — in einem total verzweifelten Zustand. Aber ich traute mich nicht, solche Musik zu komponieren, ich wußte gar nicht, wie ich das hätte schreiben sollen, bis ich dann eben im Sommer 1956 den Mut fand, eine Musik zu konzipieren, die sich von optischen und taktilen Assoziationen leiten ließ, in der es keine Melodik mehr gibt, keine motivisch-thematische Arbeit, sondern nur Kontraste von stehenden Klängen. So entstanden VISIONEN und DUNKEL UND HELL und daraus APPARITIONS mit einem neuen zweiten Satz von 1959 — eigentlich dem ersten echten „Ligeti-Stück".

G Vorher nur ein elektronisches Stück?

L ARTIKULATION von 1958. Ich hatte vorher noch ein elektronisches Stück mit dem Titel GLISSANDI komponiert, das ist aber eher ein Gesellenstück. ARTIKULATION wurde im März 1958 aufgeführt. Während der Arbeit im Kölner Studio habe ich meine Idee der überdichten Polyphonie entwickelt (was ich dann später „Mikropolyphonie" benannt habe), und diese Idee findet sich erstmals im zweiten Satz von APPARITIONS verwirklicht. Nicht Mikropolyphonie, aber die globale orchestrale Denkweise gibt es schon in Xenakis' Stück METASTASIS von 1954. Xenakis hatte bereits das Streichorchester in lauter Einzelstimmen aufgeteilt, aber ich kannte 1958 keine Musik von Xenakis.

G Oftmals liegen bestimmte Ideen in der Luft. So war es mit der Zwölftontechnik der Fall, die nicht nur von Hauer und Schönberg, sondern auch von den Russen zur selben Zeit gefunden worden ist. —
Ihr ERSTES STREICHQUARTETT hatten Sie doch noch in Budapest komponiert?

L Ja, aber es durfte nicht aufgeführt werden, weil es zu viele Dissonanzen hatte. Es wurde erst 1958 in Wien — also nach meiner Flucht aus Ungarn — uraufgeführt.

G Das sind alles so Dinge, die sich der westliche Hörer gar nicht vor Augen führt, gar nicht vor Augen zu führen liebt: daß man ein Streichquartett verbieten kann.

L Fast der ganze Bartók war verboten! Bartóks erstes und sechstes Quartett wurden gerade noch toleriert, aber das zweite, dritte, vierte und fünfte nicht. 1948 stand DER WUNDERBARE MANDARIN auf dem Spielplan der Oper; er wurde von einem auf den anderen Tag abgesetzt. Das war eben das Schdanowsche Durchgreifen. Alles geschah sehr schnell, in wenigen Tagen wurde die ganze Kulturpolitik umgestülpt. Da kann ich eine Kleinigkeit erzählen, die sogar nachträglich humoristische Seiten hat, obgleich das gar nicht lustig war, wenn man darin leben mußte. Picasso war doch Mitglied in der französischen kommunistischen Partei, also war er ein hochverehrter Künstler. Etwa in der Zeit um 1948 hatte er die „Friedenstaube" gezeichnet. Aber: außer der „Friedenstaube" war das gesamte Lebenswerk von Picasso verboten! Ich kann mich noch an das Frühjahr 1949 erinnern. Da gab es in Ungarn eine literarische Zeitschrift, die vorher noch etwas geöffnet war und dann plötzlich gleichgeschaltet wurde; sie hieß „Nagyvilág", also „Die große Welt". Einmal war in ein und derselben Ausgabe vorne auf der ersten Seite die „Friedenstaube" abgedruckt und ein riesiges Lob auf Picasso das Parteimitglied, den Friedenskämpfer usw.; drinnen in der Zeitschrift fand sich aber eine Verdammung Picassos, des dekadenten Bourgeois', der seine Seele an den Kapitalismus verkauft habe. Die rechte Hand wußte nicht was die linke tat — solche Dinge passierten am laufenden Band.

G Zurück nach Köln. Könnten Sie noch etwas über ihr elektronisches Stück ARTIKULATION sagen?

L Der Titel stammt gar nicht von mir, den hatte Herbert Brün, der auch damals dort gearbeitet hat, vorgeschlagen. Es ging mir in diesem Stück um Artikulation im Sinne von Sprache, um eine imaginäre Sprache oder sogar mehrere imaginäre Sprachen. Ich hatte viele elektronische Stücke, die bis dahin existierten, gehört. Das waren ganz wichtige Stücke, also GESANG DER JÜNGLINGE und die beiden STUDIEN von Stockhausen, KLANGFIGUREN I, II und ESSAY von Koenig und — eines meiner Lieblingsstücke — INCONTRI DI FASCE SONORE von Evangelisti (das er in Köln gemacht hatte, kurz bevor ich ARTIKULATION komponiert habe). Aber ich wollte kein puristisches Stück machen im Sinne des Evangelistischen Stückes oder auch von Koenigs KLANGFIGUREN, also nur aus Geräuschstrukturen. Ich war immer etwas extraorbital in Bezug auf den Avantgardekreis von Köln und Darmstadt. Ich gehörte letztlich dazu, aber doch nicht so richtig — so wie ein Planet, der sehr peripherisch ein Zentrum umkreist.

In ARTIKULATION habe ich ganz mit elektronisch erzeugtem Klangmaterial gearbeitet. Das Stück ist aus Sinustönen, aus gefiltertem weißem Rauschen und aus gefilterten Impulsen aufgebaut. Ich hatte die Vorstellung einer Verlaufsstruktur, die so sein sollte, als ob man spräche, aber in einer unverständlichen Sprache. Meine erste Idee war gewesen, etwas für mehrere Sänger zu schreiben, also ein a cappella Stück. Zur selben Zeit arbeiteten andere an solchen Ideen, der Dichter Helms mit seinen experimentellen Sprachtexten, Kagels ANAGRAMA war 1957 schon fertig (die Aufführung war erst 1960, aber ich war viel mit Kagel zusammen, während er ANAGRAMA komponierte), auch Stockhausens GRUPPEN haben mich stark beeindruckt. Aber was das Experimentieren mit der Sprache anbelangt, da spielte vor allem ANAGRAMA von Kagel eine große Rolle für mich. Stockhausen hat mir dann abgeraten, etwas für Sänger zu machen, und zwar aus rein praktischen Gründen. Er sagte, ich würde niemals 6 Sänger zusammenbekommen — ich war ja noch ganz unbekannt als Komponist — und ich sollte doch versuchen, etwas Elektronisches zu machen. Von Januar bis März 1958 habe ich ARTIKULATION im Kölner Studio realisiert, eine Musik, die so aufgebaut ist, als ob sie Sprache wäre: Monologe, Dialoge, Trialoge und auch Vogelsprachen, alles ohne jede semantische Bindung. Später bin ich dann zu dem ursprünglichen Vokalkonzept zurückgekehrt und es wurde daraus AVENTURES.

G Danach wollte ich gerade fragen, denn dieses Konzept zielte ja genau auf Ihr Stück von 1962, eben die AVENTURES für drei Sänger und sieben Instrumentalisten.

L Genau. Diesen Plan hatte ich schon 1956 gefaßt, es war einer meiner ersten Pläne, die ich parallel zu APPARITIONS hatte.

G In den 70er Jahren hat sich Ihr Stil wieder erheblich geändert. Könnten Sie ein für diese Periode charakteristisches Werk anführen?

L Da würde ich das Kammerorchesterstück MELODIEN nennen, das auch zu den selten gespielten Stücken gehört. Immerhin gibt es davon eine ganz hervorragende Plattenaufnahme bei Decca mit der London Sinfonietta, die leider nicht mehr im Handel ist. Ein anderes geeignetes Stück wäre auch CLOCKS AND CLOUDS, das Gielen im Süddeutschen Rundfunk mit dem Südfunkorchester und der Schola Cantorum aufgenommen hat, einstudiert von Clytus Gottwald.

G Wenn Sie vielleicht zu beiden Stücken etwas sagen würden.

L MELODIEN ist das frühere Stück, ich habe es 1971 komponiert. Man kann es in solistischer Besetzung aufführen in der Art wie Schönbergs KAMMERSYMPHONIE — ich glaube, es sind 15 Spieler insgesamt — oder aber in normaler Orchesterbesetzung mit chorischen Streichern. Dieses Stück zeigt meine stilistische Wandlung besonders deutlich. Ich bin immer derselbe Komponist, doch bedeutet für mich jede neue Komposition, daß ein Problem gelöst wurde, daß aber zugleich neue Fragen aufgeworfen werden. Gegen Ende der 60er Jahre habe ich allmählich meine Sprache geändert. Das betrifft nicht die Formvorstellung im allgemeinen, die Statik der Form ist geblieben. Die Musik erscheint, als ob sie ein Objekt wäre, als stünden Formen in der Zeit still, als wäre die Zeit Raum, also das Gegenteil von Prozeß und Entwicklung. Das ist eine Vorstellung, die ich bis heute beibehalten habe, aber ich habe sie im Laufe der Jahre mit sehr verschiedenen Mitteln verwirklicht.

G Demnach wäre die generelle Formvorstellung, von der Sie sprechen, eine Komponente des Personalstils, an den Kompositionsmitteln wäre hingegen der Werkstil abzulesen.

L So kann man es auch sagen. Für diese allmählichen werkstilistischen Veränderungen stellt MELODIEN ein Schlüsselstück dar. Das Stück ist technisch schwierig. Wenn man es nicht ganz exakt spielt und die vielen Melodien, die gleichzeitig in verschiedenen Geschwindigkeiten ablaufen, nicht total ausbalanciert, dann wirkt es chaotisch, dann ist es so wie ein verschwommenes Foto. Das Stück basiert auf einer Ansammlung von melodischen Linien, die jede für sich ganz bestimmte Gestalten, ja sogar kontrastierende Gestalten bilden. Die Technik entspricht nicht mehr der Mikropolyphonie. Trotz der relativen Eigenständigkeit der einzelnen Melodien schmelzen sie dann zusammen, zu einer Art von harmonischem Raum. Die Intervalle, die jeweils dominieren, ändern sich graduell. Es gibt genau in der Mitte des Stücks eine Unisonostelle mit der vielfachen Oktave C. Diese wird dann wieder aufgefüllt mit C-D, dann C-D-F. An anderen Stellen dominieren übereinandergeschichtete Quinten, dann wieder große Sekund- und kleine Terzstrukturen. Diese Harmonien ändern sich sehr, sehr allmählich, wie eine zähflüssige Masse. Sie können nicht feststellen, wo die Grenze zwischen den einzelnen Harmonien liegt, es gibt keine Grenzen, es gibt keine harmonische Fortschreitung. Soche Ideen finden Sie auch in APPARITIONS und in ATMOSPHÈRES, in denen ich aber noch im chromatischen Total gearbeitet habe, und in dem Orchesterstück LONTANO, in dem ich auch diese statische Form hatte, aber nicht mehr chromatisch sondern diatonisch. MELODIEN schließlich ist die für mich modellhafte Verwirklichung der Idee der vielen einzelnen, unabhängigen Gestalten, die durch eine gemeinsame, aber sich dauernd ändernde Intervallstruktur zusammengehalten werden.

G Hat diese Idee einer allmählichen Entwicklung irgend etwas mit östlichen Vorbildern zu tun? Also vielleicht türkischen, arabischen oder byzantinischen?

L Nein, eindeutig nicht. Meine Beschäftigung mit außereuropäischen Kulturen datiert von sehr viel später, also von Ende der 70er Jahre und wurde dann sehr stark in den 80er Jahren. Das fing mit meinem Interesse für javanische und balinesische Gamelanmusik an und setzte sich in den 80ern fort, mit meiner Vorliebe für die sehr komplexe Polyrhythmik der Musik des subsaharischen Afrika. Aber Anfang der 70er Jahre habe ich diese Vorstellungen noch nicht gehabt. Bei allem Interesse für die verschiedensten Kulturen steht dahinter eigentlich noch immer Webern, ein wenig Mahler, auch (aber sehr indirekt) Schönberg und Berg, und — was die Harmonik betrifft — sehr stark Debussy. Das waren damals die für mich gültigen Modelle, aber Sie werden in meiner Musik weder die Wiener Schule noch Debussy hören, es ist etwas ganz anderes daraus geworden. Natürlich gibt es noch ganz andere stilistische Schichten, die für mich eine Rolle spielen, so mein großes Interesse für die alten Niederländer, vor allem für Ockeghem. Dessen Polyphonie, in der keine Stimme dominiert, sondern alles in dauerndem Fluß ist wie Wellen, die sich überschlagen, war für mich schon im REQUIEM ein Vorbild. Dazu muß ich anmerken, daß in meinen Stücken der letzten Jahre noch ganz andere Einflüsse zur Geltung kommen, nämlich die Zeit der Mensuralnotation, die Musik des 14. und 15. Jahrhunderts. Aber früher war Ockeghem der einzige, den ich kannte.

G Ockeghem dürfte Ihnen doch aus dem Musikstudium in Ungarn her vertraut gewesen sein, als ein musikhistorisches Erbe, mit dem sich jeder Musiker auseinanderzusetzen hatte.

L Ja. Zum Studium gehörte der Palestrina-Kontrapunkt, der bei uns nach Jeppesen gelehrt wurde. Als ich in Budapest studiert habe, gab es von diesem Buch nur ein Exemplar in der Musikbibliothek, und das war auf dänisch, so daß man nur die Musikbeispiele begreifen konnte. Ich profitiere bis heute von diesen sehr strengen Kontrapunktstudien. Ockeghem aber kam nicht zu Gehör — trotz des sehr regen Musiklebens in Budapest (auch in der stalinistischen Zeit). Jeden Tag gab es mehrere Konzerte, allerdings nur das gängige Repertoire von Bach bis Wagner. Palestrina wurde selbstverständlich in den Kirchen gesungen, aber die frühere Musik, die niederländische oder noch frühere burgundische und französische Musik wurde nicht aufgeführt. Machault und Ockeghem — das waren nichts als Namen, die ich aus der Musikgeschichte gelernt habe. Wir hatten einen hervorragenden Lehrer, das war der sehr bekannte Musikhistoriker Dénes Bartha, der heute in Amerika lebt. Bei einem anderen hervorragenden Lehrer, Artúr Harmath, haben wir gregorianische Choräle gesungen — es gibt eine große ungarische gregorianische Kultur — bis das dann in der Stalinzeit verboten wurde. Also: Palestrina, Lasso und etwas Josquin haben wir gehört; was dazwischen und davor lag, das war abstrakt. Immerhin gab es aber Noten. So habe ich zwei Stücke von Ockeghem aus der Wüllner-Chorschule kennengelernt. (Ich kann bis heute ganz gut nach alten Schlüsseln vier- und fünfstimmige Chorsätze vom Blatt spielen.) Auch wenn im Wüllner nur zwei Ockeghem-Beispiele enthalten waren, wurde dieser Komponist wegen seiner ganz anderen Konzeption von Polyphonie als die von Palestrina doch etwas ganz wichtiges für mich.

G Die alten Niederländer spielten auch in den Ideen der Zweiten Wiener Schule eine gewaltige Rolle.

L Ja sicher, durch Guido Adler. Webern hat eine Dissertation über den „Choralis Constantinus" von Isaac geschrieben. Aber Webern und die Wiener Schule habe ich erst später in Köln kennengelernt. Mein heutiger großer Liebling ist übrigens Dufay. Ich habe inzwischen für die Eleganz etwa der Dufayschen Chansons eine ganz große Vorliebe.

G Sie wollten noch etwas über CLOCKS AND CLOUDS sagen.

L Dieses Stück aus dem Jahr 1973 ist wichtig für meine weitere stilistische Wandlung. Ich habe mich sehr schnell geändert. Wenn Sie nach MELODIEN direkt CLOCKS AND CLOUDS hören, kommen Sie in eine andere Welt, obgleich nur zwei Jahre dazwischen liegen. MELODIEN basiert noch ganz auf dem gleichmäßig temperierten Zwölftonsystem, während CLOCKS AND CLOUDS ein mikrotonales Stück ist. Ich muß dazu zwei Bemerkungen machen. Schon seit Mitte der 60er Jahre beschäftigte mich dauernd die Frage, wie ich von der gleichmäßigen Zwölftontemperatur wegkommen könnte. Heute, da ich sehr viel ethnische Musik gehört habe, also Gamelanmusik sowie überhaupt Musik des südostasiatischen Raumes (Melanesien, Neuguinea), und später dann die Musik des subsaharischen Afrika, kann ich kaum mehr eine temperierte große Terz ertragen; es tut geradezu weh.

G Auch in der uns näher liegenden osteuropäischen Volksmusik, etwa im Karpatenraum, verwendet man durchaus nicht die Intervalle der temperierten Skala.

L Diese Temperatur gibt es nirgendwo in der originären Volksmusik.

G Ich meine, daß sich Hába mit seinen mikrotönigen Systemen immer auf die Volksmusik in Mähren und in den Karpaten bezogen hat ...

L ... obwohl er dann 24 temperierte Töne pro Oktave gefordert hat, was auch nur eine grobe Annäherung bedeutet. Die mährische und slowakische Volksmusik ist ganz anders. Aber ich will Hába nicht kritisieren; es war sehr wesentlich, was er gemacht hat. Mich selbst interessieren aber eher die nicht-temperierten Systeme. Man muß einfach die Eigenart der zwei Welten jenseits der gleichmäßig temperierten Halbton- und Viertelton-Systeme erfahren haben. Zum einen die Welt der reinen Stimmung, z. B. die Kultur der Tschokwe (und überhaupt Angolas) mit den wunderbaren Konsonanzen, also reine Dreiklänge mit reinen Quinten und reinen großen Terzen, oder die georgische Polyphonie, die auch nur Naturquinten und große Naturterzen kennt, oder dann das Jodeln der Pygmäer mit Naturquinten und — was interessant ist! — Nonen, die also über die Oktave hinausgehen. Zum anderen dann die Welt der annähernd äquidistanten pentatonischen und heptatonischen Systeme, also z. B. die afrikanische Pentatonik, und den Sléndro auf Java, oder die unglaubliche harmonische Welt der heptatonischen mehrstimmigen Musik der Salomon- und Bismarckinseln. Wenn man diesen unerschöpflichen Reichtum erst einmal wahrgenommen hat, dann sieht man, dann hört man, daß es ganz andere Möglichkeiten der Tonhöhenabstimmung gibt als nur immer wieder die gleichmäßige Zwölftontemperatur. Dazu gehören natürlich auch die älteren abendländischen Stimmungen; in einer von ihnen, der mitteltönigen Stimmung mit ihren acht reinen großen Terzen habe ich schon früher ein Cembalostück geschrieben. Zur Zeit gibt es in Hamburg eine mikrotonale Bewegung. Einige meiner Studenten haben eine „mikrotonale Verschwörung" initiiert, die auf dem Yamaha DX 7 II — einem frei stimmbaren Systhesizer — basiert.

G Auf welche Weise finden denn in CLOCKS AND CLOUDS Mikrotöne Verwendung?

L Eine Vierteltonstimmung habe ich schon in RAMIFICATIONS (für zwei abweichend skordierte Streichergruppen) verwendet; im DOPPELKONZERT für Flöte und Oboe habe ich dann durch „bartolozzische" Griffe angegebene, nicht mehr vierteltönige, sondern unregelmäßige Mikrointervalle benutzt. In CLOCKS AND CLOUDS habe ich diese Technik weiterentwickelt in der Richtung einer „diatonischen" Mikrointervallik: der Chor paßt sich der schwankenden Intonation der Flöten, Klarinetten und Oboen an.

G Aber CLOCKS AND CLOUDS ist doch auch noch in anderer Hinsicht interessant. Mir scheinen bei diesem Stück auch amerikanische Einflüsse vorzuliegen.

L Das ist der andere Aspekt von CLOCKS AND CLOUDS. Zu der Zeit, 1972—73, hat mich die amerikanische Minimal music stark beschäftigt. Hier gibt es Verbindungen sowohl zu Steve Reich als auch zu Terry Riley. In den 60er Jahren kannte ich die amerikanischen Minimalisten noch gar nicht, das heißt, Terry Riley habe ich gegen Ende der 60er Jahre in Stockholm getroffen, doch keine Musik von ihm gehört. Rileys Stück IN C und Reichs IT'S GONNA RAIN sowie VIOLIN PHASE habe ich 1972 zum ersten Mal gehört. Ähnliche Ideen sind aber schon in meinem Cembalostück CONTINUUM von 1968 verwirklicht — nicht von der Formidee, wohl aber von der Struktur her — und mein überhaupt erstes minimalistisches Stück war POÈME SYMPHONIQUE FÜR 100 METRONOME, das ich 1962 geschrieben und 1963 in Holland zuerst aufgeführt habe. Diese Stücke sind also völlig unabhängig von dem, was zur selben Zeit in Kalifornien und dann auch in New York passierte. Als ich dann 1972 die Musik von Reich und Riley kennengelernt habe, mochte ich die Stücke beider Komponisten sehr, und dann habe ich ganz bewußt darauf reagiert, schon wegen der zufälligen Analogien zu meinen früheren Stücken. Diesbezüglich erwähne ich auch mein (selbstironisches) Stück für zwei Klaviere SELBSTPORTRAIT MIT REICH UND RILEY (UND CHOPIN IST AUCH DABEI), das 1976 entstand. Aber auch in CLOCKS AND CLOUDS von 1973 — inzwischen kannte ich auch persönlich nicht nur Riley sondern auch Reich — arbeitete ich ganz bewußt mit Elementen der Minimal music.

G Wie erklärt sich eigentlich der Titel?

L Der Titel stammt aus einem Aufsatz des Philosophen Karl Popper, den ich gelesen habe. Dort heißt es nicht „Clocks and Clouds" sondern „On Clouds and Clocks". Clouds steht für nicht-präzise statistische Vorgänge in der Natur, und Clocks für die ganz genau meßbaren. Ich fand den Titel schön und bezeichnend für meine kompositorischen Vorstellungen. Der Gegensatz zweier musikalischer Strukturtypen, des Nebelhaft-Verschwommenen (in APPARITIONS und ATMOSPHÈRES) und der uhrwerkartigen Strukturen (etwa in CONTINUUM und schon in dem Metronomstück von 1962) ist typisch für meine ganze Musik. CLOCKS AND CLOUDS besteht nun aus einer fortwährenden Transition zwischen Uhrengeticke und Nebelgewebe. Die Uhrwerke werden allmählich aufgelöst und in Nebelschwaden umwandelt. Und dazu kommt eben diese merkwürdig leuchtende, mikrotonal-konsonante Harmonik. Ich habe damit eine Richtung eingeschlagen, die ich dann zunächst fallen ließ, die ich aber jetzt wieder fortführen möchte, wenn auch in einer anderen Form.

G Liegt hier jetzt aber nicht ein Widerspruch vor? Die gleichmäßige Temperatur und die ganze Verarmung der Intervalle beruht ja auf dem Mehrstimmigkeitsprinzip. Dagegen sind die Mikrointervalle ursprünglich in Kulturen mit einstimmiger Musik entwickelt worden. Sie versuchen nun aber, aus den Mikrointervallen wieder eine Art Mehrstimmigkeit oder zumindest ein Gitternetz herzustellen.

L Meines Erachtens kann man nicht sagen, daß die Mikrointervallik nur mit den einstimmigen Musikkulturen zusammenhängen würde. In den großen nordindischen und islamischen Kulturkreisen ist zwar die einstimmige Musik vorherrschend, doch stets mit Heterophonie angereichert, was auch zu einer Verfeinerung der Mikrointervalle geführt hat. Aber es gibt ja auch genuin-polyphone Musik wie die Gamelanmusik und die afrikanische subsaharische Musik, die eine intervallische Vielfalt jenseits der gleichmäßigen Temperatur aufweist.

G Sie erwähnten vorhin die uhrwerkartigen Strukturen. Mir scheint, daß solche Charaktere auch noch in ihrem jüngsten Werk, dem KLAVIERKONZERT, eine Rolle spielen.

L Ja, selbstverständlich, insbesondere kann man so etwas hören, wenn das Stück in richtiger Geschwindigkeit gespielt wird. Andererseits sind im KLAVIERKONZERT und auch schon in den KLAVIERETÜDEN andere Aspekte wesentlich, die mit bestimmten afrikanischen Musikkulturen in Zusammenhang stehen. Der österreichische Ethnologe Gerhard Kubik hat die ugandische Hofmusik genauestens erforscht und ist unter anderem auf das Phänomen der „inherent patterns" gestoßen. In dieser komplizierten Xylophonmusik treten melodische Gestalten hervor, die nicht direkt gespielt werden, sondern aus der Interaktion von zwei oder mehreren Spielern resultieren. Die kleineren Instrumente mit drei Spielern heißen Amadinda, die größeren Instrumente mit sechs Spielern Akadinda. In beiden Fällen sitzen sich die Spieler gegenüber und spielen phasenverschoben. Die Folge dieser Phasenverschiebungen sind illusionäre Melodien, gleichsam musikalische Vexierbilder. (Heute existiert die ugandische Hofmusik übrigens nicht mehr. Nach seiner Machtübernahme von 1966 hatte Obote die Diener des Königs von Buganda und somit auch fast alle Musiker ermorden und die Instrumente zerstören lassen. Heute sind wir auf die Aufnahmen angewiesen, die Wachsman, Tracey und Kubik vor 1966 gemacht haben.)

G Inwiefern sind die Melodien denn illusionär, wenn man sie doch hören kann?

L Sie sind es in demselben Maße wie die Bewegungen von Stroboskoplinien, die wir zwar sehen, die als solche aber nur eine optische Illusion sind. Solche Dinge haben mich seit langem beschäftigt, so schon 1968 in CONTINUUM. Dann wurde Maurits Escher sehr wesentlich für mich, seitdem ich 1972 seine Graphik kennengelernt habe. Ähnliche Illusionsstrukturen versuchte ich vor allem in meinen letzten Stücken, den KLAVIERETÜDEN und dem KLAVIERKONZERT zu verwirklichen. Auch die fraktale Geometrie von Benoît Mandelbrot spielt für mich eine wesentliche Rolle.

G Haben sie sich auch mit Josef Schillinger befaßt?

L Nein. Ich kenne die Schillingersche Lehre nicht. Ich weiß, daß Morton Feldmann von Schillinger sehr beeindruckt war, er hat sogar bei Schillinger studiert. Für mich spielt aber diese Art von mathematischen Überlegungen keine Rolle. Auch die Richtung von Xenakis, die algorithmische Musik, ist mir fremd. Wohl verwende ich sehr einfache arithmetische und geometrische Überlegungen in meiner Kompositionsweise, bestimmte Proportionen, neulich auch rekursive und selbstähnliche Konstrukte, analog etwa zur Koch-Kurve. Konstruktionen sind aber für mich nur Hilfsmittel, um musikalische Vorstellungen deutlicher zu verwirklichen.

G Schillinger kam ja von der Musik her und wandte sich zur Mathematik. Meinen Sie nicht auch, daß es in Ihrer Musik Rückkoppelungen von der einen zur anderen Seite geben kann?

L Meine Methode ist im Grunde genommen nicht mathematisch, ich lasse mich aber von mathematischen Denkweisen indirekt inspirieren. Die Komplexität der fraktalen Gebilde, aber auch die Komplexität intrikater Ornamentik, wie in der Alhambra oder im Book of Kells ist eine wesentliche Anregung für mich. In Bremen gibt es eine wichtige Forschergruppe für die fraktale Geometrie mit dem Mathematiker Peitgen und dem Physiker Richter. Inzwischen kenne ich Richter persönlich und werde bald noch andere Leute der Gruppe kennenlernen. Ich sehe da eine tiefe Korrespondenz zwischen diesen zerknitterten geometrischen Gebilden und den hochintrikaten rhythmischen Strukturen der afrikanischen Musik südlich der Sahara. In meiner Musik treffen sich diese Welten auf eine verschlungene Weise: die Welt der afrikanischen Polyrhythmik, die vergangene europäische Welt der Mensuralnotation und die Welt der neuen experimentellen Mathematik. Das erste Stück, in dem ich bewußt solche Komplexitäten verwende, ist das KLAVIERKONZERT.

G Noch vor dem KLAVIERKONZERT sind ja die KLAVIERETÜDEN entstanden. Wie ist es zu dieser Werkreihe gekommen?

L Es gibt mehrere Wurzeln, die mich zu der Idee der KLAVIERETÜDEN geführt haben. Erstens ist das Klavier mein Lieblingsinstrument. Ich spiele zwar nicht gut, habe keine hochentwickelte Technik, aber ich spiele sehr gern für mich allein. Mein Ideal von Klaviermusik (und wohl das Ideal aller Pianisten) ist durch Chopin, Schumann, Liszt verkörpert, aber auch durch vieles aus der früheren Klaviermusik, z. B. Scarlatti. Das gemeinsame Merkmal dieser genuinen Klaviermusik ist, daß die musikalischen Strukturen unmittelbar aus den Tasten und aus der Stellung der zehn Finger hervorzugehen scheinen, also nicht abstrakt entwickelt, sondern ganz sinnlich vom Druck auf die Tasten her abgeleitet sind. Daß ich lange Zeit keine Klaviermusik geschrieben hatte, hat einen sehr einfachen Grund: Als Flüchtling, der 1956 Ungarn verlassen mußte, besaß ich kein Klavier. Zehn Jahre lang hatte ich keine Möglichkeit, ein Instrument zu Hause aufzustellen: Ich habe in billigen Untermieten gewohnt und hatte kein Geld, ein Klavier zu mieten oder zu kaufen. Trotz dieser langen Pause (die sogar noch eine Zeitlang andauerte, als ich wieder ein Klavier hatte) ist die Klaviermusik eigentlich mein Hauptgebiet. Für die KLAVIERETÜDEN spielte die Klangwelt Debussys und Ravels eine große Rolle — neben den bereits genannten Komponisten — obwohl dann meine KLAVIERETÜDEN gar nicht Chopin- und nicht Liszthaft, auch nicht Debussyhaft sind. Auch begeisterte ich mich für die Musik von Nancarrow, von dem ich noch 1980 nicht einmal den Namen kannte.

G Walter Zimmermann brachte Aufnahmen von Nancarrows Musik mit, die wurden 1976 in Bremen gespielt. Zufällig hatte ich selbst damals das Programmheft zu machen.

L Ah so, Sie kannten damals also schon Nancarrow. Als ich 1972 in Mexico City war, hat mir kein Musiker etwas von Nancarrow erzählt. Er wird dort bis heute totgeschwiegen. Ich bin dann ganz zufällig in Paris im Sommer 1980 auf Nancarrow-Plat-

359

ten gestoßen. Ich halte unter den heute lebenden Komponisten Nancarrow für den wichtigsten. Etwa seine STUDIEN 40 und 41 für zwei mechanische Klaviere: Diese Stücke sind aufgrund ihrer Komplexität und des Reichtums ihrer metrisch-rhythmischen Struktur ganz große Musik. Nun wollte ich Nancarrow selbstverständlich nicht nachmachen. Aber auch hier gibt es wieder so einen Parallelismus, eine unbewußte Affinität ähnlich wie zwischen meinen „Gitter-Stücken" und der Minimal music von Reich und Riley. Als ich Nancarrows STUDIE 20 gehört habe, stellte ich mit Verblüffung fest, daß diese Studie meinem Stück für zwei Klaviere MONUMENT von 1976 sehr ähnelt. Nancarrow hatte selbstverständlich die Priorität, sein Stück ist viel älter, aber ich habe es damals nicht gehört. Das sind eben alles solche Ideen, die unabhängig voneinander gleichzeitig existieren. Das gibt es ja auch in den bildenden Künsten, denken Sie an den russischen Futurismus und Konstruktivismus und an die italienischen Futuristen.

G Die haben einander aber gekannt und miteinander kommuniziert. Marinetti kam ja schon 1913/14 nach Moskau und ...

L hat er denn Malewitsch gesehen?

G Das ist anzunehmen, denn alles traf sich in Petersburg im „Streunenden Hund", sowohl die Symbolisten als auch die Futuristen. Und die Futuristen, die sich ziemlich früh in Moskau und Petersburg formiert hatten, luden Marinetti ein.

L Das wußte ich nicht. Aber waren sie nicht politische Feinde? Die Futuristen in Rußland traten damals doch absolut für die Revolution ein.

G Ja, die einen wurden Kommunisten, die anderen Faschisten. Aber das ergab sich alles später. Zunächst mal hatten beide Gruppierungen die Idee einer totalen Revolutionierung der Welt durch die Kunst, mit der Preisgabe aller herkömmlichen Rezeptionsweisen.

L Dann war mein Beispiel nicht gut gewählt. Und wie verhält es sich mit solchen auffälligen Korrespondenzen beim Aufkommen der abstrakten Kunst? Kandinsky auf der einen und Kupka auf der anderen Seite?

G Es gab ja außer Kandinsky noch Čiurlionis und Kupka in der Tschechoslowakei, die aber Kontakt miteinander hatten. Selbst bis nach Zagreb gingen die Verbindungen. Die Galerie „Zenit" in Zagreb stand sowohl mit Mailand als auch mit Rußland in Austausch. Trotzdem haben die Ideen in der Luft gelegen, sie sind dann aber ziemlich rasch kommunikativ verarbeitet worden.

L Ich denke auch an die Dadaisten in Zürich und Schwitters in Hannover.

G Man wird im seltensten Fall sagen können, da ist einer dagewesen und alle anderen haben es nachgemacht. Wir sprachen schon über die Zwölftonidee. Außer Schönberg und Hauer waren da in Rußland Lourié, Roslawetz, Obuchow und Golyscheff, also mindestens vier Leute, die einander nicht gekannt haben und die zu gleichen Lösungen gekommen sind aus der Struktur des Materials heraus.

L Gleiches gilt auch für die Mikrotonalität bei Wyschnegradsky einerseits und Hába andererseits, auch wenn sie sich später dann getroffen haben.

G Ja, sie haben sich in den 20er Jahren getroffen. Noch ein wichtiger Anreger war Busoni, der ja um 1890 in Moskau gelehrt hat. Er war dort ein ganzes Jahr lang und hat begeisterte Schüler hinterlassen.

L Ja, das stimmt. Immer wieder stößt man also auf verblüffende Parallelen und Verbindungen. Was nun meine Begeisterung für Nancarrow anbelangt, so rührt die nicht etwa daher, weil es Ähnlichkeiten zu meiner Musik gibt, sondern einfach, weil derartige rhythmische Strukturen für mich ein Quell der Wonne sind. Für meine KLAVIER-ETÜDEN kam dann noch als weiterer wichtiger Einfluß die afrikanische Polyrhythmik hinzu, die ich zum Beispiel 1982, als ich mein HORNTRIO schrieb, noch nicht kannte. Ich kannte wohl balkanische Musik, also das, was man Aksak nennt und was Bartók bulgarischen Rhythmus genannt hat, aber diese „hinkenden" Metren sind im ganzen Balkan und in Anatolien verbreitet. Ich kannte sie aus eigener Erfahrung in meiner Kindheit, als die Zigeuner rumänische Volksmusik spielten. Im HORNTRIO gibt es auch Spuren lateinamerikanischer Musik, die ich gut kannte. Die asymmetrischen Rhythmen wie 3 + 2 + 3 und 3 + 3 + 2 im zweiten Satz meines HORNTRIOS sind eher von Samba und Rumba beeinflußt als von der Musik des Balkan. Die afrikanische Polyrhythmik habe ich dann erst nach Beendigung des HORNTRIOS kennengelernt. Nach dem HORNTRIO habe ich noch zwei Chorwerke, die UNGARISCHEN ETÜDEN und die HÖLDERLIN-PHANTASIEN geschrieben, aber entschieden Neues habe ich dann mit den KLAVIERETÜDEN begonnen. Ich bin auf der Suche nach einer Art von sehr komplexer Polyphonie und Polyrhythmik, und die KLA-VIERETÜDEN waren der erste Schritt in diese Richtung. Daß es gerade Klavieretüden geworden sind, hängt mit meiner Vorliebe für virtuoses Klavierspiel zusammen. Ich habe mir die Aufgabe gestellt, für einen lebendigen Spieler eine ähnlich labyrinthische Musik zu schreiben wie das Nancarrow für das mechanische Klavier tat. Und da kam mir die inzwischen erlangte Kenntnis der afrikanischen Polyrhythmik mit ihrer wahnsinnig schnellen Pulsation (bis 10 pro Sekunde, also bis Metronom 600) zugute. Ich hatte die Idee, verschiedene Geschwindigkeiten illusorisch zu erzeugen, indem ich einen sehr schnellen Grundpuls nehme ...

G Eigentlich eine Fortsetzung von CONTINUUM ...

L ja, eine unmittelbare Fortsetzung. Der schnelle durchlaufende Puls wird zum Hintergrund, und was wir hören, sind Patterns, eigentlich jene „inherent patterns", von denen ich aber erst nachträglich, 1986 in Kubiks Artikel über Ugandische Hofmusik gelesen habe. Gleich das erste Stück „Désordre" ist dafür ein Beispiel. Die französischen Titel der Etüden sind eine Hommage an die Debussy- und Liszt-Titel, außerdem waren die ersten drei Etüden als Geburtstagsgeschenk für Boulez gedacht. Sie wurden zwar nicht bei seinem Geburtstag aufgeführt, weil ich zu spät fertig war, aber ich habe damit doch ein Versprechen eingelöst. Als ich nämlich selbst sechzig geworden bin, hat Boulez 1983 ein wunderschönes Konzert mit meinen Stücken im Rundfunk in Stuttgart dirigiert. Damals sagte ich, wenn ich etwas von Boulez dirigieren würde, wäre er davon kaum begeistert, denn ich dirigiere sehr schlecht. Also werde ich Etüden für Boulez schreiben: so kam es zu den ersten drei ETÜDEN. Jetzt zu „Désordre": In beiden Händen liegt derselbe sehr schnelle Puls. Eine „Unordnung" entsteht nun dadurch, daß die Akzente, die zunächst in beiden Händen koordiniert sind, sich allmählich gegeneinander verschieben: Die linke Hand bleibt mit ihren Akzenten ein bißchen zurück, wird also quasi langsamer, obgleich sie tatsächlich genau so schnell spielt wie die rechte Hand. Real verschiedene Tempi in beiden Händen wären nicht ausführbar, aber die illusionären Tempoabweichungen mittels Akzentverteilung sind wohl spielbar — allerdings nur nach irrsinniger Arbeit: Volker Banfield hat das hervorragend gelernt.

G Könnte man das auch auf dem Cembalo realisieren?

L Akzente kann man auf dem Cembalo ja nicht ausführen. Auf dem Cembalo ist es wohl möglich, „inherent patterns" zu bilden, wie ich dies ja in CONTINUUM gemacht habe. Die entstehen aber nicht aufgrund dynamischer Akzente, sondern durch die Häufigkeitsverteilung wiederkehrender Tonhöhen. Die hinsichtlich der Virtuosität und rhythmischen Komplexität radikalste Etüde ist die sechste mit dem Titel „Automne à Varsovie". Dieses Stück war eine Verbeugung vor meinen polnischen Freunden, verbunden mit einer deutlichen politischen Konnotation. Es ist ein Lamento-Stück, gleichzeitig auch eine Fuge. Neu ist vor allem die Simultaneität verschiedener Geschwindigkeiten, die als Illusionen entstehen. Die Grundlage ist ein sehr schneller gleichmäßiger Puls. Zu Beginn gibt es eine Lamento-Melodie, indem jeder fünfte Puls durch Oktavierung hervorgehoben wird. Nachdem wir uns an die Gleichmäßigkeit dieser Melodie gewöhnt haben, taucht in der linken Hand plötzlich eine schnellere Melodie auf, indem jeweils drei Pulse eine rhythmische Einheit ergeben. Man hört aber nicht direkt die Proportion 5 zu 3, sondern eine langsamere und eine schnellere Melodie. Die Proportionen 2 zu 1, und auch noch 3 zu 2 können wir hörend nachvollziehen, doch 5 zu 3 wird nur geschätzt, nicht mehr genau wahrgenommen. Auch muß der Pianist mit adäquater Geschwindigkeit spielen, damit das illusionäre Wahrnehmungsmuster zustande kommt.

G Hier erhebt sich doch die Frage, wenn soviel vom Spieler abhängt, ob da nicht der Synthesizer oder andere technische Hilfsmittel zu besseren und insgesamt adäquaten Ergebnissen führen könnten.

L Ich würde schon mit Synthesizern arbeiten, speziell mit dem Yamaha DX 7 II, und zwar nicht wegen rhythmischer Möglichkeiten — die sind nicht anders als beim

Klavier — sondern wegen der mikrotonalen Möglichkeiten. Aber ich zögere wegen des elektronischen Klangs. Ich liebe schon mehr den Klang eines realen Flügels oder einer realen Harfe oder einer Geige. Nicht daß ich etwas gegen technische Neuerungen hätte, im Gegenteil! Ich beschäftige mich ja mit Aspekten der Informatik, mit Fragen der Artificial Intelligence und mit der damit zusammenhängenden Mathematik. Ich war ein guter Mathematiker im Gymnasium. Ich kenne nicht mehr als die Mittelschulmathematik, aber damit kann ich einigermaßen die neue experimentelle Mathematik verfolgen. Also: Selbstverständlich kann man heute mit Sequencern oder mit Personal Computers die abstrusesten rhythmischen Patterns abspielen, aber mich reizt der lebendige Spieler mit der ihm innewohnenden Fehlerquelle, die dazu führt, daß das Ergebnis eben nicht ganz mechanisch gleichmäßig ist. Mich zog schon immer die Virtuosität als erworbene Fähigkeit an. AVENTURES ist für Sänger extrem schwer, ebenso das CELLOKONZERT für den Solisten. Ich suche nicht das Unmögliche, aber gehe doch bis an die Grenze des Möglichen. Meine KLAVIERETÜ- DEN sind letztlich nicht schwerer als die Etüden von Chopin oder Liszt oder als die Etudes-Tableaux von Rachmaninoff. Inzwischen habe ich ein virtuoses KLAVIER- KONZERT komponiert und für die Zukunft plane ich weitere KLAVIERETÜDEN. Es geht aber nicht um Virtuosität als Selbstzweck, sondern um komplexe illusionäre Patternbildung und Patterntransformation.

GYÖRGY LIGETI

Volumina
für Orgel
EP 5983

Lux Aeterna
für 16stimmigen gemischten Chor a cappella
EP 5934

Konzert für Violoncello und Orchester
1.1.2.1 — 1.1.1.0 — Hfe. — Str. / 16'
Aufführungsmaterial leihweise
Studienpart. EP 5936
Solostimme EP 5936a

Requiem
für Sopran- und Mezzosopran-Solo,
2 gemischte Chöre und Orchester
3.3.3.3 — 4.4.3.1 — S. (3 Spieler) — Hfe. —
Cel. — Cemb. — Str. / 27'
Aufführungsmaterial leihweise
Studienpart. EP 4841
Klavierauszug EP 8152

Aventures
für 3 Sänger und 7 Instrumentalisten
Koloratursopran — Alt — Bariton — Fl. — Hr. —
S. (1 Spieler) — Cemb. — Klav. — Vc. — Kb./11'
Aufführungsmaterial leihweise
Studienpart. EP 4838

Nouvelles Aventures
für 3 Sänger und 7 Instrumentalisten
Koloratursopran — Alt — Bariton — Fl. — Hr. —
S. (1 Spieler) — Cemb. — Klav. — Vc. — Kb./11'
Aufführungsmaterial leihweise
Studienpart. EP 5913

Aventures & Nouvelles Aventures
Musikalisch-dramatische Aktion in 14 Bildern
für 3 Sänger, 3 Pantomimen, Tänzer, Statisten und
7 Instrumentalisten, Libretto vom Komponisten
Sopran — Alt — Bariton — Fl. — Hr. — S. (1
Spieler) — Cemb. — Klav. — Vc. — Kb./2x11'
Aufführungsmaterial leihweise
Studienpart. EP 4838/5913
Libretto (d.) EP 5935

Bitte verlangen Sie das ausführliche Werkverzeichnis
GYÖRGY LIGETI in der EDITION PETERS

C. F. PETERS · FRANKFURT
LEIPZIG · LONDON · NEW YORK

GYÖRGY LIGETI

Seine Werke auf Schallplatten/CD bei wergo

Aventures/Nouvelles Aventures/
Atmosphères/Volumina
WER 60022/LP

Lux aeterna
in: Neue Chormusik I
WER 60026/LP

Konzert für Violoncello und Orchester
in: Siegfried Palm, Violoncello
WER 60036/LP

Requiem/Lontano/Continuum
Deutscher Schallplattenpreis und Grand Prix du Disque
WER 60045/LP

Requiem/Aventures/Nouvelles Aventures
WER 60045-50/CD

Kammerkonzert/Ramifications (Version für
Streichorchester)/Ramifications (Version für
12 Solostreicher)/Zehn Stücke für Bläserquintett/
Artikulation
Grand Prix du Disque
WER 60059/LP

Doppelkonzert für Flöte, Oboe und Orchester/
San Francisco Polyphony/Zwei Etüden für Orgel/
Glissandi
WER 60076/LP

Streichquartett No. 1 (1953/54)
Streichquartett No. 2 (1968)
WER 60079/LP
WER 60079-50/CD

Streichquartett No. 1 und No. 2/Continuum für
Cembalo/Zehn Stücke für Bläserquintett/
Artikulation/Glissandi/Etüden für Orgel/
Volumina für Orgel/Kammerkonzert/
Ramifications (Version für Streichorchester)/
Ramifications (Version für 12 Solostreicher)/
Lux aeterna/Atmosphères/Violoncello-Konzert/
Lontano/Doppelkonzert für Flöte, Oboe und
Orchester/San Francisco Polyphony/Requiem/
Aventures/Nouvelles Aventures
WER 60095/Kassette mit 5 LP

Trio für Violine, Horn und Klavier/Passacaglia
ungherese/Hungarian Rock/Continuum/
Monument · Selbstportrait · Bewegung
WER 60100/LP
WER 60100-50/CD

Magyar Etüdök
in: Neue Chormusik III
WER 60111/LP

Musica Ricercata/Capriccio Nr. 1/Invention/
Capriccio Nr. 2/Monument · Selbstportrait ·
Bewegung (Drei Stücke für 2 Klaviere)
WER 60131/LP
WER 60131-50/CD

Etudes pour piano
1re Etude: Désordre/2e Etude: Cordes vides/
3e Etude: Touches bloquées/4e Etude: Fanfares/
5e Etude: Arc-en-ciel/6e Etude: Automne à Varsovie
mit: Messiaen, Fünf Stücke aus »Vingt Regards
sur l'enfant-Jésus«
WER 60134/LP
WER 60134-50/CD

Continuum für Cembalo/Zehn Stücke für Bläser-
quintett/Artikulation/Glissandi/Etüden für Orgel/
Volumina für Orgel
WER 60161-50/CD

Kammerkonzert/Ramifications (Version für
Streichorchester)/Ramifications (Version für
12 Solostreicher)/Lux aeterna/Atmosphères
WER 60162-50/CD

Konzert für Violoncello und Orchester/Lontano/
Doppelkonzert für Flöte, Oboe und Orchester/
San Francisco Polyphony
WER 60163-50/CD

»Le Grand Macabre«
Gesamtaufnahme der Oper
WER 60170/71-50/2 CD i. V.

**Informationen über Ligetis verlegte Werke bei SCHOTT
finden Sie im kostenlosen Werkverzeichnis.**

WERGO Schallplatten GmbH, Postfach 3640, D-6500 Mainz

HAMBURGER JAHRBUCH FÜR MUSIKWISSENSCHAFT

Herausgegeben von Constantin Floros, Hans Joachim Marx und Peter Petersen

Band 1: [Band 1]. 278 Seiten mit zahlreichen Notenbeispielen, Abbildungen und Tabellen. Gebunden.   DM 82,—
ISBN 3—921029—25—2

Band 2: Zur Musikgeschichte des 19. Jahrhunderts. 200 Seiten mit Faksimiles, Tabellen und zahlreichen Notenbeispielen. Gebunden.   DM 82,—
ISBN 3—921029—53—8

Band 3: Studien zur Barockoper. 306 Seiten mit zahlreichen Notenbeispielen und Abbildungen. Gebunden.   DM 120,—
ISBN 3—921029—57—0

Band 4: Zur Musik des 20. Jahrhunderts. 259 Seiten mit Faksimiles, Tabellen und zahlreichen Notenbeispielen. Gebunden.   DM 120,—
ISBN 3—921029—69—4

Band 5: Opernsymposium 1978 in Hamburg. Bericht. Teil I: Die frühdeutsche Oper und ihre Beziehungen zu Italien, England und Frankreich. Teil II: Mozart und die Oper seiner Zeit. 266 Seiten mit zahlreichen Notenbeispielen. Kartoniert.   DM 68,—
ISBN 3—9215—1859—8

Band 6: Programmusik. Studien zu Begriff und Geschichte einer umstrittenen Gattung. 363 Seiten mit Tabellen und zahlreichen Notenbeispielen. Kartoniert.   DM 80,—
ISBN 3—9215—1899—7

Band 7: Brahms und seine Zeit. Symposion Hamburg 1983. Bericht. 279 Seiten mit zahlreichen Notenbeispielen. Kartoniert.   DM 72,—
ISBN 3—89007—018—3

Band 8: Geistliche Musik. Studien zu ihrer Geschichte und Funktion im 18. und 19. Jahrhundert. 236 Seiten mit zahlreichen Notenbeispielen. Kartoniert.   DM 64,—
ISBN 3—89007—049—3

Band 9: Studien zur Systematischen Musikwissenschaft. 254 Seiten mit zahlreichen Abbildungen und Notenbeispielen. Kartoniert.   DM 70,—
ISBN 3—89007—104—X

Band 10: Musiktheater im 20. Jahrhundert. 283 Seiten mit Abbildungen, Tabellen und zahlreichen Notenbeispielen. Kartoniert.   DM 76,—
ISBN 3—89007—145—7

Die Reihe kann ab Band 1 zur Fortsetzung bezogen werden.

Laaber-Verlag · 8411 Laaber